Después de vivir un siglo

Después de vivir un siglo

Una biografía de Violeta Parra

Víctor Herrero A.

Lumen

memorias y biografías

Papel certificado por el Forest Stewardship Council®

Primera edición: noviembre de 2017

© 2017, Víctor Herrero A.
© 2017, Penguin Random House Grupo Editorial, S. A.
Merced, 280, piso 6. Santiago de Chile
© 2017, Penguin Random House Grupo Editorial, S.A.U.
Travessera de Gràcia, 47-49. 08021 Barcelona

Printed in Spain – Impreso en España

ISBN: 978-84-264-0411-4
Depósito legal: B-20.869-2017

Compuesto en La Nueva Edimac, S. L.
Impreso Egedsa
Sabadell (Barcelona)

H 4 0 4 1 1 4

Penguin
Random House
Grupo Editorial

*A mis padres, Tito y Lolita, que me presentaron a
Violeta Parra cuando era un niño en Alemania.*

*A Lucas, Emilia y Faustino, mis hijos,
a quienes me gustaría presentarles a Violeta Parra.*

Y a Karla, como siempre.

Índice

PRIMERA PARTE

Violeta antes de violeta
(1879-1952)

El poeta de los humildes será mañana una mujer.

GABRIELA MISTRAL, 1917

San Fabián de Alico, 1913

A fines de 1913 el maestro de escuela Nicanor Parra cabalgó dos días desde la ciudad de Chillán, ubicada en el valle central de Chile, hasta San Fabián de Alico, una localidad enclavada entre empinados cerros, en la ribera alta del río Ñuble. El profesor llevaba consigo su ropa, algunos libros y otros enseres personales. Y también una carta.

Se trataba de una carta importante. En esta se le comunicaba que el Ministerio de Educación, por decreto n.º 10.534 del 6 de octubre, lo había designado profesor de una escuela en ese pueblo serrano. Nicanor, que tenía veintiocho años y aún era soltero, entraba en aquel proyecto de llevar la educación pública hasta los últimos rincones de la nación.

Era la época del «Estado docente», cuando el país buscaba alfabetizar de manera gratuita a todas las clases sociales. Medio siglo antes, en 1860, se había promulgado la Ley General de Instrucción Primaria, donde se estableció al Estado como principal sostenedor de la educación. Hasta ese momento la educación de los niños estaba principalmente a cargo de la Iglesia Católica y de algunas escuelas privadas, accesibles sólo para los sectores más acomodados de la sociedad. Con los recursos provenientes del salitre, pero también del cobre y la plata, minerales altamente cotizados en los mercados mundiales, el país financió esta expansión educativa, apostando por convertirse en una nación desarrollada.

Pero cuando el joven maestro llegó a San Fabián, más del 60 por ciento de la población del sur todavía era analfabeta. Nicanor Parra era uno de los dos maestros que ejercían la docencia en la Escuela n.º 10 de Niñas, el colegio que le habían asignado los funcionarios de la capital. El pueblo también contaba con un colegio para hombres, la Escuela de Varones n.º 13. La especialidad del nuevo maestro era la música, pero debido a la falta de profesores es probable que también instruyera otro tipo de materias, como lenguaje y geografía.

Hombre de tez blanca, pelo oscuro y frondoso bigote negro, Nicanor se vestía de manera pulcra, a la usanza del momento: traje de tres piezas, corbata ancha, camisa de cuello grueso y duro y un pañuelo de género en el bolsillo superior de la chaqueta. El futuro padre de Violeta Parra provenía de una familia que había logrado cierto bienestar económico en Chillán. Aunque los Parra no eran ricos, estaban muy lejos de ser una familia pobre. Nicanor era uno de los tres hijos del matrimonio de Rosario Parra, dueña de casa, y Calixto José Parra, un agente paralegal que se desempeñaba en los tribunales de esa ciudad situada unos cuatrocientos kilómetros al sur de Santiago.

Según Fernando Sáez, uno de los biógrafos de Violeta, su abuelo Calixto José había estudiado leyes, pero «trabajaba como tinterillo, denominación algo despectiva para quienes laboraban en juicios y litigios en tribunales sin ostentar el título de abogado».[1] Esa labor, sin embargo, no sólo situaba al patriarca en la clase social más acomodada de esta ciudad de provincias, sino que le procuraba recursos suficientes para adquirir una serie de propiedades. A lo largo de los años, Calixto José fue acumulando sitios eriazos, casas de adobe con grandes patios y antiguos terrenos agrícolas en el barrio «ultra-estación». Este se situaba entre la estación central de trenes y el cementerio general. Si bien estaba algo alejado del centro comercial de la ciudad, se trataba de un sector que a comienzos de siglo crecía con fuerza, a medida que Chillán se iba expandiendo.

Calixto José se empeñó en que sus tres hijos, dos hombres y una mujer, fueran profesionales, y así Nicanor se convirtió en maestro, una actividad que pese a no ser muy bien remunerada, gozaba de un saludable estatus.

A poco de llegar a San Fabián, Nicanor Parra conoció a una madre que tenía a sus dos hijas en la Escuela n.º 10. Su nombre era Clarisa Sandoval Navarrete. Tenía cinco años menos que él y había enviudado no hacía mucho. El de Nicanor y Clarisa debió ser un amor fulminante, ya que sólo once meses después de conocerse tuvieron un hijo. Le pusieron el mismo nombre del padre, de modo que el 5 de septiembre de 1914 nació en esa localidad andina Nicanor Parra Sandoval, quien sería uno de los poetas chilenos más importantes del siglo XX. Un año y medio más tarde, en julio de 1916, la pareja tuvo a su primera hija, a la que llamó Hilda.

Clarisa era costurera y, como muchos en San Fabián y en todo el Ñuble, apenas sabía leer y escribir. No provenía, sin embargo, de una estirpe pobre. Su madre, Audolia Navarrete, trabajaba como dueña de casa, pero su padre, Ricardo Sandoval, era un campesino semiacomodado que arrendaba paños de tierra para el cultivo de uvas y producción de vino. También poseía decenas de hectáreas de viñedos en un sector agrícola llamado Huape, a unos doce kilómetros al poniente de Chillán.

El hecho de que Clarisa proviniera de una familia con ciertos recursos se notaba en algunos detalles. Al igual que varias mujeres de San Fabián, la joven viuda tejía y cosía ropas para la gente del pueblo. Pero mientras la mayoría de sus comadres hacía la labor a mano y con aguja, Clarisa contaba con una máquina de coser marca Singer, todo un lujo por entonces.

En una entrevista de 1960, Violeta Parra tendría estos recuerdos de su familia: «Mi abuelo paterno era un hombre que vivía muy bien, era abogado y de mucho prestigio. Mi abuelo materno, en cambio, era un campesino de aquí de Chillán para adentro, un inquilino, un obligado, un explotado».[2]

Ni el primero era tan importante, ni el segundo tan pobre.

La historia de los abuelos de Violeta resultaba más sabrosa y estaba cruzada por la historia del país. Cuenta la leyenda familiar que Clarisa Sandoval nació en plena guerra civil y que su alumbramiento se produjo debajo de un puente. Corría el año 1891 y Ricardo Sandoval, futuro padre de Clarisa y abuelo de Violeta, escapaba de los reclutadores del Ejército que recorrían la región en busca de hombres para pelear contra las fuerzas del Congreso, apoyadas a la sazón por la Marina.

Ricardo Sandoval, hombre de ojos azules y pelo casi rubio, que de joven había causado furor entre las muchachas, no estaba dispuesto a enrolarse en una cruenta guerra fratricida que en sólo seis meses les costó la vida a unos cuatro mil chilenos. ¿La razón de fondo? Su esposa Audolia estaba embarazada. Para evitar el alistamiento forzoso en las fuerzas leales al presidente José Manuel Balmaceda, Ricardo y Audolia huían constantemente. En una ocasión se escondieron bajo un puente en la zona de Huape, mientras las tropas pasaban marchando por encima de sus cabezas. Y ahí, en el lecho de un río, en medio del valle central que se extiende a los pies de los Andes, habría nacido de manera casi clandestina Clarisa Sandoval Navarrete.

No ha sido posible verificar si esta historia es real o no, pero lo cierto es que la madre de Violeta nació efectivamente entre las turbulencias políticas que llevaron a la guerra.

Calixto José, el abuelo paterno, logró escabullirse del recluta-
miento por su condición de padre de familia, pero tal vez por ser
también un personaje de cierta importancia en Chillán. Era además un veterano de la llamada Guerra del Pacífico, conflicto que
entre 1879 y 1893 había enfrentado a Chile con Perú y Bolivia
por las inmensas riquezas mineras del desierto de Atacama. Como
soldado raso, Calixto José había batallado en el norte rocoso y pol-
voriento, donde un impacto de bala lo dejó ciego del ojo izquierdo
por el resto de su vida.

Violeta desarrollaría una fijación con esa guerra que redibujó el
mapa del poder en Sudamérica, mencionándola en sus canciones,
plasmándola en tapices y óleos, interrogando a los abuelitos que
llevaba a sus programas de radio o que entrevistaba en sus investigaciones en terreno.

Quince meses después de Hilda nació Violeta. Pero a diferencia
de lo que ocurrió con los hermanos mayores, la familia decidió
que el parto fuese en un pueblo de mayor tamaño, San Carlos, que
contaba con un hospital y estaba ubicado a unos sesenta kilómetros
de San Fabián. Los alumbramientos anteriores habían sido en el
hogar y resultaron difíciles para la madre. Esta vez los Parra Sandoval querían más garantías. Y el director de una escuela pública de
San Carlos, que era amigo de Nicanor, les ofreció su amplia casona
para hospedarse.

La familia empacó sus cosas a comienzos de septiembre de 1917,
cuando Clarisa ya se encontraba en un estado avanzado de em-
barazo. Emprendieron el viaje en una carreta de bueyes, el único
medio de transporte (además del caballo) que conectaba a San Fabián con las otras localidades del Ñuble. En los siguientes tres días
fueron descendiendo lentamente desde la cordillera de los Andes
hacia la planicie central, atravesando valles y pequeños pasos de
montaña. No había más rutas que estos caminos de tierra, los que

en épocas de lluvia o nieve solían volverse barriales intransitables, aislando a San Fabián durante el invierno.

A las pocas semanas de haber llegado a San Carlos, lugar en el que también nació Nicanor padre en 1885, Clarisa tuvo a su tercer bebé. El jueves 4 de octubre de 1917, a las once de la noche, vino al mundo Violeta del Carmen.

No lejos de ahí, en la localidad de Parral, y trece años antes, había nacido un niño llamado Neftalí Reyes. Con el tiempo pasaría a llamarse Pablo Neruda. A comienzos de la década del 50, los caminos del más famoso poeta chileno se cruzarían con los de la más famosa cantante de Chile.

La estadía de la familia Parra Sandoval en San Carlos fue breve. Pronto volvieron a tomar sus bártulos y regresaron a su hogar en la cordillera. Pese a que Nicanor y Clarisa tenían que proveer ahora el sustento para cinco hijos —los tres que tenían juntos, además de las hermanas Olga y Marta, del primer matrimonio de Clarisa—, San Fabián era un buen lugar para formar y criar una familia. Los biógrafos de Violeta han descrito esta localidad como económicamente atrasada e incluso como un paradigma de pobreza campesina. Nada más alejado de la realidad.

En las primeras décadas del siglo XX, San Fabián era una próspera comunidad de más de seis mil habitantes, el doble de los que tiene hoy por hoy. Además de contar con dos escuelas públicas, el pueblo también tenía un periódico propio —*La Voz de San Fabián de Alico*— que fue fundado en 1894 y que circulaba una vez a la semana.

San Fabián de Alico se había convertido en un importante centro de intercambio trasandino. Dos veces al año se celebraba una gran feria comercial entre Chile y Argentina, la mayor del Ñuble. Los «cuyanos», como se denominaba en esa época a los habitantes del otro lado de los Andes, traían ganado, cuchillería y cuero, en tanto que los campesinos chilenos aportaban con verduras, frutos, hierbas medicinales y tejidos. Desde San Fabián los productos cuyanos se repartían por todos los grandes poblados de la región del Ñuble, como Chillán, Parral y San Carlos, mientras que esas localidades se aseguraban de llevar sus productos a las ferias binacionales de ese poblado. El comercio llegó a ser tan significativo que el Estado de Chile decidió instalar allí una aduana fiscal. Es posible que la propia Clarisa aportara con sus ropas cosidas a esta feria, aunque su trabajo habitual se circunscribía a arreglar ropas, cortinas y manteles ajenos, además de confeccionar la vestimenta para su creciente prole.

No obstante las posibilidades económicas que ofrecía San Fabián, la relación entre Clarisa y Nicanor comenzó a mostrar las primeras fisuras serias. El motivo no era financiero, sino emocional. Como maestro de escuela, Nicanor gozaba de un estatus que estaba casi a la par con el sacerdote, el alcalde y el policía del pueblo. Es decir, era un hombre de cierta importancia. Y como al joven padre le gustaba la vida social —tomar vino, cantar y compartir con los amigos—, pronto la relación comenzó a resentirse.

Las peleas eran cada vez más frecuentes, sobre todo porque Nicanor llegaba tarde y a menudo ebrio. Al recibirlo, Clarisa montaba en cólera y, a veces, tenía ataques de nervios tan intensos que se desmayaba. Con el paso de los años, esta dinámica entre ambos empeoró. «Mi madre lo esperaba con pitos y tambores y empezaban las discusiones, las peleas, unas peleas que a mí me parecían pantagruélicas, olímpicas —recordaría el hijo mayor, Nicanor—. Todo esto se agravaba con ciertos ataques nerviosos que sufría mi madre, que caía al suelo inconsciente. Después supe que era una pseudo-epilepsia.»[3]

Tras el nacimiento de Violeta, Clarisa volvió a quedar embarazada casi de inmediato. Pero la situación matrimonial ya hacía crisis. En abril de 1918 Nicanor dejó de figurar como profesor en el colegio de niñas. No está claro si renunció o si fue despedido. Un decreto del Ministerio de Educación declaraba el 24 de ese mes que su puesto estaba vacante.[4] La pareja decidió trasladarse a Chillán para vivir con el abuelo Calixto José y comenzar de nuevo.

El 29 de junio nació el cuarto hijo: Eduardo Emetrio, también conocido como «Lalo Parra» o, como lo llamaban hacia el final de su vida, «el tío Lalo». Eduardo se convertiría en uno de los grandes exponentes de la versión urbana y proletaria de la cueca huasa chilena.

Lejos de arreglarse, la relación matrimonial siguió empeorando. Protegido y financiado por su padre Calixto José, Nicanor se dedicó a la buena vida en una ciudad que ofrecía muchas más distracciones que San Fabián. Clarisa no aguantó más y en 1919 tomó la decisión de irse a Santiago, dejando atrás a su marido y a todos sus hijos. Se fue sola.

El acto de presión funcionó. Luego de algunos telegramas y cartas, el marido prometió cambiar y pronto se trasladó con toda la prole a la capital para reunirse con Clarisa.

LOS BUENOS TIEMPOS DEL PROFESOR PARRA

Al terminar la segunda década del siglo, los Parra Sandoval se hallaban entre las decenas de miles de migrantes del sur agrícola y del norte minero que se dirigían a Santiago en busca de mejores horizontes. Los campesinos venían escapando de las condiciones esclavizantes de los grandes latifundios con la esperanza de tener una mejor vida como obreros en fábricas textiles, cerveceras y de ferrocarriles o en el creciente comercio y sector de servicios de una metrópoli que comenzaba a industrializarse. Los mineros nortinos, en tanto, estaban emigrando debido a los despidos masivos en la industria del salitre, que atravesaba una fuerte crisis tras el fin de la Primera Guerra Mundial y la invención del salitre sintético por parte de Alemania.

En menos de quince años Santiago había más que doblado su población, pasando de menos de 250.000 habitantes en 1907 a más de 500.000 en 1920. Muchos de estos migrantes llegaban a vivir a los *cités*, una suerte de viviendas sociales para familias obreras construidas por privados. Se trataba de unas estructuras en forma de U, cada casa-departamento pegada a la otra, con un pasillo largo y angosto al aire libre donde daban las respectivas puertas de entrada. La mayoría de las casas era de un piso, aunque algunas tenían dos y albergaban a una o varias familias en espacios de no más de cuarenta metros cuadrados.

Fue a un cité, en la calle San Pablo con Manuel Rodríguez, a unas diez cuadras del centro, donde la familia Parra llegó a alojar. Arrendaban una sola habitación al interior de una de estas residencias que se compartían con otras familias.

El Santiago que esperaba a la familia de Violeta era un lugar convulsionado. La crisis económica del país y la presión demográfica sobre una ciudad que no estaba preparada para la llegada masiva de obreros y campesinos desde las diversas regiones habían alcanzado tal punto que, a partir de 1918 y hasta 1920, se realizaron multitudinarias marchas del hambre, organizadas por la Asamblea Obrera de Alimentación Nacional.

La clase que dominaba la política desde la caída de Balmaceda en 1891, constituida casi en su totalidad por miembros de la oligarquía, hacía oídos sordos a los reclamos de la población. «El sector alto se encerraba en su ambiente perfumado y hermoso —afirma el historiador Sergio Villalobos—, sin querer saber nada de un mundo que cambiaba aceleradamente y con signos violentos.»[5]

Ese mundo cambiante y cada vez más violento estaba a la vista. En julio de 1918 y bajo el título «La verdadera causa del hambre que aflige a Santiago», el periódico *La Opinión* editorializaba:

La carestía de la vida en Chile no es el resultado de la pobreza y esterilidad del suelo. El hambre, que comienza a hacer estragos y a sembrar la muerte en nuestras grandes ciudades, no proviene de la mezquindad de estos valles [...]; son los mercaderes y especuladores que no anhelan otra cosa para satisfacer la concupiscencia de sus pasiones, aún al precio de la miseria de una gran parte de los habitantes de esta tierra de abundancia.[6]

Gracias a sus destrezas como costurera, Clarisa consiguió rápidamente un trabajo en la Casa Francesa, una de las sastrerías más conocidas de la capital y que, según la publicidad exhibida en la prensa, había sido fundada en París en 1839, contando con dos sucursales en Santiago y otra en Valparaíso. La madre de Violeta Parra se puso a laborar en una de las tiendas capitalinas —una quedaba en la calle Estado y la otra en el Pasaje Matte—, dedicándose a confeccionar o arreglar ropas de «hombres, jóvenes y niños», especialidad de esta empresa según los mencionados anuncios comerciales.

Trabajando ahí, Clarisa conoció a una dama distinguida que de vez en cuando iba a hacer pedidos especiales. Su nombre era Ester Rodríguez Velasco y era la esposa de Arturo Alessandri, joven y ambicioso senador del Partido Liberal. Este representaba a la región minera de Tarapacá, y sus encendidos discursos a favor de leyes laborales y sociales para emancipar a las masas proletarias estaban trastornando el apacible ambiente político que había impuesto la oligarquía.

Poco después de la llegada del padre y los hijos, la familia se movió a la casa de un primo de Nicanor. Quedaba en la avenida Ricardo Cumming, en el barrio Yungay, un sector obrero y de clase media relativamente acomodado, de casas de cemento amplias y sólidas. El padre de Violeta se desempeñó en diversos trabajos, sin lograr ejercer la profesión para la que había estudiado. En palabras de Fernando Sáez, «Nicanor obtiene ocupaciones tan disímiles como cobrador de tranvías y gendarme de la Cárcel Pública, trabajos esporádicos que no duran demasiado».[7]

Los acontecimientos políticos terminarían favoreciendo a la familia Parra Sandoval. En junio de 1920, Arturo Alessandri fue electo presidente, apoyado por movimientos sociales y algunos oligarcas ilustrados, entre ellos Agustín Edwards Mac Clure, heredero de la mayor fortuna empresarial de Chile y fundador del influyente periódico *El Mercurio*. A fines de agosto el país dio un nuevo paso en su expansión educativa, promulgando una ley que decretaba que todos los niños debían asistir, por obligación, a la escuela pública para recibir una instrucción mínima de seis años. Aumentó por consiguiente la demanda de maestros, abriéndose para Nicanor la posibilidad de volver a las aulas.

Ambas circunstancias políticas —el triunfo de Alessandri y la Ley n.º 3.654 de Educación Primaria Obligatoria— fueron un golpe de suerte para los Parra. Las redes sociales y las simpatías políticas de la familia cumplieron un rol crucial para encarrilarla hacia un futuro mejor.

Aunque no existen antecedentes para creer que Clarisa y la ahora primera dama Ester Rodríguez compartieran mucho más allá de una amistosa relación comercial, los breves encuentros entre ambas sirvieron para que la costurera hablara de su marido, que no podía conseguir trabajo como maestro. Y es probable que también le contara a Ester Rodríguez de las simpatías que Nicanor profesaba por el Partido Radical, un conglomerado reformista de centro-izquierda bajo cuyo alero el senador Alessandri —también conocido como el León de Tarapacá— había logrado encumbrarse a la presidencia de la nación.

Hacia fines de 1921, el gobierno del León nombró a Nicanor profesor de Estado en un regimiento militar de Lautaro, en la región de la Araucanía, unos 660 kilómetros al sur de Santiago.

No es descabellado pensar que la familia celebrara el giro de fortuna y lo atribuyera a que un nuevo bebé de la familia venía «con la marraqueta bajo el brazo», como reza el dicho popular. El quinto hijo del matrimonio había nacido unos meses antes, el 29 de junio de 1921, en el Hospital San Borja. También a este hijo, al que llamaron Roberto, lo esperaba un futuro artístico, puesto que se transformaría en el padre y máximo exponente de la llamada «cueca chora», muy popular en los barrios bajos.

Violeta recién había cumplido cuatro años cuando, en noviembre de 1921, la familia abordó el tren para dirigirse al flamante destino laboral de Nicanor. La niñita iba decaída y con fiebre y pronto su piel comenzó a llenarse de erupciones rosadas. Los Parra se bajaron en Chillán para buscar ayuda médica y el diagnóstico llegó de inmediato: Violeta tenía viruela.

En los siguientes días se alojaron en la casa de Calixto José para cuidar a la enferma y mantenerla bajo cuarentena. La viruela era una de las enfermedades infecciosas más temidas, los brotes eran frecuentes y cada cuatro o cinco años se producía una epidemia. Según la literatura médica, la epidemia de 1921 fue una de las últimas que tuvo Chile. La niña se recuperó lentamente y la familia pudo retomar el viaje, aunque la enfermedad selló a Violeta de por vida: su rostro había quedado marcado por cicatrices.

Al comienzo, la nueva vida familiar en Lautaro resultó apacible. El gobierno le había pasado al maestro Parra una amplia casa a orillas del río Cautín, a pocas cuadras del Regimiento Andino n.º 4, donde ejercía como profesor primario. Durante los fines de semana o en la época de verano y primavera, los cinco niños jugaban en la pedregosa ribera, se bañaban en aguas no muy profundas o se dedicaban a trepar árboles y recoger frutos en la extensa huerta de la casa. En la propiedad de casi una hectárea, Nicanor y Clarisa cultivaban habas, lechugas y otras verduras para el consumo familiar. Por las tardes, el padre acostumbraba sentarse debajo de alguno de los árboles frondosos de la parcela a cantar, rodeado por sus hijos.

Una de las canciones que interpretaba Nicanor era «La paloma ingrata». Se trataba de una mazurca, un tipo de música originada en la aristocracia polaca pero que en América Latina formaba parte del repertorio popular. «La paloma ingrata» consistía en una fábula de amor y traiciones que, treinta años después, Violeta grabaría en uno de sus primeros discos.

> Una paloma ingrata
> su amante deja, su amante deja
> por seguir a otro amante
> que la aconseja, que la aconseja
> y le decía, y le decía:
> «No quiero por más tiempo tu compañía».

También Nicanor, el primero de los hijos, recordaría con algo de exageración aquella época en Lautaro:

Tengo recuerdos lindos. Teníamos una casa divina, a la orilla del río Cautín. Y frente a la casa había un huerto de membrillos. Cuando florecían, los niños nos íbamos a comer las flores. En la época de la crecida, en el invierno, este río arrastraba de todo. Y mi padre se instalaba a la orilla con un gran palo con un gran gancho en un extremo, a pescar toda clase de maravillas. Pescaba chanchos, gallinas, troncos, palos, todo lo imaginable. Una vez este caballero creo que trató de pescar una casa y entonces se cayó al agua. Aquí terminaron las pescas. Pero él ya había llenado una bodega con toda clase de objetos.[8]

Como profesor de Estado en el mayor regimiento militar de la zona, Nicanor padre pertenecía, al igual que en San Fabián, a la clase social más respetada. No era raro que los Parra fueran invitados a los actos culturales, sociales y políticos. En una ocasión Nicanor dictó una conferencia sobre educación ante la alta sociedad lautarina. Y para orgullo de toda la familia, la conferencia se reprodujo en el diario local *El Independiente*.

Lautaro en los años veinte pasaba por un auge industrial. Allí prosperaron los fabricantes de textiles, los productores de cuero y jabón, las cerveceras y las procesadoras de madera. Gran parte de este crecimiento se debía a los europeos instalados en la zona. Y la razón de su llegada era sencilla. Lautaro se había fundado sólo cuarenta años antes, en 1881, en medio de la guerra de ocupación que el Estado chileno emprendiera contra los mapuche, el pueblo originario de la Araucanía. Paradójicamente, a la ciudad le pusieron el nombre de un líder militar indígena que en 1553 había derrotado a Pedro de Valdivia en la batalla de Tucapel, cuyo desenlace fue la captura y ejecución del conquistador español. Situado en el epicentro del territorio mapuche, Lautaro fue pensado como un enclave de avanzada y, en el esfuerzo por consolidar el Estado, los inmigrantes europeos desempeñaron un papel relevante. El gobierno les había prometido tierras a cambio del compromiso de explotar y desarrollar económicamente la región.

Dos años después del arribo a Lautaro, Violeta entró a estudiar. Nicanor e Hilda ya iban a la escuela. Se trató de una experiencia traumática para la niña. Fue ahí donde adquirió conciencia de las huellas que le había dejado la viruela. Los compañeros se burlaban de su aspecto y, de hecho, le pusieron un sobrenombre: «Maleza». La propia Violeta Parra lo recordaría en su autobiografía escrita en décimas:

Aquí principian mis penas,
lo digo con gran tristeza
me sobrenombran «maleza»
porque parezco un espanto.[9]

Desde la perspectiva de Violeta, todas las condiscípulas parecían buenasmozas:

De llapa, mis compañeras
eran niñas donosas,
como botones de rosa
o flores de l'azucena.[10]

La supuesta fealdad sería un tema recurrente en su vida, y ya de adulta lo expresaba en conversaciones con amigos o en sus cartas. «Se ve mi cara fea en el brillo de mi anillo», escribió una vez.[11] El recuerdo de la viruela cobraba, por lo demás, rasgos desmesurados. «Fue horrendo, porque por causa de mi peste murieron como veinticinco personas en Lautaro.»[12] La anécdota es difícilmente comprobable, pues la familia se había quedado en Chillán hasta que sanó.

Sí es plausible que las burlas desencadenaran el rechazo que Violeta experimentaba por la escuela. Esta aversión la acabaría transmitiendo también, de alguna manera, a sus propios hijos y no quedaría al margen de su autobiografía poética.

Mejor ni hablar de la escuela;
la odié con todas mis ganas,
del libro hasta la campana
del lápiz al pizarrón,
del banco hast' el profesor.[13]

Violeta no era, por cierto, una mala alumna. Al contrario. «Yo le veía sus certificados —contaría su hermana mayor, Hilda—. Era la primera alumna en canto, en lectura, en escritura, en asistencia... ¡En todo lo que tiene que responder un niño en la escuela!»[14] La propia artista diría que era la segunda mejor alumna en el colegio de Lautaro, sólo superada por una compañera imbatible.

Hacia 1926, con los cinco hijos estudiando, la situación económica se había vuelto más estrecha. Aunque Nicanor ganaba un salario decente en el regimiento y Clarisa continuaba con su labor de costurera, la pareja seguía trayendo niños al mundo, con el consiguiente desmedro del presupuesto familiar. En Lautaro nacieron dos más: en 1924 un niño al que bautizaron Caupolicán, como el guerrero mapuche de cuatro siglos atrás; y en 1926 una niña llamada Elba. En contraste con los hijos anteriores, los dos lautarinos tendrían un destino trágico.

Elba sobrellevó toda su vida cierto retraso cognitivo, originado al parecer en un accidente hogareño: siendo bebé, se cayó al brasero en medio de un forcejeo entre Clarisa y Nicanor. La niña se golpeó la cabeza y se quemó el rostro.

La hermana menor de Violeta sería conocida como «la tía Yuca», una presencia constante en la familia y a la vez una suerte de espectro que pocos reconocían como miembro pleno del clan o cuyo parentesco nunca se transparentaba completamente.

«Creo que ella era epiléptica y pasaba en la casa, pero no era una empleada, no hacía labores domésticas —afirmó en 2016 Ángel Parra, el hijo de Violeta—. Para nosotros, siendo niños chicos, era un personaje que podía ser aterrador, porque se había caído al brasero y se había quemado la cara, pero también era un personaje muy tierno.»[15]

Como fuese, Elba desempeñaba un papel secundario en el linaje de los Parra Sandoval. Cuando en 1949 se concedió la posesión efectiva de Nicanor padre, Elba fue la única hija excluida de la herencia.[16] Ni en sus canciones ni en sus entrevistas Violeta mencionó a esta hermana fallecida en 1981, a los cincuenta y cinco años.

El lactante Caupolicán, a quien llamaban Polito, apenas alcanzó a vivir un puñado de meses y murió de neumonía un año antes de que naciera Elba. La muerte de Polito causó un fuerte impacto sobre Violeta, que entonces tenía ocho años.

Y es que al morir Caupolicán, la familia organizó el tradicional «velorio del angelito». Costumbre muy común en varios países de América Latina, especialmente entre los campesinos y las clases populares, este rito —realizado en el propio hogar— era básicamente un funeral y acto conmemorativo en honor a los infantes que morían antes de los cinco o siete años. Sólo después del velorio se entregaba el cuerpo a la Iglesia Católica o a los funcionarios del servicio médico del Estado.

Los niños fallecidos eran vestidos de blanco, se les confeccionaba un par de alas como si fueran ángeles y muchas veces se los amarraba a una silla para que mantuvieran la posición erguida. Durante la ceremonia, que solía durar todo un día y toda una noche, se reunían los familiares, amigos y conocidos para cantar alabanzas al inocente «angelito». Aunque se tomaba alcohol, el velorio respetaba un protocolo estricto, con «cantos a lo divino» interpretados sólo por hombres, y numerosos rezos a cargo de mujeres. Los roles estaban nítidamente delimitados por género. Las mujeres, y sobre todo la madre de la criatura, no podían llorar. Si lo hacían, podrían mojarse las alas del ángel y este no ascendería al cielo.

Para cuando murió Polito, esta práctica ancestral comenzaba a extinguirse, debido a la creciente conciencia sobre higiene y salubridad. Si en los sectores campesinos se seguía manifestando, en las ciudades estaba prohibida. El juez de Lautaro habría hecho la vista gorda para que los Parra realizaran el rito y es de suponer que la impresión en Violeta y los demás hermanos no fue menor. En esos «cantos a lo divino», los músicos —entre ellos el padre, Nicanor— desplegaban toda una cosmovisión que recordaba a los dioses de la Antigua Grecia. «Dios, ángeles, santos y demonios son activos participantes en la rutina diaria de los mortales —dirá el escritor Fernando Alegría en un homenaje a Violeta—. Se mezclan con ellos, discuten y razonan, cantan y bailan; o se duelen y lloran y pelean.»[17]

En su autobiografía, Violeta afirmó que el velorio de su hermano duró tres días, pero es improbable. Normalmente estas ceremonias no duraban más de veinticuatro horas, tras las cuales se enterraba al infante fallecido. Este ancestral ritual quedó grabado en la memoria de Violeta. Cuando ya era una recopiladora obsesionada con el folclor, Violeta asistió a muchos funerales de niños. Y también los estudió.

«Hay gente que supone que los "velorios de angelitos" son pretextos para beber. Pero ese es un error: los hombres beben cuando se les da la gana en el campo y no necesitan pretexto para ello —afirmó Violeta en una entrevista en 1954—. Los velorios son una tradición trágica y sentimental […]. Suele haber ruedas de seis y ocho cantores, que interpretan décimas "a lo divino", sentados alrededor del angelito, vestido y con alas a la espalda, como si estuviera vivo. La madre no debe llorar, pues si lo hace su hijito muerto no irá al cielo.»[18]

La muerte de Caupolicán y la enfermedad de Elba golpearon el ánimo de la familia. No obstante, pronto reapareció el espíritu festivo de Nicanor. El padre de Violeta, como ya está dicho, era un bohemio al que le gustaba la música, estar con los amigos y tomar vino; a menudo, bastante vino. Tenía talento musical y sabía tocar varios instrumentos, entre ellos la guitarra, el violín, el arpa y el piano.

«En el violín no era simplemente un peso muerto —recordaría su hijo Nicanor—. Interpretaba música de Schubert, de Mozart, cosas medio provincianas, pero con pretensiones. Y además tocaba admirablemente la guitarra.»[19]

Clarisa, por su parte, tenía una voz afinada y conocía numerosas canciones tradicionales de la región del Ñuble. A veces, cuando tenían invitados en casa, Clarisa y Nicanor formaban un dúo, cantando cuecas, tonadas y los entonces muy de moda valses peruanos. Los niños se deleitaban con estas funciones. Nicanor siempre les quiso inculcar el amor por la música, por lo que organizaba, a la hora de acostarse, competencias de canto para su camada.

No siempre Clarisa mostraba tanto entusiasmo, y de ahí que a la postre haya obligado a su marido a esconder la guitarra bajo llave. Temía que sus hijos siguieran los pasos bohemios, las frecuentes parrandas de Nicanor, de las que ella era habitual testigo. Los hijos presenciaban también las peleas de la pareja, los desmayos de Clarisa y los trastornos del padre. «Él tenía alucinaciones, se despertaba en la noche y salía como loco por la ciudad —rememoraría su hijo mayor—. Se quería tirar al río (Cautín) tipo tres de la mañana.»[20]

En sus *Décimas* —escritas a fines de los años cincuenta pero que no fueron publicadas sino hasta después de su muerte— Violeta escribiría:

> L'esposa reta que reta
> al taita qu' en la chupeta
> se le va medio salario,
> mientras anuncian los diarios
> que sube la marraqueta.[21]

Tras salir de sus clases, el profesor se juntaba con los colegas y partían a jugar rayuela y tomar unos tragos. Para Clarisa, el canto pasó a ser sinónimo de vida desenfrenada. Pero Violeta no dejaba de estar fascinada con la música, los cantos y, en especial, con la guitarra. La niña descubrió que el instrumento se ocultaba en un cajón grande, el mismo donde Clarisa tenía su máquina de coser. «Yo descubrí dónde la guardaba y se la robé, tenía siete años. Me había fijado cómo [mi padre] hacía las posturas, y aunque la guitarra era demasiado grande para mí y tenía que apoyarla en el suelo, comencé a cantar despacito las canciones que escuchaba a los grandes. Un día que mi madre me oyó no podía creer que fuera yo.»[22]

Pese a las andanzas de Nicanor y la referida estrechez financiera, los Parra Sandoval tuvieron un buen pasar en Lautaro. En las vacaciones solían ir en tren a Chillán, a la casa de los abuelos, e incluso a Santiago a visitar a unos tíos. Fue en uno de esos viajes cuando Violeta vio por primera vez las carestías de los pobres, y así lo describiría en sus *Décimas*:

> Saliendo de la ciudad
> fue la primera sorpresa
> que me dejó la cabeza
> un tanto destartalá;
> mi taita con majestá
> dijo: «Es el campo, niñitos,
> aquellos son corderitos
> y esas alturas, montañas,
> y esas humildes cabañas
> de los pobres, pues, hijitos».[23]

La experiencia de la pobreza —fundamental en el discurso de Violeta Parra como cantautora— era todavía un paisaje lejano que la niña observaba desde el vagón de un tren.

El león y el coronel

Los Parra eran una familia con una sensibilidad política de centroizquierda. Las injusticias salariales y las diferencias de clase eran temas recurrentes en la sobremesa de Clarisa y Nicanor y entre su círculo de amistades. Como simpatizante del Partido Radical, Nicanor había puesto su esperanza en Alessandri. El León había prometido en su campaña presidencial implementar las leyes sociales que el país requería urgentemente y que habían sido pospuestas —a veces a punta de fuego y sangre— por los gobiernos anteriores.

Pero a poco andar el presidente demostró que no avanzaría en su agenda social y que, para peor, también se encargaría de reprimir a los movimientos obreros. En efecto, durante su primer mandato se produjo una serie de masacres obreras, como la matanza de San Gregorio, que en febrero de 1921 causó la muerte de unos cien mineros de la oficina salitrera de ese nombre, en la provincia de Antofagasta. El exterminio fue perpetrado por un regimiento al mando de Luciano Hiriart Corvalán, intendente nombrado por el propio Alessandri y tío de Lucía Hiriart, nada menos que la futura esposa de Augusto Pinochet.

En 1925 hubo otras dos matanzas en las salitreras. En marzo, la masacre de Marusia, que dejó alrededor de quinientos muertos, también en la provincia de Antofagasta. Y en junio se registró una verdadera carnicería en la mina La Coruña, en la misma provincia de Tarapacá que Alessandri había representado como senador. Murieron allí centenares de mineros a manos de las fuerzas armadas. El número oficial hablaba sólo de cincuenta y nueve víctimas, pero informes de la embajada de Inglaterra elevaban la cifra a seiscientas y ochocientas, mientras que en otras fuentes se llegaba a dos mil.

Aquella matanza en La Coruña contó con el beneplácito del gobierno alessandrista y de la prensa tradicional. Al día siguiente de los hechos, el propio presidente envió un telegrama de felicitación al general Florentino de la Guarda, quien estuvo a cargo de la masacre. «Agradezco a US, a los jefes, oficiales, suboficiales y tropas de su mando los dolorosos esfuerzos y sacrificios patrióticamente gastados para restaurar el orden público y para defender la propiedad y la vida injustamente atacadas por instigaciones de espíritus extraviados o perversos.» *El Mercurio* editorializó que la acción militar se justificaba como respuesta a la «necia agitación comunista».

Más duro aún fue el ministro de Guerra, el coronel Carlos Ibáñez del Campo, quien telegrafió lo siguiente al general De la Guarda: «Felicitando a US y a sus tropas por el éxito de las medidas y rápido restablecimiento orden público. Lamento la desgracia de tanto ciudadano, sin duda, gran parte inocentes. Espero continúe su obra, aplicando castigo máximo a cabecillas de revuelta y aproveche ley marcial para sanear provincia de vicios, alcoholismo y juego principalmente».[24]

En una década altamente politizada, acontecimientos de este tipo se discutían a diario en el comedor familiar. La decepción de los Parra Sandoval con Alessandri era evidente, al punto de que cuando murió Caupolicán, Clarisa no sólo maldijo a Dios sino también al presidente de la República. La pequeña Violeta escuchaba a los adultos hablar cada vez más de la «crueldad del León», una imagen que reasomaría en sus escritos y sus canciones.

Lo peor para la familia estaba por venir. La política golpearía directamente a la puerta de los Parra Sandoval en Lautaro, iniciando un período de descalabro que aceleró la muerte del padre.

Todo comenzó en julio de 1927, cuando Carlos Ibáñez del Campo ascendió al poder. Era el mismo sujeto que dos años antes había alabado la acción militar en La Coruña. Nacionalista inspirado en movimientos cívico-militares como el fascismo de Mussolini, Ibáñez se había cansado del diletantismo de Alessandri y sus aliados de la oligarquía, y apostaba por poner en marcha una modernización que haría del Estado un actor central de la economía y la sociedad, tras casi un siglo de liberalismo sin freno. Este *aggiornamento*, sin embargo, se haría bajo el precepto de la «Ley y el Orden», persiguiendo a los enemigos políticos y exigiendo la fidelidad de la población a una serie de duras medidas. Alessandri y muchos miembros de la clase alta tuvieron que partir al exilio, mientras el pueblo sufría con los ajustes. Muy pronto, la gente comenzó a tildar al gobierno de «dictadura», aunque hubiese sido el fruto de una aplastante victoria en las urnas.

«Por causa del dictador entramos en la pobreza», diría Violeta a fines de los años cincuenta.

Una de las medidas que implementó Ibáñez fue despedir a todo el personal civil del Ejército. El profesor Parra quedó desempleado y la familia a la deriva. A decir de Violeta,

> Fue tanta la dictadura
> que practicó este malvado,
> que sufr'el profesorado
> la más feroz quebradura.
>
> [...]
>
> Este recuerdo me ciño
> al centro del corazón
> concédanme la ocasión
> para decir crudamente,
> que Ibáñez, el presidente,
> era tan cruel como el león.[25]

¿Eran los recuerdos de Violeta un reflejo del sentimiento real que experimentó en esos años o una construcción intelectual posterior?

Es difícil saberlo. Su hermana Hilda diría que «de política no se hablaba en la casa, nunca en la vida me acuerdo yo que se haya hablado de algún presidente o algo así». Violeta e Hilda, claro está, mantendrían diferencias políticas toda la vida, y tal vez la sensibilidad para captar lo que conversaban los adultos era distinta entre las hermanas. «Aunque se hubiera hablado (de política) nosotros no entendíamos»,[26] agregó Hilda.

Por causa de Ibáñez del Campo terminaron de manera brusca los seis años más tranquilos de los Parra Sandoval. Pese a que Violeta vivió entre los cuatro y los diez en Lautaro, esta localidad nunca tuvo una figuración gravitante en su obra, ni se sabe que haya hablado de ella en sus entrevistas. De hecho, Violeta Parra no retornaría al pueblo en más de tres décadas. Sólo volvió a Lautaro y alrededores en calidad de recopiladora folclórica. No fue para recordar su infancia, sino para rescatar los cantos de las mujeres mapuche.

Si hoy en día un visitante llega a Lautaro, no encontrará más que las ruinas de lo que fue el regimiento donde hizo clases el padre. Un centro cultural del municipio, construido en 2013 a pasos del antiguo cuartel militar, tiene una placa en su entrada. Allí puede leerse: «En este lugar entre 1921 y 1927 enseñó el profesor Nicanor Parra, padre de Violeta y Nicanor».[27]

LOS AÑOS DE CHILLÁN

Tras perder su empleo, Nicanor y familia volvieron a buscar refugio en Chillán. A fines de 1927 recorrieron en tren los doscientos cincuenta kilómetros que separaban a Lautaro de la capital del Ñuble. El viaje duraba más de cuatro horas y Clarisa estaba nuevamente embarazada. En agosto de 1928 nació en Chillán el octavo hijo de la pareja. Tal vez porque aún recordaban los buenos años anteriores le pusieron Lautaro.

Al comienzo se fueron a vivir a la casa del tío Adriano, hermano de Nicanor, pero luego llegaron otra vez a la casona del abuelo Calixto José, en la Villa Alegre de la ciudad. El nombre de este barrio se debía a los varios burdeles instalados por ahí, junto a la estación central de trenes. No obstante su fama, era un barrio tranquilo, con casas hechas de adobe o de piedra, casas bajas, pegadas unas a otras, casi todas de un piso y con la entrada principal que daba a la calle. La mayoría de esos inmuebles tenía amplios jardines en la parte interior, donde podían cultivarse hortalizas y frutas. Los vecinos inclusive mantenían animales domésticos en sus patios.

La Villa Alegre correspondía a un antiguo sector agrícola, loteado y urbanizado en los años veinte para sostener la expansión urbana. Anticipándose a ello, Calixto José había comenzado a vender los numerosos terrenos adquiridos con anterioridad, de manera que el patriarca Parra era uno de los grandes propietarios del nuevo barrio.

Así lo corroboran las escrituras de compraventa en el Conservador de Bienes Raíces de Chillán. Sólo entre abril de 1924 y junio de 1927, Calixto José vendió nueve terrenos en la Villa Alegre, propiedades de entre 270 y 500 metros cuadrados.[28] Precavido, el abuelo de Violeta no vendió todo de una sola vez, y prefirió que en más de un caso le pagaran en cuotas mensuales a lo largo de varios años, con tasas de interés del doce por ciento anual. En total, esas ventas —en las que Calixto José se identificaba como *agricultor*, un término que en Chile se refería más a los propietarios de la tierra que a los campesinos encargados de cultivarla— le significaron ingresos por encima de diez mil pesos, un monto muy superior a lo que podía aspirar la clase media-baja de la época.

«La familia Parra, los abuelos, ellos eran ricos, eran los dueños de Chillán, casi de Chillán entero —diría Hilda—. Mi madre tenía su familia en el campo, en Huape. Ellos siempre fueron pobres.»[29]

La pobreza de los Sandoval fue un tema recurrente en la vida de casi todos los hermanos y Violeta misma insistió varias veces en este origen precario y campesino de su familia materna.

No obstante, tanto la riqueza de los Parra como la pobreza de los Sandoval parecen haberse distorsionado con el tiempo. Por ejemplo, al fallecer a fines de 1928, el abuelo Calixto José dejó a sus tres hijos —Nicanor, Adrián y Laura— la suma de 17.235 pesos, equivalentes a unos 70 millones de pesos actuales, además de un puñado de propiedades en la mentada Villa Alegre. Una herencia respetable, sin duda, pero lejos de la que se esperaría de una persona realmente rica.

Los Sandoval también contaban con terrenos agrícolas. «Los familiares de los abuelos maternos son [...] campesinos semi-aco-modados, con tierras propias y, sobre todo, con viñedos —afirmó Nicanor hijo—. Al mismo tiempo, el abuelo Ricardo era admi-nistrador de un fundo.»[30] Presionado por la falta de dinero, Nica-nor convenció a su esposa Clarisa de desprenderse de una serie de bienes. En sólo un mes, entre mayo y junio de 1928, el profesor Parra enajenó o arrendó tres propiedades que estaban a nombre de su mujer.

El 23 de mayo Nicanor compareció ante una notaría de Chi-llán, en «representación legal de su mujer doña Clarisa Sandoval», para otorgarle al agricultor Arturo Quezada Jara, de Huape, «en arrendamiento 2.776 plantas de viña con el terreno que ocupan, de propiedad de su expresada cónyuge». El contrato de arriendo se extendería por seis años, estableciendo un pago de cien pesos anua-les. Pocos días después, el padre de Violeta volvió a la carga. En una escritura notarial consta que Nicanor Parra «con consentimiento de esposa, solicita autorización para enajenar por el mínimo de se-tecientos cincuenta pesos la parte que a Clarisa Sandoval le corres-ponde de un retazo de una viña ubicada en La Hoya, Huape».

En varias de estas escrituras Nicanor Parra indicaba como profesión «rentista», es decir, alguien que vivía de los dividendos proporcionados por sus bienes. Y ello se ajustaba bastante a la realidad del momento. Cesante tras la partida desde Lautaro, el padre de Violeta cayó en una desazón profunda y se negó a trabajar en cualquier cosa que no fuera la enseñanza. El problema es que tampoco buscaba empleo activamente, y en vez de ello se dedicaba a aprovechar la herencia de su padre y de su esposa para mantenerse a flote y, claro, para irse de fiesta con sus amigos chillanejos.

Por si no bastase, en 1929 Clarisa volvió a quedar embarazada, dando a luz a Óscar Parra el 10 de enero de 1930. Sería el último retoño y a futuro, uno de los ilustres exponentes del circo popular chileno, haciéndose conocido bajo el pseudónimo de Tony Canarito.

Las platas obtenidas por la venta de los bienes de Clarisa y el apoyo de Calixto José no eran suficientes para sostener a una familia tan numerosa. El padre de Violeta había estado presionando a Calixto para que le heredera en vida, y ante el asedio, el abuelo accedió a fines de 1928 y optó por entregarle varias propiedades a su hijo. Pero incluso cuando Nicanor hizo efectiva la herencia, todos los ingresos tendieron a escurrirse con rapidez. El motivo era tan simple como trágico. Volcado más que nunca a la buena vida, Nicanor tomaba y apostaba, y en sus andanzas nocturnas solía empeñar los bienes heredados. Estando borracho, tras perder estrepitosamente en los juegos de azar, firmaba papeles a sus contrincantes. Al día siguiente era Clarisa quien debía atender en la puerta a estos jugadores que reclamaban su justo premio. Como era previsible, las peleas entre los esposos se tornaban descomunales.

Violeta Parra aludiría a tales episodios, vividos en su preadolescencia:

> Presente de su familia
> lloraba un día mi mama,
> contando de que las llamas
> la están dejando en la ruina.
> En fiestas de tomatina
> mi taita vende la tierra,
> con lo que se arma la guerra
> en medio del pasadizo
> le exigen los compromisos,
> qu'el les firmó entre botellas.[31]

Hacia 1929 Nicanor se contagió de tuberculosis. Los Parra Sandoval —familia de la pequeñoburguesía provinciana— estaban tocando fondo.

Pese al descalabro evidente, el matrimonio no claudicaba en ciertos principios. Y uno de estos principios era enviar a los hijos al colegio. Hilda y Violeta acudían al Liceo Nº 16 de Chillán, ubicado en el barrio Villa Alegre, a unas pocas cuadras de donde residía la familia. Nicanor, Eduardo y Roberto iban a la Escuela de Hombres Nº 20, en el mismo barrio. Elba no asistía al colegio, mientras que Lautaro aún estaba demasiado chico para entrar a la enseñanza formal.

La escuela de Violeta e Hilda era una edificación grande y sólida, construida en cemento, y acogía a todas las niñas del barrio en expansión. Tanto la escuela como el edificio todavía existen en la actualidad, aunque en 1947 se fusionaron los colegios de hombres y mujeres y en 1978 se rebautizó al establecimiento fusionado como Liceo República de Italia.

Violeta tuvo una profesora llamada Berta que se dio cuenta de sus habilidades artísticas y trató de fomentarlas, aun cuando la niña siguiese odiando la escuela. Las tertulias domésticas de canto y guitarra encabezadas por el padre le parecían mucho más interesantes. «Empiezo a amar la guitarra —escribió en sus *Décimas*— y adonde siento una farra, allí aprendo una canción.»[32]

Para los niños, el escape ante la cada vez más tensa situación familiar era la ciudad misma y sus extramuros. Pocas cuadras más allá del colegio y el hogar —una modesta quinta de quinientos metros cuadrados, en cuyo jardín estaba la casita de madera que habitaban los Parra—, se encontraba el Cementerio General de Chillán. Durante los fines de semana y en fechas especiales, como el feriado de Todos los Santos, la tropa infantil aprovechaba de ganarse unas monedas vendiendo flores o cambiando el agua de los floreros en las tumbas. También robaban las coronas de los entierros famosos o acaudalados y se las revendían a gente común.

Los días sábado, además, los niños iban a la feria agrícola que se celebraba en el barrio. Confluían en ella campesinos venidos en tren, carreta o a caballo, dispuestos a comerciar animales, frutas y hortalizas, vinos, productos de madera y aquellos artículos de cuero que los cuyanos transportaban desde San Fabián de Alico. No se trataba de una feria cualquiera, por cuanto incluía principalmente a pequeños y medianos productores, algo que era poco común en el Chile de los años veinte y los treinta. Como afirma el historiador y antropólogo chileno José Bengoa,

La plaza o mercado de Chillán durante el siglo pasado fue un importante centro de confluencia de todas estas unidades campesinas. El mercado era uno de los pocos espacios de intercambio de pequeños productores que había en el país. A diferencia de la situación santiaguina, donde prácticamente no existen este tipo de centros de relaciones mercantiles entre pequeños agricultores, Chillán, Cauquenes, en menor medida Parral, San Carlos, y otras localidades de la zona tenían este tipo de actividad. La región, por lo tanto, no se caracteriza por la presencia dominante de la hacienda tradicional. Este hecho, sin duda, provoca diferencias en la sociedad rural de la región de Chillán con respecto de la zona central.[33]

Para Violeta y sus hermanos, la feria encarnaba un mundo por descubrir. Y es que en ese mercado no sólo había elementos agrícolas, sino que también asistían payadores y cantores, predicadores, humoristas, vendedores de juguetes y representantes de algún circo de paso, invitando al espectáculo.

La prole Parra Sandoval comenzó a cautivarse con las funciones circenses. Cada vez que llegaba una compañía, todos acudían entusiasmados. La excepción era el hermano mayor. Siendo el más estudioso de la pandilla, Nicanor no comulgaba con las sensibilidades rebeldes y artísticas de los hermanos menores y rara vez participaba de sus aventuras. Sería al fin y al cabo el único en terminar la enseñanza secundaria, entrar y graduarse de la universidad e incluso realizar un postgrado en el extranjero, algo muy inusual para esos tiempos.

Los hermanos se ofrecieron para entrar a estos circos de provincia. La mayoría, no sólo Violeta, había aprendido a tocar la guitarra y a cantar, y aunque no fuera así, cualquier papel que ofreciese el dueño resultaba aceptable. Para suerte de los Parra Sandoval, la media hermana mayor, Marta, se había casado con un empresario circense de nombre Juan Báez. Marta y Juan eran propietarios del Circo Argentino. Lo habían llamado de ese modo después de que los detuvieran al otro lado de la cordillera por actuar sin permiso.

En el espectáculo, Violeta e Hilda entonaban canciones infantiles y bailaban rancheras argentinas. Roberto recordaría que en aquel número también había un perro llamado Mustafá. «Era un perro que bailaba. Y también le vendaban la vista y se hacía el muerto, hasta que le decían que venía su suegra y salía corriendo.»[34]

Los hijos de Clarisa y Nicanor se embarcaron asimismo en la compañía del Circo Tolín, que pertenecía a los hermanos Ventura González y, al igual que el negocio de Marta, recorría los pueblos en torno a Chillán. Violeta rara vez mencionó en público sus experiencias circenses, pero Roberto sí las recordó a inicios de los setenta:

> Ventura González era empresario y trabajaba con un caballito que se llamaba el *Pior es Na'*. Su mujer nos quería mucho, se llamaba Margarita y le decían la Chicle, porque era contorsionista. Era un circo peliento, y como era tan chico, íbamos de fundo en fundo en una carreta por todos esos lados [...]. En esa época se vendían las funciones al dueño del fundo, a doscientos, a trescientos pesos, que era mucha plata, y él se las daba gratis a sus campesinos.[35]

Acompañando a estos circos, Violeta y sus hermanos conocieron buena parte del Ñuble y del Maule, actuando en localidades como Santa Clara, Longaví y otros pueblos del centro-sur de Chile. Algunos biógrafos, como Fernando Sáez y Jorge Montealegre, afirmarían que la incursión circense respondió a la necesidad de escapar de la pobreza. Pero eso no es del todo cierto. Los hermanos desarrollaban estos oficios durante sus vacaciones o los fines de semana, teniendo en cuenta que sus padres nunca aflojaron en exigirles que fueran a la escuela.

La vivencia que por entonces más impactó a la joven Violeta fueron sus visitas periódicas a las hermanas Aguilera en Malloa, localidad rural a unos doce kilómetros de Chillán, cerca de las tierras maternas de Huape. En Malloa Violeta conoció de cerca los ritos, fiestas, costumbres y artes rurales. «Malloa era un pueblo perdido en el campo, incomunicado con el resto de Chile —contaría Violeta Parra en una entrevista en 1958—. Sólo un camino real lo unía con Chillán y había media hora a caballo yendo a galope tendido, y más de dos horas si se iba al paso.»[36]

En Malloa vivían las cinco hermanas Aguilera —Natividad, Trinidad, Lucrecia, Ema y Celina—, junto a su padre, Domingo Aguilera, y la madre, doña Chayo. Pueden haber sido parientes de la familia Parra Sandoval, ya que se trataban entre ellos como tíos y primos, si bien era normal que en el campo chileno se otorgaran dichos parentescos a los amigos cercanos. Todas las Aguilera sabían de música, pero había dos en particular que tocaban maravillosamente la guitarra y eran también muy buenas cantoras, de voces afinadas. Para Violeta, que tenía unos doce años, las niñas Aguilera representaban un auténtico tesoro. Muy pronto comenzaría a pasar temporadas enteras con ellas, absorbiendo sus tradiciones.

Violeta se fascinó especialmente con Lucrecia. En sus *Décimas* la describió «como una dama / de algún palacio real; / cuando se pone a cantar / se baja del azul el cielo, / las aves paran su vuelo / para poderla escuchar».[37]

Ante la insistencia de Violeta las hermanas la apadrinaron musicalmente y le enseñaron sus canciones, sus técnicas de canto y guitarra. Sería una influencia perdurable. En 1958, siendo ya una recopiladora y folclorista conocida a nivel nacional, Violeta Parra afirmó: «Algunos de los cantos populares que forman mi repertorio actual se los oí por primera vez a ellas. Las niñas Aguilera cantaban muy bien y constantemente las perseguía para que me enseñaran sus cantos».[38]

Malloa y las Aguilera provocaron un impacto adicional sobre Violeta al acercarla a una realidad completamente nueva: la vida campesina. Hablando de sí misma en tercera persona, como sería frecuente en su adultez, describió ese período con los siguientes versos:

Con esas niñas aprendo
lo qu' es mansera y arado,
arrope, zanco y gloriado,
y bolillo que está tejiendo;
la piedra que está moliendo;
siembra, apuerca, poda y trilla
emparva, corta y vendimia;
ya sé que es la cizaña,
y cuántas clases de araña
carcomen la manzanilla.[39]

Fue también en esta época cuando la joven de Chillán escuchó por primera vez que el folclor chileno se basaba en dos ramas: el canto a lo divino y el canto a lo humano. El primero se centraba en temas religiosos y en sus letras deambulaban los sabios y reyes del Antiguo Testamento, grandes historias bíblicas como el diluvio universal o el enfrentamiento entre David y Goliat, y desde luego la vida de Jesús en el Nuevo Testamento. La segunda rama, llamada a veces canto a lo poeta, se dedicaba en cambio a los asuntos terrenales, el amor, la política, la historia y la sociedad contemporánea.

Según expertos como Rodolfo Lenz o Fidel Sepúlveda, el origen de ambas ramas puede rastrearse en la poesía popular y la tradición juglaresca de la Edad Media, así como en la poesía satírica del Siglo de Oro español. Algunos de estos cantos escuchados por Violeta en Malloa eran casi idénticos al romance ibérico y hablaban de grandes gestas, como las del Cid Campeador. Otros eran «versos por sucesos», que relataban acontecimientos noticiosos. Estaban también los «versos por ponderación», en que los cantantes exageraban con el propósito de entretener y a la vez aleccionar a sus oyentes. Por último, otra vertiente del canto a lo humano eran los «versos por el mundo al revés», donde los poetas y cantantes ponían las cosas de cabeza: un cura se podía ir al infierno y un pecador al cielo, un juez terminaba en la cárcel y un delincuente se quedaba a cargo del tribunal.

A fines de los años veinte e inicios de los treinta, los diversos tipos de canto se interpretaban cotidianamente en las zonas rurales y se traspasaban de manera oral entre las generaciones. La radio aún no se había popularizado y el gramófono todavía era un artículo suntuario, reservado para las familias pudientes de las grandes ciudades.

Aunque escuchó toda esta música durante sus largas estancias en Malloa, no sería sino hasta dos décadas más tarde que Violeta sopesó su verdadero significado. Es probable que de adolescente no captara por completo las ironías, el sarcasmo y esa cierta rebeldía política y social que empapaba esos cantos. Como afirman los historiadores Gabriel Salazar y Julio Pinto:

> A través de los cantos a lo «humano y lo divino», los refranes, cuentos y fiestas religiosas, los campesinos desafiaron la hegemonía cultural de la élite civil religiosa. Las poesías construyeron mundos «al revés» donde los ricos sufrían las penurias del pobre o donde las máximas autoridades eran objeto de burla. Era una fuga mental.[40]

Mientras Violeta aprendía en Malloa las tradiciones campesinas y mejoraba su técnica de guitarra, a seiscientos kilómetros de distancia, en Santiago, se difundía un fenómeno musical que en escaso tiempo logró convertirse en el «folclor oficial» de la nación.

Los catalizadores de este movimiento fueron los Guasos de Chincolco (*sic*), conjunto de cuatro músicos santiaguinos que en 1921 presentó su primer disco de 78 rpm, compuesto exclusivamente de cuecas y tonadas. Las letras hablaban de una relación armónica entre patrones y peones, ensalzaban el paisaje chileno y sonaban política y socialmente inofensivas, sobre todo si se las comparaba con los sarcásticos cantos que oía Violeta. «Muy poca gente se da cuenta entonces que ha llegado al dial no la voz del peón de los campos —diría el periodista y cantautor Patricio Manns—, sino las voces y guitarras de los dueños de la tierra.»[41]

Las familias ricas de la metrópoli, muchas de las cuales tenían haciendas, abrazaron con fervor esta música. Los Guasos de Chincolco tuvieron exitosos seguidores como Los Cuatro Huasos, formados en 1927; Los Huasos Quincheros, que nacieron en 1937 y que, con algunos cambios de formación, existen hasta el día de hoy; y Los Provincianos, que se constituyeron en 1938.

Violeta Parra le declararía la guerra a la corriente «oficialista» del folclor, pues a su juicio poco y nada tenía que ver con el campo genuino. Era una música que, en palabras del locutor radial y promotor folclórico de los años sesenta, René Largo Farías, retrataba «una hermosa tarjeta postal a todo color, con el monotema del paisaje: el agua cantarina, el camino agreste, la montaña nevada, el cantarito de greda, los sauces llorones».[42]

Y esos eran, por supuesto, temas que Violeta jamás escuchó entonar a sus madrinas de Malloa.

LA POBREZA GOLPEA A LA PUERTA

Violeta tenía doce años cuando la tuberculosis de su padre avanzó de manera alarmante. Por miedo al contagio, Clarisa no dejaba que los hijos se acercaran mucho a Nicanor. Enfermedad temida y todavía mal entendida, la tuberculosis afectaba por igual a ricos y pobres.

Siguiendo las creencias de la medicina popular, la madre hacía tragar a sus hijos una cucharada de parafina y, para que la tolerasen mejor, les daba también un poco de azúcar. «Es para sus pulmones», les decía.[43]

Pese a los excesos de Nicanor y a los constantes reclamos de Clarisa, Violeta sentía un enorme afecto por su padre. Tanto así, que en el verano de 1930 decidió acortar su estadía en Malloa para retornar a Chillán y cerciorarse de la salud de su progenitor. A despecho de su gravedad, Nicanor Parra procuraba no dejar de lado su faceta alegre y bohemia. Continuaba interpretando música clásica en un conjunto de cámara que se llamaba Santa Cecilia. Tampoco había perdido el humor y, entre tos y tos, se pasaba el día bromeando con la familia y las amistades.

«Él decía estas cosas dignas de un Quevedo, por ejemplo: "El que va a mear y no se pee, es como el que va a la escuela y no lee". Mi padre era un hombre que vivía el ahora y el aquí intensamente», recordaría después su primogénito.[44]

Los recuerdos de Violeta serían más lúgubres:

> Con la escasez del dinero
> mezquino es el alimento,
> son pocos los elementos
> que cuentan en el puchero.
> No vino más el lechero
> no piensen que con rencor,
> porque mi taita era enfermo.[45]

Como era costumbre, los Parra Sandoval no celebraban los cumpleaños sino los santorales. Todos los 19 de marzo el abuelo Calixto José armaba en su casona de la Villa Alegre una gran fiesta para festejar el día de San José. A Violeta, en honor a su segundo nombre, la celebraban los 16 de julio, para la festividad de Nuestra Señora del Carmen o Virgen del Carmen. No es de extrañar que al cumplir trece años, en 1930, se escatimara todo festejo. El padre, por lo demás, ya estaba tan enfermo que sus amigos, sus familiares y el sacerdote del barrio se apersonaron en el hogar para comenzar a despedirlo.

A dos días del cumpleaños, el 6 de octubre a las 17.30 horas, falleció Nicanor Parra Parra a causa de una tuberculosis pulmonar, según consta en el certificado de defunción. Este hombre «flaco, elegante y moreno», como lo describió alguna vez su hija más famosa, tenía sólo cuarenta y cinco años. La niña lloró amargamente, mientras la madre ordenaba un sahumerio para desinfectar hasta el último rincón. Lalo aseguró que el velorio duró dos días y dos noches.[46] Y Violeta Parra lo evocaría de este modo:

> Cuando murió mi taitita […].
> Fue tan crecida la pena,
> tan grande la confusión,
> que en todo mi corazón
> se reventaron las venas.
> Quiero besar la morena
> mejilla d' él en reposo […];
> deme permiso, mamita;
> es imposible, m'hijita,
> ha muerto tuberculoso.[47]

La muerte del padre hizo que el frágil equilibrio emocional y financiero de la familia terminara de desmoronarse. La viuda recibía una pensión del Ministerio de Educación, pero era una pensión mínima, que no alcanzaba para mantener al clan de nueve hijos. Clarisa redobló sus esfuerzos como costurera y trabajaba hasta por las noches con su máquina Singer. Hilda y Violeta la auxiliaban a veces, ahora por necesidad real y no únicamente por curiosidad o diversión. No pasaría mucho tiempo para comprobar que la madre era incapaz de sostener por sí sola a la familia.

El primero en entender la nueva situación fue Nicanor, que se fue sigilosamente de la casa para instalarse con el tío Adriano. Cuando los menores se dieron cuenta de esta fuga y lo encararon en la calle, el futuro poeta y profesor de matemáticas se justificó con una respuesta lacónica: «Una boca menos que alimentar. Así alcanza la comida para ustedes».

No tardarían los hermanos menores en darse cuenta de que debían hacer algo para asegurar la subsistencia de la familia. Hilda, Violeta, Lalo y Roberto —todos ellos enamorados de la guitarra y el canto—, salieron primero a recorrer las calles de Chillán y después las localidades cercanas del Ñuble, para cantarles a transeúntes y pasajeros del tren con el fin de reunir dinero. Retornaban en ocasiones con canastas llenas que les habían regalado y otras veces con algo de plata para comprarles comida a los demás. «Tomé mi guitarra y junto con mis hermanos menores salimos a cantar al pueblo provistos de una canasta —recordaría Violeta en una entrevista—. Cantábamos en la calle y no recibíamos dinero, sino que alimentos y frutas.»[48]

Al principio Clarisa se espantaba porque sus hijos se ausentaran varios días, pero con el tiempo se acostumbró. Las *Décimas* de Violeta incluyen evocaciones de aquella etapa:

No existe empleo ni oficio
que yo no lo haiga ensaya'o,
después que mi taita ama'o
termina su sacrificio,
no me detiene el permiso
que mi mamita negara,
de niña supe a las claras
qu'e el pan bendito del día
diez bocas lo requerían
hambrientas cada mañana.[49]

Desesperada por reunir dinero, Clarisa le pidió a su hijo Roberto ponerse al servicio de una tal señora Laura, una cantora de Chillán que era ciega. El papel del hijo consistía en ejercer de lazarillo a cambio de unos quince pesos mensuales. Pese a estas penurias, la viuda Clarisa insistía en que todos asistieran de manera regular al colegio.

Los estudiosos de Violeta destacarían las supuestas raíces campesinas y la pobreza (también supuesta) como punto de partida de una vida que logró superar las adversidades e imponerse en la escena nacional e internacional. Lo anterior parece obedecer más a la construcción de un mito que a la realidad vivida por Violeta y sus cercanos. «Los Parra no son hijos del rigor campesino —afirma Fernando Venegas, académico de la Universidad de Concepción—. Cualquier niño proveniente de ese entorno a la edad de ellos ya estaba ayudando en tareas agrícolas, a ensillar los animales, a traer agua del pozo.»[50]

Tras la muerte del padre, los niños Parra Sandoval efectivamente abandonaron el colegio para trabajar durante un tiempo en circos o ganarse la vida como cantantes. No era inusual, dicho sea de paso, que los adolescentes coetáneos abandonaran la escuela y priorizaran la búsqueda de sustento. Pero Nicanor, el menos bullicioso y bohemio, seguía siendo un alumno estrella en el Liceo n.º 20 de varones de Chillán.

Joven y ambicioso, Nicanor sabía que necesitaba emigrar a Santiago y enrolarse en algún liceo de prestigio nacional. Con una beca de la Liga Protectora de Estudiantes Pobres, fundada en 1872, Nicanor se fue a terminar su último año de colegio en el reputado Internado Nacional Diego Barros Arana (INBA) en la capital de la república.

Fundada en 1902, esta escuela estatal exclusivamente masculina se había originado en una idea del presidente Balmaceda, idea que se pospuso por varios años a causa de la Guerra Civil. En 1887, el mandatario se pronunció a favor de la creación de internados para «ilustrar al pueblo y enriquecerlo». Y uno de los jóvenes que se beneficiaron de tal empuje educativo fue precisamente Nicanor. El INBA no era un colegio cualquiera y contaba con una infraestructura muy avanzada para la época. Construido en un terreno de diecisiete hectáreas junto al parque Quinta Normal de Agricultura, el establecimiento contaba con piscina temperada, canchas de deportes, zonas verdes, clínica dental, laboratorios modernos y hasta cine. Además de acaparar a los mejores profesores chilenos y varios europeos, en especial de Alemania y Suiza, el colegio se convirtió en una fábrica de ascenso social, entregándole al país jueces de la Corte Suprema, ministros de Estado, diputados y senadores, presidentes del Banco Central e incluso un presidente de la República (Patricio Aylwin, 1990-1994). De ahí salieron también numerosos profesionales, pintores y poetas afamados, entre ellos el propio Nicanor Parra.

Habiendo egresado del INBA, el hijo mayor del clan entró al Instituto Pedagógico de la Universidad de Chile, donde comenzó sus estudios en matemáticas y física. En paralelo ejerció como inspector del internado a cambio de techo y comida.

Pero nada de eso significó que Nicanor se olvidara de la familia. Solía enviar el poco dinero que le sobraba a su madre, Clarisa, y en las cartas remitidas a sus hermanos los instaba a no aflojar en sus estudios secundarios. El mayor puso especial atención en Violeta, pues consideraba que era la que mostraba más potencial para convertirse en profesional algún día.

Como Clarisa, Nicanor temía que sus hermanos se perdieran en la bohemia del canto y la guitarra y no quería que repitieran el camino del padre, de modo que los animaba a migrar hacia Santiago. En la capital —les contaba en sus cartas— podría conseguirles cupos en buenos colegios y se las arreglaría para encontrarles alojamiento. Lo recordaría también Violeta en sus *Décimas*:

Mi hermano decía: Vente,
que lindo es el estudiar,
el mundo es un ancho mar
lo cruzarás por el puente.[51]

El caso es que Violeta, Hilda, Eduardo y Roberto lo estaban pasando mejor en Chillán. Habían formado un cuarteto musical, con el cual recorrían las calles y mercados chillanejos, y los fines de semana las localidades próximas. A ratos seguían actuando en los circos, pero eso tenía menos que ver con necesidades que con diversión. ¿El motivo? Había pasado algo más de dos años desde la muerte de Nicanor padre, cuando en 1933 Clarisa conoció a quien se convertiría en su tercer esposo: Miguel Ortiz Pacheco. Es muy poco lo que se sabe de este marido, por cuanto la mayoría de los hermanos nunca lo mencionó. Algunas fuentes afirman que se trataba de un militar retirado y, en apariencia, un hombre que contaba con recursos económicos: tenía, por ejemplo, un automóvil propio, lujo que sólo la gente de las clases más acomodadas podía costearse.

«Cuando murió mi padre, quedamos en la orfandad durante dos años, con una jubilación de mi padre pero no con holgura», recordó Lautaro Parra casi ochenta años después. «Y llegó ahí un señor con un auto que se enamoró de mi madre y que se llamaba don Miguel Ortiz Pacheco. Él se hizo cargo de toda la familia.»[52]

En un libro de décimas dedicado a su hermana Violeta, Lalo Parra escribiría:

Gracia' a don Miguel Ortiz
falta menos la comida,
padrastro para toda la vida
elegante y muy feliz.[53]

Fue probablemente a fines de 1933 o inicios de 1934 —con su madre ya emparejada con Miguel Ortiz y la economía familiar remontando— cuando Violeta tomó una decisión: le haría caso a Nicanor y se iría a Santiago para retomar los estudios.

La joven se fue de Chillán sin avisarle a nadie. «Salí de mi casa un día para nunca retroceder», recordaría. Partió la madrugada de un sábado, subiéndose al primer tren con destino a la capital, un ferrocarril que paraba en casi todos los pueblos. En San Javier, a unos 130 kilómetros y tres horas de viaje, se comunicó con su familia para decirles que se había ido. No está claro cómo se lo hizo saber, pero acaso usara la terminal estatal de telégrafos.

De esta manera abrupta llegó a su fin una etapa que marcaría intensamente a Violeta Parra. Aunque sólo permaneció en Chillán unos siete años, no más que los vividos en Lautaro, la artista siempre se consideraría a sí misma una chillaneja. Debieron pasar, eso sí, un par de décadas para que se diera cuenta cabal de lo importantes que habían sido Chillán y Malloa, las hermanas Aguilera y las fiestas religiosas, los mercados campesinos, las andanzas musicales junto a sus hermanos y, también, la bohemia de su padre y los sacrificios de su madre. Cuando lo hizo, Violeta comenzaría a revolucionar el folclor de Chile y América Latina.

SANTIAGO: SIN MALETA PERO CON GUITARRA

Violeta arribó a la Estación Central de Santiago en la tarde de ese mismo sábado y de inmediato la gran ciudad la abrumó. Nunca había visto a tantas personas tan distintas, todas caminando deprisa hacia algún lugar. «Cuando pasé, entre la gente l'inmensa puerta de fierro —recordaría en sus *Décimas*— sentí como que un gran perro estaba pronto a morderme.»[54]

La enorme estructura, construida en 1885 por una empresa francesa que usó un diseño del arquitecto Gustave Eiffel, era la puerta de entrada a la capital para todos los migrantes sureños. Situada en el corazón de lo que es hasta hoy el eje poniente-oriente de Santiago, la estación mostraba en su entorno una intensa actividad comercial, que incluso contemplaba la venta de animales vivos, como gallinas, cabras y patos. Conocido como barrio Meiggs —en honor al ferroviario neoyorquino Henry Meiggs, que construyó varias líneas de tren en Chile y Perú—, este distrito no estaba desprovisto de burdeles, hospedajes baratos y cités para pobres. Al barrio, a inicios de los treinta, también lo apodaban Chicago chico, en referencia a la mafia estadounidense y la concentración de ladrones y delincuentes de todo tipo.

En 1954, mucho tiempo después de la llegada de Violeta, la bailarina inglesa Joan Alison Turner emigró a Chile y quedó impresionada por lo que vio en la Estación Central. La futura esposa del cantautor Víctor Jara describió ese ambiente de la siguiente forma:

Se asentaba en el corazón de un barrio que parecía tener vínculos perdurables con el lejano sur y también con el campo circundante. Alrededor de las siete de la mañana llegaban los lentos trenes desde Puerto Montt y Temuco, repletos de Mapuches cargados con ponchos, mantas y ramos de flores rojas de copihue para vender. Los vagones de madera iban llenos de familias campesinas que emigraban a la ciudad acarreando paquetes de comida, pollos vivos, y chorizos picantes de Chillán. [...] Se mezclaban con los campesinos de la cercana terminal de buses, llegados desde Talagante, la Isla de Maipo y las provincias próximas a Santiago. [...]

Muy cerca se extendían manzanas y manzanas de casas bajas de techo plano, en sórdidas calles. Cuanto más se alejaban de la Alameda, más sucias y miserables se volvían las calles, se veían niños más sucios y descalzos, más borrachos deambulaban en las esquinas, los perros callejeros hambrientos revolvían la basura desparramada en las calzadas sin pavimentar, llenas de baches; el estuco desmoronado daba paso a un paisaje de madera, lata y cartón.[55]

Aquel barrio de maderas, latas y cartones se llamaba el Zanjón de la Aguada y desde fines del XIX era el lugar ya no de la pobreza, sino de la miseria extrema. En una franja de cinco kilómetros de largo y 125 metros de ancho, se amontonaban chozas con improvisadas paredes de madera de desecho y techos de zinc, donde vivían treinta y cinco mil personas hacinadas y sin agua potable, electricidad, alcantarillado ni calles pavimentadas. A este tipo de asentamientos informales se les comenzó a llamar «poblaciones callampa» en razón de su rápido crecimiento, que parecía emular el de los hongos comestibles.

El hogar que aguardaba a Violeta aquella tarde de sábado no formaba parte de esos espacios miserables. En realidad, no le esperaba techo alguno, puesto que en su prisa por dejar Chillán olvidó avisar a su hermano Nicanor. La joven estuvo merodeando varias horas por las inmediaciones de la estación, hasta que un policía se le acercó y le preguntó si estaba sola. «Le digo que mis parientes no saben que yo he llegado y aquel amable soldado me lleva donde el teniente», fue el recuerdo de Violeta,[56] que en definitiva pasó su primera noche capitalina durmiendo en una comisaría.

Ansiosa por contactarse con Nicanor, que ignoraba todo sobre el viaje, Violeta al día siguiente se levantó temprano e invirtió los pocos pesos que traía en desayunar en un local de Meiggs, para dirigirse enseguida al INBA, donde sabía que su hermano pernoctaba y trabajaba como inspector. Era una caminata corta, de no más de quince cuadras.

—Nicanor, hay una joven que lo busca —dijo un guardia del internado esa mañana de domingo.

La sorpresa del inspector al ver a su hermana parada detrás de las rejas fue mayúscula. «Yo no podía creerlo», recordaría. Violeta venía con una guitarra bajo el brazo, pero sin maleta y sólo con la ropa que llevaba puesta: una falda larga de género y una blusa. Ella se percató de que había tomado por sorpresa a su hermano y de que este se veía algo confundido.

—No te preocupes, Tito, aquí tengo yo mi guitarra —le dijo, usando el sobrenombre de Nicanor—. Yo puedo mantenerme sola.

—Nada de eso, Viola —intervino rápido el hermano, recuperándose ya de su confusión inicial.[57]

En los días y semanas siguientes, Nicanor buscó poner a punto a su hermana. Le compró ropa y le consiguió alojamiento. «Del momento en que llegué, mi pobre hermano estudiante se convirtió, en un instante, en padre y madre a la vez»,[58] escribió Violeta. Nicanor además le entregó libros y materiales de estudio para que diera el exigente examen de ingreso a la Escuela Normal Superior José Abelardo Núñez, muy prestigiosa y conocida también como Escuela Normal de Niñas. Fundado en 1842 por el político argentino Domingo Faustino Sarmiento, este colegio se ubicaba en el barrio de la Quinta Normal, cerca del INBA, y era considerado un bastión de la educación pública. Siguiendo el modelo francés, las escuelas normales chilenas se concentraban los dos últimos años de estudio en formar a los futuros docentes de la educación básica. Era el camino que Nicanor había escogido para su hermana y que Violeta aceptó. Por lo menos al principio.

Violeta recordaría que su hermano le proporcionó textos en inglés y francés y algunos de geografía. Durante un mes y medio de ese verano de 1934, Nicanor la ayudó a prepararse para la difícil admisión. «Le dio tanto gusto el día del resultado —rememoraría—, no le he desilusionado, saqué los mejores puntos.»[59]

En marzo Violeta logró entrar a la Normal de Niñas. Por lo general, los ramos en ese tipo de escuelas consideraban niveles avanzados de lectura y escritura, gramática, aritmética, geografía, dibujo lineal e historia de Chile y el mundo. Varias cartas manuscritas que Violeta escribió ya de adulta muestran que tenía una ortografía casi impecable.

La Escuela Normal también era un internado, donde las alumnas vivían de lunes a viernes. Los fines de semana Violeta se alojaba en casa de unos tíos que habían cobijado a Nicanor en sus días de alumno del Barros Arana. Esos tíos se llamaban Ramón Parra Quezada —primo de Nicanor padre— y su esposa, Matilde. Vivían con sus hijos en la calle Ricardo Cumming, junto a avenidas de palmeras y árboles frondosos.

Ramón Parra era funcionario de la compañía eléctrica estatal y tenía un pasar relativamente tranquilo. Nicanor afirmó que la casa de su tío estaba «muy bien montada y tenía hasta piano en el saloncito»:

Era una casita de clase media, muy bien atornillada. Y era una casa de ladrillo con mampara, pasillo al centro. A la entrada, dos habitaciones, una a cada lado. Podían usarse como dormitorios. En seguida venía una galería interior y un patiecito a la derecha. Al otro lado el dormitorio del matrimonio y después al fondo el comedor, y unas piececillas adyacentes. Después el tío amplió adentro. Hizo otras construcciones. Incluso tenía arrendatarios, porque esa casa era de él.[60]

Durante los dos años siguientes Violeta vivió en ese hogar donde según el hermano poeta de desarrollaba una vida social pe-queñoburguesa.

Los fines de semana Nicanor solía ir donde el tío para compartir con Violeta. Muchas veces iba acompañado de algunos amigos, todos alumnos del INBA, como Luis Oyarzún, Jorge Millas y Carlos Pedraza, a futuro destacados hombres en el mundo académico, de la filosofía y de la poesía. Ahí se montaban tertulias en que los jóvenes intelectuales discutían con el tío Ramón sobre política, cultura y arte. Y Violeta participaba activamente de estas conversaciones.

Violeta desarrolló con el paso de los meses una especial afinidad con Luis Oyarzún, tres años más joven que ella. Era el menor del grupo y todavía estaba en el internado Barros Arana. Sus amigos le decían «el pequeño Larousse ilustrado», tanto por su baja estatura como por sus conocimientos enciclopédicos. Violeta y Luis se juntaban a solas en el Parque Forestal, en un tradicional barrio céntrico de Santiago, para seguir sus conversaciones.

Pronto Violeta se enamoró. Con la timidez propia de una joven recién llegada a la gran ciudad y que hasta ese momento sólo había cultivado con Luis Oyarzún una amistad basada en el intelecto, decidió escribirle una carta. Un sábado, paseando por el parque, se la entregó y le hizo prometer que no la leería hasta volver al internado. En esa carta, aseguran biógrafos como Fernando Sáez y Fernando Alegría, Violeta confesó su amor por Luis y advirtió que si el sentimiento era recíproco, lo esperaría el próximo sábado en el mismo lugar donde la carta fue entregada.

Oyarzún no apareció. Lo que Violeta no sabía era que Luis buscaba más bien una relación platónica, pues no se sentía particularmente atraído hacia el sexo femenino. Aunque continuaron viéndose en las tertulias, la afinidad entre ambos se había roto.

Pese a ser una buena estudiante y empeñarse en la escuela, Violeta no lograba sentirse a gusto. La perspectiva de estudiar y convertirse en profesora primaria no la entusiasmaba en absoluto. Cada rato libre que tenía, tomaba su guitarra e improvisaba canciones o trataba de imitar las que estaban de moda, boleros, corridos y tonadas campesinas. Echaba de menos actuar frente a un público, así fuesen los pasajeros de una estación de trenes, como los que presenciaban los números de ella y sus hermanos en Chillán. Nicanor la observaba con cierta preocupación.

Al año siguiente, en 1935, Eduardo Parra Sandoval también se mudó a Santiago siguiendo el consejo de Nicanor. Este lo matriculó en el mismo INBA, pero Lalo, al igual que Violeta, no se sentía a gusto con las rígidas estructuras de los colegios públicos de elite. «Yo me quería ir y ella me ayudó —diría en una entrevista—. Me dio el consejo de sacarme puros 2 y 3 para perder la beca. Quedé repitiendo y me echaron.»[61]

Clarisa y su marido, Miguel Ortiz, anunciaron en 1936 que el resto de la familia se iría a la capital. Violeta y Lalo estaban felices. Para financiar su nueva vida, Clarisa vendió la propiedad en la que había vivido los últimos años. El comprador era Juan Escalona Fuentes, un viejo amigo de la familia.

Anticipándose a la llegada de su madre y hermanos menores, Nicanor arrendó para todos una casona en la calle Edison, barrio Yungay, a pocas cuadras de los colegios donde asistían los hermanos ya trasladados. La familia entera se fue a vivir a esa casona, incluyendo a Hilda, que hacía poco se había casado con Joaquín Báez, un obrero de la Compañía Manufacturera de Papeles y Cartones.

Nicanor se había graduado de la universidad y asumió su primer empleo como maestro de matemáticas. El Ministerio de Educación le asignó el mismo colegio de hombres de Chillán donde había estudiado años antes.

Con Roberto e Hilda en Santiago, el cuarteto de hermanos cantores se volvió a juntar. Ahora nada podía detener a Violeta —ni a Lalo— en su propósito de regresar a las andanzas musicales.

La comuna de Quinta Normal era en esa época un distrito obrero y de funcionarios públicos en el que coexistían fábricas industriales, maestranzas de los ferrocarriles del Estado, el pequeño comercio y barrios residenciales. Había una serie de restoranes y bares donde los obreros iban en las tardes y noches después de terminar sus turnos. Dado que los wurlitzer (la rockola que reproducía música de manera automática) aún no se habían popularizado en Chile, se registraba una gran demanda por contar con músicos que cantaran en vivo. Fue la oportunidad para los hermanos Parra.

Para ganarse unos pesos, la tropa de Chillán consiguió algunas actuaciones estables en estos lugares. Hilda, Lalo y Roberto se dedicaban exclusivamente a eso, mientras que Violeta sólo los acompañaba de noche y al día siguiente se levantaba temprano para ir al colegio. Lalo lo recordaría así:

> Por las noches mucho canto,
> Tempranito, pa'l liceo,
> La Violeta mientras tanto
> en su colegio estudiando,
> Roberto palomillando
> y tocando su guitarra,
> ya se apresta pa' la farra
> que él mismo 'stá preparando.[62]

Como cientos de jóvenes de su época —y, para el caso, de cualquier otra época— Violeta Parra soñaba a los diecisiete años con ser artista. A mediados de 1936 tomó una decisión drástica: abandonar el colegio y comenzar a recorrer con su guitarra las tabernas de los barrios proletarios de Santiago. El intento de Nicanor de encarrilar a su hermana había naufragado.

«Yo mismo recuerdo cuando la Violeta llegó a Santiago. Con inteligencia y delicadeza, Nicanor había dispuesto para ella el camino a seguir —escribiría Fernando Alegría en una biografía inédita sobre la familia Parra—. Sin embargo, para Violeta no existían caminos, sino simplemente campo abierto, por donde ella se iría deprisa.»[63] Nicanor, por su parte, tuvo recuerdos más lacónicos y desmoralizados: «Ahí andaban por su cuenta (los hermanos). Yo trataba de que estudiasen, pero se me iban a cantar y nada podía hacer».[64]

Tal vez Violeta sintió remordimientos al dejar sus estudios, pero no por mucho tiempo. Lanzada a la precaria vida artística junto a sus hermanos, el primer empleo remunerado que obtuvo como cantante fue en el restorán El Popular, ubicado en la Avenida Matucana Nº 1080, plena esquina con la calle Mapocho. Los Parra actuaban allí casi todas las noches, interpretando canciones en boga. «En esa época —escribió el escritor Alfonso Alcalde en una reseña sobre su amiga Violeta—, estaban de moda los boleros que cantaban los galanes de las películas mexicanas y los borrachos, cuanto más borrachos estaban, empezaban a reclamar el *Te voy a hacer unos calzones*, de la película *El Rancho Grande*, y otras canciones que había sacado Agustín Lara. También cantaban corridos y rancheras, pero folclor no. Tangos también. Y la cueca cuando la fiesta estaba que ardía».[65]

El dueño del local era un hombre llamado Luis Muñoz. Tras las buenas presentaciones de los Parra, Muñoz los contrató para presentarse por las tardes en la Cafetería Popular, un salón de té que también le pertenecía y que estaba ubicado en el mismo barrio. Años más tarde Luis Muñoz recordaría esas actuaciones:

Violeta Parra llegó muy jovencita acá. Al principio no tocaba bien, después fue mejorando un poco. Era un conjunto, con la Hilda, Roberto y Lalo. A la gente no le gustaba mucho el canto de la Violeta, era medio ronquita. La música, la guitarra, eso sí, pero su canto nunca gustó mucho. Pero como hacía conjunto con la Hilda, no se notaba tanto. La Hilda tenía buena voz, cantaba bien, tocaba mejor, era más mujer.[66]

Si bien Violeta parecía ser la hermana con menor talento y la menos atrevida del clan, durante el día la joven mostraba otra faceta. Mientras Hilda se quedaba en casa con su marido, y mientras Lalo y Roberto dormían hasta tarde para recuperarse de las borracheras posteriores a cada presentación, Violeta se ponía en pie a las seis de la mañana. La costumbre de madrugar la acompañaría el resto de su vida.

Los demás descansaban cuando Violeta compartía con los vecinos del barrio. Una familia que vivía en la misma cuadra era la que comandaban la señora Catalina del Carmen Rojas Pozo y su segundo marido, el poeta y librero Rafael Hurtado. A Violeta le encantaba visitarlos y se hizo amiga de doña Catalina.

«Nuestras edades nos acercaban, pero Violeta era amiga de mi madre —recordaría Liliana Soleney Rojas, hija de Catalina—. Compartían diarias y largas jornadas cosiendo, soñando, cocinando, trajinando por el canto, la música, la literatura, los guisos, la vida.»[67]

Además, convocados por Rafael Hurtado, en esa casa se solían reunir escritores, pintores, escultores e intelectuales. «Con Nicomedes Guzmán [escritor] Violeta compartía tardes enteras de té humeante, sopaipillas, bocados diversos. Y guitarreaba incansablemente»,[68] diría Liliana Soleney.

La fama musical de los Parra se esparció rápidamente por el barrio. A las cantatas en El Popular pronto se sumaron actuaciones en El Tordo Azul, un restorán que quedaba justo al frente. Al lugar solían acudir los obreros ferroviarios que trabajaban en una maestranza cercana. Después se sumarían más bares y boliches, algunos en las inmediaciones de la Estación Central, y así los Parra se pasaban horas enteras guitarreando y cantando, corriendo de un lugar a otro para alcanzar a llegar a tiempo a sus presentaciones.

Violeta seguía siendo la menos popular de los hermanos. Mientras Hilda seducía al público, en contraste con la voz aguda y de tono metálico de su hermana, Roberto y Lalo se robaban el espectáculo con su desplante y postura «achorada», de bajo pueblo. «Ella [Violeta] era bastante joven y coqueta, y a los hombres les gustaba decir piropos, pero ella nunca tomaba un trago ni se quedaba callada cuando la molestaban», afirmó el dueño de El Popular. «Andaba mal vestida, como en sus últimos tiempos».[69]

No siempre los cuatro actuaban juntos. Roberto, el más bohemio de todos, a veces se perdía durante semanas, sin que nadie supiera de su destino. De vez en cuando, Violeta e Hilda actuaban solas.

El Tordo Azul se convirtió en el principal escenario de sus recitales. La clientela era principalmente obrera, pero pasada la medianoche el público cambiaba y se volvía más turbio. Se desataban peleas de borrachos, con sillas volando, o disputas entre delincuentes cuchillo en mano. Un martes casi de madrugada, Violeta fue testigo de cómo un puñado de hombres alcoholizados sacaban del lugar a una jovencita llamada Teresa. No estaba claro qué hacía ahí la muchacha a esa hora, pero mientras seguía actuando en vivo, Violeta escuchaba sus gritos en la calle. Eran unos aullidos que se iban alejando. «Yo debo seguir cantando / pues paga la clientela —recordó en sus *Décimas*—; mas la voz se congela, / la Tere ya está gritando […] más tarde se oyen los pitos / del vigilante atrasa'o, / corriendo desafora'o / pero después del delito.»[70]

Al día siguiente la crónica roja informaba que una joven de nombre Teresa fue violada y asesinada en la ribera del Mapocho. El crimen había sido perpetrado por un grupo de hombres que venían de un bar en el barrio Matucana.

Un par de años después de dejar la escuela, Violeta cayó en la cuenta de que estas actuaciones nocturnas en escenarios proletarios no dejaban suficiente dinero. Si bien vivía con su madre, padrastro y hermanos, la cantora ya tenía veinte años y pensaba que debía hacer más por costearse la vida. Comenzó entonces a buscar empleo, casi cualquier tipo de trabajo, pero las puertas se le cerraban.

> Ayer, buscando trabajo,
> llamé a una puerta de fierro,
> como si yo fuera un perro
> me miran de arrib' abajo,
> con promesas a destajo
> me han hecho volver cien veces,
> como si gusto les diese
> el verme solicitar;
> muy caro me hacen pagar
> el pan que me pertenece.[71]

Estos versos, escritos a fines de los cincuenta, no sólo ilustran la frustración que sentía Violeta, sino que también son una especie de ventana hacia un sentimiento que en ella iría creciendo con los años: la rabia ante las injusticias sociales. Y es que para Violeta Parra el trabajo significaba dignidad. «Ningún trabajo le daba vergüenza —afirmó su hijo Ángel—. Para ella el trabajo era la categoría mayor, el valor principal del ser humano.»[72]

Al no lograr un empleo estable, Violeta volvió a enrolarse en los circos como cantante y guitarrista. Igual que el resto de la familia, su media hermana Marta y su esposo Juan Báez habían emigrado del sur y se presentaban ahora con su Circo Argentino en los poblados rurales que rodeaban a Santiago. Hilda, Lalo, Roberto y los pequeños Lautaro y Óscar comenzaron a actuar con frecuencia en ese circo, pero también en otros que circulaban por las cercanías de la capital. Báez actuaba como ventrílocuo junto a un muñeco llamado don Cirilo. Marta, en cambio, pasaba la mayor parte del día en cama. «No sé si a causa de su gordura o simplemente porque era donde mejor se sentía»,[73] recordó Ángel Parra a la vuelta de los años.

Hacia fines de 1937, Violeta pasó con uno de estos circos por Curacaví, localidad inmersa en un valle agrícola, en medio de la ruta que desde hace siglos une a Santiago con Valparaíso.

Impresionada por la forma en que Violeta tocaba la guitarra, una joven dos años menor se le acercó tras el espectáculo y le pidió que le hiciera algunas clases. Se llamaba Estela y junto a su hermana mayor había formado cierto dúo musical que rápidamente se estaba convirtiendo en un éxito. Las Hermanas Loyola se volverían famosas en todo Chile y con el tiempo recorrerían América Latina y el mundo esparciendo el canto criollo.

Más de quince años pasarían desde esa visita a Curacaví para que Violeta Parra y Margot Loyola se conocieran en persona. El encuentro daría un impulso decisivo a la carrera de Violeta y sería además el comienzo de una amistad larga y no siempre fácil.

UN MARIDO, DOS HIJOS Y EL PARTIDO COMUNISTA

Entre los bares proletarios y los circos de provincia, Violeta intentaba avanzar hacia su sueño de convertirse en una artista que pudiera vivir de su actividad.

El oficio de cantante de bares y cantinas había sobrevivido por siglos, pero se encontraba en evidente y acelerada decadencia. La irrupción de la radio y, sobre todo, de la gramola, iba sustituyendo a la música en vivo. De hecho, el dueño de El Popular permutó a sus músicos, entre ellos los hermanos Parra Sandoval, por esa caja que reproducía de manera automática todo tipo de música. «Después los Parra se fueron, más bien tuvieron que irse, porque trajimos un wurlitzer»,[74] recordaría Luis Muñoz.

El Tordo Azul seguía siendo el lugar más estable para estos músicos. Roberto y Lalo participaban cada vez menos del grupo, ya que habían formado un dúo independiente: Los Hermanos Parra, dedicado exclusivamente a las cuecas. Sólo Violeta e Hilda acudían varias noches por semana al local de Matucana. Su repertorio seguía siendo el que estuviese de moda. «Cantábamos [...] lo que el público nos pidiera: boleros, corridos, rancheras, tangos, tonadas y cuecas, en fin, todo tipo de canto», evocaría Hilda.[75]

Todos los fines de mes El Tordo se atiborraba con obreros ferroviarios recién pagados. Uno de ellos, de apenas diecisiete años, se había fijado en Violeta y comenzó a ir con mayor frecuencia. Pronto dieron inicio al coqueteo. El jovencito contó que trabajaba como maquinista, empleo de gran prestigio en la industria del tren. Para conquistar a Violeta, una vez pasó por el barrio encaramado en la locomotora e hizo sonar la potente campana para su musa. En esa época todavía existía una línea desde la maestranza del barrio Matucana a la Estación Central. Violeta lo recordaría en sus Décimas: «la campana / retumba en mi corazón / por el joven conductor».

El supuesto maquinista, dominado por su afán de conquista, se estaba agrandando. No era maquinista en realidad, sino un empleado raso. También ese engaño sería recordado por Violeta Parra en su autobiografía poética:

Yo le pregunto contrita
que me dijera su oficio
él me responde malicio'
que él es un gran maquinista;
le creo a primera vista
l'entrego mi corazón
y me ha mentí'o el bribón

según más tarde un amigo
diciéndome: tu marí'o
es un vulgar limpia'or.[76]

Como fuera, la mentira no llegó a ser impedimento para que
Violeta se enamorara de este hombre llamado Luis Cereceda, cuatro años menor que ella. El romance resultó intenso. Un domingo
Cereceda se fue en bicicleta hasta Curacaví para ver a su amada
actuando en el circo. Tardó unas cuatro horas y, según ha escrito Fernando Sáez, al día siguiente ambos se volvieron a Santiago en la misma bicicleta: Violeta sentada en el manubrio y Luis
pedaleando.[77]

Violeta Parra le puso a su nuevo amor el sobrenombre de Sombrero Verde, porque a Cereceda le gustaba usar un gorro de ese
color. Los amigos y compañeros de trabajo le decían Pepe Almeja,
ya que al ferroviario le encantaban los mariscos. Los dos querían
casarse, pero tendrían que esperar a que Luis cumpliera dieciocho.

Exactamente al día siguiente de su cumpleaños, Luis Cereceda
contrajo matrimonio con Violeta Parra. Fue el viernes 2 de septiembre de 1938. Se casaron por la mañana en el Registro Civil y
por la tarde las familias Parra y Cereceda organizaron una fiesta que
duró hasta el otro día, incluyendo desde luego cantos y guitarreos.
Lalo Parra, que entonces tenía veinte, recordaría así el matrimonio:

Todos le tenemos buena,
Cereceda es muy correcto;
un caballero perfecto,
se porta bien en la cena. [...]
La familia muy de acuerdo
está con el casamiento;
todos felices, contentos.[78]

La pareja se fue de luna de miel al norte del país por cuatro semanas. A la vuelta, el joven matrimonio se instaló en la casa de Luisa Arenas, la madre de Luis, en un amplio cité de la calle Andes, n.º 3756. Ubicado en el corazón del barrio Matucana, el nuevo hogar de Violeta quedaba a sólo seis cuadras del Tordo Azul y a otras seis cuadras, en dirección contraria, de la casa que Clarisa Sandoval ocupaba en la calle Edison.

Pocos meses después de la boda sucedió algo que hasta hoy es una nebulosa en la vida de la cantautora. El 3 de enero de 1939 nació Luis Jaime, un niño que fue inscrito como hijo de Luis y Violeta. Sin embargo, no era hijo biológico de ella y ni siquiera está claro que lo fuera de él.

«La Viola acogió a este niño nacido de un familiar de ella —afirmó Marta Orrego, futura esposa de Ángel Parra y amiga de Violeta en sus últimos años—. Lo inscribió como propio, pero de su vientre no salió.»[79] Durante mucho tiempo el niño vivió con la madre de Cereceda o con su hermana, la tía Yolanda. Pero hubo períodos en que convivió con Violeta, Luis y sus dos hijos realmente biológicos.

Isabel Cereceda Parra, la hija mayor, que nació en septiembre de 1939, nueve meses después de Luis Jaime, afirmaría: «Durante un período vivió otro niño con nosotros: el Chiruco (Jaime Cereceda) creció como nuestro hermano pero, en verdad, era un hijo que mi padre tenía al casarse con mi mamá».[80] Las fechas, en resumidas cuentas, no calzan, puesto que Luis Jaime nació cuatro meses después de que Violeta y Luis se casaran.

Violeta nunca habló públicamente del niño que estaba legalmente inscrito como su hijo. «Era un hombre bueno, un hombre bien», recuerda Ángel. En cualquier caso, Luis Jaime y sus descendientes accedieron más tarde a los derechos de sucesión de Violeta. Este hijo legal falleció en 1975 en Mendoza, Argentina, lugar en el que se había exiliado tras el golpe de Estado de 1973.

Más allá del misterio, las primeras semanas de la pareja estuvieron marcadas por una de las campañas presidenciales más arduas en la historia política chilena. Luis Cereceda era militante del Partido Comunista, que se había fundado en 1922. Como miembro activo de ese conglomerado, el esposo de Violeta participó en la campaña de Pedro Aguirre Cerda, candidato presidencial del Partido Radical en las elecciones de 1938. Aguirre Cerda encabezaba el recién formado Frente Popular, que incluía a socialistas, comunistas y otros partidos de izquierda. El frente chileno era el tercero de su tipo en el mundo, emulando a los que se habían constituido en Francia y España hacia 1936. Ideado por la Unión Soviética como una estrategia para encarar el fascismo y el nazismo, el Frente Popular era la primera alianza en que todas las fuerzas izquierdistas lograban articularse para conquistar el gobierno.

Aguirre Cerda tenía como adversario al oligarca Gustavo Ross, ministro de Hacienda de Arturo Alessandri. La propaganda de izquierda tildaba a Ross como el «ministro del hambre», debido a los duros ajustes económicos que había realizado en los años previos para encarar la Gran Depresión.

Luis y sus compañeros comunistas del sindicato ferroviario repartían volantines y llamaban a la gente a votar por Aguirre. Y Violeta, en su papel de ama de casa, también se involucró: estaba a cargo de administrar un «comité popular» en el barrio Matucana, donde se entregaba a las familias carne, pescados, mantequilla y cereales a precios asequibles. El fin apuntaba a «evitar las especulaciones de los grandes buitres que eran los comerciantes mayoristas»,[81] según lo expresara Alfonso Alcalde, quien también militaba en el PC. «La Violeta —recordaría su hermano Roberto— tenía un comité en su casa. El Partido Comunista le daba el aceite, el azúcar, el arroz, y ella lo vendía al pueblo a precio de costo.»[82]

El 25 de octubre de 1938 el Frente Popular ganó los comicios por un estrecho margen, desatando la euforia de sus partidarios y el temor entre las clases pudientes y conservadoras. Pocas semanas después del primer triunfo izquierdista en la historia de Chile, se produjo uno de los terremotos más grandes en los anales del país. A fines de enero de 1939, tras el nacimiento de Luis Jaime y cuando Violeta estaba recién embarazada de Isabel, un sismo de magnitud 8,3 en la escala de Richter sacudió a su querida Chillán. Es hasta hoy el terremoto con mayor cantidad (casi treinta mil) de víctimas fatales en territorio chileno.

Aunque Violeta nunca se refirió a esta catástrofe en sus canciones, lo que sí hizo con el gran terremoto de 1960, es probable que acudiera a Chillán para cerciorarse del bienestar de su hermano Nicanor y otros familiares. El sismo marcó, en todo caso, el comienzo de una era de expansión industrial y de una fuerte intervención del Estado en la economía. Con el pretexto de reconstruir la devastada zona de Ñuble, el gobierno del Frente Popular creó la Corporación de Fomento de la Producción (Corfo), un ente estatal que fundaría varias empresas públicas en las siguientes décadas.

Mientras la política del país parecía ir en la dirección que Violeta y Luis anhelaban, la vida privada de la pareja comenzaba a resquebrajarse. Violeta se dedicó por varios meses a la crianza de su primogénita Isabel, nacida en septiembre de 1939. Su deseo era volver al canto y a la guitarra, pero el marido se obstinaba en que ella fuera exclusivamente ama de casa.

Hacia fines de ese año, Hilda convenció a Violeta de comprar una fuente de soda en Puente Alto, suburbio ubicado por entonces a treinta kilómetros de Santiago. La hermana mayor se había instalado con su esposo Joaquín en ese lugar, donde estaba también la fábrica de papeles y cartones en la que él trabajaba. «Lo compraron y nos fuimos a vivir a Puente Alto», recordó Luis Cereceda. Pero la aventura comercial duró muy poco, ya que pronto la empresa estatal de ferrocarriles trasladó a Luis a Valparaíso.

Con la pequeña Isabel a cuestas, la familia se desplazó al cerro Barón del tradicional puerto chileno. En lo sucesivo, Violeta seguiría ansiando su regreso al canto y el esposo continuaría oponiéndose porfiadamente. Luis Cereceda ganaba un buen salario y era capaz de sostener a la pequeña familia, por lo que no entendía las ansias artísticas de su cónyuge. «En ese tiempo la Violeta tocaba a veces guitarra en la casa, pero para entretenerse no más. Eso sí, escribía mucho, tenía muchos poemas», recordó Luis. «Para escribir tenía una facilidad tremenda, era una maravilla, mucho más que para tocar la guitarra.»[83]

Cuando Violeta se enteró, a fines de 1941, de que en la cercana localidad de Quillota se había organizado un concurso literario, decidió mandar un poema. Se titulaba «A la reina de Primavera». La ama de casa obtuvo una mención honrosa, la primera vez que ganaba lo que podría considerarse un premio. «Fuimos los dos a Quillota a recibir el premio y ella recitó su poema», rememoraría Cereceda.

Los años de Violeta en Valparaíso están poco documentados. El 27 de junio de 1943 nació en esa ciudad su segundo hijo, Ángel. Poco después, los Cereceda Parra se trasladaron a Santiago por un breve período y, casi de inmediato, partieron a la pequeña localidad de Llay-Llay, ubicada unos noventa kilómetros al norte de Santiago y de Valparaíso. Los cambios se debían a las necesidades de la empresa estatal de ferrocarriles.

En Llay-Llay algunos vecinos se enteraron de que Violeta cantaba y a veces la invitaban a actuar en fiestas vecinales. Para la joven madre, esas pequeñas actuaciones significaban un respiro. Su vida cotidiana tendía a reducirse a las labores de ama de casa. Se levantaba temprano, normalmente alrededor de las seis. Para cuando su marido volvía del trabajo, ya tenía la casa impecable y la cena preparada. «Hacíamos vida familiar y en general nos llevábamos bien, aunque era un poco violenta de carácter», recordaría su ex marido.[84]

En 1944 la familia retornó de manera definitiva a Santiago y aceptó una oferta de Nicanor, quien no sólo había finalizado su estadía chillaneja, sino también un postgrado en mecánica avanzada en la tradicional Universidad Brown, de la costa este de Estados Unidos. El hermano mayor les propuso a Violeta y a Eduardo que se fueran a vivir con sus respectivas familias a una amplia parcela que tenía a los pies de la cordillera, en el sector oriente de la capital. Los tres grupos comenzaron a convivir en la calle Paula Jaraquemada, n.º 115, en lo que hoy se conoce como la comuna santiaguina de La Reina.

«Convivían los tres matrimonios y sus hijos en un terreno que tenía parrón y chacra, donde de inmediato nació la necesidad de construir un horno de barro para hacer pan y empanadas»,[85] escribió el biógrafo Fernando Sáez.

El reencuentro con los hermanos debió haber sido refrescante para Violeta. Si bien Nicanor era ahora profesor titular de Mecánica Racional en la Universidad de Chile, su interés estaba centrado cada vez más en la poesía. Lo fascinaban los poetas españoles de la llamada Generación del 27, que incluía a Rafael Alberti, Dámaso Alonso y Jorge Guillén, entre otros. Su mayor admiración, sin embargo, estaba reservada para el poeta y dramaturgo andaluz Federico García Lorca, que había sido ejecutado por tropas franquistas al comienzo de la Guerra Civil.

Violeta pasaba tardes completas hablando con Nicanor sobre poesía, que ella también cultivaba en privado. Y con Lalo retomó la guitarra y el canto. En las reuniones familiares, los hermanos Parra Sandoval recordarían su repertorio de los años treinta y durante horas tocarían nada más que para su propio placer.

Luis Cereceda, un hombre que creía firmemente en la estructura tradicional de la familia, no se oponía del todo a que Violeta retomara la música, siempre y cuando fuera puertas adentro. La disciplina y la tradición eran valores sacrosantos para los militantes comunistas. «El relajamiento de la moral es incompatible con el título de comunista —proclamaba la revista *Principios* de ese partido, en los años cuarenta—. Los comunistas, la mujer, la madre, los hijos y la familia son sagrados.»[86]

Aun cuando Violeta se sentía asfixiada por su marido en materia artística, este le entregaba algo que ella no dejaba de valorar: conciencia política. «Mi padre y sus compromisos políticos entusiasman a mi madre»,[87] escribió Ángel.

Cereceda no sólo leía regularmente *El Siglo*, un diario de tiraje nacional que había fundado el PC en agosto de 1940, sino que también llevaba a casa folletos, volantines y libros que el partido le suministraba, según el recuerdo de su hija Isabel.[88] El marido de Violeta celebraba reuniones partidistas en su casa y su fervor político era tal, que instaló un busto de yeso de Joseph Stalin bajo el parrón de la parcela. «Este es el padre de los obreros del mundo —les decía a sus hijos Isabel y Ángel en referencia al máximo líder de la Unión Soviética—. Es como tu abuelito.»[89]

«A mi padre sí le importaba que yo supiera que Moscú era la capital de la patria socialista. Hasta los seis años creí a ojos cerrados que Stalin era mi abuelito»,[90] escribió Ángel en un libro dedicado a Violeta.

El marido tenía en la casa un gran aparato de radio y un tocador de discos, verdaderos lujos tecnológicos. Ángel recordaría que fue ahí cuando escuchó por primera vez al cantante estadounidense Paul Robeson (1898-1976). Se trataba de un artista afroamericano, originario de Nueva Jersey, que defendió la República española durante la Guerra Civil, abogó por el antiimperialismo y fue cercano a los movimientos comunistas de su país. Eso le valió ingresar a las listas negras durante la era anticomunista que encabezó el senador Joseph McCarthy en los cincuenta.

Para muchos comunistas, la Unión Soviética se había convertido desde la revolución de octubre de 1917 —mes y año en que coincidentemente nació Violeta— en un «faro que ilumina la senda de los trabajadores del mundo», según consignara la revista *Principios*, órgano de difusión intelectual del PC chileno.[91] En 1935, el poeta Vicente Huidobro, de firmes creencias izquierdistas, aunque proveniente de la oligarquía, publicó un poema titulado simplemente «URSS»:

> De la URSS vienen las alas a nacer en las espaldas
> de todos los hombres. [...]
> Es el primer país en la historia de los tiempos en
> donde está naciendo el hombre
> En donde el hombre está dejando de ser bestia
> En donde la humanidad sale de la emboscada
> Y el cerebro respira
> [...].
> Que no ven la razón del estruendo ni el comienzo
> de otro campo
> La URSS arrastra un sedimento de vida y de
> músicas nacientes
> Ella coloca la primera piedra de los siglos solares
> Ella coloca la primera piedra del alma humana[92]

Por la gravedad de los sucesos internacionales, más gente tendió a ver con buenos ojos a la Unión Soviética. Después de que la Alemania nazi invadiera ese país en junio de 1941, la Rusia socialista se había convertido en el principal escenario de la Segunda Guerra Mundial. La batalla de Stalingrado, que se libró entre agosto de 1942 y febrero de 1943, atrajo la atención mundial y los periódicos informaban diariamente acerca de uno de los choques más sangrientos en la historia de la humanidad, con más de un millón de muertos entre soldados y civiles. La victoria soviética fue considerada el punto de inflexión en la guerra y produjo admiración en gran parte del mundo.

De hecho, ese mismo año (1943) Pablo Neruda publicó el poema «Nuevo canto de amor a Stalingrado», en una de cuyas partes decía:

> Honor a ti por lo que el aire trae,
> lo que se ha de cantar y lo cantado,
> honor para tus madres y tus hijos
> y tus nietos, Stalingrado.
> Honor al combatiente de la bruma,
> honor al Comisario y al soldado,
> honor al cielo detrás de tu luna,
> honor al sol de Stalingrado.[93]

Y en 1944 Pablo de Rokha, que junto a Neruda y Huidobro conformaba el triunvirato de vates comunistas chilenos, también les dedicó una oda a los soviéticos. Bajo el título «Canto al Ejército Rojo», el futuro amigo de Violeta Parra escribió:

> Sí, las antiguas sombras del Señor
> de los Ejércitos te sonríen
> la voluntad mundial de Stalin
> relampaguea en su cuero de siglos
> picoteando los acrisolados fusiles
> proletarios
> y la ley divina te ampara
> porque el *soldado Lenin* marcha a
> la cabeza de tus héroes...[94]

Vicente Huidobro falleció en 1948, cuando Violeta aún no se hacía conocida. Pero Pablo de Rokha y Pablo Neruda escribirían años después poemas en honor a Violeta Parra.

¡QUE VIVA ESPAÑA!

La tarde del 2 de septiembre de 1939 recaló en el puerto de Valparaíso un barco llamado *Winnipeg*. A bordo venían más de dos mil asilados republicanos de la Guerra Civil española que habían pasado los meses anteriores en campos de refugiados en el centro-sur francés.

Con la misión de rescatar el máximo número posible de exiliados, el gobierno del Frente Popular había nombrado a Pablo Neruda como cónsul extraordinario en Francia. El poeta logró adquirir ese barco y ampliar su capacidad de cien pasajeros a más de dos mil. «Eran pescadores, campesinos, obreros, intelectuales, una muestra de la fuerza, del heroísmo y del trabajo. Mi poesía en su lucha había logrado encontrarles patria. Y me sentí orgulloso», afirmó Neruda en sus memorias.[95]

En Valparaíso los españoles fueron recibidos por una multitud que les dio una bienvenida de héroes. En el *Winnipeg* también llegaban niños, adolescentes y adultos jóvenes que contribuirían al desarrollo cultural de Chile: los pintores José Balmes y Roser Brú, el historiador Leopoldo Castedo, el escritor José Ricardo Morales y el ingeniero y periodista Víctor Pey, entre otros. Algunos, tras haber hecho de Chile su nueva patria, tendrían que volver a exiliarse tras el golpe de Pinochet.

El contingente de republicanos traía consigo sus convicciones políticas, sus costumbres culinarias y sociales, pero también su música. En los bares y restoranes de Santiago comenzaron a oírse no sólo las canciones de la Guerra Civil, sino además los distintos géneros del folclor ibérico, desde el pasodoble y el fandango hasta el flamenco. Curiosamente, la jota aragonesa guardaba similitudes con la cueca chilena. Y la jota andaluza incluía un zapateo que también se utilizaba en la cueca.

El éxodo esparció a decenas de músicos españoles por toda América Latina. La orquesta Los Churumbeles de España, el cantante de coplas Ángel Sampedro Montero, conocido como Angelillo, o la cantaora y bailaora de flamenco Carmen Araya arrasaban entre las audiencias y radioemisoras del continente. Los Churumbeles, por ejemplo, vendieron en América más de diez millones de discos hasta el año 1965.[96] Muchos de estos músicos jamás retornarían a su patria, falleciendo en Buenos Aires, Bogotá o Ciudad de México.

«Todos ellos fueron artistas que mi madre admiró con entusiasmo», recordaría Ángel Parra.[97]

A inicios de 1944, cuando Violeta retomó la guitarra y contempló nuevamente la posibilidad de dedicarse por entero a la música, buscó el consejo de Nicanor. El hermano no dudó en recomendarle que optara por el canto español. Era lo que estaba de moda y, además, podía ser muy rentable. «Mi interés por el folclor español nació a iniciativas de mi hermano»,[98] recordó Violeta una década más tarde.

Durante meses Violeta ensayó el canto, el baile y, en general, la música flamenca. Las fotos de esa época la muestran vestida al estilo andaluz, con faldas largas y rojas, el pelo engominado y peinado impecablemente hacia atrás, los labios pintados de rojo. Lalo recordó de esta manera ese período:

> Violeta ensaya, entretanto,
> danza bailes españoles; [...]
> Piensa ganar muchas lucas

con la' danza española';
ensaya siempre muy sola,
como artista verdadera,
debutará en primavera.[99]

Por esos días la comunidad de republicanos convocó a un certamen de baile y canto español en el Teatro Baquedano, cuya capacidad superaba los dos mil espectadores. Violeta decidió probar suerte y se inscribió con el nombre artístico de Violeta de Mayo. Tal vez para su propia sorpresa, la joven madre de veintiséis años obtuvo el premio a la mejor intérprete, compitiendo con otras treinta cantantes. Según recordaría Lalo Parra, Violeta interpretó «La Zarzamora», uno de los pasodobles más famosos del repertorio y que había sido popularizado un año antes por Lola Flores.

La familia Parra Sandoval acudió en pleno al evento y estaba orgullosa por el éxito de Violeta. «Los Parra llenos de gloria / orgullosos sus hermanos / por esa gran triunfadora»,[100] escribió Lalo en sus décimas de 1998.

El inesperado triunfo convenció a Violeta de que lo suyo era esta clase de música. Todos los días se enfrascaba en perfeccionar su actuar «español», y para tales fines sumó también a sus hijos. Como afirma Karen Kerschen:

El éxito catapultó a todo el hogar a una intensa inmersión en la cultura española. [...] Violeta escribió un propio musical sobre la corrida de toros y les dio el papel de jóvenes gitanos a sus dos hijos, que bailaban al ritmo de la guitarra española de su madre.[101]

Esta pequeña obra taurina, de la cual ya no existen registros, fue del gusto de cierta junta de vecinos, que decidió contratar el espectáculo por una sola vez.

Eufórica todavía, Violeta se obsesionó con seguir aprendiendo la música de España. La obsesión sería un rasgo de su personalidad y se iría acentuando con el tiempo. Luego de la actuación en el Teatro Baquedano, se inscribió en la academia de danza que el español Jesús López tenía en Santiago.[102] «La atracción de la Viola por la música española fue mucho más allá de ese premio —recordó su hija Isabel—. Cantaba zambas, pasodobles, sevillanas y farrucas. Yo bailaba y cantaba, ella me acompañaba en la guitarra.»[103]

Una antigua foto en blanco y negro muestra a Violeta e Isabel sobre el escenario del salón Casanova, una conocida confitería santiaguina. La imagen data de alrededor de 1947: la hija gesticula en la típica postura de las castañuelas (aunque sin usarlas), mientras la madre está parada a su lado, guitarra en mano, con vestido largo y chaquetón, mirando de reojo y sonriente.

Los hijos de Violeta recuerdan que en la casa se escuchaba música española casi todo el día. Pero en la vitrola del hogar también se colocaban de vez en cuando discos de música clásica, como las sonatas de piano de Chopin o las sinfonías de Beethoven. Y también los tangos de Carlos Gardel.

El premio en aquel concurso del Teatro Baquedano le abrió a Violeta las puertas de un mundo más comercial. Representantes de Doroteo Martí, famoso actor de radioteatro y empresario teatral, quisieron contactarla. Y en efecto, Violeta de Mayo se incorporó como música y cantante a la compañía de variedades de Martí, entre cuyos números había radionovelas (transmitidas por Radio Corporación), presentaciones teatrales y música en vivo.

La empresa de Martí recorría Santiago y algunas provincias con Violeta guitarreando, Isabel bailando al son de su madre y el pequeño Ángel vestido de gitano andaluz.

Con o sin éxito, numerosas compañías de este tipo se desplazaban continuamente por América Latina, y en especial por Chile,

Argentina, Colombia y Venezuela. Doroteo Martí, por supuesto, era un éxito seguro, lo mismo en el mercado argentino —primero en Mendoza y después en la mismísima Buenos Aires— que en España, donde conquistó audiencias masivas desde Bilbao a Murcia.

Este oriundo de Valencia había emigrado a Argentina y desde ahí comenzaría a forjar la carrera que lo llevó al estrellato. Sus dramáticas novelas se oían en todo el continente y solían pasar a los teatros, casi siempre con funciones agotadas. Eran obras de gusto popular, sin gran sofisticación, habitual motivo de desprecio entre intelectuales como Fernando Alegría, amigo de la cantante y de su hermano poeta: «Violeta Parra apareció en una de las subformas del arte popular que atraía en particular al medio pelo: el teatro de variedades cargado al baile español, con mucha castañuela, muchos claveles, todo zapateado y de segunda mano.»[104]

De bigotes finos, pelo engominado y peinado hacia atrás, Doroteo Martí seguía los estándares de belleza masculina impuestos por Clark Gable o el entonces famosísimo Marlon Brando. Pero su dramatismo era para muchos observadores completamente forzado, acaso fingido. Una crónica española refleja bien su modo de actuar:

> Doroteo Martí quedaba de pronto silencioso en escena. Pasaba una mano temblorosa sobre su frente, sobre sus ojos. Los otros actores se miraban entre sí, no sabían continuar. Y Doroteo se dirigía al público: «Perdonen, por favor... Me ha ocurrido algo... Ahí, en la tercera fila hay una anciana que me recuerda tanto a mi madre. Mi madre que no pudo nunca ver mis éxitos... Permítanme que baje y le dé un beso en la frente...».
>
> Doroteo Martí bajaba, besaba, lloraba. La viejecita sollozaba. El público lloraba, aplaudía.[105]

Participar en el elenco de Martí era de todos modos un salto gigantesco para Violeta. Lógicamente, se dedicó con intensidad a su nuevo trabajo, pero sin dejar de lado sus tareas en la casa. «Era siempre muy madrugadora, a las siete de la mañana ya estaba encerando el piso y antes de las ocho ya se había duchado y tenía listo el desayuno —recordó su marido—. De ahí ya no paraba, porque comenzaba los ensayos con la compañía, se reunían en la casa de nosotros o en la de Doroteo y no paraba hasta las doce de la noche.»[106]

Otras empresas artísticas se interesaron en la versión criolla que Violeta ofrecía del folclor hispano. La Compañía de Variedades Lux la puso en cartelera junto al cantante y poeta Chito Faró, pseudónimo de Enrique Motto Arenas, y una decena de artistas de todos los rubros. El afiche decía: «Violeta Mayo — Fiel intérprete del folclor español». También las más renombradas confiterías del centro comenzaron a emplearla para shows españoles en vivo.

Todo iba viento en popa, si no hubiese sido por la cada vez más deteriorada relación con el marido. Luis Cereceda resentía abiertamente la actividad de Violeta. «En esos días yo llegaba tarde a la casa, rendido del trabajo, y ella andaba todavía trabajando; por ahí ya empezamos a andar mal —afirmó—. Porque yo siempre fui de la idea de que la mujer debe estar en la casa.»[107]

Pero Cereceda no era tan sólo la «víctima» de una mujer que a mediados de los años cuarenta buscaba emanciparse y forjar su propio destino. Como muchos hombres chilenos, era aficionado al vino y en estado de ebriedad se descontrolaba. «Las borracheras de Cereceda la deprimen», diría Ángel.

La embriaguez masculina era algo que Violeta recordaba de su padre. «Mi papá con trago podía ser como todos los borrachos chilenos —afirmó Ángel—. Alguna vez habré visto violencia intrafamiliar, pero vi reaccionar a mi mamá también, y lo hacía como leona. Una vez le pegó un zapatazo con las botas que tenía él, que eran de maquinista ferroviario, con puntas metálicas, y mi papá salió arrancando.»[108]

Isabel recordaba escenas parecidas. «Una mañana vuelvo de la escuela, la Viola está llorando en la gran cocina comunitaria (en la parcela de La Reina). Se han peleado con mi papá. Ella tiene una herida en la cabeza.»[109]

El carácter resuelto y algo avasallador de Violeta afloró en plena crisis matrimonial. «Siempre tuvo eso de salirse con la suya, trataba de imponerme sus ideas, así que en ese sentido era un poco dominante»,[110] diría Cereceda. Ángel agregaría que su madre pasaba por una especie de despertar tardío respecto al arte y la cultura y que «no quería que la mandaran, no quería que la gobernaran».[111]

El único pegamento que al parecer mantenía unidos a Violeta y Luis era la política.

A mediados de 1946 ambos participaron en la campaña presidencial de Gabriel González Videla. Este político del Partido Radical prometía reeditar los tiempos del Frente Popular, que tras la muerte de Pedro Aguirre Cerda, en noviembre de 1941, había derivado hacia un gobierno menos decidido ideológicamente. El sucesor de Aguirre Cerda, el también radical Juan Antonio Ríos, continuó las políticas de industrialización pero se mostró dubitativo a la hora de optar por un bando en la Segunda Guerra Mundial. Recién en 1943 el mandatario decidió abandonar la neutralidad y romper con el Eje, alianza integrada por la Alemania nazi, el Japón imperial y la Italia fascista.

La candidatura de González Videla contaba con el respaldo del Partido Comunista, por lo que Violeta y Luis apoyaron esa campaña. La cantante formó en su barrio un Comité de Dueñas de Casa Comunistas en favor del candidato. Violeta intervino además como artista en algunos actos de proselitismo. En una fotografía se la ve sobre una tarima de unos dos metros de altura y al lado de un micrófono, frente a miles de hombres y algunas mujeres expectantes. Aunque por entonces no tenía más de tres años, Ángel haría memoria de esos momentos. «Guardo el recuerdo de mi madre al frente de una manifestación de fervor popular. Va llevando una enorme bandera chilena y la siguen cientos de mujeres morenas, con vestidos floreados.»[112]

La izquierda estaba ilusionada con González Videla. «¡El país hierve de entusiasmo!», tituló a mediados de agosto de 1946 el diario comunista *El Siglo*. «El pueblo organiza en todos los barrios comités para impulsar la victoria. Los actos realizados se cuentan por miles», se afirmaba en ese artículo. Y era cierto. La propia Violeta era parte de ello.

Cuando el 4 de septiembre González Videla ganó los comicios, Violeta, su marido y millares de chilenos se pusieron felices. «Hubo fiestas, alegría y celebraciones en las calles y en todas partes», recordó Roberto Parra. «Nosotros estuvimos en una celebración y Violeta cantó y recitó un poema muy largo, dirigido al presidente, donde le decía que al pueblo no se le puede engañar.»[113]

Se estaba sin embargo ante una victoria frágil. El candidato apoyado por los comunistas obtuvo algo más del 40 por ciento de los votos, pero los derrotados candidatos de la derecha —Eduardo Cruz-Coke y Fernando Alessandri— sumaban más del 55 por ciento. El país, por lo demás, ya se iba sumergiendo en la Guerra Fría.

El mundo se dividía rápidamente en dos bloques y aliarse a Estados Unidos o a la Unión Soviética tenía consecuencias importantes. Cuando llegó el momento de las definiciones, González Videla optó por Estados Unidos, lo que significaba aplicar una política anticomunista, a pesar de que ese partido lo había apoyado.

Dos años después de haber sido elegido, el presidente radical logró aprobar en el Congreso la Ley de Defensa Permanente de la Democracia, que proscribió al Partido Comunista. Por causa de esta «Ley Maldita», miles de militantes y representantes sindicales tuvieron que pasar a la clandestinidad. Incluso el ya célebre Pablo Neruda, que además era senador de la República, debió escapar del país a través de los Andes.

El descalabro político tuvo su paralelo en la vida familiar de los Cereceda Parra. A medida que el gobierno se derechizaba, se iba degradando la relación de Violeta y Luis. «Cuando discutíamos, ella siempre decía que yo quería una empleada, no una compañera —afirmó Cereceda—. Pero yo no podía soportar más, hasta que un día le dije: Bueno, sigue con tu arte, yo me voy. Al otro día tomé mis cosas y partí.»[114]

Y así fue.

EL DÚO DE LAS HERMANAS PARRA

La separación sorprendió a Violeta. Pese a las peleas, no esperaba que él se fuera de la casa de manera repentina. «Estaba de muerte con la separación de su marido», afirmó Hilda.[115] Pero cuando escribió su autobiografía, Violeta quiso recordar el episodio de otra forma. No mencionó su pena y prefirió retratar el matrimonio como «diez años de infierno (…) atá' con una libreta».

Hay testimonios de cercanos que confirman lo difícil que le resultó sobrellevar la ruptura. De acuerdo a Alfonso Alcalde, «la Violeta se lo pasó llorando dale que te dale recordando al Cereceda, porque se había encariñado con él. Los familiares le fueron dando ánimo diciendo que donde había una guitarra no faltaría el pan. Pero la Violeta escuchaba por un oído y le salía por el otro, pensando todo el día en el Cereceda como si no hubiera otro hombre en el mundo».[116]

Para empeorar las cosas, Nicanor partió a la Universidad de Oxford a realizar un doctorado en cosmología. Violeta y Lalo no podían costear la mantención de la parcela donde habían convivido las tres familias. Entonces Violeta empacó sus cosas y junto a sus hijos se fue a vivir a la casa de su madre. Clarisa residía en Barrancas (actual Pudahuel), una comuna de obreros e inmigrantes campesinos del sur, en el límite poniente de Santiago. Allí tenía un pequeño restorán llamado El Torito, que luego pasó a denominarse El Sauce.

Todos los meses Luis Cereceda le entregaba a su ex mujer una suma de dinero, algo poco común en esos años. Pero separada y sin ingresos estables, ya que sus actuaciones en las compañías de variedades no eran constantes, la situación de Violeta se deterioró. De nuevo saldría al rescate su madre, quien le dio plata para poner un almacén de abarrotes en el barrio. Este experimento comercial, sin embargo, fracasó rápidamente. Violeta apenas atendía el local y delegaba esa tarea en sus hijos. Ángel lo recordaría en el año 2006:

Desconozco las razones por las cuales mi madre no estaba durante el día en el almacén, lo que hacía que Isabel fuese la dependienta y yo, su ayudante. Barrio muy pobre, el vecindario vivía con lo mínimo y todo se anotaba en una libreta, al fiado. Nosotros, inocentes, no sabíamos que en todos los almacenes del país a la entrada se podía leer: «Hoy no se fía, mañana sí». No recuerdo haber visto nunca un billete en el cajón destinado a esa función. [...] La clientela entraba, se servía, sin pasar por caja.[117]

¿En qué estaba Violeta mientras sus hijos se hacían cargo del almacén? Es difícil saberlo, ya que no existe documentación precisa. Acaso no sea descabellado suponer que se encerró en su habitación a escribir, tocar la guitarra y cantar, afectada aún por el fin del matrimonio. De hecho, los períodos de encierro o ensimismamiento habían ocurrido con cierta frecuencia y con el tiempo se recrudecerían.

Volver a la casa de su madre, con dos hijos y poco dinero, no debió ser fácil para Violeta. Clarisa era de carácter dominante y actuaba resueltamente como matriarca del clan Parra Sandoval. Bastaba con observar cómo esta mujer alta y robusta manejaba sus restoranes. Tenía un largo sable con el que espantaba a los comensales odiosos y, en más de una ocasión, alguno de ellos salió con cortes en la cara o en los brazos. Para los borrachos más pacíficos que se quedaban dormidos, doña Clarisa tenía otro método. «Manejaba el restorán con el sable, pero también con una botella que tenía un químico con un olor terrible —recordó Ángel—. Ponía este líquido en la nariz de los ebrios y… ¡paf!… los borrachos se despertaban.»[118]

Paulatinamente, Violeta comenzó a resignarse y aceptar la separación. Pese al innegable apoyo maternal, es posible que la omnipresencia de Clarisa la asfixiara y estimulara a alejarse. «Tengo recuerdos de una señora muy enérgica, de una jefa de clan y sólo muchos años después supe lo que era ser siciliano y Clarisa era un poco así», afirmó Ángel. «Ella dirigía la familia y todo el mundo le rendía pleitesía; los yernos, las nueras, ella estaba acostumbrada a mandar.»[119]

La vía de escape vendría de la mano de un nuevo hombre. No mucho después de la ruptura con Luis, Violeta se volvió a emparejar. Se trataba de un joven trece años menor que Violeta y que, por lo tanto, aún era menor de edad. Se llamaba Luis Arce, hijo de Heriberto Arce y Amelia Leyton, la dueña de una tienda de muebles en la avenida Brasil de Quinta Normal. Conocido como el Monito, el muchacho, de diecisiete años, se enamoró de esta mujer separada y treintañera. Arce vivía con su madre en la calle Brasil, n.º 455, donde llegaron a establecerse también Violeta y sus hijos. En el recuerdo de Ángel, Luis Arce era «entre niño bien y bohemio, vicioso del cigarrillo y los billares».[120]

El rasgo celoso de Violeta, ya manifestado de vez en cuando con su ex marido, se tornó más visible con el joven Arce, y entre otras estrategias enviaba a sus propios hijos a traerlo de los juegos de pool. «Era un hombre encantador, pero totalmente dominado por su madre viuda; él mismo estaba desprovisto de la capacidad de tomar decisiones. Era malcriado y regalón, como único hijo varón»,[121] añadió Ángel en su libro dedicado a Violeta.

Doña Amelia, la madre de Arce, estaba siempre encima de la pareja y trataba de intervenir en todos sus asuntos. La señora Leyton se la pasaba «controlando, espiando, intrigando».[122] Como Violeta se acostumbró desde niña a cambiarse de casa con frecuencia, y con tal de escapar de la ubicua suegra, no dudó en tomar a sus hijos y a Luis y arrendar unas habitaciones en una antigua casona en la calle Catedral, siempre en el mismo barrio.

El emprendimiento del almacén había fracasado del todo y, para sostener a la familia, Arce trabajaba de mueblista en la tienda de su madre. «Si eres mueblista, deberás ser el mejor de todos para que yo te respete»,[123] le advertía Violeta, que se levantaba a las cinco de la mañana para amasar y freír sopaipillas, las que vendía en la calle a los obreros que comenzaban sus jornadas en las fábricas del sector.

Durante casi un año, entre la separación de Cereceda y el comienzo de la relación con Arce, Violeta había dejado de lado las actuaciones musicales. La guitarra sólo la tocaba en casa. Se había cansado, además, de la música española y entonces dio por terminada su carrera en ese rubro, aunque la siguieran llamando de algunos cafés y restoranes.

Sabiendo que la guitarra y el canto eran elementos esenciales para ella, los hermanos la animaron a retomar la senda artística. Lalo y Roberto habían grabado discos singles con sus cuecas urbanas y alcanzaban cierta fama en los boliches proletarios. Fue Hilda la que más la alentó a volver a tocar, hasta convencerla, a mediados de 1949, de formar un dúo e irse a vivir junto a su familia al paradero 21 de la Gran Avenida. Ese sector, conocido hoy como La Cisterna, constituía el límite sur de Santiago y todavía era mitad ciudad y mitad campo. Ahí, en vez de bares y restoranes, perduraban aún las quintas de recreo: casonas coloniales, con un terreno de una a dos hectáreas, que habían sido convertidas en lugares de baile, fiestas y diversión familiar. Hilda le aseguraba a su hermana que en una de esas quintas, llamada Las Brisas, ambas podrían comenzar a actuar casi de inmediato.

El buen ánimo de Violeta retornó y se dedicó de lleno a levantar el proyecto de las Hermanas Parra: ella junto a Hilda tocando música chilena, cuecas y tonadas especialmente, sin descartar el repertorio de rancheras y corridos mexicanos que tantos réditos les había dado una década atrás.

Los dúos y los conjuntos de hermanos dedicados a la «música chilena» estaban de moda hacía varios años. Las Hermanas Loyola eran muy conocidas. Pero habría que considerar también a los Hermanos Lagos, que popularizaron las cuecas «El Guatón Loyola» y «Adiós, Santiago querido»; y a las hermanas Amanda y Elsa Acuña, Las Caracolitos, cuya especialidad eran las canciones campesinas.

La más famosa entre los famosos era la cantante Marta Yupanqui Donoso, quien actuaba bajo el pseudónimo de Ester Soré, y a quien popularmente llamaban la Negra Linda. Cantaba boleros y actuaba en radioteatros y en el cine, pero fueron sus tonadas y valses chilenos los que la convirtieron en una de las primeras estrellas artísticas del país. Fue también la primera en grabar «Chile lindo», una tonada que se volvería inmensamente popular y que interpretarían diversos conjuntos tradicionales, inclusive Los Huasos Quincheros. Se rumoreaba en 1949 que Ester Soré era la amante de Arturo Alessandri, el ex presidente de la República, que ahora presidía el Senado.

La belleza de Soré y de otras folcloristas debió haber afectado a Violeta. Siempre se sentía fea, sobre todo por las marcas que la viruela había dejado en su cara. «Gracias a Dios que soy fea y de costumbres bien claras»,[124] escribió en 1958. El tema de la belleza femenina había experimentado un enorme auge y las revistas, los diarios y las radios se llenaban de publicidad al respecto. Para más remate, muchos de estos anuncios se referían al rostro. «Jabones Flores de Pravia: es un jabón perfecto [...]. Es un gran preservativo del cutis», afirmaba un réclame. Otro aviso decía: «La belleza se adquiere [...]; cultive la hermosura de su cutis con Leche de Harem».

Pero al formar el dúo con Hilda, la reacción de Violeta fue rebelarse ante esos cánones de belleza. Dejó atrás el maquillaje y los labios pintados de sus tiempos de Violeta de Mayo, con los que ocultaba bastante sus cicatrices faciales, para volver a ser esa joven que a los diecisiete años abandonó el colegio y se puso a cantar en los bares obreros. Un adolescente Héctor Pavez, a futuro destacado folclorista y amigo de Violeta, la vio por casualidad en una actuación en Puente Alto. Los siguientes son sus recuerdos acerca de cómo iba vestida: «Las faldas anchas, a media pierna y tacos bajos. El pelo largo hacía atrás, un cintillo y dos peinetas pescadas a los lados, sin pintura, como una campesina. ¡Nada que ver con la moda!».[125]

Las Hermanas Parra tenían el acuerdo de tocar ambas la guitarra, con Hilda como primera voz y Violeta participando sólo en los coros. La voz algo chillona de Violeta no siempre le gustaba al público. «Era aguda y metálica y molestaba al principio»,[126] afirmó Fernando Alegría en un ensayo de los años ochenta. La propia Violeta era consciente de ello, y al igual que sucedía con su apariencia física, tendió a mirarse en menos. «No tengo voz como cantante»,[127] solía decir.

Pero lo que quizá le faltaba lo compensaba con algo que casi ninguno de los demás dúos y conjuntos hacía: componer y presentar sus propias canciones.

Venía componiendo desde hacía años, pero más que nada melodías para tocar en casa, ante familiares o amigos. Ahora se tomaba en serio esa faceta. Como las presentaciones de las Hermanas Parra resultaban exitosas, pronto la sede local del sello discográfico internacional RCA Victor se interesó por Violeta e Hilda. Hacia fines de 1949 o comienzos de 1950, las hermanas entraron a los estudios de grabación para grabar su primer disco single: dos valses; «Mujer ingrata», una canción tradicional chilena; y «Judas», una composición de Violeta que tenía por tema el desamor. Hilda y Violeta cantaban al unísono:

> Un beso de traición
> tú me diste al partir;
> de Judas tu besar,
> yo jamás lo creí.
>
> Era un beso de adiós,
> lo pudiste decir.
> No he vuelto a verte más,
> ¿ahora qué será de ti?

En algunas grabaciones del dúo tocaba la guitarra Lautaro, el hermano menor, quien a sus veinte años ya se estaba convirtiendo en un instrumentista de nivel profesional. Más adelante acompañaría a Ester Soré, a Los Huasos Quincheros y a los músicos argentinos e intérpretes de tango Hugo del Carril y Héctor Mauré.

Los escenarios en los que cantaban Violeta y su hermana eran diversos. Actuaban en locales de barrios proletarios, como los boliches del barrio Franklin y del adyacente barrio Matadero, pero también en restoranes de la clase media, en Ñuñoa o la Plaza de Armas de Santiago. Uno de estos lugares era el salón Casanova, que estaba muy de moda. A veces las hermanas tenían que cantar varias horas seguidas, por lo que los dueños de los establecimientos les proporcionaban una habitación para descansar o dormir durante una media hora entre sus copiosas salidas al escenario.

El sacrificio artístico de Violeta e Hilda tuvo frutos. A pocos meses de haber iniciado su carrera como dúo, debutaron en el programa Fiesta Linda de la Radio Corporación, propiedad del diario conservador *El Mercurio*. El programa emitía música considerada típica por las elites urbanas de Santiago. Las hermanas realizaron más de una presentación ahí, donde acostumbraban presentarse en vivo, ante un auditorio no menor, estrellas como Ester Soré, los Cuatro Huasos, los Hermanos Lagos y Silvia Infantas.

Las Parra también fueron contratadas para actuar en el exitoso programa Discomanía de la Radio Minería. Lo conducía Raúl Matas, el locutor radial más famoso de Chile, quien después haría carrera internacional en emisoras de Argentina, Perú, España y Estados Unidos. Y aprovechando su amplio repertorio, en una ocasión participaron en Rapsodia Panamericana de la Radio Agricultura. Violeta e Hilda tocaron temas de Agustín Lara, Jorge Negrete y Pedro Vargas, como parte de un capítulo especial llamado «Un saludo de la tierra de Méjico [sic]».[128]

La familia Parra Sandoval, desde la matriarca Clarisa hasta los jóvenes hermanos Lautaro y Óscar, seguía con entusiasmo la creciente fama de las cantantes. Cada vez que el dúo aparecía en algún programa, todos se reunían en torno al gran aparato de radio que doña Clarisa tenía en su hogar. Y a veces invitaban a los vecinos de Barrancas.

Entre 1949 y 1953 el dúo grabó varios singles en RCA Victor y actuó en locales casi a diario. Las ganancias de sus presentaciones en vivo le permitieron a Violeta sostenerse y mudarse de la Gran Avenida a un departamento que ocupaba el segundo piso de una casona en la calle Melipilla, n.º 1440, en la comuna de Estación Central. Los ingresos, sin embargo, siempre fueron escuálidos e inconstantes.

Violeta no sabía aún que tenía derechos de autor sobre las cuecas, vals, tonadas y corridos que compuso y grabó junto a su hermana. Para inscribir un tema como propio era necesario presentar las partituras musicales y Violeta tampoco sabía escribir notas en un pentagrama, ya que nunca había tenido una educación musical formal, ni tenía amigos que supieran de notación. Recién a fines de 1953, con la ayuda de Margot Loyola, Violeta Parra comenzaría a inscribir legalmente sus creaciones.

RUPTURAS Y TRANSICIONES

Aunque Violeta Parra por fin estaba dedicada plenamente a una carrera musical —tal como había soñado cuando abandonó el colegio—, aquellos tiempos fueron tumultuosos.

En el aspecto artístico su ruptura con la música española fue total. «Se seca la Violeta de Mayo»[129], anotaría el escritor Fernando Alegría en un texto inédito. La propia Violeta diría en una entrevista que «después de diez años en esas leseras —refiriéndose al canto español—, junto a mi hermana Hilda formé el dúo de las Hermanas Parra».[130]

Tal vez ya intuía algo que pronto tendría absolutamente claro. En 1959 asistió a la primera presentación que hizo en Chile Micaela Flores Amaya. Conocida como La Chunga, la bailaora gitana causó un fuerte impacto sobre Violeta. Después del espectáculo, que se realizó en el Café Goyescas, en la esquina de la calle Estado con Huérfanos, Violeta conversó un rato con esta artista que actuaba a pies descalzos y con trajes sencillos, de pueblo. «Su impresión fue grandísima, no podía sacar el habla», recordaría Ángel, quien la acompañó en esa oportunidad. «Salió de esa experiencia con las cosas más claras que nunca. Así como jamás quiso disfrazarse de mapuche o de pascuense, entendió que para cantar flamenco con propiedad tendría que haber nacido en Granada.»[131]

Y no sólo eso. Es probable que ya en 1949, pero de seguro en 1950, se diera cuenta de que parte de su repertorio español provenía de la música «oficial» del franquismo, sobre todo cuando imitaba a Lola Flores, quien todos los 18 de julio le cantaba a Francisco Franco en conmemoración del alzamiento fascista contra la República.

Al paso que Violeta cortaba sus vínculos con esa tradición, también perdía el contacto con el Partido Comunista. A la separación de Cereceda se sumaba la Ley Maldita, promulgada por el gobierno de González Videla. «Con ella se propuso borrar a los militantes comunistas de los registros electorales —escribió el académico y diplomático Carlos Huneeus—, expulsarlos de la administración pública y de las directivas de las organizaciones sindicales.»[132]

Pablo Neruda tuvo que pasar a la clandestinidad aun antes de la Ley Maldita. Y es que se había enfrascado en una pelea personal con el Presidente, que este no le perdonó. Y eso que el poeta había sido el jefe nacional de propaganda de Gabriel González Videla durante la campaña presidencial e incluso le compuso un poema electoral:

> Como a hermano, hermano fiel
> y entre todas las cosas puras
> no hay como este laurel
> el pueblo lo llama Gabriel.[133]

Muchos comunistas fueron confinados en un campo de concentración en Pisagua, una localidad ubicada en el norte desértico. El campo llegó a albergar a más de dos mil prisioneros y entre los encargados de resguardarlo figuraba un entonces joven teniente del Ejército llamado Augusto Pinochet.

Si bien Violeta simpatizaba con el comunismo, aún no era lo suficientemente conocida como para participar en actos públicos de repudio. La incipiente carrera con Hilda y la nueva vida familiar exigían toda su atención. De hecho, mientras Pisagua se atiborraba de presos políticos, el 8 de diciembre de 1948 Violeta miraba a su hija Isabel recibiendo la primera comunión.

Es probable que los recientes acontecimientos del país la alarmaran —después de todo había estado casada casi una década con un militante comunista—, pero ni en sus canciones del dúo ni en sus escritos de la época hay rastro de ello.

En diciembre de 1949 Violeta se enteró de una noticia que le produjo cierto alivio financiero. Resultaba que su padre no lo había desperdiciado todo durante sus años de jugador bohemio y moribundo. En efecto, se le concedía a ella, a sus hermanos y a Clarisa la posesión efectiva de Nicanor Parra padre: un solo retazo de tierra en la Villa Alegre de Chillán. En los casi veinte años transcurridos desde la muerte de Nicanor, los inmuebles en ese sector se habían encarecido bastante, de modo que la propiedad, de 3.600 metros cuadrados, era una pequeña mina de oro. La familia no tardó en venderla y se repartió las ganancias. La única que quedó al margen de la herencia fue Elba, la tía Yuca.[134]

Pese a las desavenencias con su suegra, Amelia Leyton, agravadas tras la muerte de su marido Heriberto, en el frente familiar todo parecía transcurrir de manera tranquila. El 26 de agosto de 1950 nació la primera hija de Violeta Parra y Luis Arce, que se convertía en padre a los diecinueve años. La llamaron Carmen Luisa y la bautizaron en la iglesia de los Capuchinos, en el barrio Matucana.

La niñita no llevaría el apellido de su padre biológico, sino el del ex esposo de Violeta. Como Luis Arce aún era menor de edad

—la mayoría se alcanzaba por entonces a los veintiuno—, Violeta le pidió a Cereceda que reconociera a esta hija. Y el ferroviario comunista accedió.

Luis Arce tampoco había obtenido de su aprensiva madre el permiso para casarse con Violeta, por lo que aprobó ese acuerdo que hoy puede parecer algo inusual, pero que era común en aquella época.

Pese a ser una mujer cada vez más reacia a los cánones, Violeta se amargaba un poco con esta situación. Dado que en Chile no existía el divorcio, luchó por «anular» su anterior matrimonio. El procedimiento, una suerte de divorcio encubierto, recurría a resquicios legales a través de abogados y normalmente sólo podían permitírselo las familias más adineradas. Violeta insistió hasta que en diciembre de 1951 un juzgado civil le concedió la nulidad, convirtiéndola oficialmente en soltera.

Por fin podía volver a casarse ante la ley, y fue lo que hizo el 23 de noviembre de 1953, cuando Violeta y Luis Arce se presentaron en el Registro Civil de Barrancas. Dieron como domicilio la calle Santa Ana Nº 398, afirmando que vivían ahí hacía dos años.

Carmen Luisa, no obstante, llevaría el apellido Cereceda hasta junio de 2007, cuando falleció en Bélgica producto de un cáncer.

DESIERTO DE ATACAMA, 1952

En enero de 1952 Violeta sorprendió a su hermana y familiares al anunciarles lo que tenía en mente: formar una compañía de variedades. El dúo de las Hermanas Parra había logrado cierta reputación, pero no bastaba. Debían pensar en grande y seguir la huella de empresarios artísticos como Doroteo Martí.

Tener una compañía propia no era un asunto fácil, aunque podía, en teoría al menos, llevar a sus dueños e integrantes a la fama y la riqueza. O a la ruina. A fines de los años cuarenta y comienzos de los cincuenta existían numerosas empresas artísticas de este tipo que recorrían las ciudades y pueblos de Sudamérica, en especial en Chile, Argentina, Colombia y Venezuela. Los conjuntos exitosos eran vitoreados en teatros repletos y sus funciones se transmitían por las radios locales. Y los más famosos daban el salto incluso a España, volviéndose ricos.

El proyecto de Violeta sonaba a palabras mayores. Para formar una empresa se necesitaba contratar gente, conseguir lugares para las actuaciones, diseñar y ensayar un espectáculo variado y contar con auspiciadores que financiaran el emprendimiento. Por si fuera poco, Violeta quería que la empresa hiciera una gira nacional ese mismo marzo. Parecía casi imposible.

Pero ella no lo veía así. Poniendo en práctica uno de sus rasgos de personalidad, comenzó a recorrer instituciones, tocar puertas y aprovechar sus escasos contactos. Y lo hizo de inmediato, desde enero. La prisa estaría, a partir de ahora, entre sus principales características. «Estaba apurada de una manera extraordinaria que a veces a mí como niño me costaba entender —diría Ángel Parra—. Estaba apurada de una manera cósmica.»[135]

Violeta exhibía los singles que había grabado junto a Hilda para RCA Victor, su experiencia como cantante española y su currículum en el elenco de compañías de variedades. Así, consiguió al poco tiempo el auspicio del Teatro Experimental de la Universidad de Chile. No era una panacea, pero el respaldo de la institución educativa más prestigiosa del país abría otras puertas. En el aspecto financiero, este apoyo significaba que su potencial compañía contaba con un cincuenta por ciento de descuento en transporte y alojamiento. Además, le permitía a Violeta atraer a los artistas necesarios para el espectáculo.

En semanas logró sumar a un grupo de bailarinas, un cómico y algunos cantantes. También había reclutado a Luis Arce, a su hermana

Hilda y a Isabel y Ángel, sus hijos preadolescentes. En febrero ensayaron y en marzo partieron de gira. ¿El destino? Los poblados mineros del desierto de Atacama.

Diecisiete años después de dejar la enseñanza formal para consagrarse a la incertidumbre de una carrera artística, Violeta creó lo que prometía ser su boleto de ascenso en el mundo del arte popular. Bautizó a su compañía como Estampas de América. La agrupación ofrecía un espectáculo variopinto que incluía cantos y bailes, pequeñas actuaciones teatrales, números de humor y hasta trucos de magia. El administrador contratado por Violeta Parra era un tal señor Espínola, comediante cuya esposa cantaba y formaba parte del elenco.

En marzo de 1952 la compañía, compuesta por catorce miembros, partió al norte. Estampas de América recorrió pueblos y campamentos que habían sido levantados por empresas anglosajonas para extraer el salitre, la plata, el cobre y el hierro. La mayoría de estos espectáculos se originaban en invitaciones de sindicatos mineros.

Una de las primeras paradas fue el poblado de El Tofo, a setenta kilómetros al norte de La Serena y a más de quinientos de Santiago. Propiedad de la empresa estadounidense Bethlehem Steel Company, se extraía desde allí el hierro que había contribuido a la lucha de Estados Unidos contra la Alemania nazi.

Encumbrado en una cima de la árida sierra costera, con vista al océano Pacífico por el poniente y al desértico valle interior y la nevada cordillera andina por el oriente, El Tofo era un campamento construido en los años veinte. Sus ordenadas filas de casitas obreras, dispuestas en forma horizontal a lo ancho del cerro, iban bajando por la ladera a medida que el yacimiento se expandía. Hoy sólo quedan ruinas de este poblado, cuyas vetas se agotaron a comienzos de los setenta. Para la visita de Violeta Parra y su tropa, El Tofo contaba con más de tres mil habitantes, un hospital, varios supermercados, guarderías infantiles y un teatro perteneciente al sindicato, que fue el recinto donde Estampas de América realizó su espectáculo.

Ángel Parra, a la sazón de nueve años, recordaría que para subir a El Tofo los artistas tuvieron que montarse en unos burros.

Tal como sucedió en sus actuaciones posteriores en el desierto de Atacama, los miembros de Estampas de América se sorprendieron con la distribución del público en el teatro de El Tofo. Los obreros rasos se sentaban en las primeras filas, mientras que los supervisores y gerentes se ubicaban en los espacios más lejanos. En Santiago ocurría justo al revés: los primeros asientos eran los más caros y estaban destinados a los ricos.

Para los obreros nortinos significaba uno de los pocos momentos en que se sentían privilegiados. Después de todo, los ejecutivos estadounidenses o británicos podían gozar del arte y los espectáculos en Nueva York o Londres durante sus vacaciones de repatriación, mientras que los supervisores chilenos tenían la posibilidad de ir a distraerse a Santiago, Concepción o Valparaíso.

A diferencia de los gerentes, gran parte de los mineros rasos provenía de la misma región o del sur, desde donde se habían desplazado en busca de mejores perspectivas de trabajo.

El público con el que la gira se encontró en El Tofo y en las siguientes paradas era mayoritariamente masculino, aunque algunos mineros asistían con sus esposas e hijos. Se trataba de hombres rudos, proletarios, con las caras y brazos ennegrecidos por el radiante y sempiterno sol que machaca todo el año al desierto. Hombres de pocas palabras y de emociones contenidas. Sacarles un aplauso o una risa era complicado.

Sin embargo, Estampas de América lograba animar al público. Violeta e Hilda cantaban las tradicionales tonadas y cuecas, originarias del centro-sur, por el que algunos de los presentes sentían nostalgia. También tocaban el repertorio en boga, los boleros de Lucho Gatica y los hits mexicanos que arrasaban en América Latina.

Los sketches cómicos o teatrales a menudo despertaban sonrisas o admiración en esta audiencia difícil. Y si la respuesta era tibia, Violeta sacaba un as bajo la manga: se ponía a bailar mambo. Este baile se había popularizado entre la comunidad cubana de Nueva York y rápidamente estaba tomando por asalto a las grandes ciudades de todo el continente americano. Los ritmos tropicales encendían a los mineros y el éxito quedaba casi asegurado. Estampas de América cumplía así, como otras compañías de variedades, la función de llevar las novedades musicales del mundo a los pueblos más recónditos.

Tras actuar en El Tofo, la caravana se siguió adentrando en el norte. Mientras los integrantes se trasladaban en buses interprovinciales por la precaria Carretera Panamericana, su equipamiento era llevado en camiones que hacían la misma ruta. El tren, aún operativo en esa región, excedía el presupuesto de Estampas de América.

Luis Arce tenía la tarea de viajar primero, dos o tres días antes que los demás, adelantándose a cada nueva parada. Pese a tener una afinada voz de barítono, su función principal era obtener los permisos municipales y asegurarse de que contarían con suministro de electricidad, agua y otros insumos.

A fines de marzo el novio de Violeta llegó a Pueblo Hundido, setenta kilómetros al interior de Chañaral y mil kilómetros al norte de Santiago. En Pueblo Hundido, que hoy se conoce como Diego de Almagro y que está emplazado a mil metros de altura, surgió un problema importante: Estampas de América llegaría en vísperas del comienzo de la Semana Santa. Aunque el espectáculo era inofensivo desde el punto de vista religioso, los gerentes de la minera lo consideraron inoportuno para esos días sagrados.

Violeta rara vez aceptaba un «no» como respuesta. No poder actuar un par de días implicaba para ella un grave contratiempo, uno que iba a generar pérdidas y atrasar el resto del itinerario. Así es que insistió en persona ante los gerentes. Cuando vio que estos no iban a ceder, propuso una salida: ¿Y si presentamos una obra religiosa acorde a la festividad? En ese caso, le dijeron, podemos seguir adelante con el espectáculo.

El problema era que en el repertorio de Estampa no había números *ad hoc*. Pero eso no fue un inconveniente para Violeta. La noche previa a la actuación ya autorizada, reunió a su equipo en el pequeño hotel donde se estaban hospedando y les comunicó que, en las próximas veinticuatro horas, debían inventar y aprenderse una obra con tintes religiosos. De lo contrario, el largo viaje a Pueblo Hundido habría sido en vano.

Con Violeta llevando la batuta, la noche se hizo larga. En la improvisada obra se hablaba de Jesús y de la Virgen María, y en ella actuaban incluso Ángel e Isabel. Como era previsible, a varios de los integrantes se les olvidaron sus escenas, o chapucearon cualquier cosa, pero la obra, titulada «El azote de Dios», de todos modos fue un éxito, con lleno total desde el Viernes Santo al Domingo de Resurrección.

La compañía pasó luego por las oficinas salitreras de María Elena y Pedro de Valdivia. Un primo lejano de Violeta, que era sacerdote en Antofagasta, le consiguió varias fechas en esa zona. Sin embargo, las relaciones humanas al interior del grupo se iban enredando. El señor Espínola había renunciado a su función administrativa tras el episodio de la Semana Santa. Como ferviente católico, el humorista consideró que improvisar una obra sólo para proseguir con el espectáculo era una afrenta para sus creencias.

Otros miembros acusaron a Violeta de repartir de manera injusta las ganancias y de reinvertir el dinero en el financiamiento de las siguientes actuaciones sin consultar a nadie. Uno a uno, los artistas contratados en Santiago fueron desertando. Violeta se quedó sola, apoyada únicamente por sus familiares.

Con treinta y cuatro años, Violeta Parra enfrentaba un nuevo fracaso en su zigzagueante carrera. Carmen Luisa, para peor, se encontraba a dos mil kilómetros de distancia, al cuidado de los abuelos paternos. Los «sobrevivientes» se apresuraban a volver a la capital y el sueño de Violeta acababa de esfumarse.

Es difícil establecer si Violeta Parra se conmovió o espantó por las condiciones sociales de los mineros que observó durante la gira. Poco tiempo después de su retorno a Santiago, a mediados de 1952, grabó junto a Hilda una cueca titulada «En el norte», que recogía en parte su experiencia en el desierto. En este single de la compañía RCA, Violeta figuraba como autora. Acompañándose de un acordeón y una guitarra, la letra era más bien festiva y políticamente inocua:

Fui a cantar a la Pampa
la canción de nuestra tierra
la canté en Potrerillos
Pampa Unión, María Elena
De nuestra tierra, ay sí
Allá por Antofagasta
baila ahora un rotito
al son de nuestra guitarra
Si cantar es mi lema
¡viva la cueca chilena!

Ocho años más tarde, en otro viaje al desierto de Atacama, la artista escribió «Arriba quemando el sol», canción que sí vendría a trasuntar las penurias mineras. Sus acordes, ejecutados de manera seca y abrupta, anticipaban en algo los riffs del rock venidero. Al rasgueo de la guitarra se sumaba la melodía de la quena —un instrumento de viento típico de la cultura altiplánica de Chile, Bolivia y Perú, pero cuyo sonido era entonces desconocido dentro de la propia América Latina—, generando una sensación musical rupturista y al mismo tiempo exótica. La letra era ya, derechamente, una denuncia social, escrita a la manera de un relato o una noticia, forma de narración que se volvería un sello de Violeta en los siguientes años.

> Cuando vide los mineros
> dentro de su habitación
> me dije: «Mejor habita
> en su concha el caracol,
> o a la sombra de las leyes
> el refinado ladrón».
> Y arriba quemando el sol
> [...]
> digo que esto pasa en Chuqui
> pero en Santa Juana es peor.
> El minero ya no sabe
> lo que vale su dolor.

¿Qué había sucedido entre la primera gira al norte, de 1952, y la segunda, de 1960, para que Violeta creara dos canciones tan diferentes en sus sonoridades y contenidos? ¿Qué sucedió en esos ocho años para que Violeta Parra pasara de ser una más entre los cientos de cantores que pululaban por bares y programas de radio, a transformarse en un referente de la música popular chilena y, después, en una exponente universal de la cultura latinoamericana?

SEGUNDA PARTE

Violeta y una misión
(1952-1956)

Describe tu aldea y habrás descrito al mundo.

LEÓN TOLSTOI

Una epifanía

Una tarde de primavera, a fines de 1952, Violeta Parra fue a visitar a su hermano Nicanor y tuvieron una conversación que cambiaría por completo su rumbo artístico.

Nicanor vivía en un departamento de dos ambientes en el centro de Santiago, al lado de la Biblioteca Nacional. Entre septiembre de 1949 y junio de 1951 estuvo becado en Inglaterra para realizar un doctorado en cosmología. Sin embargo, dedicó casi todo su tiempo en la Universidad de Oxford a escribir poemas. Nicanor retornó a Chile no sólo con los borradores de lo que en pocos años más sería su libro más famoso, *Poemas y antipoemas*, sino también con una nueva esposa: la sueca Inga Palmen.

Cuando Violeta llegó esa tarde al apartamento de la calle Mac Iver, n.º 22, encontró a su hermano ocupado: estaba estudiando con detención un tipo de poesía popular llamado contrapunto. También conocido en América Latina como payas, se trataba de una forma de improvisación en la que dos poetas se desafiaban a contestar en verso, a veces acompañados de guitarras.

Ensimismado, Nicanor no le prestó mucha atención a su hermana. Años más tarde, en una extensa entrevista el poeta recordaría de esta manera los diálogos de aquella vez:[1]

—¿Qué estás haciendo? —preguntó Violeta.

—Estoy haciendo un trabajo aquí… muy difícil.

—¿Y en qué consiste ese trabajo? —insistió la hermana.

Nicanor le explicó lo que eran los contrapuntos y le leyó algunas cuartetas del duelo de payas más famoso en la historia chilena: el enfrentamiento entre el Mulato Taguada y don Javier de la Rosa, un reto que habría ocurrido a fines del siglo XVIII o comienzos del XIX.

—¿Y esas cosas estudias tú? —comentó con cierto desdén Violeta.

Acto seguido le dijo a su hermano que la esperara, que saldría y volvería pronto. Un par de horas después, Violeta retornó al departamento con un alto de papeles. Eran sus propios poemas, que había escrito en los últimos años. «Salió y volvió con cualquier cantidad de coplas. ¡Cualquier cantidad! Todas estupendas, excelentes. "¡Estudia eso!", me dijo».

Impresionado con su hermana, Nicanor comenzó a instruirla ese mismo día en las métricas de la poesía popular. Le dijo que las payas y las coplas eran cuartetas, una estrofa de cuatro versos que, por lo general, solía rimar en una secuencia de ABAB o ABBA.

Sin embargo, Nicanor le dijo que la verdadera poesía del pueblo estaba escrita en décimas. Le explicó que se trataba de estrofas de diez versos y que cada verso era octosílabo, es decir, contenía ocho sílabas. Para ilustrarlo, el hermano le leyó algunas «poesías vulgares», recopilaciones que Rodolfo Lenz —un filólogo y erudito alemán que llegó a Chile en 1890, contratado por el gobierno de Balmaceda para contribuir a la expansión de la educación pública— había publicado en un volumen en 1909.

Tras escuchar algunas décimas, Violeta dio su veredicto:

—¡Pero si esas son las canciones de los borrachos, pues!

—¿Cómo? ¿De qué borrachos? —preguntó extrañado Nicanor.

—¡De los borrachos de Chillán, pues! —replicó Violeta.

Tal vez en ese mismo instante la cantante se dio cuenta de que había tocado una fibra crucial de la cultura popular. Las letras de las cuecas y tonadas, corridas y valses chilenos que ella y su hermana interpretaban no tenían nada en común con estos versos de los «borrachos de Chillán». La música de la gente común se cantaba en las cantinas, en las fiestas agrícolas y en las procesiones religiosas, muchas con fuertes tintes paganos. Después de más de veinte años, a Violeta le volvieron de pronto los recuerdos de las hermanas Aguilera en Malloa, los cantos de su madre y su padre, los cantores del mercado de Chillán y los velorios de angelitos.

«Ese día, en ese minuto se produjo la iluminación», recordaría Nicanor.

En las siguientes semanas ambos volvieron a conversar varias veces sobre esta «iluminación». Y, alentada por su hermano, Violeta tomó la determinación de investigar a fondo la música y poesía de los campesinos y provincianos «borrachos». Como escribiría muchos años después Osvaldo «Gitano» Rodríguez, cantautor y amigo de Violeta:

Cuando Violeta Parra es enviada al campo por su hermano Nicanor, se está repitiendo la voluntad de Manuel de Falla quien, en Andalucía, andaba preocupado allá por los años veinte de que pudiera perderse el Cante Jondo. Entonces mandó a su mejor alumno a recorrer los campos y escuchar a los cantores y agruparlos en el Primer Festival del Canto Flamenco. Ese alumno era Federico García Lorca quien, al igual que Violeta, recibiría un impacto inigualable en su contacto con la poesía campesina, lo que ayudará a formar y definir su propio lenguaje.[2]

Puesto que el hermano admiraba en esos años la poesía española, tanto la tradicional como la contemporánea, es muy posible que le haya dado a Violeta el ejemplo de García Lorca. Después de todo, el primer y hasta ese momento único libro de poemas que había publicado Nicanor, titulado *Cancionero sin nombre* (1938), tenía, en palabras del propio poeta, «una influencia innegable de García Lorca».[3]

Tal como sucediera dos décadas antes con Falla y el autor de *Romancero gitano*, Violeta Parra estaba preocupada de que toda esta poesía y estos cantos campesinos de Chile se perdieran para siempre. La fuerte migración del campo hacia la ciudad, de la cual ella misma había sido protagonista, y el auge de la radio y la industria discográfica, que introducían por primera vez el concepto «comercial» en la música, amenazaban las tradiciones musicales del pueblo raso, transmitidas hasta ese entonces de padres y madres a hijos e hijas. También Violeta Parra, dicho sea de paso, estaba siendo parte del proceso de comercialización global de la música, al privilegiar en el repertorio que cantaba junto a su hermana Hilda las rancheras y boleros de moda.

El ejemplo de investigación de campo mostrado por Federico García Lorca, a quien Violeta homenajearía en una canción, debió haber sido un incentivo potente, considerando que hasta hacía poco Violeta era una admiradora e imitadora de la música española.

Pero sería otra persona apellidada Lorca la que la encaminaría en su nueva senda.

Se trata de Rosa Lorca, una señora que le arrendaba una habitación a Clarisa en la parte trasera del inmueble donde funcionaba su restorán El Sauce. Esta mujer —que nació en 1891 y que a los veinte años emigró a Santiago desde Cunaco, localidad rural del valle de Colchagua— era partera y especialista en arreglar velorios para infantes muertos. Pero además se sabía muchas canciones campesinas, aprendidas de niña.

Violeta la conocía desde hacía años, pero hasta la conversación con Nicanor nunca había reparado en que doña Rosa era un tesoro cultural viviente. Conocida en el barrio como la «Camiona», por su robustez y su gran estatura, fue la primera persona a la que se dirigió Violeta Parra para indagar en la historia musical y poética de Chile.

«Cuándo me iba a imaginar yo —diría Violeta— que al salir a recopilar mi primera canción a la comuna de Barrancas, un día del año de 1953, iba a aprender que Chile es el mejor libro de folclor que se haya escrito.»[4]

UNA OBSESIÓN

Violeta Parra fue una mujer sensible a la política. Los presidentes, los gobiernos de turno y los funcionarios del Estado no eran para ella personajes lejanos, sobre los cuales sólo se enterara por la prensa. Al contrario, siempre sintió que la política tenía un impacto concreto en su vida.

Y así, mientras iba descubriendo una nueva senda en su carrera artística, una vez más la política venía a entrometerse en su vida. En septiembre de 1952 Carlos Ibáñez del Campo, el dictador que había dejado sin empleo a su padre, accedió nuevamente a la presidencia a través de elecciones democráticas. En su campaña, el viejo general prometió barrer con los políticos tradicionales, y barrerlos de manera casi literal, por cuanto la imagen de campaña era precisamente una escoba, y el lema, «Ibáñez al poder y la escoba a barrer».

El Partido Comunista aún estaba proscrito, pero hasta ese momento el ex marido ferroviario de Violeta se había salvado de las represalias de González Videla. Cuando asumió Ibáñez, se impuso un plan de ahorro fiscal para combatir la creciente inflación.

Y eso significaba reducir el aparato del Estado, expandido durante los gobiernos radicales que de paso habían creado una nueva clase media. Ibáñez echó a miles de empleados públicos para frenar el gasto estatal, y en 1953 le tocó el turno a Luis Cereceda, quien fue despedido de la empresa de ferrocarriles. Resignado, el ex esposo se trasladó a Llay-Llay, donde instaló la tienda de reparación de bicicletas que tendría hasta el día de su muerte, a fines de los años setenta. Pero sin el sueldo fiscal, ya no pasaba los mismos montos para sostener a sus hijos Isabel y Ángel.

En sus *Décimas* Violeta se refirió al retorno de Ibáñez al poder:

> Con esta pluma en la mano
> lo acuso con mucha inquina,
> que con jalea y morfina
> subió de nuevo al gobierno,
> formando un segundo infierno
> que amarga y que desatina.[5]

Apartado de la escena el Partido Comunista—único partido capaz de atraer las simpatías de Violeta— y con el ex dictador Ibáñez ocupando el palacio presidencial, la cantante se desencantó de la política y se volcó con todo a desenterrar las viejas canciones y poemas de los migrantes campesinos.

Su primer sujeto de investigación fue doña Rosa Lorca. Al principio, la Camiona se avergonzaba: no quería cantar ni enseñar su repertorio. Pero poco a poco esta mujer de sesenta años y que mostraba un ostensible diente de oro se fue abriendo.

«Cuando la escuché cantar esos cantos ancestrales, volvió a mi memoria la ceremonia vista de niña del velorio del angelito», diría Violeta. El encuentro con Rosa de pronto le hizo recordar vivencias de su infancia en el sur, y en especial esa ceremonia fúnebre.

Recordé cómo se mandaba buscar a la madrina para que hiciera el *alba*, que tiene que ser cortada en tela nueva, con tijeras, hilo y aguja usados por primera vez. Los miembros masculinos de la familia partían a caballo a buscar la gente. Las mujeres de la casa dividían la pieza en tres secciones: en una punta el velorio, al medio un mueble con loza y al otro extremo una mesa cubierta con mantel blanco y un brasero con carbones bien encendidos. Cuando llegaban los hombres se colocaban al lado del angelito, que ya estaba arreglado en su altar y las mujeres se apretujaban alrededor del brasero. Entonces, en un silencio impresionante, comenzaba el canto. También se bailaba la cueca fúnebre, sin zapateo y con guitarra, y el *chapecao*, sin pañuelo y en silencio.[6]

Además, fue de la boca de Rosa Lorca que Violeta por primera vez escuchó que la música de los «puetas» chilenos se dividía en dos grandes categorías: el canto a lo divino y el canto a lo humano. En una de esas jornadas doña Rosa recitó y mostró algunos acordes de un canto a lo divino que había aprendido en su infancia. La escena relatada era la de Jesús en la cruz.

> Dejen de llorar a quien llora
> que descanse su aflicción
> sólo llorando descansa
> su afligido corazón
>
> Entre aquel apostolado
> dijo Jesús aprehendido:
> «Por mis comentarios hey sí'o
> muy cruelmente maltrata'o»;
> Magdalena con cuida'o
> en ese momento implora,

se anega la bienhechora
en llanto muy afligí'a
Toda la gente decida:
«Dejen de llorar a quien llora.»

Unos años después Violeta grabó este tema bajo el título «Verso por padecimiento».

A pocas cuadras del restorán de su madre, Violeta conoció a otro personaje: Juan de Dios Leiva, un hombre de ochenta y cinco años que se dedicaba a cultivar una chacra en aquel sector no del todo urbanizado. «Es un anciano delgadísimo, erguido y huraño —evocó Violeta—. No quiere hablar con nadie.»[7] Don Juan de Dios tenía fama de ser un gran cantor y guitarrista. Sin embargo, tras la muerte de su nieta favorita, unos años antes, juró que nunca más iba a cantar o tocar la guitarra. La última vez había sido, justamente, en el funeral de su nieta. Pero Violeta Parra no era una mujer que se dejara espantar por un primer rechazo. Insistió, y le explicó que estaba recopilando cantos populares que ya apenas se conocían en el país y que todo ese conocimiento se podía perder muy pronto. «La patria necesita sus cantos», le dijo.

Finalmente, el viejo le mostró un cuaderno descolorido donde tenía anotados varios versos «a lo divino». Y también le enseñó a Violeta el acompañamiento en guitarra de algunos cantos. No obstante, cuando trató de cantar, su voz se quebraba. «Era verdad que tenía, por su nieta, un nudo en la garganta», afirmó Violeta.[8]

La novel recopiladora se impresionó con el mundo musical, poético y social que iba descubriendo en estos ancianos. Ellos no sólo le hacían oír las canciones que habían aprendido de niños en los campos del sur, sino que también le hablaban de las costumbres que llevaban en las provincias antes de que llegaran a la gran capital. Fascinada con estos personajes, a quienes pronto llamaría de manera cariñosa «mis viejitos» o «mis abuelitos», cada vez que Violeta veía a alguien canoso y de edad avanzada se acercaba y le preguntaba si se sabía alguna antigua canción folclórica. Daba lo mismo si iba caminando por la calle o arriba de una micro, Violeta se obsesionó con el potencial cultural de la generación más adulta. «Donde veía una cabeza blanca, intuía folclor»,[9] afirmó su hijo Ángel.

Y una «cabeza blanca» era Pelusita, la abuela de su pareja, Luis Arce. Esta señora ya tenía noventa y seis años y una larga cabellera blanca que le llegaba hasta la cintura. La abuela había nacido y se había criado en Alto Jahuel, a los pies de los cerros donde comienza la cordillera de los Andes. Cuando Violeta le contó a Pelusita que estaba recopilando canciones antiguas, ella le respondió: «Yo también tocaba la guitarra en mis tiempos mozos». Literalmente, fue música para los oídos de Violeta.

«Para mi madre, esta venerable anciana se convertirá en una de las fuentes más abundantes y cristalinas que en sus caminos encontrará —escribió Ángel Parra—. A su lado estaba la persona que andaba buscando desde siglos.»[10]

La Pelusita animó a Violeta a salir de Santiago para continuar con sus indagaciones y la invitó a visitar a sus hijos y nietos que seguían en Alto Jahuel trabajando como peones en la viña Santa Rita, fundada en 1880 por el empresario y político conservador Domingo Fernández Concha. Vivían todos juntos en una casona.

Violeta fue con Isabel y Ángel y pasó varios días con los trabajadores de la viña. Los empleados veteranos comenzaron a reunirse en torno a la investigadora y le mostraban sus viejas canciones. Violeta apuntaba afanosamente en un cuaderno las letras y, como no sabía de partituras, rayaba al lado algunas anotaciones musicales que sólo ella entendía. «Dibujaba pentagramas con pelotitas y ondulaciones que le indicaban la frase musical»,[11] diría Gabriela Pizarro, una folclorista, recopiladora y amiga de Violeta.

Esa primera excursión a Alto Jahuel fue toda una experiencia, ya que por primera vez vio en acción a los viejos cantores en su entorno campesino, y no en los barrios pobres de la capital. «Lo que antes tenía claro, le pareció evidente —escribió Ángel—. En estos viejos chilenos estaba la memoria, la historia no oficial, la oralidad, la sabiduría.»[12]

En los siguientes meses de 1953, Violeta recorrió de manera incesante las localidades cercanas a Santiago, siempre en busca de «viejitos» que le revelaran sus secretos musicales. ¿Y cómo encontraba a esos cantores? Su metodología era simple, pero efectiva. Al llegar a un pueblo o caserío golpeaba la puerta de la primera casa y preguntaba si en esta vivía una persona anciana que cantara. Si en el hogar no había un viejito, le solían indicar dónde encontrar a uno y raudamente partía hacia allá.

En esos recorridos por la provincia de Santiago a veces llevaba a sus hijos. Otras veces los dejaba al cuidado de algún familiar y desaparecía durante días. Con cierta frecuencia la acompañó Nicanor. En una ocasión ambos llegaron a un latifundio que pertenecía al abogado, agricultor y político radical Ismael Tocornal. Ahí Violeta conoció al inquilino Antonio Suárez, que según ella tenía «cien años a cuestas», aunque en realidad tenía ochenta y ocho. Don Antonio recibió con escepticismo a los hermanos y su misión de rescate folclórico. Para congraciarse con él, Violeta le cantó algunas canciones propias y otras que había aprendido en sus primeras investigaciones.

Cuando terminó, Nicanor le preguntó al viejo campesino:

—¿Y qué le parecen estas canciones, don Antonio?

—Cualquiera canta en una mata de hojas —contestó Suárez con desprecio.

La voz de Violeta no le había gustado. Tampoco su forma de entonar. «Estaba en total desacuerdo con mi modo de cantar»,[13] reconoció Violeta. Pero don Antonio se abrió a los visitantes y comenzó a mostrarles parte de su repertorio. Una foto de ese encuentro muestra a una Violeta Parra concentrada tomando apuntes, mientras que Antonio Suárez sostiene su guitarra y lleva sobre la cabeza un gran sombrero redondo. Violeta anotó en su cuaderno varios de los dichos populares que emitió de manera casual durante el encuentro: «La plata se gana al sol y se consume a la sombra», «Al medio de la sopa viene una copa», «Cuando el cristiano quiere quemarse, Dios le junta la leña».

El viejo cantor también le enseñó a Violeta algunos cantos a lo humano tradicionales que seguían la línea temática del «mundo al revés». Uno de estos fue:

> El mundo al revés pintado
> yo lo vi en una pintura,
> de penitente vi un cura
> y un demonio confesado.[14]

Pocas semanas después de ese primer encuentro, don Antonio visitó a Violeta en Santiago para darle una gran noticia: le podía mostrar un guitarrón. Varios cantores le habían hablado a la folclorista de este singular instrumento. Sin embargo, ella nunca había visto uno. Era una guitarra de veinticinco cuerdas que los poetas populares chilenos venían utilizando desde el siglo XVII, pero cuya supervivencia constituía un misterio. Se cree que su origen se remonta al Renacimiento o al Barroco europeo.

Aunque aún no lo sabía, Violeta iba camino a lograr su primer gran acierto en la investigación folclórica: rescatar un instrumento que muchos musicólogos daban ya por extinto. Sólo quedaban unos pocos ejecutores, casi todos de avanzada edad, perdidos en latifundios. Antonio Suárez no lo sabía tocar, pero sí conocía a un experto: Isaías Angulo, a quien todos llamaban el Profeta, en referencia a su nombre de pila y al profeta israelí del siglo VIII antes de Cristo.

Don Isaías aseguraba tener sesenta y ocho años y vivía en un caserío llamado Casas Viejas, en la localidad de Pirque. De lunes a viernes realizaba faenas agrícolas en el fundo Porvenir. Los fines de semana se dedicaba a jugar rayuela y a tocar el guitarrón y cantar. Debido a sus numerosas cuerdas, un intérprete experto como el Profeta le podía sacar a ese instrumento una sonoridad que parecía corresponder a varias guitarras al mismo tiempo.

Don Isaías no sólo introdujo a Violeta en las artes del guitarrón, sino que también le presentó a otros cantores de la provincia agrícola de Santiago. Uno era Gabriel Soto, a quien todos llamaban On Grabia, ferviente católico que escribía y recitaba sus versos con una Biblia en la mano. Muchos cantores en la región aseguraban que On Grabia era uno de los mejores intérpretes del canto a lo divino. Pero había un problema: Soto se negaba rotundamente a cantar y tocar para ella. Pasarían casi dos años antes de que Violeta Parra lograra convencerlo.

Otro era Emilio Lobos, peón del fundo Santa Rita. Hombre flaco, de barba canosa y pelo corto y desordenado, tenía unos sesenta años y trabajaba como silletero. «Pero a mí no me gusta ser silletero», confesaba. Lo suyo era buscar minas en la cordillera de los Andes.

—Soy busca'or de minas y ya tengo como doce y las tengo marca'ítas —le dijo don Emilio a Violeta cuando se conocieron.

—Pero usted podría ser un hombre rico con esas doce minas —le contestó Violeta.

—Claro, así sería si las trabajara, pero a mí me gusta encontrármelas no más —respondió.[15]

Emilio Lobos tenía una voz muy afinada. De él aprendió la canción «Versos por el rey Asuero», un canto a lo divino que solían interpretar los trovadores del campo hace décadas e incluso siglos. Unos años después, Violeta grabó ese tema en un disco para la casa discográfica EMI-Odeon. Parte de su letra decía:

> Un día que Asuero estaba
> tomando cierto recreo,
> vio llegar a Mardoqueo
> a quien el rey apreciaba.
> Al judío acompañaba
> una doncella mujer,
> el rey, lleno de placer,
> la contempló poco a poco
> y se volvió casi loco
> por los amores de Ester.

Para Violeta Parra fue una revelación descubrir que en los antiguos cantos chilenos seguía vigente la tradición castellana proveniente de la Edad Media, con reyes y doncellas, caballeros andantes y obispos, amores y traiciones, pero también los relatos de la sufrida vida campesina, de la opresión de los patrones y sacerdotes, de la enorme mortalidad infantil que daba pie a los velorios de angelitos.

En esos primeros meses de intenso trabajo en terreno, a Violeta se le abrió un mundo que le producía tanta fascinación como indignación. Visitando los hogares de peones e inquilinos en los latifundios, también se acercó a una realidad social que, pese a sus penurias de joven, le resultaba desconocida. No eran campesinos como los de Chillán, ni como las hermanas Aguilera de Malloa, sino gente pobre y explotada sin más. Así lo recordaría en sus *Décimas*:

Si tengo tanto trabajo,
que ando de arriba p'abajo
desentierrando folklor.
No sabís cuánto dolor,
miseria y padecimiento
me dan los versos qu'encuentro.[16]

Ciertamente, Violeta Parra no fue la primera en investigar el folclor chileno. Ya hacia 1780 el médico aragonés y cosmógrafo mayor del Virreinato del Perú, Francisco Cosme Bueno, relataba que los campesinos chilenos «tienen pasión por la música y sus cantares son parecidos a los del sur de la península ibérica».[17]

Y a las primeras recopilaciones sistemáticas del alemán Rodolfo Lenz les siguió una nueva generación de investigadores que, bajo el alero de la Universidad de Chile, se dedicó a registrar los cantos autóctonos. De hecho, esa misma casa de estudios organizó a fines de enero de 1953 la Primera Semana del Folclor Americano, evento que convocó a los grandes estudiosos chilenos de lo que entonces se denominaba «arte popular». Estuvo allí Tomás Lago, director del Museo de Arte Popular Americano de Santiago, y estuvieron también el profesor y estudioso del folclor Oreste Plath (pseudónimo de César Müller Leiva) y la cantante y docente de esa universidad Margot Loyola.

Loyola estaba formando a su vez una serie de connotados discípulos, igualmente interesados en la investigación. Entre ellos figuraba Raquel Barros, que en 1952 fundó la Agrupación Folclórica de Chile, y una veinteañera Gabriela Pizarro, que en 1958 creó el conjunto folclórico Millaray. Otros alumnos de Margot Loyola fueron Silvia Urbina, Rolando Alarcón y Víctor Jara.

Violeta Parra todavía no conocía a ninguno de ellos, ni ellos conocían aún a Violeta. A futuro se haría cercana de varios. Sin embargo, había algo que la diferenciaba de este grupo educado en la academia: su método poco ortodoxo para recopilar.

Sin bagaje académico ni conocimiento formal de música, Violeta lograba involucrarse a fondo con las viejitas y viejitos a los que arrancaba canciones antiguas, versos a lo divino y humano e historias de la tradición popular. Aunque en el ámbito familiar solía ser una mujer dominante, en estas excursiones Violeta asumía un papel más pasivo y escuchaba atentamente cada cosa que le decían. «Mi madre se transformaba totalmente en estas ocasiones, escuchaba, apuntaba, preguntaba», recordó Ángel.[18]

Obtener información no era fácil. Muchos campesinos chilenos eran, y son hasta hoy, personas reservadas, tímidas, hombres y mujeres de pocas palabras y recelosos de los extraños. Por eso, Violeta les solía llevar regalos, como una garrafa de vino o un adorno moderno recién llegado a Santiago. El plan era conquistarlos y que dieran a conocer su repertorio.

Violeta Parra venía de la gran ciudad, pero su forma sencilla de vestir y su actuar humilde le allanaban el camino. Los cantores se sentían cómodos con ella y se mostraban más cooperativos que con los investigadores académicos, para los cuales eran meros objetos de estudio. «Violeta no fue a recoger cosas, ella iba a conocer seres humanos, yo creo que esa es la gran diferencia con otros recolectores», afirmó Patricia Chavarría, una folclorista de Concepción que conoció a varios campesinos que a fines de los años cincuenta interactuaron con Violeta Parra. «Ellos hablaban maravillas de la Violeta (porque) no venía desde las altas esferas a recoger estas "cosas" perdidas, era una igual, ayudaba con la comida, iba a buscar agua, pelaba las papas»[19].

Además, la recopiladora nunca exhibía sus destrezas. «Jamás compitió ni mostraba sus propias habilidades. Creo que esto a los viejos les gustaba mucho»,[20] afirmó su hijo Ángel.

La investigadora no sólo congenió con cantores y poetas populares, sino que además se hizo amiga de varios de ellos. Con Emilio Lobos, por ejemplo, se llevaban tan bien que Violeta lo invitó a Santiago. Lobos se instaló por meses en el departamento céntrico de Nicanor, y allí fue cautivando con su guitarrón a los amigos del antipoeta, como el escritor Jorge Edwards: «Con su voz adelgazada, casi extinguida, cantaba historias medievales que parecían sacadas del romancero castellano, pero donde se introducían las variantes criollas. Un banquete del rey Asuero con abundancia de empanadas, de chicha y de vino tinto. No faltaban Genoveva de Brabante y los Caballeros de la Mesa Redonda».[21]

Pero tal vez la mayor muestra de cuánto se compenetraba Violeta con estos cantores fue el hecho de que dejó a su hijo al cuidado de Isaías Angulo. Ángel, de diez años, vivió casi doce meses con el Profeta y su esposa Rosa, mientras Violeta seguía indagando en la región y mantenía su domicilio en Santiago. Hasta ese momento, mediados de 1953, Ángel nunca había asistido al colegio. Violeta se encargaba de enseñarle a leer y escribir en la casa. A veces usaba el silabario, aunque a decir verdad la madre no era muy metódica. No había dispuesto un horario de aprendizaje y a ratos simplemente le decía: «Toma, lee eso», según recordase el propio Ángel. Tal vez Violeta estaba traspasando a su hijo la aversión por el estructurado mundo escolar, pero lo curioso era que a su hija Isabel sí la enviaba a la escuela.

Al dejar a Ángel con don Isaías la cantante pretendía que aquel aprendiera las labores del campo y también a tocar el guitarrón. Después de todo, igual había incorporado a Isabel como cantora y bailarina flamenca en sus espectáculos españoles y al mismo Ángel vestido de gitano andaluz; su sueño era formar algún día una gran empresa artística con la familia.

Muy pronto Ángel pasó a llamar al Profeta «tata Isaías» y a su esposa, «mama Rosa». En las tardes don Isaías le enseñaba el arte del guitarrón. Y los fines de semana, Angulo se vestía con un impecable traje azul de rayas blancas, se ponía un pañuelo rojo al cuello y llevaba al hijo de Violeta a las partidas de rayuela que se realizaban en la plaza principal de Puente Alto*.

Violeta solía ir esos fines de semana a visitar a su hijo, en especial cuando se celebraban competencias informales de cantores y payadores en Puente Alto. Eran eventos en los que fluía con abundancia el borgoña con frutillas y en que se inflaban los egos de los contendores a medida que se consumía el vino. Cuando los poetas se juntaban a improvisar, el ambiente se tornaba una verdadera fiesta de payas, chistes y trago. «Todos se ponen de acuerdo y dicen: "vamos a cantar por ponderación" —recordaría Luis Arce, quien asistió a varios de estos torneos junto a Violeta—. Y se ponen a cantar puras mentiras no más, hablan de un zapallo que pesa cien kilos, de un caballo transparente.»[22]

En una ocasión, don Isaías convidó a Violeta, a Luis y al joven Ángel a un velorio de angelitos en Casas Viejas. «Puedo asegurar que es lo más parecido a lo mágico y lo fantasmagórico —escribió el hijo en 2012—. Luz, sombra, silencios y entendidos. Azúcar quemada en el brasero. El vaivén de la llama de las velas transforma los rostros, agranda las sombras. Mucho más impresionante que cualquier otra ceremonia, y he visto muchas.»[23] Luis Arce recordó que su mujer quedó muy impresionada. Pero él no tanto. «A mí me pareció medio raro eso, con la guagua sentada ahí muerta y todos cantándole.»[24]

* Hoy en día Puente Alto es parte de la ciudad de Santiago y tiene más de un millón de habitantes. Por entonces sólo era una pequeña localidad rural, a unos treinta kilómetros al sur de la metrópoli.

La señora Rosa, esposa del Profeta, se dedicaba a instruir a Ángel en la vida del campo. Lo despertaba a las cinco de la mañana para ordeñar las vacas y darle de beber la primera leche, que ella llamaba «apoyo».

Violeta se habría inspirado en esta actividad de doña Rosa para escribir una tonada en su honor: «La lechera». Ángel e Isabel aseguraron que esa fue la primera composición con tintes políticos y sociales que compuso su madre. Aunque Violeta Parra nunca grabó esta canción, que recién en 1982 fue musicalizada por Gabriela Pizarro, sí dejó registro de su letra. Comenzaba así:

> No porque yo sea lechera
> y no tenga más amparo
> que el calorcito e' la leche
> cuando yo la estoy sacando
> ni porque suya es la casa
> todo lo que estoy mirando
> voy a entregarle la poca
> vida que me va quedando.

En una entrevista que Isabel dio en 1971 a Casa de las Américas, de La Habana, afirmó que se trataba de la primera canción «clasista» de su madre[25]. En ese artículo Isabel y Ángel le dijeron al periodista Julio Huasi que el estribillo que sucedía a la estrofa anterior era el siguiente:

> Inquilino y patrón,
> dos cosas son con distinción,
> inquilino y patrón
> oro y terror.

Otras fuentes aseguran que la letra no era de Violeta, sino que la había recopilado del propio Isaías o de Agustín Rebolledo, también cantor de Puente Alto. Investigadores de *Cancioneros.com*, un diario digital especializado en música de autor en castellano, encontraron una hoja mecanografiada por Violeta en el Archivo Central Andrés Bello de la Universidad de Chile, donde «La lechera» figuraba con este estribillo:

> Inquilino y patrón,
> dos cosas son.
> Válgame, Dios.
> Inquilino y patrón,
> dos cosas son.

Como sea, la señora Rosa e Isaías Angulo formaron parte de la vida de Violeta Parra y de sus hijos durante mucho tiempo. A veces el Profeta iba a Santiago a visitarlos y Ángel exclamaba: «Llegó el abuelo Isaías».

Muchos años después, siendo Ángel ya un adulto, se volvió a encontrar con don Isaías en el hospital Salvador de Santiago. El Profeta se había accidentado. «El camino que pasaba delante de su casa era de tierra y jamás, ni con unas copitas de más, tuvo problemas al transitarlo. El día que pavimentaron la calle, comenzaron a circular los camiones y lo atropellaron. Lo mató el maldito progreso.»[26]

UNA TARDE CON PABLO NERUDA

Los meses de intensa investigación despertaron en Violeta un sentido de urgencia. Y es que había descubierto un mundo cultural, musical y social inédito en las afueras de Santiago, un mundo que estaba muriendo, ya que sus últimos representantes eran en su mayoría ancianos.

Una persona que no compartió esta premura y fascinación era Hilda Parra. Aun cuando Violeta le insistió en incorporar sus recientes hallazgos al repertorio del dúo, la hermana se negaba. Para ella, los cantos recopilados por Violeta tenían una tonalidad ruda, y las letras le parecían extravagantes y lejanas a lo que estaban acostumbrados a oír los oyentes de la radio y los comensales de los restoranes. Para Hilda, eran canciones «raras» y le reiteró a Violeta que estaba equivocando el camino. Lo mejor era seguir con las populares rancheras y boleros mexicanos que venían tocando, así como con las tonadas y cuecas chilenas en la línea de los muy exitosos Huasos Quincheros.

Cuando Violeta se acercó a Lalo y Roberto con la misma propuesta —comenzar a interpretar las canciones auténticas de los campesinos que había conocido—, también se encontró con un muro. Ambos estaban dedicados a la cueca urbana de los bajos fondos de Santiago. Además, habían comenzado a desarrollar el llamado jazz huachaca, una variante jazzística del submundo popular que ellos mismos habían inventado y que mezclaba la cueca con formas musicales de avanzada. «Musicalmente yo sentía que mis hermanos no iban por el camino que yo quería seguir», afirmó Violeta en una entrevista. La cantora, por lo demás, empezó a componer cada vez más canciones propias inspiradas en el tipo de música que iba recopilando. «Consulté a Nicanor, el hermano que siempre ha sabido guiarme y alentarme —afirmó en esa misma entrevista—. Yo tenía veinticinco canciones auténticas. Él hizo la selección y comencé a cantar y tocar sola.»[27]

Violeta decidió actuar esporádicamente por su propia cuenta, mientras el dúo de las Hermanas Parra continuaba presentándose con el repertorio de siempre y aportando una fuente de ingresos relativamente estable.

El círculo de amistades de Violeta se expandía gracias a Nicanor, sobre todo después de que este ganara el Premio Municipal de Literatura. El mayor de los Parra había conocido en Chillán a Pablo Neruda durante un acto de campaña de Pedro Aguirre Cerda y el Frente Popular. Ambos autores dialogaron aquella vez sobre política y el estado actual de la poesía hispanoamericana. Neruda se sorprendió con la agudeza del profesor de ciencias y poeta aficionado y le autografió uno de sus libros: «A Nicanor Parra, con una estrella para su destino».[28]

En los siguientes años Neruda y Parra mantuvieron el contacto, y fue así como el 12 de julio de 1953 Neruda invitó a Nicanor a su cumpleaños número 49. La celebración se realizó en una de las viviendas que el autor de *Crepusculario* tenía en Santiago, una residencia llamada «Michoacán», ubicada en la avenida Lynch Norte, n.º 164, en la comuna de La Reina. Era una parcela que quedaba a pocas cuadras de donde las familias de Nicanor, Violeta y Lalo habían convivido en los años cuarenta.

Nicanor convidó a su hermana al evento. Y Violeta, que no conocía a nadie en esa fiesta, fue con su guitarra. Todos los invitados estaban en el jardín, ya que era un domingo inusualmente caluroso para ser invierno. Violeta Parra se sentó en una silla de cocina al pie de un enorme castaño. Al cabo de un rato comenzó a cantar. Interpretó viejas canciones campesinas que había recopilado recientemente y también sus propias composiciones. Nada del repertorio habitual del dúo con Hilda. Los comensales, entre ellos intelectuales, poetas, periodistas y dirigentes del Partido Comunista, estaban impresionados con la presencia y la música de esta mujer. En un momento Violeta tocó «La Juana Rosa», tonada que había compuesto hacía poco y en la que una madre campesina le aconseja a su hija buscar marido:

Arréglate Juana Rosa,
que llegó una invitación:
mañana trillan a yegua
en la casa 'e l'Asunción

Te ponís la bata nueva
y en ca'a trenza una flor;
tenís que andar buenamoza
por si pica el moscardón.

Para los asistentes, la música de esta mujer de ropaje sencillo y apariencia humilde constituía una revelación. A oídos de la intelectualidad se trataba de algo exótico, nunca antes escuchado, aun cuando proviniera y se inspirara en los cantos tradicionales todavía cultivados entre los peones e inquilinos de los fundos cercanos a Santiago. José Miguel Varas, periodista, escritor y militante comunista, quien estuvo presente en esa ocasión, dejó plasmadas sus impresiones:

Al pie de uno de los altos castaños estaba sentada una mujer de pelo oscuro, de rostro popular, sin maquillaje, «vestida de pobre». Aquella mujer se puso a rasguear la guitarra sin ceremonia ni aviso previo y rompió a cantar. No miraba a los oyentes, que pronto formaron un círculo en torno de ella. Tocó un vals campesino, que producía tal fascinación y tan sobrecogedora tristeza […] que todos quedaron como en suspenso. Aquella voz cruda y tan campestre, desabrida y muy musical al mismo tiempo, no parecía una interpretación artística, sino la cosa misma […]. Terminó de golpe el canto. La cantora parecía esconderse detrás de la guitarra. Hubo un silencio, después aplausos.[29]

Tras terminar la breve actuación, Laura Reyes, la hermana de Pablo Neruda, cuyo verdadero nombre era Neftalí Reyes, se acercó a Violeta. La abrazó, la besó, le pasó un vaso de vino tinto y le preguntó:

—Disculpe, yo nunca había oído cantar así. ¿Cuál es su nombre?

—Me llamo Violeta Parra —contestó la cantante—. Soy hermana de Nicanor.

A partir de ese momento se abrieron para Violeta las puertas grandes del Partido Comunista, que inclusive proscrito gozaba de excelente salud en el frente cultural e intelectual. Tomás Lago Pinto fue uno de los asistentes al cumpleaños de Neruda y, por cierto, se fascinó con Violeta. La dejó invitada para actuar en el Museo Popular que él dirigía. Otros comensales la invitaron a la sección chilena del Comité de la Paz, una organización internacional que, bajo el alero de Moscú y en el contexto de la Guerra Fría, advertía sobre la proliferación de armas nucleares.

El comité funcionaba en una casona antigua de la calle Monjitas, en el centro de Santiago, y ahí se reunían artistas e intelectuales que militaban o simpatizaban con el comunismo. Violeta comenzó a acudir a ese local, donde conoció a un grupo de folcloristas que era liderado por Margot Loyola y que recién había formado el conjunto Cuncumén, «murmullo de agua» en mapudungun. Los integrantes de Cuncumén venían retornando de una gira por Europa del Este que consideró presentaciones en el Cuarto Festival Mundial de las Juventudes en Bucarest, Rumanía.[30] Entre ellos estaban Silvia Urbina, Rolando Alarcón, Helia Fuentes, Alejandro Reyes y su esposa Ximena Bulnes, muchos de los cuales se convirtieron en amigos y colaboradores de Violeta en los años venideros.

En las reuniones de este comité no sólo se hablaba de política, sino que también se tocaba y escuchaba música. «La vi por primera vez en las reuniones artísticas que se realizaban en el Comité por la Paz con el fin de sensibilizar a la gente respecto al desenfrenado crecimiento de las armas nucleares», afirmó Silvia Urbina. «La sensación de que Violeta cantaba desde las entrañas, desde el útero mismo, se acentuaba al mirarla. Tomaba la guitarra y la ponía sobre su pierna cruzada. Fijaba su mirada un poco hacia abajo y otro poco hacia el costado, sin atender mucho al público. Era innegable que alcanzaba una tremenda proyección.»[31]

Aunque los nuevos contactos y amistades le ampliaron el mundo, el día a día de Violeta no cambió mucho. Después de aquella presentación informal en la residencia de Neruda, siguió actuando como siempre con su hermana y, de vez en cuando, presentándose sola. Pero sobre todo continuó con su frenética labor de recopilación.

A diferencia de Hilda, Nicanor alentaba el rumbo que había tomado la hermana menor. No dejó de marcarle, sin embargo, una advertencia y un desafío que la propia Violeta se encargaría de recordar: «Tienes que lanzarte a la calle, pero recuerda que tienes que enfrentarte a un gigante: Margot Loyola».[32]

Loyola, un año menor que Violeta, ya era la gran estrella de la investigación e interpretación folclórica en Chile. Había realizado sus primeras giras como solista a Argentina y Perú. Y no sólo eso. También era la artista favorita del Partido Comunista, donde además militaba. El 2 de septiembre de 1946 fue la principal figura musical en el acto de cierre que los comunistas le organizaron al candidato González Videla. Ante unos ochenta mil asistentes, Margot bailó una cueca con el secretario general del PC, Elías Lafertte. «Me siento orgullosa de ser la abanderada del gran Partido Comunista», declaró al diario *El Siglo*. Y dos años después, a comienzos de 1948, Margot actuó ante los prisioneros comunistas que estaban confinados en el campo de concentración de Pisagua. Violeta, en cambio, aún estaba lejos de la *nomenclatura* del partido.

En septiembre de 1953 se produjo el primer encuentro cara a cara entre las cantantes. Violeta actuaba en una fonda de fiestas patrias en la Quinta Normal y Margot Loyola fue especialmente a escucharla. Su amigo Pablo Neruda le había comentado del improvisado recital que Violeta dio en su casa y de la buena impresión que causó entre los asistentes. Margot probablemente se sorprendió con las alabanzas del poeta. Conocía a las Hermanas Parra, pero no se había conmovido con su música. «Yo la oí cantando y no me pareció nada de extraordinario»,[33] recordó después.

También llegó a oídos de Loyola que Violeta Parra estaba recopilando canciones campesinas en los alrededores de Santiago, es decir, que estaba involucrándose en su propio ámbito de conocimiento. Así que, intrigada, se dirigió a la fonda donde actuarían las hermanas y Violeta como solista. Cuando Margot entró a la carpa, Violeta interpretaba un tema que tenía de pie al público. Era un corrido titulado «Tranquilo el perro».

> Tranquilo estaba mi perro
> La casa cuidandomé
> Cuando llegó la perrera
> Al perro llevaronmé
> Al quedar la casa sola
> Ladrones entraronsé
> Se llevaron a mi suegra
> Gran favor hicieronmé.

Y el estribillo que seguía era coreado a plena garganta por los asistentes.

> Dónde está el perro, guau guau
> Yo no soy perro, guau guau
> Tranquilo el perro
> Perro, perro guau guau.

Loyola estaba a punto de irse, al confirmarse su idea previa de que esa folclorista era sólo una más entre las decenas de cantantes dedicadas al canto popular, pero Violeta Parra tocó otra canción, una tonada festiva, llamada «La jardinera»:

Para olvidarme de ti
voy a cultivar la tierra.
En ella espero encontrar
remedio para mi pena.

Aquí plantaré el rosal
de las espinas más gruesas.
Tendré lista la corona
para cuando en mí te mueras.

Y a continuación el estribillo, siempre en tono alegre:

Para mi tristeza, violeta azul,
clavelina roja pa' mi pasión
y para saber si me corresponde,
deshojo un blanco manzanillón.

El público estaba entusiasmado. Y Margot también. Tras bajar del escenario, la música veterana se acercó a Violeta y le preguntó:

—Violetita, dígame, ¿dónde recopiló esa canción?

Violeta Parra no se sintió para nada empequeñecida por tener al frente al «gigante» del que hablaba su hermano mayor. Al contrario, dando muestras de su carácter combativo que no se achicaba frente a casi nada ni nadie, le espetó de mal humor:

—¿Cómo de quién es? Mía, pues, ¿de quién más va a ser?

Violeta estaba por darse vuelta e irse enojada cuando Margot la detuvo y le dijo que era una canción maravillosa, que tenía talento y que debían juntarse en otra ocasión para hablar de música. Violeta asintió, intercambiaron sus datos y concordaron en reunirse prontamente. «Ella era muy altiva»,[34] diría Margot.

En los meses posteriores, Margot Loyola se convirtió en una figura crucial para sacar a Violeta Parra del anonimato e introducirla en los circuitos de la radio, la universidad y el ambiente intelectual y artístico de Santiago. No se trataba de un gesto de simple buena voluntad de una artista consagrada hacia una colega emergente. Loyola intuía que Violeta podía ser la gran cantante que el propio Neruda pedía para el país. Un par de años antes, el poeta había animado a Margot a componer canciones con contenido social. «Pero le dije [a Pablo Neruda], que yo no podía, porque no era compositora»[35].

El día en que Margot escuchó a Violeta interpretar aquella tonada intuyó que «estaba destinada para eso», lo que venía pidiendo el poeta. «Lo intuí en ella desde el día que le escuché "La jardinera"», afirmó en varias ocasiones. «Violeta apareció con un portentoso genio creador.»[36]

De hecho, «La jardinera» mostraba los primeros signos de un tipo de composición entonces inusual: música alegre y letra triste. Violeta también usaría a futuro la combinación inversa: música triste, con letra alegre. Probablemente el mejor ejemplo de esto último haya sido su canción «Gracias a la vida», que compondría en los últimos meses de su existencia.

Así canta Violeta Parra

A fines de 1953 la carrera hasta entonces poco significativa de Violeta Parra entró en un ritmo vertiginoso. Una persona clave en este ascenso fue Margot Loyola. «Me convertí en su admiradora y defensora»,[37] escribió Loyola en un libro de 2006.

Margot transcribió en partituras varias tonadas que había compuesto Violeta, como «La jardinera», con el fin de inscribir sus creaciones en la Sociedad Chilena de Autores y Compositores (Sochaico), que dependía de la Universidad de Chile. Todavía Violeta no sabía que tenía derechos económicos sobre sus composiciones propias. Además, Loyola puso a disposición todos sus contactos para apuntalar a la nueva amiga. «Juntas comenzamos a visitar radios, medios de prensa y universidades, compartiendo con ella lo poco que podía ofrecerle, del mismo modo que muchas precursoras lo habían hecho conmigo antes.»[38]

Empeñada en seguir su rumbo de recopiladora y compositora, y ahora envalentonada por el apoyo de Margot, pronto Violeta y su hermana Hilda entraron en un curso de colisión definitivo y en octubre de 1953 se disolvió el dúo que habían formado cinco años antes.

Cuando Margot Loyola le mencionó a Violeta que tal vez le podía conseguir una entrevista con la influyente revista *Ecran*, semanario dedicado al cine, el teatro y las artes en general, Parra comenzó a presionarla para lograrlo. A comienzos de noviembre, Margot cumplió su anuncio. Bajo el título «¿Surge un nuevo valor folklórico?», *Ecran* publicó la primera nota de prensa sobre Violeta Parra. La revista, en todo caso, mantuvo la cautela y prefirió que hablara la cantante consagrada.

Margot Loyola, la conocida folclorista, acompañó a Violeta Parra hasta nuestra redacción, recomendándola fervorosamente como compositora, cantante e intérprete de la cueca campesina. «En Violeta hay un valor que tiene que ser reconocido», nos aseguró Margot con entusiasmo. «Como letrista y compositora, es excepcional, encuadrando sus composiciones dentro de los moldes folklóricos». Violeta Parra tiene alrededor de treinta composiciones, que sólo ahora Margot Loyola le está escribiendo, pues Violeta no sabe música.[39]

En ese artículo Violeta afirmaba que comenzó a tocar la guitarra a los once años, cuando vivía en Chillán. En una entrevista que dio cuatro años después dijo que había aprendido guitarra a los siete años, cuando aún vivía en Lautaro. En cualquier caso, esta primera nota venía acompañada de una foto en la que Violeta aparece cuidadosamente peinada, y acaso algo maquillada.

Las siguientes semanas estuvieron marcadas por una gran agitación. Margot presentó a su «ahijada» a los profesores y músicos del Instituto de Música de la Universidad de Chile, institución con la cual Loyola venía colaborando desde hacía algún tiempo, en especial como profesora de la Escuela de Verano. Ahí Violeta conoció a Alfonso Letelier, decano de la Facultad de Ciencias y Artes Musicales. Letelier, compositor de música docta y una auténtica eminencia, se interesó mucho por las investigaciones folclóricas de Parra. El propio Letelier había sido en 1943 —junto a otros músicos como Carlos Isamitt, Carlos Lavín, Vicente Salas y Filomena Salas— uno de los fundadores del Instituto de Investigaciones Folklóricas de esa universidad estatal.[40]

Sin embargo, los conciertos que organizaba el instituto estaban dirigidos a una elite interesada en lo «autóctono» desde una perspectiva intelectual, y su repertorio solía estar circunscrito a recopilaciones en terreno realizadas por académicos. Muchas presentaciones se efectuaban en el distinguido Teatro Municipal de Santiago, el principal foro de música clásica del país.

El sello humilde y campesino de Violeta Parra chocaba con ese mundo, pero a la vez despertaba curiosidad. Aunque no sabía de escritura musical ni de teoría, su forma de investigar lograba resultados que, a ojos de los expertos, resultaban sorprendentes, tanto por su riqueza artística como por su contenido social. Tal vez con algo de ingenuidad o de sincera admiración, unos años más tarde la *Revista Musical Chilena*, publicación académica de la Universidad de Chile, describió de la siguiente manera «el secreto de esta investigadora»:

> Violeta Parra sabe tratar a estos ancianos como lo hacían las niñas de otros tiempos, llamándolos respetuosamente abuelito y abuelita. Ella conoce el lenguaje del niño que eleva volantines, sabe consolar a la madre que ha perdido a su «angelito», canta los «parabienes» de los novios y comprende al arriero que ha visto a la Virgen en el hueco de una peña y al diablo con tres ojos. Aquí reside el secreto de esta investigadora.[41]

«La conocí en la Facultad de Música de la Universidad de Chile —recordó muchos años después la poetisa Carmen Orrego, esposa del historiador Leopoldo Castedo, que había llegado a Chile a bordo del *Winnipeg*—. Ella era lo contrario de la academia y eso era lo maravilloso que tenía: su frescura.»[42]

Con el paso del tiempo, los lazos con el mundo académico le permitieron a Violeta ser contratada para enseñar en las escuelas de verano de varias universidades y conocer a músicos y profesores que la apoyaron en sus investigaciones.

La promoción que Margot Loyola le hizo a fines de 1953 también rindió frutos inmediatos. El artículo que había gestionado para la revista *Ecran* tuvo repercusiones, y los editores y periodistas del semanario quedaron encantados con las dotes de Violeta. En diciembre la recomendaron a Raúl Aicardi, director de Radio Chilena. Siete años menor que Violeta, Aicardi la invitó a su emisora ese mismo mes, primero como solista y luego como creadora de un programa nuevo.

Radio Chilena era una pequeña pero influyente estación de la Iglesia Católica de Santiago, entonces presidida por el cardenal José María Caro. Jerarca eclesial de mente abierta, Caro se había anticipado en más de un aspecto a las resoluciones del Concilio Vaticano II. Y Aicardi, que aún no cumplía los treinta, se había impuesto como misión construir una radio que hiciera de contrapeso a los intereses comerciales dominantes, en especial a la música estadounidense que invadía el dial chileno y latinoamericano con su revolucionario rock 'n' roll, brazo propagandístico en la gran batalla cultural de la Guerra Fría. En esos años, cuando la televisión aún no se estrenaba en Chile, la radio vivía una expansión sin precedentes: sólo en la década del cincuenta se otorgaron cincuenta y siete concesiones radiales nuevas en un país que todavía no alcanzaba los siete millones de habitantes, y a fines de la década existían setecientos cincuenta mil aparatos de radio en los hogares chilenos.[43]

Raúl Aicardi, quien también sería uno de los fundadores de la televisión en Chile, le propuso a Violeta crear un programa dedicado exclusivamente a divulgar su labor de investigación folclórica. La idea era que Violeta no sólo tocara las canciones campesinas reencontradas, sino que ojalá les transmitiera a los oyentes la «vivencia» del proceso de recopilación. Y Violeta sugirió explicar además algunos eventos e hitos de la vida campesina, como las vendimias y el «velorio de angelitos».

La radio dirigida por Aicardi era una estación de corto alcance, que sólo se podía escuchar en la capital y los alrededores. A primera vista resultaba una emisora inadecuada para emitir el tipo de programa que Aicardi y Parra tenían en mente. El público de Radio Chilena pertenecía principalmente a la burguesía de Santiago, cuyas prioridades eran la música clásica y el jazz. En palabras de Fernando Alegría, se trataba de «un clan súper-sofisticado».

Como Violeta Parra no tenía experiencia en tal sentido, Aicardi decidió que los libretos y la conducción estuvieran a cargo de Ricardo García, un locutor veinteañero en pleno ascenso, que se desempeñaba como anunciador de los programas de música selecta. Con el tiempo, se volvió un famoso personaje radial y uno de los promotores de la llamada Nueva Canción Chilena en los años sesenta.

Parecía ser una propuesta arriesgada que iría en contra de la moda. Cada vez eran menos las emisoras que pasaban música en vivo y las orquestas estaban desapareciendo de los estudios de grabación. Triunfaba la música envasada y comenzaba la época dorada de los disc-jockeys. Programas como Discomanía, conducido por Raúl Matas en Radio Minería, eran la gran sensación, a tal punto que Matas exportaría ese formato a la radiotelevisión española.

Tener en el estudio a la desconocida Violeta Parra y sus canciones campesinas estaba fuera de foco. Pero Radio Chilena, cuya transmisión inaugural se realizó en octubre de 1922, ya había apostado una vez por una clase de música que luego se convertiría en éxito. Fue la primera emisora que contrató de manera estable, en 1924, a los Guasos de Chincolco, la agrupación que originó el folclor masivo de «tarjeta postal», como lo calificaría no sin cierto desdén la propia Violeta.

A los treinta y seis años de edad, la investigadora firmó su primer contrato radial como solista. No se sabe cómo fueron exactamente los términos económicos del acuerdo, aunque es probable que no se tratara de un monto muy significativo, tomando en cuenta que Violeta Parra todavía era una advenediza en el mundo del folclor.

Poco después de sellar el acuerdo con Raúl Aicardi, el director de la radio la presentó a Ricardo García, quien recordaría la impresión que le causó la cantante:

Un día llegó a la radio esta mujer que era entonces, para el ambiente de la radiotelefonía, una especie de fantasma de otro mundo. Aparecía con una vestimenta muy modesta, simple, de oscuro, con el pelo suelto, con un rostro picado de viruela y una manera de mirar entre agresiva y tierna. Aicardi me la presentó diciéndome: «Esta es Violeta Parra».[44]

A García le intrigó la música que traía Violeta. «Era un canto totalmente distinto, nadie conocía ese estilo, esa forma de cantar. [...] Era realmente algo diferente. El canto campesino así no se había dado en Chile. Sólo se conocía la personalidad de las hermanas Loyola.»[45] No todos estaban positivamente impresionados ese día a comienzos de 1954. Algunos radiocontroladores se acercaron con curiosidad a la mujer, y otros se reían de su apariencia y también de su peculiar arte. «¿Cómo es posible que se deje cantar a una persona que todavía no sabe emitir la voz?», decía más de uno, según el testimonio de García.

Aicardi insistió pese a todo en la nueva promesa del folclor local y estableció que el programa se transmitiera todos los jueves a partir de las 20:30, con una duración de media hora. Era un horario estelar, ya que normalmente los radioteatros —por lejos el producto comunicacional más exitoso— comenzaban a las nueve de la noche. Aunque a la cantante no le faltaba amor propio, fue el director quien propuso el nombre del nuevo espacio: Así Canta Violeta Parra.

El estreno se produjo el jueves 14 de enero. El programa estuvo dedicado a la Cruz de Mayo, una celebración de fe y devoción popular en que los campesinos sureños alababan el símbolo de la cruz donde murió Jesucristo. La costumbre venía desde la Conquista, y aunque era de origen católico, también tenía elementos paganos.

Oreste Plath, estudioso de las tradiciones chilenas, afirmaba que la Cruz de Mayo era una de las festividades más importantes en toda la región del Ñuble, pero que se manifestaba de modo distinto en cada lugar. En San Fabián de Alico, por ejemplo, se solían realizar grandes fogatas para que las ánimas que bajaran del cielo no se perdieran. En Chillán, en cambio, una procesión de vecinos solicitaba versos para la Santa Cruz en cada casa, para luego levantar una fogata en la plaza o en un lugar central y bailar a su alrededor.

La propia Violeta asistió a numerosas fiestas de la Cruz de Mayo siendo niña y adolescente en Chillán. En sus *Décimas* autobiográficas las recordó:

> Festín de luz y de plata
> la noche del dos de Mayo,
> petardos, gritos y rayos,
> inolvidables fogatas.
> Navego como fragata
> gritando la Cruz de Mayo,
> con porotito y zapallo
> saltando las luminarias.[46]

En esa primera emisión, Violeta y la gente de la Radio Chilena imitaron los ruidos de los petardos y las fogatas, vistiéndose todos como si de verdad estuvieran en la celebración y entonando los típicos cantos a lo divino. Si bien los oyentes no podían ver la escenificación, recrear el ambiente real fue una exigencia de Violeta. De no hacerlo así, pensaba la folclorista, no sería posible transmitir la autenticidad del evento. «A veces hacíamos cosas de locos, como presentar un velorio de angelitos con escenografía, trajes, todo»,[47] recordaría Ángel.

El debut de Así Canta Violeta Parra causó sensación entre la audiencia. Los sofisticados oyentes nunca se habían topado con algo por el estilo. Para ellos no podía ser sino una extravagancia.

Educados bajo los cánones dictados por Nueva York, Londres o París, la música y los ritos que escucharon en ese programa eran tan curiosos como los que podrían provenir de África o de Asia. La cultura de Alto Jahuel, a sólo unos cuantos kilómetros de Santiago, parecía tan lejana como la de Windhoek, capital de la ex colonia alemana de Namibia.

«El público de Radio Chilena, exigente y culto, recibió los cantos folklóricos de Violeta con la misma venia que aceptaba la música primitiva y exótica de otros continentes —escribió Fernando Alegría—. No se identificaba con ella: la escuchaba consciente de participar en un experimento que abría, de pronto, un mundo de magia.»[48]

Como la idea era mostrar de la manera más realista posible las investigaciones folclóricas de Violeta, el equipo de la radio salía junto a la cantante a visitar a los cantores y grababa el programa en terreno. Otras veces, Violeta y los productores se las ingeniaban para reproducir en el estudio el ambiente de alguna fiesta típica. O en su defecto Violeta invitaba a los viejos y viejas a la emisora, entrevistándolos respecto a sus historias de vida y haciéndolos cantar. Así lo hizo, por ejemplo, con Isaías Angulo, el Profeta.

Cuando Violeta quiso recrear un velorio de angelitos, empleó las canciones y relatos de los cantores de Puente Alto. Pero faltaban las campanadas de la iglesia avisando de la muerte de un alma. El episodio se grabó en parte en su parcela de Ñuñoa. Empeñados en lograr el sonido preciso, Violeta y Ricardo García recurrieron al párroco del barrio. ¿No podría tocar las campanas para nuestro programa?, le preguntaron. García recordó la reacción del sacerdote: «El curita quedó dudando, miró a Violeta y le dijo: "¿Sabe lo que podemos hacer? Espere un poquito más, porque aquí al lado hay un vecino que está muy enfermo". Efectivamente, una hora después empezó a sonar la campana».[49]

Las ideas para cada capítulo provenían de Violeta, pero los libretos los escribía Ricardo García. Cuando iban a terreno, entre ambos preparaban una suerte de guión para asegurarse de contar con un relato coherente. «Todo eso había que prefabricarlo un poco, dar una pauta —afirmó el locutor—. Reuníamos a la gente en la calle y se recogía todo el sabor de la cosa viva, con ladridos de perro, ruidos de ambiente […]. Así se iba conformando el programa.»[50]

Un ejemplo de lo anterior se dio cuando Violeta partió con el equipo y una grabadora a visitar a doña Rosa Lorca en Barrancas. Tras entrevistarla en el restorán de Clarisa, Violeta quiso captar el audio de los animales que doña Rosa mantenía en el patio trasero. Sacarles los característicos gritos no fue un mero trámite. Entre risas, la propia Rosa Lorca recordaría la escena y la desesperación de Violeta:

A veces venía al restorán El Sauce pa' que hiciéramos grabaciones pa' la radio. Allí habían chanchos, gansos, también había una oveja y ella quería grabarlos a todos. Pero no había cómo. Al chancho si le dan comida, come, ¡y qué va gritar si está comiendo!

—Pero Rosita —me decía [Violeta]—, ¿cómo lo hacemos gritar?

Y pego la carrera, pesco al chancho de la cola, se la doblo y lanza un grito. Y salió en la grabadora, pa' la radio […]. Después no graznaban los gansos ni los patos, comían el maíz que ella les daba y comían callados.

—Déjelos —le digo yo—, así no se les tira el maíz. Usté los va a llamar a todos pa' que vengan juntos y entonces les tira el maíz desparramao' y entonces los animales por comer van a aletear y van a gritar.

Salió re bonita la grabación. Pero [Violeta] también quería hacer gritar a la oveja.

—¿Cómo hacemos gritar a este animal, Rosita?

—Ese no va a gritar na' —le dije—, a ese lo puede estar matando usté, pero no le va a sacar ninguna cosa.

—A ver, Rosita —me dijo—, si lo podemos hacer berrear.

Y [Violeta] agarró un jarro de vino tinto, le abrió la boca y se lo hizo tragar, pero no pasó na'… ¡Qué iba a gritar ese animal![51]

Violeta fue varias veces a entrevistar a Rosa Lorca para sus programas. Un sobrino de doña Rosa comenzó a resentir toda la actividad en torno a su tía. Se quejaba de que la cantante ganaba plata con todos esos programas y entrevistas, y que no le pagaba nada a su tía. Pero Rosa desechó esas críticas. Estaba feliz de poder colaborar con Violeta Parra.

Con el paso de los meses Ricardo García se percató de que su papel debía ser el de mero anunciador, dejando gran parte del programa en manos de Violeta. La interacción entre ambos había cambiado. Si en las primeras transmisiones García introducía a Violeta Parra y le hacía preguntas, después era ella quien asumía el peso, con el locutor limitándose a los anuncios iniciales y finales.

Además de las recreaciones de ambientes, otra peculiaridad consistía en que Violeta se presentaba como genuina exponente del mundo rural, sin aludir al hecho de que había emigrado a Santiago hacía dos décadas y de que nunca se crió realmente en el campo. Este hecho, y el cambio en la relación entre el locutor y la presentadora, quedaron de manifiesto en el quinto capítulo, transmitido en febrero o marzo de 1954. El programa se inició con García afirmando que «con ella hemos conversado tantas veces sobre su tierra, sobre sus canciones y costumbres. Y de todo eso algo hemos aprendido». Y la folclorista agregó: «Cuando yo llegué a Santiago, salí a la Estación Central y lo que se escuchaba en las radios era "El paso del pollo" [una conocida tuna] o tangos, pero no se escuchaba música chilena».[52]

A medida que García soltaba las riendas de guionista, Violeta iba recurriendo a Enrique Lihn, joven poeta que era amigo de Nicanor. Se juntaban en unas banquetas de la Plaza Egaña, la puerta de entrada al barrio precordillerano de La Reina, y revisaban o escribían juntos los libretos. Amigo también de Alejandro Jodorowsky y Luis Oyarzún, Lihn, quien entonces tenía veinticuatro años, se convertiría con el tiempo en uno de los grandes exponentes de la nueva generación de la poesía chilena. Violeta se solía encontrar con él en las tertulias que realizaba su hermano mayor. Hasta el final de su vida, la cantante mantuvo contacto con Lihn. Así, en una carta a Nicanor escrita en junio de 1963 desde París, Violeta dijo: «Saludo al honorable cantor de los cantores mayores: Enrique Lihn».[53] Aunque el poeta era casi doce años menor que ella, y provenía de un entorno social acomodado, la folclorista vio en él un símil suyo. «Violeta Parra es alguien que lee su época, y tiene mucha inteligencia para darse cuenta de que alguien como Lihn, sin tomar la guitarra, es un cantor», afirmó Paula Miranda, experta en la obra de la cantante.[54]

Para sorpresa de los ejecutivos de Radio Chilena, la transmisión semanal del programa no sólo atrajo a muchos oyentes tradicionales, sino también a una audiencia completamente ajena a la radioemisora: los migrantes del campo que estaban inundando la capital y asentándose en barrios pobres y marginales. Así Canta Violeta Parra comenzó a retransmitirse los domingos en la mañana, y otras estaciones más pequeñas también decidieron emitir el programa ese día, extendiendo su cobertura a localidades rurales del centro y sur del país. Para estos oyentes nuevos, cuya masa era mucho mayor al público usual de Radio Chilena, no se trataba de música exótica, sino de la que habían escuchado desde niños, o la que sus padres y abuelos todavía cantaban de vez en cuando en los hacinados barrios periféricos de la capital.

Las cartas de los fanáticos inundaron la emisora. Tal como venía haciendo hacía años, Violeta enroló a sus hijos en la tarea de gestionar esa correspondencia. «La Viola quiso convertirme en su secretaria y pretendió que yo contestara las cartas que recibía —diría Isabel Parra—. Eran miles y llegaban de todos los puntos del país. Las llevábamos a la casa en inmensos sacos.»[55]

Las misivas provenían tanto de intelectuales santiaguinos como de campesinos semianalfabetos. Al principio, Violeta se obstinó en contestarlas una por una. Pero no daba abasto y tampoco podía pagar el costo de las estampillas. A no ser que incluyeran estas estampillas en los sobres —debió decir al aire—, en adelante tendría que limitarse a leer y agradecer los envíos.

Al acercarse el invierno, la familia redestinó la masa de papel para otros fines. Como recordó Isabel, «las cartas contribuyeron a calefaccionar nuestra rancha en los fríos días de invierno y a avivar la leña que calentaba el aceite donde la Viola freía sopaipillas».[56]

En el innovador programa de Violeta Parra estaba cristalizando el espíritu emergente de esa época. No sólo era un espacio con una audiencia transversal. También realzaba dos aspectos que se volverían ingredientes principales de la cultura política y musical de los sesenta. En primer lugar, Violeta descubría una historia y un mundo que muchos chilenos creían extintos, en medio de la vorágine de modernización y globalización cultural. Y lo segundo era que el campesinado, protagónico en sus investigaciones, pronto se convertiría en una fuerza destinada a cambiar el rumbo político del país.

El canto del pueblo

La bailarina inglesa Joan Turner, en una gira que su compañía hizo por Alemania a inicios de los cincuenta, conoció al coreógrafo chileno Patricio Bunster. En 1954 se casaron y se fueron juntos a vivir a Chile. Al llegar al país, Joan se integró al Ballet Nacional y comenzó a hacer clases en la Universidad de Chile.

Su marido era miembro del Partido Comunista, pero pertenecía a la clase social acomodada. Una amiga en común que tenían con Bunster la invitó a pasar unos días en una gran propiedad que su esposo tenía en el sur y que incluía extensos viñedos y una planta productora de vinos.

Joan recuerda que a la hora de almuerzo, el marido de su amiga y patrón de ese fundo se puso hablar de política. «Mataría en el acto a todo campesino que se declarara en huelga o diera muestras de rebelarse. Hay que matar a los comunistas.» Sabiendo que Bunster militaba en el PC, el terrateniente le dijo a Joan que no se lo tomara como algo personal, que más que nada se refería a los campesinos. «Así fue como conocí a la oligarquía chilena, a los llamados pitucos»,[57] escribió Turner, que firma como Joan Jara.

El despertar social del campesinado fue uno de los puntos políticos más álgidos de los años cincuenta. La clase gobernante venía postergando por décadas una reforma agraria, en especial por la fuerte oposición de los sectores conservadores. En mayo de 1933, Gabriela Mistral escribió en *El Mercurio*: «Una hectárea por cabeza de familia resolvería el problema económico del campesino de Elqui, si el horrible y deshonesto latifundio no estuviese devorándonos y hambreándonos, allí como a lo largo del país entero».[58]

Sólo un año después del llamado de la futura Premio Nobel de Literatura, se produjo un levantamiento campesino en la provincia de Malleco. La revuelta de Ránquil, en la cual participaron también comunidades mapuche, fue sofocada violentamente por el gobierno de Arturo Alessandri. Los informes oficiales cifraban en más de cien los muertos.

Durante los regímenes del Frente Popular y los radicales tampoco se prestó la suficiente atención a la situación del campo, aunque habrían de implementarse leyes que favorecieron a los obreros y la creciente clase media, la base de su electorado. Y en el gobierno de Carlos Ibáñez del Campo la situación no era por completo distinta.

El atraso productivo de la agricultura y la concentración de la propiedad en un grupo que residía en Santiago hacían presagiar la tan postergada reforma. Incluso sectores vinculados tradicionalmente con la derecha y los hacendados, como la Iglesia Católica, comenzaban a romper con el viejo modelo agrario.

Monseñor Manuel Larraín, el influyente obispo de Talca, predicaba desde su púlpito acerca de las injusticias que afectaban al campo chileno. «El latifundio es un pecado», solía decir. Este «príncipe» de la Iglesia Católica estaba secundado en su crítica social por el sacerdote jesuita Alberto Hurtado —quien sería santificado por el Vaticano a raíz de su trabajo en favor de los pobres— y por el sacerdote de la corriente de los Sagrados Corazones, Esteban Gumucio. El conservador *Diario Ilustrado* solía tildar a estos personajes como «los tres curas rojos».

Como escribió el antropólogo José Bengoa:

Durante la década del cincuenta se conjugan todos estos factores: crítica económica a la agricultura por su incapacidad productiva; crítica moral por el trato que se les daba a los inquilinos; crítica religiosa y descuelgue de la Iglesia Católica de su íntima alianza con los hacendados; crítica de las izquierdas e intentos de constituir la alianza obrero-campesina.[59]

Por coincidencia o por estar sintonizada con el espíritu de su tiempo, Violeta Parra apuntaba justamente a rescatar en su programa la historia e importancia de este segmento. Pero la música y las costumbres que Violeta rescataba y presentaba en la radio eran todo lo contrario al folclor patronal, nacionalista y muy exitoso que interpretaban conjuntos urbanos como Los Huasos Quincheros.

«Hacemos música del valle central porque es allí donde nació Chile —declaraban los Quincheros en una entrevista—. Es allí donde se forjó la independencia y es allí donde nuestros próceres inculcaron el patriotismo.»[60]

Frente a ese repertorio «nacionalista, socialmente neutro y políticamente inocuo», en palabras de los historiadores Gabriel Salazar y Julio Pinto, la música que estaba desenterrando Violeta Parra surgió como «un afuerino peonal, sospechoso, insolente y subversivo».[61]

En muchos de los cantos que Violeta interpretaba en la radio se colaban mensajes capaces de deslizar una crítica al orden agrario establecido. La profunda religiosidad del campesinado era auténtica, pero al mismo tiempo mostraba un claro desprecio hacia la jerarquía eclesiástica, identificada con los opresores. Esto era especialmente evidente cuando en el programa se emitían cantos «por el mundo al revés».

En los casos en que Violeta invitaba al estudio a cantores populares, las conversaciones solían derivar en testimonios que no se ajustaban a la historia oficial, aquella retratada en los libros escolares y proclamada desde las tribunas del poder republicano. En una ocasión, por ejemplo, invitó a una llamada doña Flora y surgió el tema de la Guerra del Pacífico, que a la postre le entregaría a Chile el acceso soberano a las inmensas reservas mineras del desierto de Atacama.

—Señora Flora —preguntó Violeta—, ¿usted se acuerda de en qué año nació?

—¿Yo? Sí pues, no ve que el sesenta y nueve, mil ochocientos sesenta y nueve, para tener ahora yo ochenta y nueve años —contestó la anciana.

—Usted me dijo algo de la guerra de los cholos también.*

---

* El término «cholos» se refiere a los peruanos.

—¡Uyyy, eso de los cholos! Muy bien, pues.

—Usted se iba de la escuela para mirar los batallones —la animó Violeta.

—Sí pues, hacía la cimarra, me ponía los libros aquí debajo del brazo y arrancaba corriendo, yo vivía en la calle Exposición (Santiago), vivía mi mamita, toda la familia, mi padre también, yo bien arreglada y me iba y los batallones estaban por salir de la estación de trenes.

—¿A dónde iban los batallones?

—Estaban en el tren, ya se iban para el Perú, ya iban a pelear ya, los llevaban como cargamento a la guerra del setenta y nueve y la gente quedaba llorando, las madres todas, todas y yo.[62]

El relato de la anciana ciertamente no cuadraba con la versión que había convertido en héroes de la patria a los miles de hombres que murieron en el desierto, en realidad obligados.

En paralelo con su programa, Violeta había descubierto en sus investigaciones y también en sus charlas con Nicanor el rico historial de los payadores y poetas populares que tiempo atrás publicaban sus décimas en unos impresos llamados *Lira Popular*: poemas contestatarios, con una fuerte carga política.

Estos poetas eran casi todos de extracción humilde y muchos pertenecían a la primera generación de campesinos desplazados a Santiago y otras grandes ciudades, como Concepción y Valparaíso. Traían consigo los cantos a lo humano y a lo divino, pero eran sobre todo cronistas que comentaban las elecciones, los escándalos y, especialmente, las injusticias sociales. Lo que la prensa tradicional ocultaba, o de lo que sólo informaba entre líneas, alcanzaba su plena expresión en las décimas y payas de la *Lira Popular*.

Por ejemplo, Daniel Meneses (1855-1909) publicó en esos folletos un poema titulado «Versos de la desigualdad entre el pobre i el rico», donde decía:

Los ricos ¿por qué razón
ninguno muere baleado?
El pobre por cualquier nada
A la muerte es sentenciado. [...]

Tantos ricos que ha habido
asesinos, matadores,
les pregunto a mis lectores
¿cuál es que muerto ha sido?
Sólo el pobre, Dios querido,
es de todos mal mirado.[63]

La *Lira Popular*, que había comenzado a circular de manera masiva en los centros urbanos hacia fines del siglo XIX, se publicó por última vez en 1930. Sin embargo, en mayo de 1952 el diario *Democracia* volvió a editarla y luego se sumó *El Siglo*, apenas se levantó la proscripción a ese diario del Partido Comunista.

Violeta Parra leía las liras contemporáneas y estaba al tanto de quiénes habían sido sus grandes exponentes en el pasado. Con Nicanor solían conversar tardes enteras acerca de la poesía del pueblo. En más de una entrevista Violeta mencionó el nombre de Rosa Araneda, una de las pocas mujeres de la *Lira Popular* y a la vez una de sus voces más leídas y combativas. No existen datos biográficos precisos sobre Araneda. Se especula que nació en torno a 1860 y que murió en 1894. Lo que sí se sabe, porque ella misma lo relató en la *Lira*, es que había emigrado de la región agrícola de San Vicente de Tagua Tagua a la capital. Se autodenominaba poetisa-cronista y era pareja de Daniel Meneses.

Es probable que la figura de Rosa Araneda y su estilo de combate causaran una gran impresión sobre Violeta. Aunque los escritos de la poeta cronista tuviesen ya más de medio siglo, sus denuncias y el tema de la justicia social seguían vigentes. Ambas estaban enlazadas por el hilo de la poesía popular, y en algunas letras que Violeta escribiría más adelante parecen oírse los ecos de Araneda. En «La vergüenza está perdida», que Araneda publicó en la *Lira*, se lee:

> Hasta cuándo mis hermanos
> se dejarán dominar,
> por los ricos en mi pensar
> que se muestran tan tiranos;
> toma el arma en vuestras manos
> y castiga la traición
> que hacen con nuestra Nación
> los oligarcas banquistas,
> y con los conversionistas,
> pueblo chileno, atención.[64]

La influencia de la *Lira Popular* y de Rosa Araneda se comenzó a notar en varias canciones de Violeta. «La lechera», cuya autoría no está del todo clara, ya era un aviso al respecto. Y en «Porque los pobres no tienen», tanto el sentido como la métrica remiten a los poetas populares. En ese segundo tema, lanzado en 1962, Violeta cantaba:

> Porque los pobres no tienen
> adonde volver la vista,
> la vuelven hacia los cielos
> con la esperanza infinita
> de encontrar lo que a su hermano
> en este mundo quitan.

La personalidad e incluso la apariencia física venían a confirmar el rasgo rebelde de la cantora. «Mujer poco convencional y sin la

menor consideración por las apariencias, Violeta se vestía tan sencillamente como una campesina, y en una época en que las de su
clase lucían peinados ahuecados o permanentes, ella llevaba el pelo
largo y casi despeinado», escribió Joan Turner. «Cantaba según la
tradición campesina, casi monótonamente y sin artificios: su guitarra y su voz parecían brotar de la tierra.»[65]

Con su labor estaba captando las vibraciones subterráneas de la
época. Pero no estaba sola en esa tarea. En abril de 1954 se realizó
en Santiago el Primer Congreso Nacional de Poetas y Cantores Populares de Chile. Pese a estar proscrito, el encuentro fue auspiciado
por el Partido Comunista y en su inauguración se leyó un discurso
de bienvenida de Pablo Neruda. Más de setenta poetas y payadores de todo el país asistieron al evento, además de académicos, expertos y poetas de renombre, entre ellos Nicanor Parra. Aun cuando
su programa en Radio Chilena se estaba convirtiendo en un éxito,
Violeta no estuvo invitada, según consignan los folletos del congreso,
y tal vez sólo asistiera como oyente.

El no ser tomada en cuenta era algo que indignaba a Violeta Parra. Margot Loyola recordó que ese mismo año la invitaron a unas
jornadas de folclor latinoamericano en la Facultad de Derecho de la
Universidad de Chile. A Violeta tampoco la habían invitado, pero
Loyola le cedió un espacio dentro de su presentación.

Me pareció muy injusto y le ofrecí parte del tiempo que me correspondía. La anuncié: «Aquí en Chile, tenemos un gran valor que deseo
que conozcan, así que voy pedir que suba mi comadre Violeta Parra».
La Violeta subió con su guitarra y dijo: «A mí me gusta entrar por la
puerta y no por la ventana, por lo tanto, comadre, yo no le voy cantar
a ninguno de esos que están allá; le voy a cantar a usted». Se dio la
media vuelta y, dando la espalda al auditorio, me cantó.[66]

Violeta Parra había llegado a una convicción que ninguno de los investigadores del folclor chileno había planteado: devolverle al pueblo lo que es del pueblo. Mientras Margot Loyola y los demás depositaban sus investigaciones en los archivos de la Universidad de Chile, para Violeta resultaba esencial que los campesinos, los obreros y la gente del pueblo en general escuchara lo que, a juicio de ella, eran en el fondo sus propias creaciones. A Isabel, Ángel y Carmen Luisa les solía repetir, hasta el día de su muerte, que todo lo que hacía no era para la familia, sino para el pueblo de Chile. «Tomó lo que antes había sido objeto de investigación más o menos privada y lo devolvió a la gente»,[67] aseguraría Gastón Soublette, director de programación de Radio Chilena, que a partir de 1954 comenzó a colaborar con Violeta y pronto se convirtió en su amigo.

El rescate del canto popular campesino, que rápidamente estaba desapareciendo, se había convertido en una misión personal. En más de una ocasión, como recordara un amigo suyo, Violeta aseguró con algo de soberbia: «Si no me escuchan a mí, ustedes no quieren escuchar el canto de este país».[68]

Pese a que en sus recopilaciones y creaciones se estaba infiltrando una intensa crítica social, Violeta concitó el respeto e incluso la admiración de algunos círculos conservadores que veían en su trabajo el alma «auténtica» de Chile. Ignacio Valente, uno de los críticos literarios más poderosos del país, comentó en una ocasión:

Siempre me ha sorprendido la estupidez de las letras de las canciones que uno suele oír. Ya canten penas de amor, exalten la naturaleza, ya aborden una tragedia íntima, suelen ser increíblemente vulgares y necias, por lo menos cuando se les quita la música y se las lee como textos líricos. Y no es una excepción la que suele pasar por música folclórica chilena, esa que cantan con voz impostada cantores disfrazados de huasos, repitiendo la eterna historia del sauce, del estero, de las faenas campestres vistas con ojo de ciudad: exotismo de utilería, producto superficial de exportación. El folclor al que se adscribe Violeta Parra es otro, más subterráneo y profundo, más ligado a las verdaderas raíces del pueblo, más auténtico.[69]

Por cierto, Ignacio Valente es el pseudónimo que utiliza hasta hoy José Miguel Ibáñez, un sacerdote que pertenece al ultraconservador movimiento católico del Opus Dei.

LA COSTURERA DEL FOLCLOR

Siendo niña en Lautaro y después en Chillán, Violeta era la única de los nueve hermanos que acompañaba hasta tarde a Clarisa Sandoval en sus tareas de costurera. Al principio sólo revoloteaba entre los trozos de tela, pero luego comenzó a ayudar con la máquina Singer y aprendió a coser por sí misma. La costura fue el gran empleo que emancipó laboralmente a las mujeres en el siglo XIX e inicios del XX.

Para Violeta Parra, la experiencia infantil de juntar retazos para formar una prenda terminó siendo aplicable a sus investigaciones musicales.

«Hay algunos cantores que no tienen memoria. Me dan las canciones parchadas —afirmó en una entrevista a un medio argentino—. Yo separo los trozos y espero pacientemente hasta que aparezca otro cantor o cantora y entonces las reconstruyo.»[70] En esa misma entrevista, la recopiladora dio el ejemplo de una canción que había recogido y que se llamaba «Tú eres la estrella más linda». «Tiene doce versiones diferentes en su melodía y letra, se podría hacer un libro con esa sola canción», afirmó.

Gastón Soublette acompañó a la cantante a los fundos y campos y comprobó lo dificultoso del rescate. «Ella grababa o anotaba todo en su cuaderno y yo le transcribía después la música», afirmó el entonces director de programación de Radio Chilena.[71] Soublette recordó:

> Reconstruir los textos de las canciones era quizá lo más grande en las investigaciones de Violeta, porque como esos cantos son tan antiguos, muchas veces los encontrábamos incompletos o mezclados con otros cantos. Violeta tenía que separarlos y continuar buscando, pueblo por pueblo y rancho por rancho, hasta dar con los fragmentos perdidos, porque lo que un cantor olvida, otro lo recuerda.[72]

Ese fue el caso de la canción «Casamiento de negros», que Violeta recopiló de distintas fuentes, probablemente durante el año 1954. Se trataba de un parabién basado en una cuarteta tradicional. De ritmo pegajoso y letra divertida, fue un éxito instantáneo cuando la cantante lo publicó en su primer disco como solista, en marzo de 1955. Con el tiempo se convertiría en el tema comercialmente más exitoso de su carrera y en una canción que hasta el final de sus días coreaba el público.

El origen de «Casamiento...», al menos en cuanto a su letra, se remontaba al escritor español Francisco de Quevedo, que había publicado en el siglo XVII un poema titulado «Boda de negros». Varios años antes de que Violeta Parra publicara este parabién, el humanista e historiador chileno Eugenio Pereira Salas (1904-1979) ya había recogido una versión en sus compilaciones.

Margot Loyola aseguró en más de una ocasión que ella le había enseñado a su amiga una versión de «Casamiento de negros» y que esa canción era muy popular en San Fabián de Alico, el pueblo cordillerano donde viviera la familia Parra. Según los investigadores de *Cancioneros.com*, «los cuatro primeros compases vienen de la obertura de una zarzuela española de autor no identificado, el resto es una adaptación realizada por Violeta».[73]

A fin de cuentas, Violeta grabó seis veces este tema: tres en estudios de Santiago, una en Concepción y otras dos en Ginebra y Berlín oriental. «Casamiento de negros» enfrentaría a la cantante con un destacado músico estadounidense, quien debió pagarle cuantiosos derechos de autor por usar la canción en uno de sus discos. Además, el tema sería interpretado en años posteriores por artistas latinoamericanos y españoles de renombre, como Mercedes Sosa, León Gieco, Milton Nascimento y Ana Belén, entre otros. Incluso un músico «docto» como el compositor y director de orquesta Leonard Bernstein (1918-1990) lo incluyó en un pasaje de *Misa: pieza teatral para cantantes, actores y bailarines*, que compuso en septiembre de 1971 para la inauguración del John F. Kennedy Center en Washington DC.[74]

La letra decía:

> Cuando empezaron la fiesta
> pusieron un mantel negro.
> Luego llegaron al postre,
> se sirvieron higos secos.
> Ya se jueron a acostar
> debajo de un cielo negro.

Prosigue la canción contando que los novios se van a acostar y que hace tanto frío en la noche de bodas que ambos se enferman. La novia finalmente fallece y la historia termina con su funeral. Como siempre, Violeta usaba las palabras y la pronunciación típica de los campesinos y el pueblo raso.

Osvaldo «Gitano» Rodríguez también resaltó en la recopiladora aquella capacidad de ir reconstruyendo lentamente los temas. «Violeta fue una especie de sastre de canciones: "costuraba" los trozos que encontraba por aquí y por allá, hasta sentir que la canción estaba completa. Entonces la grababa y la devolvía a su destinatario y dueño: el pueblo.»[75]

Un ejemplo de ello sucedió en algún momento de 1954, cuando Violeta fue a investigar a su región de origen. Pese a que grababa y emitía semana a semana su programa en Radio Chilena, era una trabajadora incansable y se daba maña para perseverar en sus recopilaciones. La familia, incluyendo a los hijos y a Luis Arce, pasaban a segundo plano. «Mi madre podía desaparecer por varios días e incluso semanas —contaba Ángel—. Y de pronto llegaba a las cuatro de la mañana de alguno de sus viajes y nos despertaba a los niños con pequeños regalitos y un sinfín de historias.»[76]

En esa experiencia de 1954 Violeta visitó San Carlos, su pueblo natal. Ahí conoció a una señora de edad avanzada, Eduviges Candia, cantora a la que todos en la región apodaban la Prima. «Cuando fui a solicitarle sus cantos, me recibió con mucho afecto e hizo todo lo que pudo por recordar letras y melodías que me entregó sin oponer resistencia», escribió la propia Violeta en *Cantos folklóricos chilenos,* un libro de 1959. Y en el mismo texto agregaba:

Graciosa doña Eduviges y alegre a pesar de sus años, tomó la guitarra, pero antes de comenzar el canto me recitó una estrofa que doy a continuación.

> Voy a cantar como pueda
> ronquita y desenton'á
> esto es pa' que no se diga
> canta mal y tan rog'á.

Cuando chica oí muchas veces la cueca de «Los ciento cincuenta pesos», sin embargo, no la aprendí nunca completa. Gran alegría fue

para mí cuando «la Prima» me dijo que sabía la estrofa que yo buscaba, y sobre la marcha me la entregó:

> Ciento cincuenta pesos
> daba una viuda
> por la sotana vieja
> del señor cura.[77]

Mientras Violeta sumaba seguidores y fanáticos, también generaba anticuerpos. Fue por estos años que la cantante comenzó a
hablar de sí misma en tercera persona, lo que se haría cada vez más
frecuente. «A veces caía mal, porque cuando llegaba a un lugar les
hablaba a todos de sí misma en tercera persona. "¡Llegó la Violeta Parra!", decía», afirmó el cantautor chillanejo Osvaldo Alveal,
quien la conoció en la década del sesenta.[78]

Su carácter fuerte y frontal era algo que chocaba con los cánones de la sociedad de la época. «Tenía peleas todos los días por
cualquier cosa, porque era una mujer arrolladora, una especie de
demonio desatado que buscaba que le hicieran caso», recordó José
María Palacios, un locutor de radio que en 1958 estrenó en Radio
Chilena el programa Aún Tenemos Música, Chilenos, continuan-
do la senda de rescatar el mundo folclórico.

A medida que Violeta iba escudriñando en el alma de los campesinos, conociendo de cerca su riqueza espiritual pero también su
miseria material, iba surgiendo en ella una indignación política. Lo
anterior se tradujo en sus primeras «canciones protesta», adelantándose varios años a la ola de rebeldía juvenil sesentera. Al recorrer los
fundos cercanos a Santiago se encontró cara a cara con la realidad de
los inquilinos: familias enteras, como las de varios cantores de Puente
Alto, que trabajaban para un señor hacendado a cambio de techo,
comida y la posibilidad de usar una pequeña franja de tierra para el

cultivo familiar. La mayoría ni siquiera recibía remuneración en efectivo, ya que históricamente los latifundistas consideraban que el pago en especies era suficiente. Eso recién cambió en septiembre de 1953, cuando el gobierno de Ibáñez del Campo decretó un salario mínimo campesino: un cuarto del salario en dinero y el resto en especies.

Lo que Violeta Parra comenzaba a observar en las haciendas no guardaba relación con sus recuerdos relativamente felices de la vida agrícola en torno a Chillán. Se topaba ahora con una realidad muy distinta a la que había conocido de niña en los campos de su padre y su madre o donde las hermanas Aguilera, en Malloa. La propiedad de la tierra en el Ñuble mostraba en su distribución apreciables diferencias con la zona central. Ñuble había sido la frontera entre la corona española y los pueblos de la Araucanía, un límite marcado por el río Biobío y por la ciudad de Concepción como principal fuerte militar. Muchos soldados fueron recompensados por sus servicios con lotes de tierra en esa zona, constituyendo con el paso del tiempo una clase agrícola independiente.

Mientras la mayoría de los campesinos de la zona central eran inquilinos o peones, los del Ñuble habían sido, desde siempre, dueños de su propia tierra. Como sostuvo el historiador José Bengoa:

En esta parte del territorio [Ñuble] no hubo oligarquía propiamente tal, no hubo señorialismo y tampoco servidumbre al estilo de la zona central. Predominó y predomina un campesinado independiente, de origen español, pobre generalmente, ubicado en tierras cada vez más gastadas y de peor calidad. Los hacendados no son señores de la tierra que viven en la ciudad de la política y los grandes negocios, sino campesinos acomodados (huasos) que viven en el campo mismo.[79]

La ira de Violeta irradiaba hacia su círculo de amistades. A Gastón Soublette, su admirador en Radio Chilena y quien le ayudaba con las transcripciones de la música recopilada, solía tratarlo de pituco. «El sentido de clase social de Violeta era fortísimo —recordó Soublette en una entrevista en los años ochenta—. A veces no me trató muy bien por no ser hombre del pueblo.»[80]

En una ocasión estaba reunida la familia Parra sirviéndose chupilca, una bebida alcohólica típica del sur de Chile y de Argentina, que se preparaba a base de vino tinto, harina tostada y azúcar. De improviso llegó Soublette, y cuando un adolescente Ángel Parra le quiso servir un vaso, la madre intervino. Aunque la casa siempre mantenía las puertas abiertas para cualquier visitante, esta vez Violeta advirtió:

—No le pongaí na' a ese pituco, ese huevón no tiene ni idea de lo que vai a servirle.

Gastón Soublette, que por si fuera poco (y para enorme extrañeza de Violeta) también practicaba yoga y meditación, analizó más tarde la actitud de la cantante. «Ella atacaba con violencia la deformación profesional del estudioso que mira las cosas de manera distante, con un criterio puramente técnico —dijo—. En cierto modo, yo creo que ese era el problema que tenía conmigo, porque me decía "usted es un pituco que está metido en esto de puro cantor no más".»[81]

Es difícil discernir si detrás de esta actitud desafiante había un genuino sentido de clase social o una forma de resentimiento típicamente popular, puesto que Violeta no provenía de una familia cabalmente pobre y había tenido la oportunidad de estudiar en una escuela pública de elite.

Curiosamente, eran los pitucos quienes más la alentaban en sus tareas. A algunos los conoció en las radios y casas discográficas, a otros en el círculo en que se movía Nicanor, o porque se acercaban a ella por admiración o simplemente porque eran sus vecinos en la comuna de La Reina, sin duda un barrio acomodado.

Cuando Soublette la acompañó a conocer a los viejos cantores de Puente Alto y Alto Jahuel, se fueron todos en el automóvil descapotable de Sergio «Keko» Larraín, joven fotógrafo proveniente de una familia de clase alta. Ángel Parra se acordaría perfectamente de ese viaje. «Yo estaba más contento que perro con pulgas, imagínate, sentado atrás en un descapotable. Y después, ahí estaban los dos [Soublette y Larraín], babosos con los cantores populares, realmente con la baba hasta el suelo, porque no sabían que ese tipo de música existía en Chile.»[82]

Keko Larraín, al que Violeta dedicó en 1957 la polka instrumental «El joven Sergio», escoltó en varias oportunidades a la investigadora, ya fuera en sus visitas a los campesinos o en sus pesquisas por los bajos fondos de Barrancas. El propio fotógrafo rememoró esas incursiones:

Nunca se ponía a pensar que le pudiera pasar algo, no se asustaba con nada. Recuerdo que en Santiago salía a recopilar por los bares. Una vez entramos en un bar bien popular, a mí casi me daba miedo, estaba bastante afligido, pero ella se sentó muy tranquila y me daba ánimos. «No tengas miedo», me decía. Se puso a tararear, a golpear la mesa, y poquito a poco empezaron a cantar todos.[83]

Sergio Larraín se volvió uno de los fotógrafos más renombrados de Chile, ingresando en 1959 a la famosa agencia Magnum, después de que el entonces decano de la fotografía mundial Henri Cartier-Bresson se impresionara con sus trabajos, algunos de los cuales desarrolló en sus viajes junto a Violeta.

Como la transmisión de Así Canta Violeta Parra la estaba catapultando al reconocimiento nacional, otras emisoras pusieron sus ojos en ella. Radio Cooperativa, de cobertura más amplia, reclutó a la folclorista para participar tres veces a la semana en el programa

Chile Lindo. Este espacio de música criolla se transmitía a las 21.30 horas y era conducido por José María Palacios. El programa de la Chilena, en tanto, se había trasladado de los jueves a los viernes, un día que acostumbraba tener mayor audiencia.

La creciente popularidad tendió a aliviarle a Violeta su trabajo de investigación. El decano Alfonso Letelier, que tenía un campo en la laguna de Aculeo, le comentó a la folclorista que en esa zona había hombres y mujeres que aún conservaban el antiguo canto campesino, la dejó invitada para hospedarse allí y Violeta aceptó. «Se volvió loca con la gente, y la gente con Violeta —recordó Miguel, hijo del decano y también un distinguido músico, en especial como intérprete de órgano—. Eran colas de gente para cantar delante de Violeta y ella ahí, con su grabadora, grababa y anotaba todo.»[84] En los siguientes años Violeta iría varias veces a Aculeo, pasando temporadas enteras en la casa de los Letelier, que a diferencia de los Parra provenían de una familia de linaje tradicional y clase alta.

Conforme su fama aumentaba, se acumulaban además los artículos en prensa escrita. Hacia junio de 1954, *Ecran* sacó una entrevista titulada «Conozca a Violeta Parra», donde le daba un tratamiento de estrella emergente. La foto de ilustración mostraba a una Violeta bastante pulcra, con el pelo peinado hacia atrás, una amplia sonrisa con dientes blancos y bien formados, chaqueta y cuello beatle de tonos oscuros y al parecer con un poco de lápiz labial.

Por cierto, la estampa no cuadraba con la que la cantante proyectaba en sus actuaciones o en su diario vivir. Pero demostraba que sabía ocupar el poder de aquello que hoy se llama imagen y marketing, una virtud que iría refinando. De hecho, en casi ninguna de las fotos que en lo sucesivo publicaron los diarios y revistas Violeta se ve despeinada, y en algunas incluso aparece con aros y trajes de dos piezas.

En la entrevista de *Ecran*, Violeta Parra contó que se había asociado con otro investigador, de nombre Patricio Ríos. A pedido de ella, Ríos viajó a Marchigüe, cerca de Pichilemu, para grabar cantos locales. «Captó melodías de esa región que resultaron muy diferentes a las de San Javier, a las de Barrancas o de Carrascal —afirmó Violeta—. En realidad, el folclor tiene una riqueza fantástica, casi totalmente ignorada.»[85]

El aumento de su popularidad llevó a Violeta a ser parte del mayor evento cultural que tuvo Chile en 1954: la celebración del cincuentenario de Neruda. El poeta ya era una celebridad global y decenas de personalidades artísticas estaban llegando a Santiago para conmemorar el medio siglo del vate. Entre ellos figuraban el poeta y traductor chino Emi Siao (también conocido como Xiao San), el dramaturgo checo Jan Drda y el escritor y periodista soviético Ilyá Ehrenburg.

El cumpleaños se extendió por más de una semana. El diario *El Siglo* lanzó una cobertura especial llamada «Semana del cincuentenario». Y en el acto de clausura, que se realizó en el Teatro Caupolicán, participaron dos cantantes: Margot Loyola y Violeta Parra.[86] Con ello, Violeta entraba oficialmente a la nomenclatura cultural del Partido Comunista, que rápidamente se convertía en el conglomerado favorito de los intelectuales y artistas del país.

«En esos años una elite intelectual creía que, si no eras comunista, no eras de la elite»,[87] recordó el abogado Nurieldín Hermosilla, ex militante de ese partido y quien compartió con Violeta en sus tiempos postreros.

No está claro si Violeta Parra militó de manera activa en el Partido Comunista. En los años cuarenta, cuando estaba casada con Luis Cereceda, participó de los eventos que llevaba adelante el PC. Y en los cincuenta y sesenta su relación con los comunistas incluso se estrechó. Hay quienes afirman que en algún momento efectivamente fue miembro con el carnet verde, pero no existe evidencia documental al respecto. El Partido Comunista chileno, además, quemó por precaución casi todos sus archivos para el golpe de Estado de 1973.

Sin embargo, la cercanía de Violeta Parra con los comunistas es innegable. Expresó su simpatía por ellos en varias canciones y también en algunos de sus escritos. En una carta de agosto de 1962, enviada desde la Unión Soviética a un amigo argentino que era diputado por La Pampa, afirmaba:

> ¡Si usted supiera cómo marcha la maquinaria política en este lado! Si usted viera la inmensa mole que es Moscú. Si usted viera la paciencia con que los orientales resisten a diario todo tipo de provocación de los occidentales... Me parece tan raro que no sea usted comunista. Este siglo es nuestro, don Joaquín, lo envuelve todo.[88]

Violeta, claramente, comulgaba con las ideas del comunismo. Y algo similar ocurría con Roberto y Lalo, así como con Isabel y Ángel, que acabarían ingresando a las filas de las Juventudes Comunistas.

EL CONTRATO DISCOGRÁFICO

A fines de 1954 la carrera artística de Violeta por fin estaba despegando. Atrás quedaban sus imitaciones del flamenco, sus presentaciones en bares de barrios populares o de clase media emergente y sus intentonas de liderar una compañía de variedades.

Ya conocía en persona al gran Pablo Neruda, era amiga de Margot Loyola y formaba parte del círculo de artistas cercanos al PC.

No obstante, para Violeta Parra su labor apenas había comenzado. «Me gustaría poder formar un curso de orientación histórica de la canción chilena, donde los intérpretes pudieran aprender el verdadero folclor y la manera de interpretarlo —esbozó en una entrevista—. Lo haría con toda el alma y sin cobrar un centavo. Es un crimen que intérpretes de calidad estén cantando y grabando mambo.»[89] Era este un anhelo que Violeta perseguiría largamente, y aunque lograría concretarlo, el resultado fue todo menos lo que ella esperaba.

Dentro de la misma entrevista, la cantante expresó otro deseo que también se encargaría de llevar a la práctica: «No tengo voz como cantante, pero [...] mi sueño sería recorrer el país entero, empapándome en su música para conocerla, y luego darla a conocer a los demás».[90]

Nada parecía suficiente. La misión de rescate musical se había convertido en una verdadera obsesión. Y Violeta sentía que estaba corriendo contra el reloj. «¡Ay que tengo rabia porque las cosas no son rápidas!»[91], escribió en una carta.

Violeta Parra cosechó muchos triunfos durante 1954, el «año de la revelación». Además del reconocimiento artístico, obtuvo réditos financieros. Su marido mueblista, Luis Arce, ya no era el principal sostenedor del hogar. En el lado A del single que editó con la casa discográfica Odeon, figuraba «La jardinera», la misma canción que había interpretado en el anterior cumpleaños de Neruda. El tema se convirtió en un éxito. Aun cuando el single apareció —por razones contractuales— bajo el nombre de las Hermanas Parra, lo cierto es que Hilda no participó. En vez de cantar con su hermana, Violeta había decidido incorporar a su hija Isabel, a quien venía adiestrando como artista, al igual que a Ángel, desde la época de los bailes y cantos españoles.

Los ingresos fueron suficientes para adquirir una parcela en un sector que entonces pertenecía a la comuna de Ñuñoa y que hoy se integra a La Reina. Zona semiurbanizada al pie de los Andes, se estaba convirtiendo en un barrio para la clase media profesional de un Santiago en rápida expansión. En junio la cantante adquirió ese terreno de 390 metros cuadrados a un tal Enrique Wagner Schoenfelder por la suma de ciento veinte mil pesos,[92] un monto considerable, sobre todo tomando en cuenta que el salario monetario promedio de los campesinos en esos años era de unos cinco mil pesos al año.

Pese al éxito de su programa radial, Violeta sólo había grabado un single en todo el año, por lo cual Raúl Aicardi insistió en que debía volver a los estudios de grabación. En noviembre la llevó a conocer al director artístico en Chile del sello discográfico internacional EMI-Odeon. Se trataba de Rubén Nouzeilles, un joven argentino que había emigrado a Chile tras responder a un anuncio de empleo de ese sello.[93] Al entrar en su oficina, Aicardi dijo: «Quiero presentarte a una amiga, esta es Violeta Parra».

El director de la discográfica recordaría ese primer encuentro. «Venía con su guitarra, con la cabeza gacha y medias de lana. Era bajita, de apariencia sencilla y provinciana, pero sus temas eran distintos a todo lo que había escuchado.»[94] Aicardi se retiró y el ejecutivo y la cantante se quedaron tres horas conversando. «Fue una sintonía inmediata», afirmó el argentino.

Sin darse muchas vueltas, Nouzeilles revisó la disponibilidad del estudio y le propuso a Violeta que volviera al día siguiente para grabar lo que a ella le apeteciera. «Le di una hora para que grabara lo que quisiera y como quisiera, sin dirección artística para no manchar la pureza campesina que traía.»[95]

La propuesta de Violeta iba en contra de las corrientes que estaban emergiendo. Los boleros de Lucho Gatica causaban furor y el canto sencillo, interpretado por la voz algo chillona y metálica de Violeta, no sintonizaba con el espíritu comercial. Igualmente, Nouzeilles se dejó cautivar. «Apenas conocí a Violeta Parra la acogí [...] porque tenía unas ideas completamente revolucionarias sobre lo que era el sistema establecido en materia de música popular y folclórica, y yo era captador y comprensivo de su mentalidad.»[96]

El director de EMI-Odeon Chile se transformó luego en un personaje clave para la difusión de Víctor Jara, el conjunto Cuncumén y Lucho Barrios, entre otros artistas. Incluso grabó dos veces *Veinte poemas de amor y una canción desesperada* con la voz del propio Neruda.

En diciembre Violeta Parra entró a los estudios de EMI, en la céntrica calle San Antonio, para grabar su primer disco Extended Play (EP). La sala de grabación era enorme y en ella cabía una orquesta entera, puesto que varios programas de entonces se hacían en vivo y con público asistente. Nouzeilles convocó a un grupo de músicos de la discográfica para algunos acompañamientos, pero sin que los cantos perdieran esa autenticidad campesina que Violeta reivindicaba. Cuatro canciones contendría este EP: «Qué pena siente el alma», «Verso por apocalipsis», «Casamiento de negros» y «Verso por padecimiento».

Violeta Parra había recopilado los cuatro temas en sus investigaciones recientes, aunque el primero y el tercero también los había adaptado.

«Qué pena siente el alma» era un vals que Violeta había obtenido de la cantora de sesenta años Rita Leyton, quien a su vez lo había aprendido de su madre nonagenaria Florencia Durán, abuela materna de Luis Arce. «Verso por apocalipsis» era un canto a lo divino que Violeta recogió de Guillermo Reyes, de la comuna de Barrancas. Y el «Verso por padecimiento» era otro canto a lo divino que la investigadora rescató de Rosa Lorca.[97]

Nouzeilles quedó contento con el resultado y así, el 5 de enero de 1955, Violeta Parra firmó su primer contrato como solista con EMI-Odeon. Probablemente estuviese tan feliz que no se preocupó mucho de los detalles financieros. El contrato consignaba que sus derechos de autor ascendían a un 1,5 por ciento de las ventas, monto ínfimo, pero no fuera de lo común para autores poco conocidos.

El disco salió al mercado en marzo. En la ilustración de la tapa iba una arquetípica cantora campesina, junto a un arroyo y un sauce, imitando el folclor de tarjeta postal que tanto despreciaba Violeta. Pero arriba, a la derecha, había una foto pequeña de la artista. Las canciones «Qué pena siente el alma» y «Casamiento de negros» se convirtieron en éxitos y varias radios comenzaron a transmitirlas en sus programas dedicados a la música criolla.

Las ventas, sin embargo, no fueron significativas. Nouzeilles aseguraba que eran sobre todo los turistas los que compraban el disco. «En esa época en Santiago la gente que tenía poder dedicaba cincuenta por ciento de sus esfuerzos a que nadie más lograra tener poder. Todo lo que era considerado propio de rotos era intocable en el sentido hindú de la expresión. Incluso se burlaron de mí por la radio, dijeron algo así como "el argentino loco y la campesina mal vestida".»[98]

Luis Arce concordaba en que existía una suerte de rechazo entre gran parte del público santiaguino. «Cuando empezó a presentarse en radio, la Violeta ya era prácticamente una enciclopedia del folclor, pero no la entendía nadie porque nadie sabía nada [de folclor], así que la creían loca.»[99]

No importando el desprecio, la voz de Violeta Parra comenzó a penetrar el país. Además de Chilena y Cooperativa, la Radio Minería y la Radio Corporación, señales con mayor alcance, se animaron a emitir sus cantos. Ya no eran sólo los turistas quienes compraban sus discos, por cuanto la audiencia mezclaba a gente urbana y sofisticada con los propios campesinos. «Eso era lo curioso —afirmó Luis Arce—. El folclor puro que cantaba Violeta entró primero en ese ambiente donde se escucha música clásica [...] en los campos también la escucharon desde el comienzo.»[100]

Varias de esas estaciones radiales estaban asociadas con emisoras regionales más pequeñas, de modo que Violeta expandía su influencia. «Las estaciones de radio a través de Chile empezaron a repetir los programas dominicales de Violeta. En los patios de las casas patronales se reunían los inquilinos a escuchar esa voz áspera en que reconocían una entonación familiar»,[101] escribió Fernando Alegría.

Una de esas oyentes era la cantora Rosario Hueicha, que vivía en Ancud, isla de Chiloé, más de mil kilómetros al sur de la capital. «Desde que la escuché en Radio Chiloé siempre me ha gustado —dijo—. Solamente los días domingo en la mañana ponen sus canciones... y toda la gente por aquí la espera.»[102]

Otro oyente era Alberto Cruz, un peluquero de treinta y cinco años que vivía en Salamanca, pueblo agrícola y minero. El padre de Cruz, ya fallecido, había sido uno de los últimos intérpretes del canto a lo divino en la región. Alberto estaba en un bar cuando la radio local emitió el programa. «En una cantina la radio estaba dando un verso por el fin del mundo. Entonces dije yo: "Ese verso lo cantaba mi padre". Y corrí para la casa a dar la noticia: "¡En la radio están cantando a lo divino!", les dije a todos. Y desde entonces les estamos cantando a los angelitos otra vez.»[103]

Violeta seguía yendo a los fundos, visitando al Profeta y otros cantores, uno de los cuales, Antonio Suárez, le regaló su primer guitarrón. Hasta el momento, Violeta sólo había visto y escuchado ese instrumento, pero nunca había tenido uno. Eufórica, recurrió a sus nuevos contactos en la prensa para comunicar lo que consideraba una gran noticia.

Ecran escribió que Violeta llegó a la redacción «con los ojos brillantes de entusiasmo y la voz entrecortada de emoción». Tenía en su poder la mítica guitarra de veinticinco cuerdas. La propia cantante declaró a ese medio: «Este guitarrón es una maravilla y me siento la mujer más feliz del mundo ahora que lo estoy estudiando.

El guitarrón será escuchado por primera vez en la "Ronda fantástica" que estoy preparando: ofreceré el contrapunto de don Javier de la Rosa y el Mulato Taguada con libretos y apuntes de Nicanor Parra, acompañamiento mío y canto de dos cantores populares».[104]

Aquella obra nunca se concretó, o al menos no existen datos de que se haya presentado alguna vez, y tampoco la editó en los casi cuarenta discos grabados durante su carrera.

No hay certeza de que Violeta aprendiera a tocar el regalo de Suárez, pues el guitarrón no figura en ninguna de sus grabaciones. Quien si aprendió a tocarlo fue Ángel.

En los siguientes meses, el Profeta le regalaría a Violeta Parra cuatro guitarrones más. Dos los donó a la Universidad de Concepción, otro se lo quedaría ella y el cuarto lo traspasó a un museo de Polonia durante el primero de sus viajes a Europa.

LA FOLCLORISTA DEL AÑO

«Para mí, lo que llaman calma es un vocablo sin sentido», escribió una vez Violeta.[105]

La cantante efectivamente vivía y trabajaba acorde a esa máxima. Su exitoso programa en Radio Chilena dejó de transmitirse en septiembre de 1954. Las razones no están claras, aunque el final pareció obedecer a la estrechez financiera de la emisora. Violeta siguió apareciendo de vez en cuando en otras estaciones y Radio Agricultura, de hecho, la contrató para reemplazar a Margot Loyola en un programa folclórico, ya que esta había salido de gira internacional. La radioestación, que ya era una de las más grandes del país, pertenecía a la Sociedad Nacional de Agricultura, que agrupaba a los terratenientes y tenía una línea editorial decididamente conservadora.

Toda esta intensa actividad, incluyendo el disco que grabó en diciembre, no lograba contentar a Violeta. Entre diciembre y marzo reconstruyó treinta y cinco canciones campesinas. Las fuentes continuaban siendo las mismas: cantores de los fundos al sur de la capital y campesinos que habían emigrado a Santiago para asentarse en las barriadas pobres.

Se trataba de un logro importante, tomando en cuenta que Violeta todavía apuntaba a mano la información que iba obteniendo. Por lo general, su equipaje consistía sólo en eso: guitarra, cuaderno y lápiz. A veces llevaba también una mochila con ropa. Cuando la acompañaba alguien que sabía de partituras musicales, como Gastón Soublette, quedaba además un registro escrito de las melodías y los acordes. Pero la mayoría de las veces Violeta retornaba nada más que con sus apuntes y con la música memorizada. Después se la transmitía a los que sabían transcribirla, como Margot Loyola.

Por eso, cuando la investigadora se presentó en la redacción de *Ecran* con el fin de mostrar su primer guitarrón, aprovechó de lanzar un mensaje. «Considero que un organismo como la Universidad de Chile debiera poner a mi disposición una grabadora. Me ha costado mucho vencer la timidez de estos cantores y convencerlos de que me enseñen sus canciones —dijo—. Más valioso sería grabar las canciones directamente y conservar sus voces, estilo y temas como archivo musical.»[106]

Por meses el gran anhelo de Violeta fue tener una grabadora. La había pedido a la Radio Chilena, al sello EMI-Odeon y en repetidas ocasiones a la Universidad de Chile. Las respuestas se dilataban o eran derechamente negativas. Soñaba asimismo con tener un vehículo propio, aunque no sabía manejar, para no depender de terceros o evitar los largos viajes en bus, en tren o, incluso, a caballo. «Pero cuando mi madre iba a pedir ayuda para tener una buena grabadora, o tener un jeep, que era el sueño de su vida, todos ellos la dejaban esperando en la antesala de sus oficinas», contó su hijo Ángel.[107]

La apelación pública terminó por funcionar. Es probable que entonces tomara nota del poder de la prensa, ya que a futuro volvería a recurrir a los medios de comunicación para dar a conocer lo que hacía o para demandar favores.

Pocas semanas después de la entrevista en *Ecran*, la universidad estatal le entregó el aparato, una máquina de cinta magnética importada desde Polonia, toda una novedad para entonces, pues la primera de su tipo recién había llegado a Chile dos años atrás. Violeta partió con ese armatoste de varios kilos —cargado generalmente por su hijo— a recorrer los campos, donde no siempre se contaba con enchufes. «Si había luz eléctrica, grababa. Cuántas veces arrastré como pude la pesada grabadora y al llegar al lugar no había electricidad»,[108] evocó Ángel.

Violeta cumplió con su parte del trato y todo lo que hizo con la máquina polaca lo entregó al Instituto de Investigaciones Folclóricas de la Universidad de Chile. Miguel Letelier recordaría que la cantora «llegaba con su grabadora de unos cinco kilos y todos sus apuntes»[109] para traspasar las recopilaciones a la casa de estudios. Fue tanto el material entregado que hasta 2016 se seguían descubriendo allí grabaciones que Violeta realizó con cantores mapuche.

Como si aún no bastara de actividades, Violeta Parra decidió abrir por esos meses una academia de guitarra y baile. Era desde luego un emprendimiento menor, cuyas clases se impartirían en el departamento céntrico de Esther Matte Alessandri, ubicado en la calle Merced, n.º 563.

Esther, dos años menor que Violeta, provenía de una familia de clase alta. Su padre, Arturo Matte Larraín, era un destacado político del Partido Liberal, que en las elecciones presidenciales de 1952 resultó segundo con el 27,8 por ciento de los votos. Arturo

Matte había sido ministro de Hacienda del gobierno radical de José Antonio Ríos y era senador de la República cuando Violeta abrió su academia. La madre de Esther era Rosa Alessandri Rodríguez, y el abuelo, nada menos que el ex presidente Arturo Alessandri Palma, quien, como se recordará, le había dado un empleo de profesor a Nicanor padre.

Para Violeta, estas credenciales de aristocracia o alcurnia eran sospechosas. Había conocido a Esther el año anterior en el círculo de amistades de su hermano poeta, quien sí prestaba atención a los linajes y gustaba rodearse de oligarcas. «La conocí a través de su hermano Nicanor. Yo realmente la admiraba, pero ella... ¡como si jamás nos hubieran presentado! —recordaría Esther—. Más tarde me confesó que no me tragaba, que me veía desenchufada de lo que ellos eran y hacían. Cuando comprendió que mi interés no era esnobismo, me aceptó. Era muy franca.»[110]

La academia no era mucho más que hacerles clases particulares a un puñado de alumnos y lo cierto es que tuvo corta duración. Su principal estudiante era Carmen Luisa Letelier, hija del decano de la Universidad de Chile y hermana de Miguel.

«Yo estaba en el colegio en ese tiempo todavía —diría—. Justo en esa época entré a estudiar canto, entonces era la pelea entre mi profesora de canto y la Violeta. La profesora me decía: "No vaya más donde la Violeta porque todo lo que yo le enseño se echa a perder". Y la Violeta me decía: "No vayas más donde tu profesora porque entonces te va a poner la voz impostada y no vas a poder cantar mis cuecas". Entonces era una pelea permanente.»

Aunque el emprendimiento en la casa de Esther Matte no prosperó, Carmen continuó sus clases con Violeta. «Llegaba ella con guitarra para que la Violeta le enseñara la música campesina y piezas populares —recordaría Isabel Parra—. Fue la única alumna formal que tuvo mi madre.»[111]

Mientras tanto, Violeta alistaba su segundo EP con EMI-Odeon y Rubén Nouzeilles. Sólo tres meses después del lanzamiento de su primer vinilo con ese sello, ya estaba editado el nuevo material. El disco venía con cuatro canciones, cada una perteneciente a un estilo musical distinto del folclor chileno. Se incorporba la tonada «La Juana Rosa», que dos años antes había sorprendido a los asistentes al cumpleaños de Pablo Neruda.

Los otros tres temas habían surgido de las tareas de recopilación. «El palomo» era un chapecao, baile típico del sur que tiene algunas semejanzas con juegos ancestrales mapuche y con la cueca. Violeta lo había aprendido de Amelia Montenegro, una mujer oriunda de Valdivia que había emigrado a Santiago. El parabién «Lágrimas de Carabaña» se lo había enseñado Eduviges «la Prima» Candia, el año anterior en San Carlos. Y fue su anciano amigo Antonio Suárez, inquilino del fundo Tocornal de Puente Alto, quien le enseñó el canto a lo humano «Verso por ponderación».

Era la primera vez que Violeta grababa un canto a lo poeta, ya que sus discos anteriores estaban dominados por cantos a lo divino. El tema de Suárez, interpretado por Violeta, decía así:

> Hay una ciudad muy lejos,
> p' allá los pobres se van,
> las murallas son de pan
> y los pilares de queso.
> Llevado de este protexto
> la ciudad tiene ese honor
> y por el mesmito un don
> que el poder le origina:
> las tejas son 'e sopaipillas
> y los lairillos alfajor.

El entusiasmo de Violeta por salir a investigar, aun contando el par de discos publicados aquel año, no se apaciguaba. Al contrario, la posesión de una grabadora la decidió a intensificar su trabajo en terreno. Su marido, Luis Arce, recordaría la dinámica de esos meses:

«Voy al campo, ¿vamos?», le podía decir en cualquier momento Violeta.

O la cantante simplemente le anunciaba: «Voy a ver a mis viejitos» y se iba.[112]

La revista *Ecran* describió con precisión la actitud que exhibía Violeta. «Con pasión, como si en sus investigaciones se le fuera la vida, Violeta Parra sigue escudriñando el folclor».[113]

Sus esfuerzos de casi dos años estaban por coronarse. En un acto celebrado en el elegante Teatro Municipal, la noche del martes 28 de junio de 1955, la Asociación de Cronistas de Teatro, Radio y Cine hizo entrega de los Caupolicanes, a la sazón los más altos premios en cultura y espectáculos. El cantante de boleros Lucho Gatica recibió el galardón al «Mejor Cantante de 1954», aunque no estuvo presente porque se hallaba de gira por Brasil. Y el Premio Caupolicán a la «Mejor Folclorista de 1954» recayó en Violeta Parra.

La cantante sí estaba en el Teatro Municipal, acompañada de Luis Arce. Cuando recibió la pesada estatuilla de manos del bailarín y coreógrafo Patricio Bunster, «no pudo reprimir la emoción y lloró copiosamente»,[114] según consignó la prensa. Bunster, quien aún estaba casado con la inglesa Joan Turner, recordó también ese momento. «Recibió el premio, lo tomó en sus manos y se lo puso en el pecho. Y lo acarició como si se tratara de algo vivo.»[115]

Para celebrar el reconocimiento —afirmaría Fernando Saéz— Violeta y Luis partieron a comprar vino y un chancho y se fueron a su parcela en Ñuñoa, donde los esperaba un gran grupo familiar. Al día siguiente, la pareja se dirigió a Plaza Italia, el punto neurálgico de Santiago, a sacarse una fotos junto a la estatuilla.[116]

Por cierto, es imposible saber las emociones que se apoderaron de Violeta. Tal vez en su mente resonaran las palabras de su hermano Nicanor: «Tienes que lanzarte a la calle, pero recuerda que tienes que enfrentarte a un gigante: Margot Loyola». Había sido justamente el apoyo de esa gigante folclórica lo que la encarriló en la senda del éxito.

Si alguien pudo haber pensado que con el Premio Caupolicán Violeta daría por lograda y concluida su labor de rescate, estaba equivocado. Para la cantante esto sólo significaba el comienzo. Como ella misma diría: «No porque hubiera logrado grabar unos discos y ganarme un Caupolicán el problema del folclor en Chile estaba ya resuelto, al contrario».[117]

El círculo que sí se cerró esa noche fue otro muy distinto. A pesar de que su carrera como folclorista apenas empezaba y que en la siguiente década alcanzaría altitudes insospechadas como cantautora, el premio en el Teatro Municipal fue no sólo el primero sino también el último reconocimiento importante que recibiría en Chile.

EL DILEMA: ¿FAMILIA O CARRERA?

En mayo o junio de 1955, Violeta fue invitada a ser parte de la delegación chilena que iría al Quinto Festival Mundial de la Juventud y los Estudiantes, a realizarse en Varsovia. Muchos de los asistentes a esta clase de eventos, auspiciados por federaciones internacionales cercanas a Moscú, solían ser miembros de las Juventudes Comunistas. Pero, contrario a lo que se podía pensar en esos momentos álgidos de la Guerra Fría, eran actividades que buscaban mostrar al mundo la cara alegre y culturalmente diversa de los simpatizantes de la Unión Soviética. No iban sólo comunistas: la lista de más de 170 delegados chilenos incluía a deportistas y artistas sin militancia y a miembros de la Falange Nacional (antecesora de la Democracia Cristiana), del

Partido Radical y del Partido Socialista. No está claro quién invitó a Violeta. Pudo haber sido el PC, con el cual la folclorista mantenía vínculos hace más de una década. También pudo ser a instancias de Pablo Neruda, que era un gran promotor de estos festivales internacionales. O de la Federación de Estudiantes de la Universidad de Chile (Fech), muy comprometida con este tipo de actividades.

Como la mayoría de los delegados aún no cumplían los treinta, a sus treinta y siete años Violeta fue una de las participantes de mayor edad. Y ya era madre de cuatro hijos. A los adolescentes Isabel y Ángel, de su primer matrimonio con Luis Cereceda, se sumaba ahora Carmen Luisa, que estaba a punto de cumplir cinco años. También estaba Rosita Clara, nacida el 22 de septiembre de 1954 y cuya madrina fue Margot Loyola. Ambas, Carmen y Rosita, eran fruto de la relación con Luis Arce. Rosita nació en medio de la vorágine artística que Violeta experimentase en 1954. El primer nombre había sido elegido en honor a Rosa Lorca, de Barrancas, quien personalmente hizo de partera en el alumbramiento. Y el segundo era un homenaje a la abuela, Clarisa Sandoval. La niña fue bautizada en la parroquia de Santa Rita, en la comuna de La Reina.

Un argumento a favor del viaje a Polonia era que la familia ya estaba acostumbrada a las ausencias de Violeta. «Cuando salía cerca, se quedaba dos o tres días fuera [de la casa] —recordó Luis Arce—. Y cuando iba lejos, un par de semanas. Se iba a vivir con los campesinos.»[118] La urgencia que sentía Violeta Parra por rescatar el folclor campesino muchas veces opacaba su labor de madre. Pero, pese a sus frecuentes ausencias del hogar, Violeta era una madre bastante aprensiva cuando estaba en casa. Se solía levantar a las cuatro o cinco de la mañana y mandaba a Isabel o Ángel a buscar agua de algún pozo cercano a la parcela. A las seis estaba lavada y vestida y prendía el fuego de la cocina a leña. Y antes de las siete ya salteaba longanizas de Chillán, papas y cebollas para el desayuno.

Como Ángel no iba al colegio y estudiaba por su cuenta con el silabario o con las instrucciones básicas de su madre, Violeta a menudo lo mandaba a hacer las tareas domésticas. «Con mi mamá siempre había algo que hacer, fuera un trámite, mandar un giro, mandar un telegrama, escribir un poema, sacar los colchones para afuera, limpiar la casa, abrir las ventanas, siempre había mucha actividad. Con mi mamá todo era urgente», recordaría Ángel.[119]

En el caso de la quinceañera Isabel, la situación era distinta. A diferencia de su hermano, sí asistía al colegio.[120] ¿Por qué Violeta Parra diferenciaba de ese modo, enviando a Isabel a la escuela pero educando a Ángel en la casa? No hay una respuesta clara y ni siquiera los hijos saben esclarecerlo.

La vida familiar que Violeta llevaba en su parcela de la calle Segovia de Ñuñoa, donde sólo había una choza de madera con piso de tierra, siempre estaba atravesada por urgencias. Como a veces no podían pagar las cuentas de la luz, la familia se solía «colgar» del alumbrado público para obtener electricidad gratuita, práctica bastante común en esos días. En una ocasión, recuerda Ángel, el cable de la electricidad llegaba hasta el suelo y, por desgracia, se electrocutó Lucero, el perro de Isabel.[121]

Sopesando la importancia de su vida familiar y la posibilidad de proyectar su carrera en Europa, finalmente Violeta Parra tomó la decisión de aceptar la propuesta del Partido Comunista. Cuando lo hizo saber, todos en la familia lloraron, Violeta incluida. «El compromiso que la folclorista siente con su labor de recopilación y difusión del patrimonio cultural campesino terminará por superponerse a sus responsabilidades maternales, invirtiendo el sentido tradicional de la relación madre-hijos», escribió la académica Carla Pinochet Cobos en 2010.[122]

Al ser consultado a inicios de 2016 sobre la decisión de Violeta, Ángel Parra comentó:

¿Qué te puedo decir yo hoy día? ¿Será verdad lo que te voy a decir? No lo sé bien, pero me acuerdo que ella estaba más emocionada que todos nosotros… Mucha lágrima retenida y yo cabro chico, pos' oye, yo seguramente estaba pensando que iba a poder salir a la calle. «Sí mamita, váyase no más mamita», habré pensado. Además no iba a la escuela, me preocupaba de esta niñita [Rosita Clara] de la manera que podía un niño de once años… El padre [Luis Arce] se iba en la mañana y volvía en la tarde. A veces estaba su madre o si no, yo ya tenía amigas en el barrio, unas amigas grandes, que se fascinaban con la guagua[123].

La folclorista tenía a mano el ejemplo de su hermano Nicanor, que en 1949 había partido a estudiar a Inglaterra, dejando atrás a su esposa Anita Troncoso y tres hijos pequeños: Catalina, Francisca y Alberto. ¿Por qué ella no podría hacer lo mismo?

La familia comenzó a organizar la partida. Luis Arce y Ángel se quedarían en la choza cuidando a Rosita Clara. La suegra, Amelia Leyton, iría un par de veces a la semana a supervisar todo. Isabel, en tanto, ya se había independizado y vivía con el padre de su futura hija.

El Siglo tituló el 27 de junio de 1955: «Gran fiesta de la chilenidad: despedida de la delegación chilena al Festival Mundial de Varsovia». El evento, con la asistencia de Violeta, se realizó en el Teatro Baquedano de la Plaza Italia dos días después.

A comienzos de julio la cantante tomó un vuelo a Buenos Aires, para continuar luego en un barco transatlántico que la llevó por primera vez a Europa. Era también la primera vez que se subía a un avión. Y la primera vez que salía de Chile.

Estaba afligida, pues dejaba a sus cuatro hijos, entre ellos la lactante Rosita Clara, y a su segundo marido. El viaje a Europa no iba a durar más de dos meses, eso pensaban todos.

Pero Violeta Parra no volvió en casi dos años.

TERCERA PARTE

Violeta y las travesías
(1955-1958)

Viajar te convierte en un contador de cuentos.

IBN BATTUTA,
viajero y erudito marroquí, siglo XIV

Un viaje accidentado

«Esto lo hago por Chile, por nuestro folclor, por los trabajadores y su música».[1] Eso fue lo que Violeta Parra le dijo a su familia al tomar la decisión de ir al Festival Mundial de la Juventud y los Estudiantes que se realizaría en Polonia. Su marido y los Parra apoyaron la decisión y reunieron 183 dólares en efectivo para el viaje.

La noche del sábado 2 de julio de 1955 se realizó en la casa del arquitecto comunista Santiago Aguirre una cena de despedida para la delegación. Violeta y muchos otros viajeros asistieron a la velada donde el principal invitado era Pablo Neruda, quien llegó acompañado de Matilde Urrutia. El poeta, gran promotor de estos festivales internacionales, solía proponer nombres de posibles participantes al comité central del Partido Comunista.

En los días siguientes la mayoría de los más de ciento cuarenta delegados tomaron el tren rumbo a Buenos Aires. Desde ese puerto atlántico zarparían a Europa. Un pequeño grupo, sin embargo, consiguió pasajes en avión, medio de transporte que aún era un lujo. Entre tales pasajeros estaba la folclorista. Violeta viajó con un equipaje abultado. Se llevó el pesado trofeo del Premio Caupolicán, un guitarrón, una guitarra y unas castañuelas.

En la capital argentina Violeta y varios miembros de la delegación se instalaron en una pensión de la céntrica calle Corrientes. Mientras esperaban a sus compañeros que venían por ferrocarril, los recién llegados efectuaron una animada fiesta en casa de la escritora nacional Margarita Aguirre —amiga de Neruda— y de su marido argentino, el abogado comunista Rodolfo Aráoz. Según afirma Fernando Sáez, Violeta aprovechó la ocasión para dar un pequeño recital.

El 7 de julio las delegaciones chilena y argentina se embarcaron en el *Salta*, un vapor de la línea Sodero con capacidad para mil quinientos pasajeros. Esta naviera trasandina tenía un historial curioso. En 1947 organizó varios viajes de Génova a Buenos Aires, trayendo a cientos de criminales nazis a Sudamérica. Para cuando Violeta Parra abordó uno de sus barcos, la empresa se había especializado en trasladar a millares de palestinos desde el Medio Oriente hasta el Cono Sur. La mayoría de estos refugiados se bajaban en los puertos brasileños de Río de Janeiro y Santos, después en Montevideo y finalmente en Buenos Aires. En el viaje de regreso al Mediterráneo acostumbraban ir casi vacíos. «Éramos pocos para tanto barco, así que íbamos de lo más placenteros»,[2] comentó el arquitecto Miguel Lawner, jefe de la delegación de Chile.

Tras recalar en Río y Las Palmas (en la isla Gran Canaria), El *Salta* llegó al puerto italiano de Génova. Para Violeta Parra, sin embargo, la travesía marítima de poco más de dos semanas no fue tranquila. Envalentonada por su premio a la mejor folclorista del año y haciendo gala de su fuerte personalidad, se empeñó en enseñarles a los chilenos a bordo el auténtico folclor campesino.

«Tocaba y cantaba el día entero —recordó Lawner, un miembro de las Juventudes Comunistas que sólo el año anterior había egresado de la Universidad de Chile—. Y una y otra vez tocaba "Casamiento de negros", como que carecía del sentido de ubicarse.»

El problema era que muchos de los jóvenes delegados chilenos no estaban interesados en escucharla a cada rato. Fernán Meza, un estudiante de arquitectura de veinticuatro años, recordaría que la actitud de Violeta provocó rechazo. «La verdad es que tenía un estilo que era un poco sacapica. "¡Aquí está la Violeta Parra! ¡Llegó la Violeta Parra!". Siempre hablaba de ella en tercera persona. Egocentrismo de artista, pensábamos nosotros.»[3]

Pronto, varios se aburrieron de la actitud dominante de la cantante y comenzaron a evitarla. Violeta se retrajo y pasó largos días sobre el Atlántico cantando y tocando sin público. En sus *Décimas*, escritas unos cuatro años después, haría su personal registro de esas jornadas:

Con el volar de los días
me doy cuenta qu'estoy sola
[...]

se pierd'el compañerismo,
cada cual tiende su abismo
como lo estima y conviene,
ya juntos no s'entretienen,
florecen los egoísmos.[4]

El problema de convivencia estaba lejos de resolverse. Irritado por el constante guitarreo de la folclorista, un grupo pensó que la solución era robarle su instrumento. Y así, un día la guitarra de Violeta Parra desapareció.

Miguel Lawner recuerda que Violeta estaba desesperada. «Casi nunca se separaba de su guitarra y la pérdida le produjo un gran sufrimiento.» Corriendo por la cubierta y los pasillos, le preguntaba a cada persona con la que se cruzaba si había visto la guitarra; pronto comenzó a circular la hipótesis de que podría haber caído por la borda. «Violeta partió al puente de mando y le exigió al comandante que diera la vuelta, ya que su guitarra podría estar flotando en el mar», rememoró Lawner.

El asunto escaló a un verdadero escándalo; varios universitarios intervinieron a favor de la cantante. «El grupo de estudiantes de arquitectura la defendíamos, porque como la Violeta no tenía mayor prestigio todavía y no era bonita, ni pituca, ni tenía plata, le tenían pica —afirmó Meza—. Las mujeres la encontraban rota, esa es la verdad, no la entendían.»[5]

Miguel Lawner también apoyó a Violeta e hizo de mediador entre ella y quienes habían robado la guitarra. El acuerdo era que los ladrones devolverían de manera anónima el instrumento, a cambio de que la folclorista prometiera no cantar a toda hora.[6] Tras veinticuatro horas, la guitarra volvió a aparecer. Pese a las palabras conciliadoras de Fernán Meza, Lawner asegura hoy que fue el propio Meza quien escondió el instrumento.

Para que la cantante no quedara marginada y pudiera exhibir sus talentos y deseos de transmitir conocimientos, Lawner propuso que Violeta realizara cursos voluntarios de cueca. Muchos se inscribieron. Y, de este modo, los últimos días de navegación pasaron en relativa tranquilidad. Pero Violeta Parra se quedó con un sabor amargo. En su autobiografía poética escribió:

> Pelean por los asientos
> el grande apabulla al chico,
> los de bolsillo más rico
> vomitan su atrevimiento.
> [...]

Acurrucá' en un pasillo
trajino' en mi pensamiento
paseando por los doscientos
chilenos que van conmigo,
se miran como enemigos.[7]

La tensión se alivió cuando los chilenos desembarcaron en el puerto italiano. Tras abordar el tren que los llevó de Génova a Viena, y después de la capital austriaca a Varsovia, los ánimos comenzaron a volverse festivos. La expectativa de participar en un festival internacional ya los entusiasmaba a todos.

Varsovia y Praga

Más de treinta mil jóvenes provenientes de ciento catorce países inundaron a fines de julio de 1955 la capital de Polonia. Desde Vietnam a Angola, desde Bolivia a Rumania, desde las dos Alemanias a Estados Unidos, los artistas, deportistas y líderes sociales y políticos confluyeron ese verano en Varsovia.

La ciudad no fue escogida por azar. Pocos meses antes, en mayo, la Unión Soviética y un grupo de países de Europa oriental habían creado el llamado Pacto de Varsovia. Se trataba de una alianza militar de países socialistas que buscaba ser el contrapeso a la Organización del Tratado del Atlántico Norte (OTAN), una asociación de defensa mutua encabezada por Estados Unidos e integrada por países de Europa Occidental. La Guerra Fría estaba alcanzando su apogeo.

Al contrario de la imagen triste que Occidente transmitió en esos años acerca del bloque oriental, este tipo de festivales estaba diseñado para mostrar la alegría, solidaridad y diversidad del mundo socialista y también del mundo occidental y del Tercer Mundo que adscribían a una ideología de rechazo al capitalismo. De hecho, el eslogan fue «¡Por la paz y la amistad!».

La promoción de la paz mundial, entonces amenazada por las armas nucleares y el trauma de Hiroshima y Nagasaki, era un llamado recurrente de la izquierda internacional y de la propia Unión Soviética. Claro que luchar por la paz, desde la perspectiva de la URSS, también implicaba una forma de ganar tiempo para igualar el desarrollo bélico de Estados Unidos.

Violeta Parra estaba feliz de encontrarse con un ambiente tan diverso y alegre. «Era como un calidoscopio, gente con turbantes, pieles morenas, blancas o negras», rememoró Lawner. En sus *Décimas*, la folclorista agregaría:

Vamos entrando en Varsovia
soy la feliz cenicienta. [...]

América allí presente
con sus hermanos del África,
empieza la fiesta mágica
de corazones ardientes,
se abrazan los continentes.[8]

La delegación se alojó en el hotel Ucrania.

El festival partió con una parada en un estadio, al estilo de los Juegos Olímpicos, donde cada representación desfilaba detrás de su respectiva bandera. Los chilenos, Violeta incluida, marcharon vestidos de pantalón azul, camisa blanca y pañuelo rojo al cuello. El ambiente festivo quedó retratado en rodajes en blanco y negro de la ceremonia de inauguración. La ciudad parecía un carnaval.[9]

Además, el programa consideró una competencia de atletismo y otros deportes. Por Chile participaron Ramón Sandoval y Víctor

Solá, campeones sudamericanos de ochocientos y mil quinientos metros planos, respectivamente. También participó el equipo de básquetbol juvenil de Valparaíso, que había salido campeón de Chile. En este jugaba un joven llamado Luis Guastavino, quien a futuro sería un reconocido diputado comunista.

Muchas de las presentaciones —con prestigiosos exponentes artísticos del comunismo, como el Ballet Bolshoi, el Gran Circo de Moscú o la Ópera de China— se realizaron en el imponente Palacio de la Cultura y la Ciencia, que se había terminado de construir sólo pocos días antes de la inauguración. Este edificio, de cuarenta y dos pisos y 230 metros de altura, era un «regalo» de la Unión Soviética a Polonia, pensado para conmemorar el décimo aniversario de la liberación polaca de las garras del nazismo.

De hecho, la Varsovia que conoció Violeta todavía estaba fuertemente marcada por la destrucción de la Segunda Guerra Mundial. Los polacos habían decidido dejar varias cuadras del centro tal como quedaron tras las cruentas batallas entre la Wehrmacht y el Ejército Rojo en enero y febrero de 1945. Estas calles habían sido reducidas a pilas de escombros, de unos pocos metros de altura.

El tema de la guerra —en la que Polonia perdió a seis millones de habitantes, la mitad de ellos judíos— era tan visible aún, que el estadio de la inauguración se llamaba, precisamente, Décimo Aniversario.

Violeta Parra cantó y bailó en numerosas ocasiones y obtuvo más de una medalla de reconocimiento. Fue designada como jurado en una competencia de cantos autóctonos e incluso aprovechó algunos ratos libres para tomar su guitarra y cantar sus canciones campesinas en las calles de Varsovia. «Allí fueron quince días / de trabajar como en sueños»,[10] dijo en sus *Décimas*. En esa autobiografía contó también que la entrevistaron varios periodistas rusos y chinos y que sus fotografías y relatos se publicaron en revistas del bloque oriental.

Sin embargo, hubo dos episodios que ella no mencionó.

El primero fue su actuación en la gala de Chile, efectuada en uno de los salones del Palacio de la Cultura y la Ciencia, que algunos polacos —dos años después de la muerte del jerarca soviético— llamaban despectivamente «Palacio Stalin». El conjunto Cuncumén, el coro y el teatro de la Universidad de Chile y un espectáculo improvisado de títeres a cargo de Fernán Meza fueron parte del espectáculo. Cuando le tocó el turno a Violeta Parra, esta pidió que la presentaran como recopiladora, investigadora, intérprete y autora del folclor chileno. La animadora, de nacionalidad argentina, la miró extrañada y pronunció una breve frase que, según recuerda Lawner, probablemente sólo decía: «Aquí Violeta Parra, folclorista chilena». Esto, como era de esperar, causó el enojo de Violeta, quien conminó a la argentina a exigir silencio total en aquel salón inmenso, repleto con más de mil jóvenes de todo el planeta.

En *Violeta se fue a los cielos*, película del año 2011, el cineasta Andrés Wood recrea la misma escena: Violeta Parra está cantando frente a un público gris que no comprende esos cantos y que al final aplaude de manera casi mecánica. Si bien la realidad no fue tan fría, lo cierto es que la actuación estuvo lejos de ser exitosa. «No fue un buen lugar para Violeta», recordó Lawner.

El segundo episodio fue su desconocido paso por la radio pública polaca. Resulta que los anfitriones estaban absolutamente fascinados con la cantante y le pidieron encerrarse dos días en los estudios radiales para grabar, ojalá, todo su repertorio. «Los polacos vieron en ella algo que ninguno de nosotros había captado», recordó el jefe de la delegación chilena.

Durante cuarenta y ocho horas Violeta se ausentó de las actividades oficiales para registrar decenas de canciones campesinas. La radio le pagó generosamente. Violeta reapareció entre sus compatriotas con una bolsa llena de zlotys, la divisa local. «Pero en pocos

días ya no le quedaban billetes en ese saco —afirmó Lawner—.
Repartió la plata hasta agotar su pequeña fortuna.»[11]

Al finalizar el festival a mediados de agosto, la Federación Mundial de Juventudes Democráticas, una organización con sede en Budapest, ofreció a unos cuarenta delegados chilenos, entre ellos Violeta Parra, visitar Checoslovaquia. Violeta lo recordó en sus *Décimas*:

> Recibo con mi paciencia
> una invitación vecina;
> con diplomacia muy fina
> me dicen: Tú vas a Praga;
> contesto: Rusia me halaga,
> soñé este merecimiento.[12]

En efecto, el premio mayor para cualquier artista era ir a la Unión Soviética. «Pero de ahí a pensar que delante de las puertas de una embajada de Chile, en medio de la Guerra Fría y con el PC proscrito, un aval de la URSS pudiera funcionar como "Ábrete Sésamo", era también una señal de una sana y refrescante ingenuidad política», como observa el romanista alemán Manfred Engelbert.[13] De todos modos, Violeta aún no estaba a la altura para obtener ese reconocimiento. En unos años más, la cantante sí lograría visitar el gigante oriental, pero de momento debía contentarse con Praga y algunas localidades cercanas.

No podría decirse, sin embargo, que Violeta pasara inadvertida para los rusos. A fines de agosto, mientras ella se encontraba recorriendo Checoslovaquia, Leningradsky Zavod, la universidad tecnológica de Leningrado, editó un disco con dos canciones de la folclorista. Es probable que los soviéticos obtuvieran ambos registros del repertorio grabado semanas antes en Varsovia. En el lado A se reprodujo su éxito «La Jardinera»; y en el lado B, algo que nada tenía que ver con su repertorio habitual: «Meriana», una canción popular de la Isla de Pascua que Violeta aprendió de Margot Loyola.

¿Por qué cantó y grabó por primera vez una canción de origen polinésico? No hay una respuesta clara, pero es probable que quisiera presentarles a los polacos una canción más «exótica». Cantó Violeta:

> Meriana, Meriana é,
> Meriana ho'i é.
> Meriana e tau vahine,
> i romi-romi hia.

La estadía en Checoslovaquia duró dos semanas e incluyó visitas a industrias, escuelas y a la famosa cervecera de Pilsen. En esa fábrica la visita terminó en un salón donde, en torno a una gran mesa en forma de U, los anfitriones agasajaron a los huéspedes sudamericanos con abundante cerveza y comida. En un momento dado, Violeta quiso mostrarles a los checos cómo se bailaba la cueca y le pidió a Miguel Lawner que fuese su pareja. Habían bailado juntos varias veces en Varsovia, pero esta vez el joven arquitecto no quiso y la razón era sencilla: el alcohol se le había subido a la cabeza.

—Vamos Miguel, mostrémosles a los checos nuestra cueca —le dijo Violeta, quien se había levantado de su asiento para acercarse a la cabecera de mesa, donde se encontraba el jefe de la delegación chilena junto a los dirigentes de la fábrica.

—No Violeta, no puedo, ya estoy medio mareado.

—Vamos, vamos, tú puedes…

—De verdad no puedo…

—¡Ya poh, levanta tu trasero y bailemos!

—No, ya te dije…

En medio de este tira y afloja, la cantante se aburrió de la constante negativa y estalló en ira. Comenzó a insultar a gritos a Lawner y se produjo un silencio absoluto. «A mí nadie en mi vida me ha puteado como Violeta», recordó el arquitecto. «Pero al día siguiente, como si nada hubiera pasado.»[14] De todos modos, ni Violeta ni Miguel se guardaron rencor, y al contrario, mantuvieron una amistad hasta los últimos días de la cantante.

Cuando terminó la gira por Checoslovaquia, también llegaron a su fin el auspicio y las invitaciones de las federaciones internacionales y los partidos de izquierda. Cada uno de los delegados emprendió su propio rumbo. Por ejemplo, Pedro Videla, un joven diputado falangista, aprovechó el fin del festival y las visitas para irse de luna de miel con su esposa, quien lo había acompañado durante toda la estadía. Muchos regresaron a Chile y otros siguieron viaje por su cuenta. Un grupo, integrado por Fernán Meza y Miguel Lawner entre otros, decidió partir a París.

Violeta Parra también decidió quedarse más tiempo en Europa y escogió Viena. Se fue sola. No está claro por qué optó por la capital del antiguo imperio austrohúngaro. Tal vez esa ciudad le causó una buena impresión en su viaje de ida a Varsovia, un mes antes.

Violeta llegó a la capital de Austria sin datos de contactos. Se dirigió a la embajada chilena para presentarse y preguntar por posibilidades de actuar y darse a conocer. El agregado de negocios de la embajada, Tobías Barros Alfonso, le dijo que ese país ofrecía pocas opciones para artistas sudamericanos. Le recomendó irse a París, donde él había sido secretario de la legación nacional unos años atrás. Violeta se frustró con la frialdad y falta de apoyo de su compatriota. Después de haber sido tratada como una verdadera artista por los polacos, la indiferencia con la que se enfrentaba ahora le produjo rabia, tal como lo registró en las *Décimas*:

A quién volverle la vista
en esa extraña ciudad,
sin plata, sin amistad,
sin la palabra bendita;
¿dónde están los comunistas
y dónde está el radical?
digo en esa hora fatal;
¿dónde están los católicos?
mis tripas sienten un cólico,
mis fuerzas no me dan más.[15]

La cantante siguió el consejo del diplomático y partió a la estación de trenes. Todavía estaba «con rabia descomunal», según confesaría en su autobiografía poética, y de ahí que haya tratado mal al funcionario de la boletería: «"Yo quiero salir de aquí", / le grito en claro chileno».[16]

Una vez a bordo del tren que la llevaría a París, la folclorista se calmó. Pero, claramente, soñaba con cobrarse venganza ante el diplomático que la había desatendido:

Subo al tren con gran consuelo
y ocasión p'a meditar,
el tren me hace descansar
y aplacarme los nervios;
Tobías Barros soberbio,
glorioso estará sin mí;
¡ay qué día tan feliz
cuando lo vuelva a encontrar![17]

Por cierto, el «Tobías Barros soberbio» que describió Violeta era hijo de Tobías Barros Ortiz, un militar que participó en el golpe de

Estado en contra de Arturo Alessandri en 1924 y que había sido también embajador de Chile en la Alemania nazi a inicios de los cuarenta. Se decía que Barros Ortiz era simpatizante de la causa nacionalsocialista y que habría ayudado a nazis a escapar hacia Sudamérica tras la Segunda Guerra Mundial. Parece ser que Violeta algo sabía acerca del padre de este diplomático, ya que en las *Décimas* habla con irónico desprecio sobre «Tobías Barros Segundo».

Sin embargo, no hay indicios de que «Tobías Barros Segundo» y Violeta Parra se volvieran a encontrar, tal como ella secretamente anhelaba durante su viaje de Viena a París.

L'Escale de París

Violeta Parra llegó a la capital de Francia los primeros días de septiembre, sin saber ni una palabra de francés. Llevaba su guitarra a cuestas, el Premio Caupolicán en su bolso y treinta y cuatro dólares en su monedero. Pero también iba con una misión: dar a conocer el folclor chileno a los parisinos.

La cantante estaba tan convencida de la urgencia y relevancia de sus investigaciones, que no parecía haber nada más significativo en el mundo. «Se sentía un poco mesiánica, creía que su mensaje era lo más importante»,[18] aseguró José María Palacios, locutor y futuro amigo y colaborador de Violeta. Cualquier rechazo o dilación los tomaba no sólo como una afrenta personal, sino también como un menosprecio hacia el pueblo.

Segura de sí misma y de su labor, lo primero que hizo en Francia, tal como en Austria, fue presentarse ante la misión diplomática chilena. En la recepción entregó una carta con un mensaje simple: «Violeta Parra, folclorista chilena, le avisa al señor embajador que ha llegado a París y espera ser recibida.»[19]

No obstante, el embajador Juan Bautista Rossetti, ex ministro de Hacienda del gobierno de Carlos Ibáñez, se encontraba en Chile. La recibió un tal señor Mendoza, que se dio el tiempo de escuchar los planes de Violeta aunque rápidamente la desanimó. París, le dijo, está lleno de artistas que buscan empleo y fama, pero casi nadie lo logra. El señor Mendoza tampoco se impresionaría cuando la cantante le mostró el trofeo obtenido hacía un par de meses como la mejor folclorista del año. Lo que el diplomático nunca entendió es que Violeta Parra no había llegado a París en busca de fama, sino para dar a conocer el folclor chileno. Por eso, la artista se quejó en sus *Décimas* de que «Mendoza muy alarmante / me trata con inorancia [*sic*]». Violeta le insistió: «Pero, señor, si yo pido / n'a más que un rempujoncito, / el resto sale solito, / tenga confianza, ministro».[20]

No hubo caso. Frustrada, Violeta se dirigió a una pequeña pensión que le habían recomendado, para quedarse ahí algunas noches. Por coincidencia, en ese lugar se estaba alojando un grupo de chilenos que la acogió. En los siguientes días comenzó a pegar afiches en las paredes del barrio, publicitando que era una folclorista sudamericana en busca de un local para cantar.

En eso estaba Violeta cuando recibió desde Chile una noticia devastadora: su hija lactante Rosa Clara había fallecido. Poco después de la partida a Europa, Rosa había enfermado de bronconeumonía. La salud de la niña fue empeorando hasta que la mañana del miércoles 27 de julio el adolescente Ángel Parra la trasladó de urgencia, en taxi, desde la parcela familiar en Ñuñoa hacia el hospital más cercano. Rosita falleció en el trayecto, en los brazos de Ángel, alrededor de las 10:30 de la mañana.

No está claro cómo y cuándo exactamente se enteró Violeta. La cantante aseguró en una composición dedicada a su hija muerta que lo supo mediante una carta, probablemente una misiva que

Isabel le envió a Francia. Pero tomando en cuenta que Violeta aún no tenía domicilio fijo, tal vez esa carta haya sido en realidad un telegrama, más acorde a la urgencia de la noticia. De haber sido así, Violeta se hubiese enterado estando en Varsovia o en Praga.

Miguel Lawner, quien también partió a París tras la visita a Checoslovaquia, afirmó que la folclorista recién se enteró del hecho en Francia, a poco más de un mes del fallecimiento. Como fuese, la muerte de su hija menor provocó un fuerte sentimiento de culpa en la artista. En las *Décimas* relató:

> No tengo perdón del cielo
> ni tampoco de los vientos;
> mentira el dolor que siento
> [...]

> p'aquella que su angelorum
> deja botá' en el invierno,
> arrójenla en los infiernos
> p'a sécula seculorum
> [...]

> Muy tarde, señor oyente,
> p'hablar de arrepentimiento.[21]

Distinto a lo que se pudiese pensar, Violeta no retornó a Sudamérica en el primer barco, ni tampoco detuvo sus actividades artísticas. De hecho, la muerte de Rosa Clara la llevó a tomar una decisión que a muchos les pudo parecer extraña y acaso insensible, sobre todo en una época, como lo eran los años cincuenta, en que se suponía que la maternidad era la tarea principal de una mujer. «Después de que se muere un hijo ya mueren muchas cosas también. Y ella no se demoró dos meses como me había dicho, sino que se demoró dos años en volver»,[22] recordaría su marido Luis Arce años después.

Es difícil saber cómo procesó en su fuero interno esta decisión de quedarse en Europa, considerando que sus tres hijos permanecían en Chile, entre ellos la pequeña Carmen Luisa, de cuatro años, que había quedado al cuidado de Tomás Lago y su mujer, Victoria. La idea original era mantenerse unas semanas en París para después regresar a Chile. Pero, de alguna manera, la muerte de Rosa Clara la impulsó a cambiar de planes y prolongar por un tiempo indefinido su estancia en Europa.

Los carteles que había pegado en el barrio no surtieron efecto, pero uno de los chilenos del hostal la puso en contacto con un joven compatriota que le podía ayudar. Se trataba de Renato Otero, quien estudiaba en la Universidad de La Sorbona y que, para costearse su diario vivir, tocaba la guitarra en locales del *Quartier Latin*. El origen de esta célebre denominación se remontaba a mediados del siglo XIII, cuando se fundó la Universidad de París. Como en esa época y en los siglos posteriores la educación superior se impartía en latín, dicha zona universitaria comenzó a nombrarse como Barrio Latino.

El barrio se ubica en lo que se conoce como *Rive gauche*, o el lado izquierdo del río Sena, donde están varios de los distritos predilectos de la intelectualidad y el mundo artístico. Montparnasse, Saint-Germain-des-Prés y el propio Barrio Latino fueron en los años cincuenta el lugar de encuentro de filósofos y escritores como Jean Paul Sartre, Simone de Beauvoir y Albert Camus, mientras que en sus cafés y cabarets se volvía famoso el cantautor Georges Brassens.

Violeta Parra nunca participó de manera activa en la cultura francesa de entonces. Pero como todo expatriado o viajero, probablemente se impregnó del espíritu de los tiempos. El ambiente político e intelectual estaba conmocionado por la guerra de Argelia, la larga lucha por la independencia de ese rico dominio colonial, que se había iniciado de manera sangrienta en noviembre de 1954 con el estreno militar del Frente de Liberación Nacional argelino. Tal sería uno de los temas que dominó la agenda política e intelectual francesa en los siguientes ocho años.

Para la cantante, sin embargo, lo urgente era encontrar un lugar donde mostrar el folclor de Chile. En septiembre de 1955, fue Renato Otero quien logró abrirle algunas puertas. El estudiante la presentó a los dueños de L'Escale, pequeño boliche en el corazón del Barrio Latino donde Otero solía tocar. Este se ubicaba en la calle Monsieur Le Prince, una vía de pastelones, pequeña y estrecha, extendida por unas pocas cuadras en una pendiente urbana que lleva hacia el Panteón de la República o hacia el Sena en la otra dirección. Renato y Violeta comenzaron a tocar juntos en ese lugar. Una foto en blanco y negro los muestra a ambos, sentados uno al lado del otro, en plena presentación, guitarras en mano. A ella se la ve con el pelo peinado hacia atrás y dos largos pendientes circulares, los que le dan cierto aire de andaluza.

Tal vez por la similitud de nombres con la ópera de Milán, llamada La Scala, muchos en Chile pudieron creer que se trataba de un lugar fastuoso y noble. Nada más alejado de la realidad. El local de la calle Monsieur Le Prince no tenía más de treinta metros cuadrados, donde se reunían estudiantes de la Universidad de la Sorbona, en especial los de medicina, junto con expatriados de Latinoamérica, para escuchar por las noches música de origen hispano. La dueña se llamaba Louise y al principio les daba sándwiches y cerveza gratis a los músicos jóvenes y amateur que tocaban ahí. Con el tiempo, fueron artistas latinos más profesionales los que comenzaron a tomarse la tarima.

Un joven español llamado Paco Ibáñez, cuya familia se había exiliado en Francia tras la Guerra Civil, solía ir a L'Escale. El futuro cantautor y activista recordó cómo era el ambiente de aquel boliche: «Era un templo de la música latinoamericana, pero un poco pachanguera. Era de cantar "Se va el caimán, se va el caimán"»,[23] afirmó Ibáñez, aludiendo a la famosa cumbia del músico colombiano José María Peñaranda, cuyo pegajoso estribillo se cantaba a viva voz: «Se va el caimán, se va el caimán… se va para Barranquilla; se va el caimán, se va el caimán… se va para Barranquilla».

El estilo de Violeta Parra no era tan festivo. «Cantábamos ese tipo de canciones hasta que llegó Violeta», contó Paco Ibáñez en un documental realizado en 2003. Para empezar, del mismo modo que lo había hecho en Polonia, Violeta exigía silencio durante sus presentaciones y no tenía problemas en detener la música para increpar a los comensales más parlanchines. Esa actitud molestó a muchos parroquianos. Cierta vez, un grupo de expatriados chilenos que vivía en París entraron al local y, al ver que Violeta estaba sobre el escenario, intentaron escabullirse. «La admiraban, pero resultaba que ella exigía que nadie se moviera del lugar hasta no terminar su presentación, en especial si eran compatriotas», aseguró una persona que supo de este episodio. El escritor Jorge Edwards y el escultor Sergio Castillo fueron divisados por Violeta esa noche y no tuvieron otra opción que quedarse hasta el final de su actuación.

Ibáñez también recordó que, cuando actuaba Violeta Parra, el ambiente de L'Escale cambiaba. «Ella subía a la tarima y… silencio. Ya viene la chilena con las canciones y ahora hay que escucharlas todas», se quejaban al principio. «Y luego, poco a poco, nos dimos cuenta de que era ella quien tenía razón, que lo que estaba ofreciendo eran mensajes de todo tipo: mensajes políticos, mensajes sentimentales, mensajes afectivos, mensajes de todo, todo lo que puedes transmitir a través de una canción.»[24] Así, Violeta se fue afianzando en ese *boîte de nuit* del Barrio Latino, y en la medida que otros músicos se ausentaban, le pedían a ella que los sustituyera.

Pasadas unas semanas, madame Louise decidió contratar de manera estable a la cantante. Violeta comenzó a presentarse como solista varios días a la semana, actuando de modo intermitente entre las diez de la noche y las cuatro de la mañana. Ahora la dueña ya no la recompensaba únicamente con alimentos y alcohol, sino que le pagaba una pequeña suma. Esta le alcanzaba para arrendar una habitación sin ventanas en un edificio contiguo y para comprar un poco de comida.

Fernán Meza, aquel estudiante de arquitectura que había escondido la guitarra de Violeta durante la travesía transatlántica, llegó a París cuando ella se hacía *habitué* de L'Escale. «Violeta vivía bastante modestamente en una pieza —aseguró casi veinte años después—. Iba a las carnicerías a pedir que le regalaran huesos "para un perro que tengo", porque los franceses no los usan, y con ellos hacía unas ricas cazuelas.»[25]

A Violeta no le incomodó la precariedad de sus primeras semanas en París. Ni en sus *Décimas* ni en las interacciones con sus amigos se quejó jamás de su situación material. Es posible que incluso sintiera orgullo por su modesta forma de vivir, ya que, en algún sentido, se acercaba así a los viejos cantores de Puente Alto y de Barrancas.

Pero Violeta no era una suerte de hippie despreocupada. La folclorista estaba cada vez más consciente del poder de los medios de comunicación. A mediados de octubre envió varias cartas a la prensa en Chile relatando y publicitando sus actividades parisinas. Y a fines de ese mes la revista *Ecran* publicó una breve nota titulada «Violeta Parra canta en París», reproduciendo parte de una misiva suya.

Violeta Parra [...] nos acaba de escribir desde París, dándonos cuenta de sus andanzas y éxitos artísticos. Después de mucho batallar [...]. Violeta está camino del éxito. Se encuentra cantando en un club nocturno, donde por primera vez se escuchan melodías chilenas. Dice Violeta que es muy aplaudida y que, a consecuencia de su éxito, fue presentada en un programa de televisión [...]. Mientras tanto, y a pocos días de haber llegado a Francia, fue llamada por una firma grabadora para que, en compañía de Renato Otero, guitarrista chileno radicado en París, hicieran siete discos.[26]

La carta parafraseada por la revista muestra que Violeta Parra tenía un gran sentido de lo que hoy se llama marketing. No existe evidencia documental sobre su actuación en la televisión francesa en esos meses de 1955. Y la afirmación de que una discográfica gala ofreció editarle siete discos resulta algo exagerada. Es cierto, no obstante, que en esas semanas Violeta ya había comenzado a tejer contactos que efectivamente la llevarían a los estudios de grabación parisinos.

A través de la Embajada chilena, Violeta Parra conoció a un matrimonio chileno de mayor edad: Ángel Custodio Oyarzún y su esposa, Ana. Oyarzún, apodado Cuto, era un ex diplomático radicado en Francia desde 1923 que había vivido la ocupación nazi de París a inicios de los cuarenta. Hombre aficionado a las artes, tuvo también un hermano poeta, Aliro, quien se había sumergido en la bohemia santiaguina, falleciendo en la década del veinte. Aliro fue amigo de Neruda; y Cuto, por su parte, era cercano a César Vallejo, y una las pocas personas que estuvo en el lecho de muerte del peruano en abril de 1938.

El matrimonio presentó a Violeta Parra a la escultora María Teresa Pinto, quien también llevaba años viviendo en la capital francesa. Con estos tres chilenos de clase alta, Violeta no sólo forjó una amistad, puesto que ellos fomentaron además sus actividades artísticas.

Así, la contactaron con el famoso etnólogo Paul Rivet, que en 1937 había fundado en París el Museo del Hombre, una de las unidades del Museo Nacional de Historia Natural. Hasta el día de hoy ese museo antropológico exhibe, entre muchos otros objetos, el cráneo del filósofo René Descartes.

Rivet había recorrido Sudamérica a inicios del siglo XX durante seis años. Fue el primero en exponer la teoría de que el continente americano se había poblado principalmente con gentes de Asia. Y fue también este erudito quien invitó a Violeta a dejar registro de las canciones campesinas chilenas en la fonoteca del Museo del Hombre.

El trío de amigos chilenos la presentaron luego a Léon Moussinac, fundador de una casa discográfica llamada Le Chant du Monde. Creado en 1938 por este integrante del Partido Comunista francés, que en esos años contaba con casi medio millón de militantes, el sello se destacó como uno de los primeros a nivel mundial en recopilar música de países «lejanos». En paralelo, dada la ideología de Moussinac, Le Chant también grababa las canciones y melodías de los soldados del Ejército Rojo en la Segunda Guerra Mundial.

El 26 de marzo de 1956 Violeta Parra entró a los estudios de Le Chant du Monde y grabó dieciséis canciones. La factura musical era simple: sólo su voz y su guitarra, nada más. El resultado fueron dos discos, los primeros de larga duración en su carrera. El primero se tituló *Chants et danses du Chili* («Cantos y bailes de Chile») y contenía los tres grandes éxitos de Violeta hasta ese momento: «Qué pena siente el alma», «La jardinera» y «Casamiento de negros». Venía además con un canto a lo divino, una refalosa y una canción polinésica llamada «Paimiti». Este disco salió al mercado francés en septiembre. La segunda parte de la grabación de marzo se tituló simplemente *Chants et danses du Chili II* y se editó en noviembre de 1956, cuando Violeta Parra ya estaba de vuelta en su país natal. *Chants et danses II* contenía exclusivamente recopilaciones o canciones que la folclorista aprendió de otros cantantes, sobre todo parabienes que había recogido en los campos al sur de Santiago, incorporando de nuevo un toque exótico, la canción pascuense «Meriana».

La portada del primer vinilo mostraba, sobre un fondo celeste, el dibujo rudimentario de una cantante con rasgos indígenas y dos largas trenzas. El arte del segundo disco era una colorida composición de artefactos indígenas que recordaban más bien a la cultura altiplánica sudamericana.

Así como sucedió con las grabaciones para la fonoteca del Museo del Hombre, Violeta no recibió una remuneración por su trabajo en el sello de Moussinac. La recompensa financiera serían los derechos de autor de las futuras ventas de ambos discos. No se sabe cuántos ejemplares se vendieron, ni si, efectivamente, Violeta obtuvo ingresos por ellos alguna vez.

Al volver a Chile a fines de ese año, varios medios nacionales celebraron los éxitos de Violeta en París. Pese a constituir un avance en su carrera, lo cierto era que ella no fue ni la primera ni la última intérprete latinoamericana en grabar para Le Chant du Monde. Cinco años antes, el folclorista argentino Héctor Chavero había registrado cuatro discos seguidos para el mismo sello. El pseudónimo de Chavero era Atahualpa Yupanqui, que en el idioma de las altas mesetas andinas significaba «el que viene de tierras viejas para decir algo».

Una década después, Atahualpa Yupanqui se convirtió en amigo y en uno de los músicos favoritos de Ángel Parra, el hijo de Violeta. Inmersa en el folclor nacional, sin embargo, Violeta Parra nunca le prestó demasiada atención a su colega de allende los Andes. «Ángel

mantenía su independencia cantando las milongas de Atahualpa
—recordó su hermana Isabel—. Cuestión que la Violeta no aceptaba. Por esa época ella era exclusivista de la música chilena.»[27]

Meses antes de que Violeta entrara a los estudios de Le Chant,
un dúo de cantantes argentinas, Leda Valladares y María Elena
Walsh, había hecho algo semejante, pero a diferencia de lo ocurrido con Atahualpa Yupanqui, con el que no coincidió en París ni
al cual conoció jamás en persona, Violeta Parra sí se encontró con
ellas. Y cuando se conocieron, en vez de fraternizar entre colegas
sudamericanas, lo que se produjo fue un choque frontal.

UNA MUJER «INTRATABLE»

Mientras Violeta Parra trataba de abrirse un camino artístico en
París, le llegó otra noticia desde Chile. En marzo de 1956, cuando
estaba grabando sus dos discos para Le Chant du Monde, se enteró
de que ya era abuela. Tenía treinta y ocho años de edad.

Su hija Isabel tuvo una niña a la cual llamó Cristina y a la que,
con el tiempo, apodaron Tita. El padre era Emilio Parra Cares.
Este, a su vez, era hijo de Adrián Parra, uno de los hermanos de Nicanor Parra, el padre de Violeta y abuelo de Isabel. Todo quedaba
en familia.

Perder a su hija lactante Rosita Clara y volverse abuela en tan
poco tiempo debió ser un torbellino emocional para la cantante.
«Esta mezcla entre muerte y maternidad producirá culpa, desesperación, locura y total desamparo»,[28] afirmó Paula Miranda, una
académica experta en la obra de Violeta.

En algún momento de sus primeros meses en París, Violeta
compuso la tonada «Violeta ausente», donde dejaba entrever amar-
gura y nostalgia por el país materno.

Por qué me vine de Chile
tan bien que estaba yo allá
ahora ando en tierras extrañas
ay, cantando pero apená...

Quiero bailar cueca,
quiero tomar chicha,
ir al mercado
y comprarme un pequén.

Otro de los chilenos que vivía en París y que la acogió en esos días era un artista veinteañero llamado Alejandro Jodorowsky, quien antes de salir de Chile había colaborado con Nicanor Parra en algunos eventos poéticos. Como solía visitar al poeta, es probable que Jodorowsky y Violeta ya se ubicaran desde Santiago.

El joven artista iba a L'Escale a escuchar a Violeta. Cuando supo que ella había realizado grabaciones para el Museo del Hombre y para Le Chant, pero sin obtener ingresos por ello, la encaró:

—Pero Violeta, ¡si no te dan un céntimo! —se quejó una vez que se juntaron en un café—. ¡Tienes que darte cuenta de que, en nombre de la cultura, te están estafando!

—No soy tonta, sé que me explotan —le contestó Violeta—. Pero lo hago con gusto. Francia es un museo, conservarán para siempre estas canciones. Así habré salvado gran parte del folclor chileno —afirmó la folclorista, de acuerdo a la evocación de Jodorowsky. Y, acto seguido, la cantante declaró—: Para el bien de la música de mi país, no me importa trabajar gratis. Es más, me enorgullece. Las cosas sagradas deben existir fuera del poder del dinero.[29]

Ciertamente, para Violeta Parra el folclor chileno era «una cosa sagrada». Pero en el proceso de descubrir, rescatar e interpretar los cantos antiguos igual se fue enrabiando. La realidad social de los campesinos la enojaba. También se enfurecía por el folclor «típico», que retrataba a una sociedad agraria en la que el patrón y los peones convivían en supuesta armonía, a la sombra de los paisajes idílicos del valle central o al pie de la cordillera. «Ya está añejo el cantar a los arroyitos y florcitas. Hoy la vida es más dura y el sufrimiento del pueblo no puede quedar desatendido por el artista»,[30] comentó en una ocasión.

Sospechaba por ello de quienquiera que se declarase folclorista, incluso de su comadre Margot Loyola. Este enojo general estuvo muy presente cuando, hacia fines de 1955 o inicios de 1956, Violeta conoció en París al dúo argentino Leda y María. La tucumana Leda Valladares y la porteña María Elena Walsh llegaron a la capital francesa dos años antes que la chilena y tras deambular por los boliches del Barrio Latino, habían logrado dar un salto en su carrera. Cuando conocieron a Violeta, Leda y María actuaban en el moderno cabaret Crazy Horse, en las inmediaciones de los Campos Elíseos.

«Alguien nos habló de ella y vino una tarde a nuestro plácido cuarto del Hotel du Grand Balcon —evocó Walsh—. Ya nos habíamos mudado del "más barato" y elegido este, porque recogía algunos rayos del mísero sol de París.»[31] Según los recuerdos de la artista trasandina, el encuentro con Violeta fue terrible.

Violeta entró, huraña, peleadora, empuñó la guitarra como quien va a matar y cantó sus viejas melodías, chilenísima, profunda, sufrida, conmovedora hasta los tuétanos. Hubiéramos querido hablar, supongo, «cambiar figuritas», es decir canciones y comentarios, como hacíamos con otros payadores, pero fue imposible. Recibimos una serie de estocadas intempestivas, de las que sólo recuerdo el insulto «burguesas». La Violeta, al menos ese día, era una cabra de monte coceadora, celosa, desconfiada.

Creo que, con tiempo y mayor paciencia de nuestra parte, quizás nos hubiéramos hecho amigas. Pero teníamos que dejar pasar esa ola demencial por la que atravesaba. O quizás era un asunto crónico, de temperamento, porque luego no conocí a nadie que hubiera tenido una relación fácil con ella.[32]

María Elena Walsh, quien posteriormente tuvo una exitosa carrera como escritora y cantora infantil, volvió a recordar de manera lapidaria, en 2002, aquel encuentro con la folclorista chilena. «Violeta era absolutamente intratable, [era] como la famosa higuera de Juana de Ibarbourou».[33] Con ello se refería a la poeta uruguaya y su poema titulado «La higuera», que comienza así:

> Porque es áspera y fea,
> porque todas sus ramas son grises,
> yo le tengo piedad [...].

En agosto de 1956 llegó a París Margot Loyola, quien estaba iniciando en Francia una gira internacional que en los próximos seis meses la llevaría a una decena de países, entre estos España, la Unión Soviética, Polonia, Rumanía, Bulgaria y Checoslovaquia. «La encontré un día a la vuelta de la esquina, en el Barrio Latino —afirmó Margot en 1968—. Continuaba agresiva, vigilaba mis pasos, dudaba de mi autenticidad, de mi amor y respeto por el pueblo.»[34] Osvaldo Cádiz, futuro esposo de Loyola, afirmó que ese primer encuentro en París no fue nada de grato. «"¿Qué vienes a hacer tú ahora, si ya tengo todas las puertas abiertas?", le dijo Violeta. Estaba como molesta porque Margot también había ido hasta ahí»,[35] recordó Cádiz.

De todos modos, ambas volvieron a congeniar pronto. Violeta le pidió a Margot si la podía reemplazar en L'Escale por una noche. ¿El motivo? Se iba a someter a un tratamiento facial para disminuir las cicatrices que le había dejado la viruela. Este procedimiento, llamado *peeling*, comenzaba a ponerse de moda. Se trataba de una exfoliación con sustancias químicas para remover las células muertas.

Resulta curioso que la folclorista muchas veces increpara a las mujeres que se pintaban o se arreglaban. «Odiaba el maquillaje, lo llamaba autosabotaje —afirmó su hija Isabel—. Cuando se le aparecía alguna amiga maquillada, le espetaba antes de ningún saludo: "Y tú, ¿de qué te andái escondiendo?"»[36]

Pero lo cierto es que Violeta también tenía su grado de vanidad y se preocupaba por su apariencia física. «Un día asistí al instante en que le estaban cruzando una faja. Era coqueta y quería presentarse al recital más erguida que de costumbre: empaquetada»,[37] recordó su amigo escritor Alfonso Alcalde.

Y es que la sociedad occidental estaba obsesionada con la belleza femenina y las cremas para la piel se habían convertido en un negocio multimillonario. «No son las facciones, sino el cutis lo que hace bello el rostro», sentenciaba un aviso del jabón marca Reuter en los periódicos chilenos. La publicidad de esa década reducía el papel de las mujeres al de amas de casa que debían verse bellas para conquistar a un hombre o retener al marido. «La belleza es mi profesión», profesaba otro anuncio en una revista francesa.

Después del tratamiento facial, Violeta quedó con su rostro hinchado. Por eso le pidió a Margot Loyola que la relevara por unos días más. Pero tocar durante cuatro horas seguidas, todas las noches, en un ambiente cargado de humo de cigarrillos, era demasiado para Loyola. «Yo logré reemplazar a la Violeta como tres noches en ese lugar. Era muy duro cantar ahí»,[38] le confesó Margot a su marido.

Londres y un amante español

L'Escale fue el centro de operaciones de Violeta durante toda su estancia en París. Vivía en una pequeña habitación, en un edificio de seis pisos en la misma calle Monsieur Le Prince, a menos de treinta metros del local nocturno. Aunque por su tamaño no podía acoger a más de cincuenta comensales, la cantante se sentía a gusto en ese boliche.

«La reacción del público fue emocionante, increíble. Inmediatamente captaron la intención de mis canciones chilenas, aun sin entender la letra. No me moví de L'Escale hasta mi regreso»,[39] escribió Violeta a fines de 1956 a la revista *Ecran*. Era, por lo demás, exagerado decir que la gente no entendía, ya que muchas veces casi la mitad del público estaba constituido por latinoamericanos.

Otros músicos de América Latina que vivieron en París habían llegado más lejos, al menos en el papel. Atahualpa Yupanqui no sólo conoció en persona a la mismísima Édith Piaf, sino que fue invitado por la estrella francesa para compartir escenario en julio de 1950. Y el dúo Leda y María ya había emigrado de los tugurios del Barrio Latino para actuar en lugares de mayor renombre. Por eso, cuando Violeta Parra trató de «burguesas» a estas cantantes, una de ellas creyó que se trataba de envidia artística. «Creo que con el insulto no aludía tanto a nuestra extracción social —dijo Walsh—, sino que rabiaba contra la racha de prosperidad que atravesábamos en medio de la paupérrima colonia hispanoamericana de París.»[40]

Pero la aversión que Violeta sentía, al menos inicialmente, hacia las clases altas era genuina, ya se tratara de chilenos, argentinos o franceses. «Violeta tenía un sentido de clase muy marcado —afirmó Miguel Lawner—. Para ella los ricos estaban en el otro lado y si alguno de ellos le ofrecía algo a cambio de pedirle un favor, jamás otorgaba una concesión.»[41]

Por cierto, la folclorista tenía conciencia de que a menudo la primera impresión que causaba no era buena, y tenía también una explicación para ello. «Yo al principio trato a la gente mal para que se dé cuenta de que la vida es difícil. Después los empiezo a querer.»[42]

Además de estar contenta con su labor en L'Escale, Violeta consiguió un contrato estable con ese establecimiento, por el cual percibía tres mil francos diarios. Equivalía a poco menos de nueve dólares: ochenta dólares de hoy. No era una suma menor, considerando que Violeta vivía en condiciones humildes y no solía gastar mucho.

La cantante siempre se las ingeniaba para obtener otros ingresos o regalías. En una ocasión, a mediados de 1956, la invitaron a una fiesta en la residencia del embajador chileno Juan Bautista Rossetti. Para asombro de muchos, Violeta se instaló en la entrada de la mansión a vender sus discos a los que iban llegando. «No pretenderán que a estos señores tan ricos les regale mi trabajo»,[43] habría dicho, según escribió el biógrafo Fernando Sáez.

En otro momento, Violeta estaba actuando en un restorán pequeño y lujoso llamado Las Tres Fuentes. «Cuando terminé de cantar, se acercó una dama e hizo que me explicaran que estaba tan emocionada, que no podía quedar sin hacérmelo saber; y, por lo tanto, debía ir a su casa al día siguiente», evocó la folclorista, quien aún no manejaba bien el idioma local. La chilena concretó la visita y descubrió, para su sorpresa, que esta mujer era dueña de una casa de modas. «Me hizo escoger entre muchas telas la que más me gustaba y me confeccionó un vestido de huasa como nunca he tenido.»[44]

Hacia mediados de 1956 su situación financiera era relativamente cómoda y, de hecho, solía enviar algo de dinero a sus hijos en Chile. Lalo Parra lo recordaría en sus propias décimas:

A su gente le manda plata
porque la está cosechando;
sus hijos 'tan tiritando
con fuerte dolor de güata.
Compran zapatos y bata'
recordando a la mamita…
«Que se venga la viejita,
porque la queremos mucho»
lo dice siempre el flacucho
con Ángel y Chabelita.[45]

El «flacucho» era Luis Arce, el marido de Violeta. Sin embargo, en los primeros meses de 1956 la cantante había conocido en París a un joven español con el que comenzó un intenso romance. Se llamaba Paco Ruz y lo había visto por primera vez un domingo en la tarde, casualmente, en uno de los paseos céntricos que bordean el Sena. Lalo Parra escribió que era «un muchacho de melena», que espontáneamente le regaló una flor a Violeta e incluso le cantó un bolero. Margot Loyola, quien conoció a Paco en París, lo describió como un joven buenmozo, de unos veinticinco años, profundamente enamorado de la chilena.

¿Le contó a su marido en Santiago lo que estaba ocurriendo en Francia? Es difícil saberlo, pero la verdad es que Luis Arce probablemente sospechaba que el matrimonio había llegado a su fin tras la muerte de Rosa Clara. Pasaban los meses, además, y Violeta no daba luces sobre su posible retorno. «Yo la echaba de menos, pero como no regresaba, pensé: "Ella decide, si la vida de ella es así". Entonces cada uno siguió su camino»,[46] diría Luis luego de quince años.

El nuevo amor no iba a hacer que Violeta detuviera su ritmo de trabajo. En mayo la cantante se fue por dos semanas a Londres. Su amigo Cuto Oyarzún le había conseguido algunos contactos en la capital inglesa. Uno de estos era el de Victoria Kingsley, folclorista británica que a lo largo de su vida recorrió gran parte del mundo en busca de música autóctona. Poco después de su llegada a la isla, Violeta Parra ya se encontraba grabando su repertorio para los archivos sonoros de la BBC, la radio y televisión pública británica. Y pronto sumaría un disco de larga duración con dieciocho canciones para EMI-Odeon, el mismo sello que la tenía bajo contrato en Chile.

Hoy no quedan rastros de esas grabaciones. En la BBC, no obstante, Violeta Parra conoció a Alan Lomax, un conocido etnomusicólogo estadounidense que estaba trabajando para esa emisora. Encantado con la música de la chilena, Lomax le solicitó hacer algunas grabaciones para su archivo personal. El investigador registró en total cuatro canciones y tituló la cinta *Chile auténtico*.[47] Las canciones que interpretó Violeta para Lomax fueron el chapecao «Ay mi palomo», la cueca «La vida ya quise», el canto a lo divino «Maire yo le digo adiós» y el canto a lo humano «Cuando canto de improviso». El registro incluye asimismo un falso comienzo de este último tema, cuando Violeta interrumpe la grabación tras desafinar en la primera estrofa. Dichas grabaciones están disponibles hoy en día en la colección de este investigador estadounidense fallecido en 2002. Bob Dylan dijo de él que era «misionario de la música popular».[48]

Para Violeta Parra, que siempre andaba apurada por avanzar, Londres fue una bendición. «Allá en diez días hice lo que aquí en diez meses», dijo en una carta enviada a *Ecran*. De manera telegráfica, informó a la revista chilena de su actividad londinense: «Recitales 5 [*sic*]. Grabaciones para los archivos de la BBC, televisión, gran disco para EMI-Odeon, entrevistas y actuaciones particulares.»[49]

Sin embargo, muy pocos en Chile se acordaban por entonces de la ganadora del Premio Caupolicán. Los redactores de *Ecran* afirmaron que, de haber permanecido en Chile, la cantante tal vez estaría haciendo antesala en las oficinas de los directores de radio. «Pero, por suerte, se fue. Y el valor de sus canciones ya no está perdido, porque en Londres acaba de grabar un disco long play.»[50]

Camilo Fernández, joven crítico y productor que en los próximos años se convertiría en personaje clave de la industria discográfica chilena, tenía en *Ecran* una columna llamada «Álbum de discos». En un artículo de mayo de 1956 comenzó por describir el éxito del momento: «Elvis Presley es la nueva sensación en el campo de la música popular. En la actualidad, su grabación *Heartbreak Hotel* encabeza todas las listas de popularidad». Pocas líneas más abajo, Fernández mencionó a la folclorista: «Nuestra Violeta Parra sigue obteniendo éxitos en Europa. El sello Angel editará un long play de Violeta en Inglaterra. La Odeon chilena enviará las matrices».[51]

Si en Chile parecía estar cayendo en el olvido, Victoria Kingsley y Alan Lomax le recomendaron a Violeta establecerse en Londres para continuar su carrera. Ambos le aseguraron que sería más fácil triunfar en Inglaterra que en Francia. Con todo, ella quiso volver a París, donde estaban sus amigos chilenos y su amante español.

Su intenso quehacer continuó en los siguientes meses. Tras retornar de las islas británicas, volvió a actuar casi todas las noches en L'Escale. Y el 6 de junio se presentó en el II Gran Festival Internacional del Folclor, que se realizó en la Universidad de La Sorbona, también en el Barrio Latino. Violeta fue la única representante de Chile. «Salí sola al escenario —recordó— y sentí un murmullo casi de desaprobación. Todas las otras delegaciones eran numerosas y llenaban el escenario; yo me sentía asustada y muy pequeña.» Según contó la propia Violeta, el éxito terminó por ser rotundo. «Tuve que cantar siete veces, obteniendo aplausos atronadores. Pero no era a mí a quien aplaudían, porque cuando se canta la canción chilena, es a Chile al que se aplaude.»[52]

En algún momento del otoño parisino Violeta tomó la decisión de regresar a Chile. Fue una noticia desoladora para Paco. La cantante trató de consolarlo, regalándole una de sus guitarras. Cuando Violeta por fin dejó París para dirigirse a Génova, donde abordaría el barco que la llevaría de vuelta a Sudamérica, Paco Ruz lloró amargamente en los brazos de Margot Loyola, quien se encontraba de nuevo en la capital gala. «Él estaba enamorado hasta las patas de Violeta, pero ella le dijo que ya no lo quería, que no tenía sentido que la acompañara a Chile, que era mejor que se quedara en París»,[53] afirmó Osvaldo Cádiz.

La propia Margot aportaría con su recuerdo de este episodio. «Paco Ruz realmente la quería, pero ella se dio el lujo de botarlo, porque en realidad ella lo abandonó. Fue así. No le gustaba la permanencia, sus relaciones duraban lo que ella quería que duraran; me decía que se cansaba con un mismo hombre, que tenía necesidad de ir conociendo siempre hombres nuevos.»[54]

El 28 de noviembre de 1956 Violeta se embarcó en Génova para volver a su patria. Habían pasado casi dieciocho meses desde que dejara Chile. Pero entre su salida de París y su llegada al puerto italiano, la artista realizó un viaje relámpago a España. No se sabe a qué se debió esa visita ni a dónde fue exactamente en la península ibérica. Paco Ruz, después de todo, seguía radicado en la capital francesa.

Al cabo de dos años, Violeta Parra escribiría su autobiografía poética y daría las gracias a las personas que la acogieron y apoyaron durante su estadía en París:

Como lo manda la ley
en todo hay que hacer justicia;
lo cumplo yo con delicia
y aquí voy a nombrar a seis
arcángeles, como veis.

Y a continuación Violeta nombró a Ángel Custodio Oyarzún y a su esposa Anita, a la artista Teresa Pinto, al amigo Alejandro Jodorowsky, al estudiante y guitarrista Renato Otero y a Paco Ruz, diciendo que «el último será el primero».[55]

Mientras la artista chilena navegaba por el mar Mediterráneo rumbo a las Américas, pudo sentir cierta satisfacción por lo realizado en los casi dos años anteriores. «Lo realmente valorable de la experiencia parisina fue que Violeta no se instaló en la "Ciudad de la Luz" para aprender la última moda, algo que era común en otros artistas», escribió el periodista y autor uruguayo Guillermo Pellegrino. «Ella fue con un verdadero desafío: hacer conocer la canción chilena, el folclor de su país.»[56]

Poco antes de subir al barco, Violeta Parra le envió otra carta a la revista *Ecran*. «Vuelvo a mi patria a estudiar. Viajaré al sur para aprender música araucana, que traeré dentro de seis meses, si Dios quiere, a Europa.»[57]

Claramente, ya había trazado sus próximos pasos, y estos eran seguir investigando en Chile para dar a conocer ese folclor en Europa. Como afirmó en la misma misiva, «mi sinceridad en la interpretación es natural y procede de una raíz poderosa e innegable: la raíz folclórica de nuestro campo chileno. Esto lo ha comprendido el público europeo de todos los sectores sociales y culturas, ya cansado de intérpretes superficiales y ansioso de lo verdadero».[58] Con ello, Violeta Parra se estaba adelantando en una década al gusto dominante por lo «autóctono y auténtico».

Las cosas no salieron, sin embargo, como ella lo había planificado. No pasaron seis meses, sino casi siete años antes de que Violeta pudiera volver a Europa. Y cuando a fines de 1962 pisó de nuevo las calles de París, ya era una artista muy distinta a la que había llegado a esa ciudad en septiembre de 1955.

Los colores del mar

Casi todos los chilenos que participaron en el festival de Varsovia habían zarpado hacía más de un año a Chile. Y muchos lo hicieron en el mismo barco, el *Salta*, aunque esta vez apretujados entre cientos de refugiados palestinos.

Sin la compañía de sus compatriotas, las largas semanas de viaje transatlántico quizá le dieron tiempo a Violeta Parra para reflexionar sobre sus experiencias del último año y medio. Cuando aún estaba tocando en L'Escale de París ya había llegado a una primera conclusión. Así lo expresó en la tonada *Violeta ausente* que compuso en Francia:

> Antes de salir de Chile,
> yo no supe comprender,
> lo que vale ser chilena:
> ay, ahora sí que lo sé.

Quienes han realizado travesías oceánicas aseguran que esos días sobre la cubierta, contemplando un mar que parece infinito, generan un estado de introspección único. Una segunda lección que la folclorista sacó de su estadía europea, y que tal vez maduró a bordo, era acerca de la universalidad del arte. «Cualquier actividad, siendo auténtica y sincera, llega al corazón de los otros pueblos, aunque sea distinta y el idioma resulte incomprensible»,[59] afirmó a los pocos días de haber llegado a Chile.

«Yo amo esta capital con ternura ilimitada, porque aquí encontré la solución a mi inquietud artística y porque me ha aceptado tal cual soy», escribió Violeta antes de dejar Francia. «París no me ha cambiado»,[60] aseguró.

Pero París sí la había cambiado.

Trabajar en casas discográficas como Le Chant du Monde también le mostró un mundo distinto al de su país natal. «Es una firma que sólo graba folclor auténtico»,[61] le escribió a un sonidista de Odeon en Chile. Y sus grabaciones para el Museo del Hombre, y la inmensa colección etnográfica y folclórica de ese establecimiento, le despertarían la idea de replicar, aunque fuese en miniatura, el mismo concepto en suelo chileno.

Aunque estaba obsesionada por tocar y dar a conocer el folclor de Chile, es probable que escuchara otros tipos de música, tanto francesa como latinoamericana, y que sin querer se fuera dejando permear por esas influencias. A futuro la cantante inclusive compuso y cantó *chansons* al estilo de Brassens.

La Violeta que volvió seguiría recopilando y tocando folclor, pero también incorporaría a su repertorio tonalidades completamente ajenas. Incluso llegó a crear e interpretar música dodecafónica.

Al ser consultada más tarde acerca de estas composiciones «intelectuales», Violeta se remontó a esa travesía por mar a fines de 1956. «Encontré esta música en el color del mar, un día que ya estaba cerca de Chile: un color grisáceo, turbio que tenía el mar, mientras se movía en grandes ondas quietas pero amenazantes; en el color del mar de ese día y en la muerte de mi hija Rosa Clara; en el fondo de la tumba de Rosa Clara.»[62]

Cuando en diciembre Violeta llegó al puerto de Valparaíso, la estaban esperando sus tres hijos y varios de sus hermanos. Ángel recordó que su madre le había traído de regalo de Europa un reloj de pulsera, todo un lujo para la época, y que a Isabel le obsequió un vestido que estaba de moda entre la juventud parisina.

Pero su pequeña hija Carmen Luisa, que había cumplido seis años, la desconoció. «El primer recuerdo que tengo de mi mamá fue verla cuando llegó de vuelta de París en 1956.»[63]

EL AÑO DE LA EXPERIMENTACIÓN

Violeta Parra lanzó una pequeña ofensiva comunicacional para anticipar su retorno. Durante sus últimas semanas en Europa envió numerosas cartas a distintos medios de comunicación. También le escribió a Raúl Aicardi, de la Radio Chilena, y a la gente del sello Odeon, entre ellos al sonidista en jefe Luis Marcos Stuven. A todos ellos les detalló sus actuaciones en París y Londres.

Es probable que la folclorista pensara que en Chile ya se habían olvidado de ella. Después de todo, habían pasado más de dos años desde la última emisión de su programa Así Canta Violeta Parra. Y no estaba tan equivocada. «Las emisoras no se han vuelto a acordar de las canciones [de Violeta]… No interesan, aseguran los programadores y realizadores de audiencias de discos»,[64] se quejaba una revista.

Sin embargo, los periodistas, sonidistas y locutores que la habían fomentado en 1954 la recibieron con los brazos abiertos. «Tal como se fue, idéntica, volvió Violeta Parra: pequeñita, el cabello largo, la nerviosidad de no alcanzar a expresarse en palabras ante la periodista», escribió Marina de Navasal en enero de 1957.[65] Y en la Radio Chilena la contrataron de manera inmediata para actuar los martes, jueves y sábados a las 19.30 horas. Esta vez ya no haría pareja con Ricardo García. El joven locutor asumió a fines de 1955 la conducción del exitoso programa «Discomanía» de la Radio Minería, después de que Raúl Matas fuera contratado en España. Ahora, Violeta haría dupla con el locutor José María Palacios.

El hecho de que hubiera triunfado en París, al menos desde la perspectiva provinciana del Chile de los años cincuenta, no sólo le valió admiración, sino que también le abrió nuevas puertas.

Tal vez lo más importante para la propia folclorista era constatar que la gente común y corriente no se había olvidado ni de ella ni de sus canciones. Sus temas «La jardinera», «Casamiento de negros» y «Qué pena siente el alma» se habían convertido con el paso de los años en parte del cancionero que jóvenes o viejos cantaban en reuniones sociales o en torno a una fogata.

Poco a poco, las canciones de Violeta se estaban incrustando en la cultura cotidiana del «pueblo». Existen copiosos testimonios de gente que en esos años ya había integrado el repertorio de Violeta a sus quehaceres musicales. Por ejemplo, Mireya «Yeya» Mora, una joven actriz del Teatro de la Universidad de Concepción, recordó que con sus compañeros siempre tocaban «Qué pena siente el alma» en las fiestas. Por eso, cuando a fines de 1957 Violeta se instaló en Concepción, Yeya Mora de inmediato se inscribió en los cursos de cueca de la folclorista. «Para nosotros ya era una estrella»,[66] afirmó.

Pese a lo anterior, la propia Violeta resaltaría aspectos más sombríos de su retorno, como es posible vislumbrarlo en sus *Décimas*:

> Entro en mi vieja casucha,
> siento un nudo en las entrañas,
> los grillos y las arañas
> me van presentando lucha,
> nadie m'esplica o escucha,
> pregunto por cada cosa:
> por mis botones de rosa,
> por mi tejido a bolillo;
> inútil, respond'el grillo,
> lo mismo la mariposa.[67]

El hecho de que su casa de madera, en la parcela de la calle Segovia 7366, estuviera casi abandonada y despojada de sus pocos enseres enojó a la cantante. Pero tampoco debió sorprenderse tanto. Había estado casi dos años ausente y hacía por lo menos un año que el matrimonio con Luis Arce se hallaba, en los hechos, disuelto. Lo que llama la atención es que la cantante enfatizara esta experiencia negativa y en cambio guardara silencio sobre la buena acogida que le brindaron los representantes de la industria musical y la gente común.

Violeta Parra tendía a quejarse, a sentir cierta autoconmiseración y a acentuar sus sufrimientos. Grandes pasajes de su autobiografía poética están marcados por un halo de angustia constante. «Era una mujer tan sensible que es como si no tuviera piel, que cualquier cosa la podía afectar —afirmaría Hernán Tobón, un colombiano que años más tarde compartió con Violeta cuando ella estuvo en Ginebra—. Siempre todo estaba a flor de piel y su sensibilidad era tan intensa que a veces le podían dar ataques de rabia porque era incapaz de controlar su sensibilidad.»[68] Esa sensibilidad extrema distaba de ser, sin embargo, un estado de ánimo permanente. «También pasaba de la tristeza y la angustia a la euforia»,[69] recordó Margot Loyola.

Aparte de encontrar su antiguo hogar descuidado o abandonado, la cantante retornó de Francia como si fuera un volcán artístico a punto de explotar. Acaso estimulada por lo que había visto y vivido en Europa, venía acumulando una enorme fuerza creativa, que en los próximos meses se esparció en todas direcciones.

Antes de que terminara el año 1957, Violeta Parra había grabado ya tres discos; había actuado tres veces a la semana, durante cuatro meses, en la Radio Chilena; había recorrido poblados al sur del río Biobío para recopilar música mapuche; había compuesto música para películas documentales; había incursionado como instrumentalista en formas de música atonal y dodecafónica que le valieron la admiración de la academia y de los músicos «cultos»; había encaminado a su hija Isabel para iniciar su propia carrera musical; había entablado nuevas amistades; había comenzado a redactar su autobiografía poética; y, para rematar, a fines de ese año había iniciado la creación de un Museo de Música Popular en la ciudad de Concepción.

Aun en medio de tal torbellino, la artista siguió confiada en volver pronto a Europa para seguir difundiendo el folclor chileno. En entrevistas aseguraba que en junio se embarcaría con destino a Holanda y Bélgica, para después, ojalá, viajar al Oriente. O aseguraba que en septiembre partiría a instalarse en Italia. El caso es que, por falta de dinero o de auspicio institucional, Violeta no logró su cometido.

La frenética espiral de actividades y creaciones comenzó en febrero de 1957, cuando grabó un single en honor a la poeta chilena Gabriela Mistral. La premio Nobel de Literatura de 1945 había fallecido el mes anterior en Nueva York. El disco fue editado por Odeon, el sello con el cual Violeta tenía contrato desde enero de 1955. En el lado A se incluyó su composición «Verso por despedida a Gabriela Mistral», un canto a lo divino en el que, por primera vez, Violeta Parra usó la «afinación por transporte». Esta técnica, que venían empleando por siglos los cantores populares, consistía en cambiar la afinación natural de la guitarra. Las seis cuerdas, tocadas de manera libre, siempre se afinan —desde la más grave a la más aguda— en las notas Mi-La-Re-Sol-Si-Mi, pero en esta canción Violeta las afinaba en los tonos Mi-Do-Sol-Do-Sol-Mi.

El resultado era un sonido mucho más amplio de lo que se esperaría, puesto que ya no era necesario poner todos los dedos de la mano derecha en ciertas posiciones para crear acordes, sino que bastaban dos o tres dedos para generar una sonoridad profunda y expansiva. Y así cantaba Violeta en su homenaje a Mistral:

> En medio del paraíso
> hay un sillón de oro fino
> y un manto de blanco lino
> que la Virgen mesma le hizo.

Un ángel de bellos rizos
Está esperando en la entrá'
a la mejor invitá'
que ocupará aquel sillón
hasta la consumación:
Santa Mistral coroná'.

Y para el lado B, Violeta eligió otro canto a lo divino. Era una composición que interpretó a viva voz, sin ningún tipo de acompañamiento. Su canto solitario transmitía una desnudez solemne, una suerte de liturgia primitiva. Evocando el Nuevo Testamento, Violeta decía:

Cuando el Divino Señor
los judíos lo azotaron
y en la cruz que lo enclavaron
con clavos de anticrisión,
se queja con gran dolor
porque un costa'o le ofenden,
y unas ca'enas le tienden
su cuerpo to'o araña'o
y de espinas corona'o
debajo de un limón verde.

Si bien esa grabación no tuvo éxito comercial y, hoy en día, apenas figura en los estudios sobre Violeta, lo cierto es que en ambos temas la cantante ya insinuaba un giro que muy pronto la llevaría a interpretar música «culta». No sólo su forma de tocar la guitarra era distinta a lo que había realizado hasta ese momento, sino también el hecho de cantar a capela anticipaba que su música estaba yendo más allá de la mera reproducción o interpretación de los cantos campesinos. Con timidez todavía, se estaba asomando la futura cantautora.

Sergio Bravo, un novel cineasta de veinte años, le pidió a Violeta que compusiera la música para un documental de diez minutos titulado *Mimbre*. Se habían conocido en los círculos de artistas de izquierda que compartían con frecuecia en cafés de Santiago. Bravo era estudiante de arquitectura y militante de las Juventudes Comunistas. Había filmado en blanco y negro la actividad de un artesano. «En la Quinta Normal, calle Abtao 275, vive Alfredo Manzano, "Manzanito", hijo de pescadores y virtuoso en el arte de tejer mimbre», se afirmaba en grandes letras blancas al inicio del documental.

Bravo y su equipo registraron en detalle la labor de Manzanito, con cuadros cerrados que mostraban sus manos tejiendo figuras y primeros planos que resaltaban la cara curtida de este hombre —de unos cuarenta y cinco años y frondoso bigote—, sin excluir al perro que, entre escombros, descansaba en el patio-taller. «A Manzanito lo íbamos descubriendo cuando íbamos filmando»,[70] recordaría el cineasta.

La idea original del realizador era acompañar estas imágenes, que venían sin sonido ambiente, con música de Johann Sebastian Bach. Pero luego decidió que Violeta Parra las musicalizara usando la antigua técnica del cine mudo, en que un pianista solía acompañar en vivo la exhibición. Sentada en una sala del recién creado Centro de Cine Experimental de la Universidad de Chile, ubicado en unas humildes dependencias en la calle San Isidro, n.º 85, a pocas cuadras de la Alameda, Violeta tomó su guitarra y fue improvisando mientras el director le exhibía su obra. Tal vez Violeta ensayó un par de veces, pero lo cierto es que se notaba que gran parte era, en efecto, una improvisación, lo que contribuía a realzar el trato realista del film.

Las melodías y acordes que ejecutó Violeta estaban llenas de disonancias y a ratos hacían recordar la música atonal que los compositores doctos venían desarrollando hacía años. Incluso se permitió usar técnicas de guitarra que se emparentaban más con el blues estadounidense que con los cantos del campo chileno. En algunos pasajes deslizaba uno o dos dedos desde una posición a otra, pero sólo tirando de las cuerdas cuando estaban en la primera posición, lo que producía un sonido que también se usaba en la música country. Y en otros pasajes, la interpretación revelaba ecos de las piezas para guitarra clásica compuestas por músicos españoles como Manuel de Falla o Joaquín Rodrigo.[71]

Hasta el presente, esa breve pieza documental y su música se consideran una joya del cine chileno. Lo refrenda el crítico David Vera-Meiggs:

> La cuidada estética y composición de las imágenes, en la que los logros son a veces excepcionales, nunca obstaculiza la cercanía que se nos produce con la labor virtuosa del artesano [...]. No poco de este efecto se debe a la música compuesta e interpretada por Violeta Parra en un par de improvisaciones frente a la proyección de la película. Se trata de una obra notable de acompañamiento que da cuenta del gran dominio que la célebre compositora tenía sobre la guitarra, pero también de una inigualable capacidad para dar la equivalencia sonora a un mundo visual que casi bordea lo abstracto. Se puede imaginar las dimensiones de este aporte si se piensa que la idea original de Bravo consideraba un acompañamiento con música de Bach. La belleza del conjunto, que no ha perdido nada de su encanto, es el primer y más auténtico ejemplo del arte cinematográfico chileno.[72]

La afinidad artística entre la cantante y el cineasta los llevó a colaborar en dos documentales más, ambos estrenados en 1959. El primero se llamó *Trilla* y mostraba escenas de esta faena rural. Se rodó en una localidad cercana a Concepción y Violeta interpretaba ahí cuecas y tonadas que había recopilado en esa misma región.

El segundo se tituló *Casamiento de negros*. Desde el principio, el documentalista se planteó que la conocida canción de Violeta fuera la música de acompañamiento. Este filme en blanco y negro, de cuatro minutos de duración, registró las labores de las mujeres ceramistas de Quinchamalí. Ubicado al sur de Chillán, el poblado de Quinchamalí era uno de los centros de producción artesanal de cerámica y lozas más importantes del país. Se ha dicho que la propia Violeta Parra aparece brevemente en algunas imágenes, trabajando la greda, pero resulta imposible confirmarlo, puesto que el documental ha estado extraviado por décadas.

Varios de estos documentales contaron con el respaldo de Álvaro Bunster, el secretario general de la Universidad de Chile. Y *Mimbre* también fue financiado en parte por la Embajada de Brasil, a instancias del agregado cultural Thiago de Mello, poeta brasileño que se transformaría en admirador y amigo de Violeta Parra.

La relación entre Violeta y Sergio Bravo pasó de una colaboración artística a una relación sentimental, según la biógrafa estadounidense Karen Kerschen. El documentalista experimentó muy pronto el fuerte carácter y la vanidad artística de la folclorista. «El día en que se enteró que Sergio le había pedido a un pianista clásico componer la banda sonora para su nuevo documental, ella dio por terminado el romance»,[73] aseguró Kerschen.

Amantes o no, lo cierto es que Isabel Parra también se encargaría de recordar el incidente que llevó al quiebre artístico entre su madre y Sergio Bravo. «Un día la Viola se enteró de que Sergio necesitaba música de piano y que se la había encomendado al compositor Gustavo Becerra. Se puso furiosa, se compró un piano, lo llevó a la casa e inventó su propia manera de tocarlo.»[74]

La incursión de Violeta Parra en la música experimental no se limitó al cine o a un acto de homenaje a Gabriela Mistral. La artista persistió en este camino paralelo. En octubre de 1957 entró a los estudios de Odeon para grabar un disco peculiar: seis temas instrumentales, interpretados sólo en guitarra, excepto dos que contaban con el acompañamiento en flauta dulce de Gastón Soublette. El sonido era inusual para los que conocían la obra de Violeta. Poco o nada de esos temas recordaba al folclor campesino. Las notas y acordes que ejecutaba Violeta estaban llenos de disonancias. Y cuando interpretaba pasajes más melódicos —como en el tema «El joven Sergio», una suerte de polka dedicada a su amigo fotógrafo Sergio Larraín—, estos parecían más cerca de la música clásica que de la música del pueblo.

El disco *Violeta Parra: composiciones para guitarra* salió al mercado local en diciembre y, como varios de sus vinilos anteriores, no fue un éxito de ventas. Más bien pasó casi inadvertido para el público llano, aunque causó sensación entre los músicos «cultos», en especial por los temas «Anticueca n.º 1» y «Anticueca n.º 2». Con esos títulos Violeta se estaba conectando, desde luego, con la antipoesía de su hermano Nicanor. Este había publicado en 1954 su libro *Poemas y antipoemas*, que tuvo una enorme repercusión a nivel continental.

Al escuchar ambas piezas, resulta casi imposible que el oyente común encuentre similitudes con las cuecas. «Ella deconstruyó las cuecas para volver a armarlas de una manera muy diferente», afirmó el poeta Fidel Améstica, quien además cultiva el canto a lo poeta y toca guitarrón. «¿Cuál es la diferencia entre un ritmo de seis octavos y tres cuartos? Matemáticamente no es lo mismo. Tres cuartos es un vals, el seis octavos es como "Sube a nacer conmigo, hermano", de Los Jaivas. Suena similar, pero está descompuesto de una manera creativa. La cueca también tiene seis octavos, pero hay una diferencia: el tiempo fuerte no va en el tiempo uno, sino en el tiempo dos, es decir, es una síncopa, y Violeta pone de cabeza todo eso, sin que deje de ser musicalmente una cueca.»[75]

La academia estaba fascinada con este giro. En agosto de 1958, la publicación *Revista Musical Chilena* declaró lo siguiente acerca de las anticuecas:

> Al volver a Chile, nuestra folclorista comenzó a componer obras para guitarra, que aunque llevan la nomenclatura del folclor, las llama anticuecas. Son música culta, como la que puede escucharse en cualquier concierto de cámara. Violeta Parra, que musicalmente se formó sola y que aprendió música como el pájaro canta, es una compositora única. Ella no sabe ni quiere saber nada de contrapunto, armonía ni desarrollo temático [...]. Sin ser guiada por ningún maestro, encontró su sonido, su armonía, su línea melódica y sus ritmos, su propia técnica, que supo desarrollar al cabo de unas pocas semanas. Sus anticuecas tienen esos mismos ritmos chilenos que nos son conocidos, pero cobran un sentido y una dimensión muy diferentes. Es el alma recóndita de la cueca lo que Violeta Parra nos revela en sus espontáneas composiciones. La originalidad de esta música extraña y hermosa, no se parece a nada, no obstante ser tan propia de esta tierra chilena.[76]

Violeta Parra no dejaría de sorprender a los musicólogos. Cuando en 1959 el músico Miguel Letelier escuchó por primera vez una nueva obra «intelectual» de la artista, se preguntó seriamente si acaso no había estudiado ella, de forma autodidacta, a Igor Stravinski o a Claude Debussy.

Pero la propia Violeta no se tomó a sí misma tan en serio. En una ocasión le comentó a Margot Loyola acerca de sus cuecas deconstruidas: «Mire, comadre, si estos músicos de la academia, que a usted le gustan tanto, se vuelven locos con esto. Mire, yo bajo la cuerda aquí, allá, hago unos punteos... y ellos lo tratan de transcribir».[77]

No es descartable que la artista estuviera, simplemente, burlándose un poco de tanta seriedad en torno a sus composiciones. Porque en una entrevista a inicios de 1958, cuando le preguntaron por qué estaba componiendo música culta, confesó: «No todo es alegría y, para expresar mi dolor, descubrí la música atonal».[78]

AMÉRICA LATINA Y EL CAFÉ SÃO PAULO

El Chile al que volvió la folclorista en diciembre de 1956 era un país más convulsionado que el que había dejado sólo dieciocho meses antes. Durante su ausencia, la recién creada Central Única de Trabajadores (CUT) había realizado dos huelgas generales en contra de las políticas económicas del presidente Carlos Ibáñez. Liderada por el carismático sindicalista Clotario Blest, la organización de trabajadores se convirtió rápidamente en uno de los brazos más influyentes del sector obrero.

La última huelga, en enero de 1956, había terminado con gran parte de los dirigentes y simpatizantes políticos confinados en la cárcel, de modo que Ibáñez optó por aplicar mano dura. Así, se reabrió una vez más un campo de concentración en Pisagua. Era el mismo lugar en el desierto de Atacama al que el presidente Gabriel González Videla había destinado, ocho años atrás, a los líderes comunistas.

En vez de quebrar la voluntad política de la izquierda, la represión ibañista produjo que se aunasen fuerzas. En los primeros días de marzo de 1956 se fundó una nueva coalición. Esta reunía a varios partidos de tendencia socialista y contaba con el apoyo del comunismo, pese a que entre sus militantes aún quedaban varios proscritos. El llamado Frente de Acción Popular (FRAP) se declaró «antiimperialista, antioligárquico y antifeudal». En su programa, declaraba orientarse.

... a la emancipación del país, al desarrollo industrial, a la eliminación de las formas pre capitalistas de la explotación agraria, al perfeccionamiento de las instituciones democráticas y a la planificación del sistema productivo con vistas al interés de la colectividad y a la satisfacción de las necesidades básicas de los trabajadores.[79]

Se trataba de una declaración fiel a los tiempos que estaba viviendo América Latina. Durante los años cincuenta muchos países de la región adoptaron un modelo económico «desarrollista», que consistía en industrializarse para no depender de los epicentros de la economía mundial, rompiendo por tanto con la dependencia comercial y productiva. Para no ser meros exportadores de alimentos y minerales e importadores de artículos industriales con alto valor agregado (automóviles, radios, los recientes electrodomésticos), la región debía encarar con urgencia una rápida industrialización y una reforma agraria que le quitara la supremacía sobre el campo a los grandes hacendados o a las grandes compañías frutícolas estadounidenses.

Argentina, Brasil y México ya habían emprendido ese camino. La vecina Bolivia se sumó en 1952 cuando el Movimiento Nacionalista Revolucionario (MNR) accedió al poder. Bajo las presidencias de Víctor Paz Estenssoro y Hernán Siles Zuazo se otorgó el sufragio universal a la población, incluyendo no sólo a las mujeres, sino por primera vez a los indígenas; se realizó una reforma agraria y se estatizaron las ricas minas de estaño.

En general, los líderes de este movimiento solían ser nacionalistas, antioligárquicos y no pocos de ellos se declaraban claramente revolucionarios. Era la respuesta de una parte del Tercer Mundo ante lo que se percibía como un grave desequilibrio económico global, que recordaba a la época de la Colonia. De hecho, el término «Tercer Mundo» se había acuñado muy poco antes. En un artículo publicado en *L'Observateur*, en agosto de 1952, titulado «Tres mundos, un planeta», el economista francés Alfred Sauvy había utilizado por primera vez ese concepto. Según Sauvy, existía un primer mundo constituido por las naciones más desarrolladas, en especial las de Europa Occidental y Estados Unidos; un segundo mundo era el bloque socialista encabezado por Moscú, pero también por China, que en 1949 se había vuelto comunista; y el tercer mundo eran todos los demás países, la mayoría pobres o dependientes de sus amos coloniales.

El problema, claro está, consistía en que las políticas del desarrollismo latinoamericano, sumadas a la retórica antiimperialista, eran interpretadas en Washington como un desafío directo a su hegemonía continental. El mundo estaba en medio de la Guerra Fría y los países americanos, se suponía, se encontraban bajo la esfera de influencia de Estados Unidos.

Algunas de las reformas que proponían los gobiernos desarrollistas chocaban con los intereses comerciales de la potencia del norte o con las estructuras sociales que defendían las oligarquías locales. En junio de 1954, un golpe de Estado orquestado por los servicios de inteligencia estadounidenses, promovido por los ejecutivos de la comercializadora de frutas tropicales United Fruit Company y respaldado por las fuerzas armadas locales, derrocó al presidente reformista de Guatemala, Jacobo Árbenz. Por cierto, en su novela *Cien años de soledad* Gabriel García Márquez retrataría y denunciaría la matanza de obreros en huelga de la United Fruit Company ocurrida en 1928.

Y en septiembre de 1955 los militares argentinos derrocaron al gobernante nacional populista Juan Domingo Perón, instaurando una dictadura militar que duró más de dos años. Sólo tres meses antes, en junio, un grupo uniformado había tratado de realizar un golpe de Estado y asesinar a Perón en lo que se conoció como la masacre de Plaza de Mayo. Parte de la aviación naval bombardeó la plaza frente al palacio de gobierno y también la sede del mayor sindicato peronista, de manera que llegó a hablarse de más de trescientos fallecidos.

¿Estaba Violeta Parra al tanto de estos sucesos? Ni en sus décimas autobiográficas ni en sus canciones se advierten rastros de ello. «Mi mamá no leía habitualmente periódicos, ni seguía de cerca las noticias —afirmó Ángel Parra—. Pero de todos modos se enteraba de todo, en las conversaciones con amigos, con artistas, con políticos.»[80] Gastón Soublette, quien en 1957 colaboró con Violeta en su disco instrumental, también recuerda que ella no era una mujer muy dada a conversar sobre política contingente. «Hablaba poco de política, sino más bien de la justicia social, y de una manera no tan politizada.»[81]

Sin embargo, Violeta experimentó en carne propia varios de los eventos políticos de la década del cincuenta. Cuando retornó a Chile, la situación social estaba tensa. A fines de marzo de 1957 el gobierno de Ibáñez decretó un alza en las tarifas del transporte público, con el fin de reducir el enorme déficit fiscal. Era una de las recomendaciones que el gobernante había recibido de una comisión de economistas estadounidenses encabezados por Julius Klein y Julien Saks. El programa de austeridad contó con el activo apoyo del diario conservador *El Mercurio* y de su dueño, Agustín Edwards Budge.

El descontento de gran parte de la población por las duras medidas —que incluyeron congelar los salarios de los empleados públicos para contener la inflación y reducir el aparato fiscal— era generalizado. Pero el aumento del costo de transporte fue la gota que rebalsó el vaso. Para muchos usuarios, los pasajes se quintuplicaron de un día para otro.

La tarde del martes 2 de abril de 1957, mientras Violeta estaba al aire con su programa en Radio Chilena, estallaron violentas protestas en Santiago, las que continuaron durante toda la noche y hasta la madrugada del miércoles. Los manifestantes, muchos de ellos universitarios y alumnos de secundaria, quemaron y saquearon comercios, se enfrentaron y sobrepasaron a la policía e incluso hicieron un intento de ingreso al palacio de gobierno para derrocar a Ibáñez.

Las protestas, que fueron convocadas por la CUT, el FRAP y la Federación de Estudiantes de la Universidad de Chile (FECH), fueron tan violentas que el gobierno declaró el estado de sitio. Las calles del centro se llenaron de tropas del ejército bajo las órdenes del general Horacio Gamboa. La prensa oficialista coronaría a este militar como el vencedor de «La batalla de Santiago». A decir de Federico Willoughby, dirigente de los estudiantes secundarios, se trataba de «una cosa irónica, porque (Gamboa) había restablecido el orden esa noche con dieciocho muertos y quinientos heridos».[82] En efecto, la intervención militar terminó en un baño de sangre.

Es complejo saber lo que Violeta Parra pensaba acerca del convulso panorama sociopolítico. Durante toda su carrera compuso muy pocas canciones que hicieran referencia a algún acontecimiento concreto de la actualidad. Parecía menos enfocada en la política contingente que en la política *constante*. «A ella le interesaba la "gran política" —afirmó su hijo Ángel—. ¿Y qué es esta "gran política"? La justicia social.»[83]

Pero es muy posible que simpatizara con las protestas. Transcurrido un buen tiempo tras los hechos de 1957, creó una canción titulada «Me gustan los estudiantes», y en su letra hay ecos de aquella «batalla de Santiago». El tema, escrito al estilo de un parabién, comenzaba con estas líneas:

Que vivan los estudiantes,

jardín de alegrías.

Son aves que no se asustan

de animal ni policía,

y no le asustan las balas

ni el ladrar de la jauría.

Caramba y zamba la cosa,

que viva la astronomía. [...]

Me gustan los estudiantes

que marchan sobre las ruinas;

con las banderas en alto

va toda la estudiantina.

Como sea, en esos meses Violeta estaba ansiosa por volver a terreno a continuar sus investigaciones. A fines de abril renunció a su programa en Radio Chilena para volver a recorrer el país en busca de los cantos auténticos del pueblo.

Al dejar su programa radial, la cantante ya tenía suficiente peso como para proponer a un sucesor. Y Violeta escogió a su hija Isabel, a quien venía educando musicalmente desde los años cuarenta, cuando cantaba flamenco. En principio, Violeta acompañó a Isabel con la guitarra, pero después la hija comenzó a actuar sola. «Isabel Parra, de dieciocho años de edad, heredó el talento de su madre en la interpretación folclórica»,[84] comentó la revista *Ecran*. El breve artículo, titulado «Isabel, ¿heredera del cetro folclórico de Violeta Parra?», incluía una foto en la que se ve a una delgada mujer de pie detrás de su madre, que está sentada tocando la guitarra.

Hilda Parra también tuvo un programa propio en Radio Chilena que se transmitía tres veces a la semana, a las 10.45 de la mañana. La presencia en la radio de tres mujeres de la misma familia

—Violeta, Isabel e Hilda— llevó a la prensa chilena a hablar, por primera vez, de una «dinastía artística».

Esta creciente presencia mediática hizo que el sello Odeon reeditara tres cuecas de la época en que Hilda y Violeta formaban las Hermanas Parra. Se trataba de canciones que el dúo había grabado a inicios de la década para la compañía RCA Victor. En noviembre de 1957 salieron al mercado en un nuevo disco, junto con tres temas del grupo Los Campesinos.

A las tres cantoras se sumaba la fama que había adquirido Nicanor Parra como poeta. No era extraño, por ello, que en los medios de comunicación comenzara a circular la idea de un clan con dotes artísticas fuera de lo común. Pero la familia, en la práctica, estaba bastante dispersa.

Lalo, quien había continuado su carrera como guitarrista y cantante de cuecas urbanas, se fue junto a sus hijos a Argentina, después de la muerte de su esposa Clara.

Roberto, el más bohemio de los hermanos, se perdía durante semanas e incluso meses, viajando por las provincias de Chile. Se ganaba la vida cantando en burdeles y boliches de mala muerte, y en ocasiones desempeñaba oficios diversos para mantenerse, como lustrador de botas o carpintero. Sólo retornaba al hogar familiar para los cumpleaños de la matriarca Clarisa o para el santoral de su hermana Violeta. No pocas veces llegaba en un estado de absoluta ebriedad.

A comienzos de 1958, el hermano poeta emprendió, en calidad de invitado y conferencista, un viaje de varios meses por Perú, Panamá, México, Estados Unidos, la Unión Soviética, China y Suecia.

Aunque Nicanor estaba lejos, Violeta ya no dependía de los consejos de su hermano para instalarse con presencia propia en la elite artística y cultural de Santiago. Si no estaba recorriendo los campos en busca del folclor o componiendo en casa, sus días igual se presentaban atiborrados de tareas. En una entrevista con el periodista y poeta argentino Julio Huasi, realizada en La Habana en 1971, Isabel apuntó cómo solía ser un día de Violeta:

> Puedo describirte lo que era una jornada con mamá. Después de alegarme por el pelo o la pollera, salíamos primero a ver a Carmen Luisa. Y vamos peleando con la suegra. Segundo: ir a la oficina del señor Apple, gerente comercial de la casa grabadora Odeon. Generalmente oía la voz alta de mamá acusando a Apple de mil y una desidias de la grabadora para con ella. Casi siempre salía llorando de estas entrevistas, gritando que iba a romper el contrato. Nunca la vi salir contenta. Si no lloraba, temblaba, estaba furiosa. Tercero: a almorzar alguna cosita en el centro. Cuarto: ir a la sociedad de autores a lidiar algún tipo de anticipo de sus derechos. Después íbamos al Café São Paulo o al Palmeiras, donde se reunían artistas radiales o circenses. Violeta no toleraba que la gente fumara, para ella fumar era un rasgo de debilidad de carácter. Durante toda una época hizo el mismo itinerario. Donde más sufría era en las radios y en las grabadoras. Odiaba con toda su alma a los burócratas, para ella sólo eran «vagos de mierda». Pero el peor insulto que podía dedicarle a alguien era otro: «¡Oficinistas!»[85]

A su regreso de Europa, Violeta Parra se integró de lleno a la emergente clase de artistas e intelectuales santiaguinos. El epicentro de la vida cultural era el mencionado café São Paulo, que quedaba en la calle Huérfanos, entre Ahumada y Bandera, a pocas cuadras del palacio de gobierno.

En ese lugar se daban cita personajes como Carlos «el Negro» Jorquera, asesor de prensa del entonces senador Salvador Allende; la escultora Teresa Vicuña; una joven promesa del teatro chileno que se llamaba Víctor Jara; cineastas como Sergio Bravo y poetas como Pablo de Rokha. También iban músicos, como los miembros del conjunto folclórico Cuncumén, entre ellos Rolando Alarcón y Silvia Urbina. Todos se convirtieron con el tiempo en amigos o cercanos a Violeta.

«A Víctor [Jara] le gustaba sumarse a los grupos que siempre se reunían alrededor de la mesa de Violeta en el café São Paulo»,[86] recordó años después su viuda. Normalmente las tertulias, casi diarias en ese café, se realizaban entre el mediodía y las dos de la tarde. Después, los que eran más íntimos salían a almorzar juntos. Joan Jara escribió que a veces el grupo de músicos en torno a Violeta partía al departamento que uno de ellos tenía en el centro y ahí «cocinaba enormes cacerolas de porotos para todos».

En esos encuentros ciertamente se hablaba de política. De hecho, algunos comensales eran militantes o simpatizantes del Partido Comunista. Pero las conversaciones más serias sobre política contingente se realizaban los fines de semana, a menudo en las parcelas de agrado que los dirigentes comunistas tenían en el sector cordillerano de la ciudad. «Los comunistas tenían sus parcelas arriba, donde hacían sus festejos, asados y discusiones políticas —afirmó Ángel Parra—. Mi mamá no participaba de eso, era una cosa entre puros hombres, ahí no se metía mi mamá.»[87]

Lo que estos artistas e intelectuales sí debatían arduamente en el café era cómo desenterrar la «verdadera» cultura del país y cómo construir una cultura «auténtica» enraizada en el pueblo. Podía entenderse en parte como una reacción a la creciente comercialización de la música, que se regía cada vez más por los rankings de popularidad y los incentivos que recibían los grandes DJ. También gravitaba el rechazo que en muchos de ellos podía generar la «invasión» de música extranjera, en especial la de Estados Unidos. El rock and roll de Chuck Berry, Bill Haley & His Comets, Little Richard y Elvis Presley, entre otros, comenzaba a tomar por asalto el mundo occidental. En América Latina y Europa pronto aparecieron sucedáneos locales, que para el arte de izquierda no significaban sino una estrategia de propaganda en medio de la Guerra Fría. En palabras de la periodista Marisol García, existía «un discurso de cierta izquierda que muchas veces desdeñó al rock» por extranjerizante.[88]

Violeta Parra y otros músicos como Margot Loyola habían sido pioneros en señalar un camino propio. Pero ahora se estaban sumando músicos jóvenes, empujados por los bullentes ideales de autonomía política y económica en el Tercer Mundo.

No sólo los exponentes de la música popular estaban en búsqueda de un nuevo arte. Hasta esos momentos, puede afirmarse que el mundo de la música se dividía en dos categorías excluyentes: la de la alta cultura, aquella cultivada por gente educada en los cánones clásicos y en los conservatorios universitarios, y la llamada cultura «vulgar», que era la que emanaba del mundo popular.

En un claro signo de cómo cambiaban los tiempos, varios compositores clásicos unieron sus esfuerzos con los folcloristas. Figuras como Gustavo Becerra y sus alumnos Luis Advis y Sergio Ortega fueron parte de tal tendencia. «Serían los inicios de las colaboraciones entre músicos populares y de conservatorio que se desarrollarán con la Nueva Canción Chilena»,[89] afirmaron tres historiadores y musicólogos en su *Historia Social de la Música Popular en Chile*.

En las tertulias del café São Paulo se estaban sentando las bases de una generación que irrumpiría con fuerza, cambiando por completo el escenario artístico y también político del país.

Violeta Parra y Víctor Jara se volvieron cercanos y la folclorista, actuando como una suerte de madrina, fue una de las personas que más empujó al joven dramaturgo para que dejara las tablas y se dedicara de lleno al canto y la composición. Ángel e Isabel también se harían estrechos amigos del autor de «Te recuerdo Amanda».

Siempre preocupada por el rescate de la historia folclórica, Violeta les comentaba a sus amigos del café São Paulo acerca de su idea de recrear el legendario duelo de payadores entre el mulato Taguada y don Javier de la Rosa. Violeta venía estudiando por años ese episodio social y musical, que se había convertido en un verdadero mito. Enrique Bunster Tagle, escritor y periodista, fue uno de los pocos estudiosos que investigaron el mítico encuentro. En uno de sus libros cuenta:

> Los payadores son la gloria del folclor americano. Sus torneos en verso, con pies forzados y con respuestas instantáneas, eran duelos caballerescos en donde se buscaba la más alta expresión del ingenio y la viveza populares. La tradición chilena recuerda una paya de proporciones homéricas, desafío sin paralelo en el que dos hombres estuvieron ochenta horas tratando de vencerse, hasta que uno de ellos no fue capaz de seguir y, apabullado por la amargura y la vergüenza, tomó el camino de la muerte.
>
> Lugar y fecha del encuentro: según Encina, Curicó a fines del siglo XVIII; según Acevedo Hernández (y lo confirman los versos), San Vicente de Tagua-Tagua hacia 1830. Contendores: el mulato Taguada, maulino, apodado el Invencible; y don Javier de la Rosa, caballero latifundista de Copequén, as del guitarrón, filósofo y astrónomo y cantor jamás aventajado.
>
> ¡Ochenta horas dando y recibiendo! Ni antes ni después hubo algo parecido. Los investigadores han agotado sus rebuscas sin hallar más que unos cuantos fragmentos de esa pugna titánica, cuyo texto completo habría llenado un volumen.[90]

Los fragmentos que sobreviven de esta lucha no sólo muestran la riqueza folclórica y poética del Chile de antaño, sino que también transmiten de manera sutil el enfrentamiento de clase que ha marcado al país.

TAGUADA: Señor poeta abajino, con su santa teología, dígame, ¿cuál ave vuela y le da leche a sus crías?

DON JAVIER: Si fueras a Copequén, allá en mi casa verías cómo tienen los murciélagos un puesto de lechería.

TAGUADA: Mi don Javier de la Rosa, por lo redondo de un cerro, agora me ha de decir cuántos pelos tiene un perro.

DON JAVIER: Había de saber, Taguada, por lo derecho de un huao, si no se le quéido ni uno tendrá los que Dios le puso…

TAGUADA: Mi don Javier de la Rosa, viniendo del Bido-Bido, dígame si acaso sabe cuántas pieiras tiene el rido.

DON JAVIER: A vos, mulato Taguada, la respuesta te daré: pónemelas en hilera y entonces las contaré…

TAGUADA: Mi don Javier de la Rosa, usté que sabe de letras agora me ha de decir si la pava tiene tetas.

DON JAVIER: Te doy, mulato Taguada, la respuesta de un bendito: si la pava las tuviera le mamaran los pavitos, pero como no las tiene los mantiene con triguito.

[…]

DON JAVIER: Me contestarás, mulato, y aquí darás a saber, cuáles son los cuatro hermanos, tres hombres y una mujer.

TAGUADA: Mi don Javier de la Rosa, lo hago salir de la porfía, son el sur, el puelche, el norte, la mujer es la travesía.

DON JAVIER: Contrario, tengo cien pesos, terneros voy a comprar; pagándolos a tres pesos, Taguada, ¿cuántos serán?

TAGUADA: Mi don Javier de la Rosa, le contesto sin tropiezo, treinta y tres terneros paga y queda sobrando un peso.

DON JAVIER: No te demores, Taguada, Adán y Eva se vieron desnudos y avergonzados; ¿con qué tela se cubrieron?

TAGUADA: Mi don Javier de la Rosa, no hallando piel de animales, de las hojas de la higuera hicieron sus delantales.

DON JAVIER: Habís de saber, Taguada, yo quiero saber también: decidme por qué motivo pica el gallo la sartén.

TAGUADA: Mi don Javier de la Rosa, si necesita saberlo: el gallo al sartén lo pica porque no puede lamerlo...

Las crónicas cuentan que finalmente don Javier de la Rosa ganó el duelo. El mulato quedó con el ánimo destrozado.

—No te ganó él, te ganaron sus libros —lo consoló su novia.

—¡Que no me hable naide! ¡Estoy deshonrao y sobro en este mundo!

Poco después, el afamado poeta popular murió de pena.

Era una historia que cautivaba a Violeta. Al conocer a Víctor Jara, le propuso que él interpretara el papel de don Javier. El papel de Taguada lo había reservado para Ángel, quien a sus catorce años ya era un experto guitarrista y cantante. Pero el proyecto tampoco se concretó.

Las nuevas amistades que fue forjando en el café São Paulo, así como en las reuniones en la casa de Pablo Neruda, donde solían invitarla, imprimieron en Violeta la urgencia de participar de manera más activa en el nuevo movimiento cultural que se estaba gestando. A fines de 1957 se inscribió por primera vez en el Sindicato de Folcloristas de Chile. Su ingreso a esta asociación fue auspiciado por la cantante Iris Lamar, que en esa época tuvo un fugaz éxito con su canción «El Picaflor». En la tarjeta de identificación se consigna que tenía cuarenta años y en la foto se aprecia a una Violeta Parra subida de peso.

Entre proyectos truncos, nuevos amigos e incursiones en la música atonal, Violeta decidió concentrarse en uno de los objetivos que se había impuesto al retornar de Europa: investigar la música del pueblo mapuche. Es probable que la idea de estudiar los cantos indígenas proviniera de sus experiencias en el Museo del Hombre de París y en los archivos musicales de la BBC de Londres. Gente como Paul Rivet, Victoria Kingsley y Alan Lomax le habían mostrado que, al menos en el espacio europeo, existía un gran interés por rescatar la cultura y la música de los pueblos originarios de todo el mundo.

En el invierno de 1957 Violeta se dirigió a Lautaro, la pequeña ciudad de la Araucanía donde había pasado siete años de su infancia. Recomendada por el poeta Jorge Teillier, quien le había ayudado con algunos libretos para su programa en Radio Chilena, la folclorista se instaló en la casa del padre de este, Fernando Teillier, ex gobernador de esa provincia.

Establecer contacto con los cantores mapuche fue más difícil que con los campesinos. Se trataba de personas muy recelosas de los «huincas», término con el que se habían referido a los conquistadores españoles y después a los chilenos. (La palabra derivaba de Inca, el imperio surgido desde el actual Perú que también tratase de dominar a los mapuche en el siglo XV.) Pero poco a poco Violeta logró que los nativos le mostraran sus cantos y costumbres.

La folclorista registró con su pesada máquina grabadora gran parte de esos encuentros. Casi todas las interacciones fueron en mapudungun, lo que hace suponer que Violeta se hizo acompañar de algún intérprete. Luego entregó las cintas magnéticas a la Universidad de Chile, donde estuvieron enterradas y olvidadas hasta que en 2015 la investigadora Paula Miranda redescubriera el material en el archivo sonoro de esa institución. Lo que Miranda encontró, precisamente, fueron ochenta minutos de grabación, con cuarenta canciones y varios diálogos.

Uniendo fuerzas con dos académicas, Elisa Loncón y Allison Ramay, en 2017 Paula Miranda publicó *Violeta Parra en el Wallmapu*, que reconstruyó en detalle aquellas indagaciones en territorio mapuche. «Violeta no difundió estos cantos en ningún formato, aunque en todos los casos les manifestó a los cantores [mapuche] su interés de que pudiesen acompañarla a escenarios de Santiago o de otras ciudades del mundo»,[91] escribieron las investigadoras.

Si bien Violeta no publicitó mucho sus trabajos en el Wallmapu —como se denominaba la región antes de la llegada de los conquistadores—, estos dejaron una huella importante en la cantante. De ello da cuenta una de sus composiciones, la canción llamada «Arauco tiene una pena», también conocida como «Levántate Huenchullán», que es una suerte de manifiesto político respecto de la represión que la mayor etnia local venía sufriendo por siglos. El impacto sobre Violeta se expresó además de una manera sutil. La artista comenzó a incorporar instrumentos mapuche en la musicalización de sus temas, como el elemento de percusión denominado kultrún, e incluso añadió danzas autóctonas a sus composiciones, como fue el caso de la canción «El guillatún».

Tras su poco conocida estadía en Lautaro y antes de llegar de vuelta a Santiago, Violeta hizo un alto en Concepción para ofrecer un recital auspiciado por el Departamento de Extensión Cultural de la universidad de esa ciudad. El 24 de agosto realizó un concierto gratuito en el Teatro Concepción. *El Sur*, un diario conservador que era el más influyente de esa zona, publicó un artículo en el que afirmaba que «las autoridades locales serán invitadas al concierto del sábado, en consideración de su alto valor educativo».[92]

Al volver a la capital, Rubén Nouzeilles llamó a Violeta Parra para hacerle una propuesta. Convencido del talento y el valor de la folclorista, el ejecutivo de la discográfica Odeon le sugirió grabar su primer long play en Chile. Era una propuesta artísticamente generosa, por cuanto podría grabar las canciones que ella quisiera.

La idea del argentino era mostrar el auténtico folclor chileno que Violeta había recopilado en la zona central, junto con algunas creaciones de la cantante. El álbum *El folklore de Chile. Violeta Parra, canto y guitarra* salió al mercado en septiembre de 1957. Y las diecisiete canciones del disco sólo contienen la voz de Violeta y su guitarra.

El álbum de cincuenta minutos traía temas como «Versos por saludo», que la folclorista había aprendido de Isaías Angulo; «Las naranjas», una canción que cantaban las hermanas Aguilera, de Malloa; y «Versos por la niña muerta», dedicada a su hija Rosa Clara, además de registrar nuevamente el «Verso por despedida a Gabriela Mistral» y contemplar por primera vez dentro de su repertorio la mazurca «La paloma ingrata», que su padre Nicanor solía cantar en los años en que la familia vivió en Lautaro.

El disco incluía también una polca titulada «El sacristán», que Violeta había aprendido de Florencia Durán, la vieja cantora de Alto Jahuel. Era esta una canción alegre, pero en la que se mostraba la doble moral sexual de los representantes del catolicismo.

> Una beata estaba enferma,
> sin poder disimular,
> quería que le trajeran,
> ya al nombrao sacristán.
>
> La beata que no ha tenido,
> amores con sacristán,
> no sabe lo que es canela,
> anís, chocolate con flan.

Este disco tampoco fue un éxito comercial, excepto entre los turistas extranjeros. Sin embargo, la fama de Violeta en los círculos intelectuales y artísticos del país continuaba creciendo. A despecho de las escasas ventas, la crítica especializada alabó el material. «Odeon ha puesto a la venta un valioso L.P. con Violeta Parra, su voz y su guitarra —anunció la revista *Ecran*—. Diecisiete pequeñas joyas de nuestra música folklórica integran este bien presentado álbum, verdadero premio a la intensa labor desplegada por Violeta, y al mismo tiempo, un resumen de la religiosidad, romanticismo y paganismos criollos de la última mitad del siglo pasado en nuestro país.»[93]

La propuesta de Nouzeilles era más ambiciosa aún y no se agotaba con un primer long play. Bajo el rótulo de *El folklore de Chile*, pensaba publicar toda una sucesión de discos dedicados al canto popular. Los primeros cuatro volúmenes se los entregó a Violeta Parra. Y así, en los siguientes dos años la folclorista publicó tres álbumes más de esta serie: uno que continuaba en la línea del primero, pero que sumaba composiciones propias, alejadas de los cánones tradicionales del canto campesino; otro dedicado a la cueca, y el cuarto volumen a la tonada.

¿Por qué un ejecutivo de la industria discográfica prodigaba tanto espacio a una artista y a un tipo de música que no eran comerciales y que no generaban ganancias?

Al igual que sucedió con los polacos, Nouzeilles intuyó tempranamente que estaba ante una artista especial, con «ideas completamente revolucionarias [...] en materia de música popular», como ya lo había afirmado. «Lo que yo hacía quedaba y pasaba a ser catálogo —afirmó en una entrevista en 2007—. O sea, entraba en un templo que se llamaba "catálogo", que era todo ese repertorio inmortal. Ese fue mi trabajo.»[94]

Odeon Chile contaba en su nómina con superventas criollos como Los Huasos Quincheros, Lucho Gatica, quien estaba viviendo en México, y varias de las estrellas estadounidenses del rock and roll. Ello probablemente le daba cierto espacio al director del sello para apostar por valores artísticos menos rentables. «Yo le tenía grabados tres long play a Violeta cuando empezó a vender»[95], dijo.

Aunque desde el punto de vista financiero no obtenía grandes réditos, Violeta Parra estaba coronando el año más exitoso de su carrera hasta el instante. Pero ello no era suficiente para dejarla satisfecha. Como diría en una entrevista que años después concedió a la revista suiza *Radio Je Vois Tout*:

> La vida actual es un torbellino del cual me alejo lo más posible. Intento conservar todo lo verdadero y quedarme cerca de la naturaleza. Trabajando como investigadora musical en Chile me di cuenta de que la modernidad ha matado la tradición musical del pueblo. El arte popular se va perdiendo poco a poco para los indios y los campesinos también [...]. La tradición se ha convertido en un cadáver. Es triste. En el fondo, el cerebro humano es tan poderoso que siento miedo [...], pero estoy feliz de poder pasearme entre mi alma antigua y la vida actual.[96]

El gran año todavía estaba lejos de terminar. A fines de octubre recibió una oferta de trabajo de la Universidad de Concepción. Fue el primer contrato formal que firmó en su calidad de artista. Las autoridades de esa institución le encargaron una labor hecha a la medida de sus ambiciones: crear el primer Museo de Música Popular de Chile e impartir clases de folclor en la Escuela de Verano de 1958.

Antes de partir a la ciudad sureña, que durante más de trescientos años marcó la frontera con el territorio mapuche, Violeta Parra dio una entrevista a Radio Chilena, donde reafirmaría su urgencia de rescatar el canto tradicional del país. Fiel a la creencia de que su labor era un asunto cultural de primera importancia, ante la cual todo lo demás era secundario, la folclorista señaló:

> Es verdad que muchos son los que comprenden el esfuerzo que se hace para sacar adelante nuestra música, pero yo necesito el apoyo de

cada uno de ustedes, de cada uno de los intérpretes actuales, de cada uno de los directores artísticos de radio, de cada una de las firmas comerciales, en resumidas cuentas, tengo que decirles que en esta batalla por la defensa de lo auténtico continúo un poquitito menos sola que antes, quizá si necesitaré toda mi vida y todas mis fuerzas para llevar a cabo este trabajo que me he propuesto.[97]

En esa misma entrevista, Violeta dejaría entrever por primera vez el peso que comenzaba a sentir ante la tarea autoimpuesta. «A veces me siento agotada», afirmó. «Pero la guitarra me devuelve siempre el ánimo.»[98]

Seis meses en Concepción

A fines de octubre de 1957 Violeta Parra recibió una oferta laboral difícil de rechazar. La Universidad de Concepción le propuso crear un Museo de Arte Popular y participar como docente en la Escuela de Verano, a cargo de un curso de cuecas. Todo ello con un salario estable y alojamiento gratuito. Pero, más importante aún para la artista, le daba la posibilidad de investigar en una región que, hasta ese momento, no había incorporado en sus recopilaciones. «En mi repertorio de doscientos canciones no hay ninguna de esta zona»,[99] confesó Violeta en una entrevista con *El Sur*.

Fue el poeta Gonzalo Rojas quien la contactó para ofrecerle el trabajo. Violeta lo conocía hace tiempo, ya que el autor de *La miseria del hombre* formaba parte del círculo de amistades de Nicanor. Rojas admiraba la labor de la folclorista y era, desde 1952, profesor titular en la citada universidad, dictando las cátedras de literatura chilena y teoría literaria. Además, era el encargado de la Escuela de Verano de esa institución.

Violeta Parra no fue la primera opción del rector David Stitchkin. A comienzos de octubre este envió una carta al representante en Chile de la Junta de Asistencia Técnica de las Naciones Unidas. En dicha misiva quedaba claro que Stitchkin estaba pensando en grande y que quería hacer un museo folclórico con estándares europeos. El joven rector, de cuarenta y cinco años, que sólo había asumido el mando el año anterior, manifestaba su deseo de firmar un convenio con la Unesco para «el envío de un experto que se encargaría de estudiar la organización de un museo folklórico de acuerdo con las normas que se han aplicado al Landesmuseum de Viena».[100]

Imitar ese museo fundado en 1887 bajo el imperio austrohúngaro y sus entonces repletas arcas fiscales, eran palabras mayores.

Al final, los anhelos de Stitchkin —quien efectivamente acabaría modernizando la Universidad de Concepción, al punto de convertirla en una de las más avanzadas de Chile— no alcanzaron para materializar un proyecto tan ambicioso. Y fue ahí que surgió el nombre de Violeta Parra. Si bien no era para nada una experta en museología, podía reconocérsele como la investigadora más genuina del país, y había conocido las experiencias del Museo del Hombre y de los archivos sonoros de la BBC.

Cuando Violeta llegó en tren a Concepción, la mañana del domingo 10 de noviembre, Stitchkin y Rojas la estaban esperando en la estación. La cantante portaba un gran equipaje, que incluía seis guitarras, e iba escoltada por dos de sus hijos: Ángel, de catorce años, y Carmen Luisa, de siete. Isabel, quien ya tenía dieciocho años, actuaba por sí misma en la Radio Chilena y tenía una pequeña hija, se quedó en Santiago.

El contrato con la universidad era por seis meses. El rector le dijo a Violeta que podía hospedarse durante todo ese tiempo en alguno de los hoteles más cómodos de Concepción. Pero vivir en un hotel no era algo que cuadrara con la personalidad de Violeta.

Las comodidades y constantes atenciones estaban lejos de lo que ella conocía o quería. «Prefiero un lugar más tranquilo»[101], habría sido su réplica.

Acto seguido, Stitchkin y Rojas la pasearon por distintas casas que pertenecían a la institución, hasta que llegaron a una antigua casona de estilo colonial donde funcionaba la Escuela de Artes. Ubicada frente al Parque Ecuador, y a los pies del tupido cerro Caracol, era el lugar más campestre en medio de esta ciudad de unos 130.000 habitantes, que en esos años constituía la tercera más grande del país después de Santiago y Valparaíso. Al pie del cerro y muy cerca de la casona, ubicada en la esquina de Rengo y Víctor Lamas, había inclusive un manantial.

Violeta recorrió la casona, observó los talleres de pintura y escultura que allí se desarrollaban y decidió quedarse con una habitación oscura, cuya pequeña ventana daba al parque. Instaló un brasero donde quemaba carbón para calefaccionarse o cocinar, colgó sus seis guitarras en las paredes y buscó lugar para los colchones de ella y sus hijos.

En los meses venideros, esa humilde habitación —que databa de la época de la Guerra de Arauco— se volvería el epicentro de sus nuevas creaciones, amistades y amores. Y es más: allí se darían acaso los tiempos más decisivos para inspirar y formar cabalmente a la cantautora. Por ello es que vale la pena detenerse en las experiencias vividas por Violeta en la ciudad fronteriza.

Noviembre, 1957

La vieja casona colonial tenía un gran patio interior al que convergían todas las habitaciones. En el centro de este patio había un enorme magnolio y al lado, una fuente de agua donde Violeta solía lavarse el pelo. En su pieza, que tenía piso de tierra, la cantante alimentaba su estufa con el carbón que se extraía de las minas cercanas de Lota y Coronel. Era sin duda una práctica peligrosa, considerando que la habitación tenía una sola ventana, por lo demás pequeña. El brasero, como ya está dicho, no sólo le servía para calentarse en las noches, sino también para cocinar. Lo que más preparaba eran sopaipillas y empanadas fritas. En las paredes, cada guitarra había sido armonizada según las distintas afinaciones campesinas.

«Tráeme la dos», le decía a su hijo Ángel. Otras veces la orden era: «Tráeme la cuatro y la uno». Con ello se refería al número de la guitarra colgada, cuyo orden el hijo conocía de memoria.

«Ángel era un niño desordenado, algo temeroso pero muy respetuoso», recordó Mireya Mora, una actriz del Teatro Universidad de Concepción (TUC) que pasó varias semanas ensayando en la antigua casa. «Era un buen secretario de la Violeta.»[102] Carmen Luisa, en tanto, fue adoptada por la compañía de actores. «Ella era como nuestra mascota, nos acompañaba para todos lados», afirmó Mora.

Durante todo este mes, el TUC se dedicó a preparar el estreno de la obra *Dos más dos son cinco*, de la dramaturga Isidora Aguirre. El elenco pasaba el día entero ensayando en la casona de la Escuela de Artes.

La vieja construcción colonial, que hoy ya no existe, se llenaba de artistas y hervía de creatividad. Era una suerte de café São Paulo que funcionaba las veinticuatro horas. Además de los actores, tenía allí su taller el grabador y escultor Santos Chávez. Este joven de veintitrés años había nacido en Canihual, una comunidad mapuche de la provincia de Arauco. Y aunque Chávez nunca asistió de manera regular al colegio, obtuvo gracias a su talento artístico una beca para estudiar en la Universidad de Concepción. Por su lugar de nacimiento y sus rasgos indígenas, todos le decían cariñosamente «el mapuche» o «el indio».

Todos querían a Chávez, en especial Violeta, que entabló con él una amistad duradera. A medida que se fue haciendo conocido, el grabador debió enfrentar la xenofobia no declarada de algunos círculos artísticos. «La gente que había estudiado en París o en Londres no podía aceptar la idea de que un hombre con cara de indio como yo dibujara»[103], afirmó en una entrevista en 1966.

Al poco tiempo de conocerlo, Violeta le preguntó:

—Dime, Santos, ¿tú eres mapuche?

Con toda tranquilidad, el artista le respondió:

—*Yes*.[104]

Este breve intercambio pronto se volvió una de las anécdotas favoritas de la comunidad de artistas del lugar. Se supo que su segundo apellido era Alister, que provenía de su abuelo materno, el escocés McAllister.

Otro de los residentes era el muralista Julio Escámez, que venía regresando de Italia, donde había estudiado en la Academia de Bellas Artes de Florencia y perfeccionado la técnica mural del fresco. Cuando se topó con Violeta, Escámez se encontraba trabajando en un mural para la Farmacia Maluje de Concepción. Esta obra, titulada *Historia de la medicina y la farmacia en Chile*, mostraba la evolución de estas disciplinas al estilo del realismo social, aunque también contenía guiños hacia los peligros del mundo moderno, como un hongo atómico en una de las secciones.

Violeta y Julio, ocho años menor que ella, se hicieron buenos amigos. Hablaban de arte y sobre todo de política. La carrera presidencial ya estaba en plena marcha, a pesar de que los comicios recién se realizarían en septiembre del año siguiente. Apenas tres días después de la llegada de Violeta a Concepción, el candidato de la derecha, Jorge Alessandri Rodríguez, había realizado un gran acto de campaña en esa ciudad. Y diez días más tarde, el 24 de noviembre, llegó el turno del senador socialista Salvador Allende, candidato del Frente de Acción Popular. «Allende fue proclamado calurosamente por partidos populares que llenaron el Campo Municipal de Deportes», publicó el diario *El Sur*.[105]

Julio Escámez era militante comunista, por lo que es probable que asistiera a ese acto, pero no hay certeza de que Violeta haya participado también. De hecho, es más creíble que estuviera recorriendo los cerros y aldeas de la región en busca de cantos campesinos.

Además de la política local, la gran política internacional también era un tema constante. La Unión Soviética había lanzado el primer ser vivo al espacio exterior. A bordo del Sputnik II iba una perra callejera llamada Laika, que el 3 de noviembre entró en órbita. Fue una noticia que causó sensación en todo el mundo y, para los partidarios del régimen de Moscú, representaba un claro signo de la superioridad tecnológica y científica del comunismo. El martes 5, Nicanor Parra disertó en el Salón de Honor de la Universidad de Chile acerca de la teoría del movimiento de satélites, aprovechando el alboroto en torno al Sputnik II y a Laika (en ruso, «ladradora»).

Pese a que Violeta y Julio compartían un ideario, muchas de sus discusiones giraban en torno a las simpatías que el pintor tenía hacia la revolución china y el maoísmo. Desde la muerte de Stalin en 1953, algunas tendencias comunistas acusaban a la Unión Soviética y a su líder Nikita Kruschov de «revisionismo». Para estas corrientes, China y Mao Zedong encarnaban el verdadero espíritu revolucionario de Lenin.

Respecto a Escámez y a Violeta, Ángel afirmó que «ellos tenían una relación intelectual muy fuerte, muy cabezona». El hijo, que en Concepción comenzó a militar en las Juventudes Comunistas, agregaría: «Conversaban mucho y discutían mucho porque Escámez era maoísta, entonces eso a mi mamá no le cabía en la cabeza, ya que nosotros nos sentíamos bajo las órdenes de Moscú».[106]

La relación entre la cantante y el pintor pronto desembocó en un intenso romance. Mientras trabajaba en el mural de la farmacia, Julio Escámez decidió plasmar en una parte de su obra a la propia Violeta Parra, pintada (cómo no) de color violeta. En otros planos aparecían el escritor penquista Daniel Belmar y el científico y filósofo Alejandro Lipschütz.

A pesar del pujante ambiente creativo en la casona, y a pesar también de su nuevo romance, Violeta se dedicó de lleno a las tareas que le habían encargado: el museo y la recopilación de cuecas. Se reunió a propósito con Gonzalo Rojas y el alcalde, Marcos Ramírez Marchant, y casi de inmediato se internó en la zona.

Al principio recorrió la ciudad, siguiendo su vieja metodología de preguntar por cantores ancianos. Así conoció a María Vivanco, de noventa y tres años, quien le enseñó cinco cuecas que recordaba de su infancia, transcurrida hacia 1870.

En sus recorridos por Concepción, Violeta también se dirigió al mercado central, donde estableció contacto con una vendedora de flores de cuarenta y cuatro años llamada Margarita Aguilera. La primera cueca que Violeta aprendió de la feriante decía así:

Tú me pusiste el gorro
en vista de mi presencia
yo también te lo pondré
p'a que no haiga diferencia.

Yo por haberte dado
tanta licencia
hiciste un desprecio
en mi presencia.

En sus anotaciones, hechas con máquina de escribir, Violeta dejó constancia de que Margarita Aguilera tocaba la guitarra con una afinación «por tercera alta», agregando que «sus cuecas son cuecas del pueblo, "cuecas diablas"». Es decir, se parecían al estilo que cultivaban Roberto y Lalo.

Tanto Margarita como otras cantoras de la región cantaban cuecas que no sólo se interpretaban de manera distinta a las de la zona central, sino que tenían un contenido bastante más atrevido. Las letras no mostraban a la típica mujer sometida o que sufre por amor, la «chinita» sumisa del folclor oficial, sino a mujeres que se ponían a la misma altura de los hombres.

Así, por ejemplo, Violeta recopiló una cueca de una mujer llamada Blanca Segundo. En una anotación escrita a mano, la folclorista apuntó que la cantora tenía sesenta y un años y que era «hija de veterano del 79».

> Juan se llama mi marido
> mi pretendiente Ramón
> me ha engañado Pedro Antonio
> me ha robado el corazón.

> Por un Roberto, niña
> casi me he muerto
> agonizante estoy
> por un Alberto.[107]

Pese a la riqueza cultural que había encontrado en Concepción, muy pronto la folclorista se dio cuenta de que, tal como le había sucedido en Santiago, debía salir de la ciudad para hallar el folclor más profundo de esas provincias.

Diciembre, 1957

Violeta tuvo que aprender a montar a caballo. Los ramales del ferrocarril llegaban a varios de los pueblos cercanos a Concepción, pero la cantante se quería internar en los cerros y valles más alejados. Debido a las distancias y dificultades del terreno, la única opción era el caballo.

La cordillera en torno a la ciudad todavía rebosaba de bosques nativos. Si bien en 1953 se había establecido allí un plan para la explotación y plantación masiva de pino radiata, la industria forestal moderna aún estaba en pañales. No existían de momento las plantas de celulosa que hoy en día cubren la región.

Violeta descubrió un pueblo que la cautivó: Hualqui, ubicado en la ribera norte del río Biobío, a unos veinticinco kilómetros de Concepción.

La historia de este poblado estaba atravesada por la historia misma del país. En el siglo XVI el conquistador español Pedro de Valdivia había establecido en el lugar un lavadero de oro que no prosperó. En 1560 el gobernador García Hurtado de Mendoza creó una fortificación militar para defender la frontera de las agresiones mapuche. Se produjeron por entonces numerosos enfrentamientos entre los conquistadores y el pueblo originario; y en 1823, después de la independencia, los habitantes de Hualqui pretendieron autogobernarse en respuesta al olvido en que los tenían las autoridades centrales del nuevo país. La República Independiente de Hualqui duró poco, ya que el gobierno central envió al ejército desde Concepción para reprimir a los sublevados.

La gente y el tipo de música que Violeta encontró en Hualqui la cautivaron. La cueca era un canto y un baile que normalmente se interpretaban en momentos alegres y de fiestas. Pero los hualquinos también la tocaban y bailaban en los velorios de angelitos, aunque sin pañuelos ni el típico zapateo. La bailaban, además, *valseada*, es decir, con el hombre y la mujer abrazados, en vez de mantener distancia como en la cueca tradicional.

«La acompañé muchas veces a Hualqui, porque ahí mi mamá tenía una mina de oro, mujeres que cantaban unas cuecas maravillosas», recordó Ángel Parra. A veces, el hijo se quedaba todo el fin de semana junto a alguna familia de Hualqui, con la cual Violeta hubiese forjado amistad. «Para mí, Hualqui era una maravilla porque me quedaba en la casa de una familia que cantaba y que mi mamá grababa, y me decían: "Angelito, quédese aquí no más, ¿por qué no se queda hasta el lunes?" Y yo me quedaba hasta el lunes y mi mamá no se hacía problema.»[108]

Carmen Luisa, por su parte, se quedaba con frecuencia en la Escuela de Artes, donde no sólo la cuidaban los actores del TUC, sino muchos otros artistas durante las ausencias de Violeta.

A diferencia de sus inicios como recopiladora, ahora la tarea de rastrear a los cantores populares le resultaba más fácil. Violeta ya era conocida como una folclorista destacada. Ella misma se dio cuenta y lo reafirmó en una entrevista que dio en Concepción. «En mi labor de investigación me ayuda, evidentemente, el conocimiento que de mí se tiene a través de mis grabaciones, de mi obra, de mis recitales. Es así como en todos los puntos donde voy hay personas que me aportan hallazgos que me conducen a los sitios precisos.»[109]

Tal vez por eso, cuando varios hualquinos le hablaron de familias con talento musical que vivían solas o en pequeños caseríos, en los cerros y valles aledaños, Violeta decidió salir en su búsqueda. Y entonces aprendió a andar a caballo. En un remoto rincón al interior de Hualqui, Violeta conoció a la cantora de setenta y cuatro años Margarita Quezada, quien le enseñó dos cuecas antiguas. Otro hualquino que maravilló a la folclorista fue Olimpio Fuentes.

Este le dio a conocer cuecas y también tonadas, un estilo de música que normalmente interpretaban mujeres.

En su cuaderno mecanografiado Violeta apuntó acerca de Olimpio: «Este cantor tiene el mismo estilo de las cantoras, es decir, se acompaña en guitarra con punteos y rasgueos femeninos, usa afinaciones campesinas, y canta tonadas cuyas letras son apropiadas de cantar por mujeres. Sólo en las cuecas canta letras apropiadas para hombres»[110]. Era menos una crítica que una constatación de la gran diversidad musical que existía en la zona.

El sábado 7 de diciembre, hablando con *El Sur*, Violeta profundizó en sus nuevas experiencias de recopilación. «Las canciones que he encontrado son de tal belleza que estoy feliz con los resultados obtenidos. Son diferentes a las de otras regiones. La zona más fecunda en esta materia ha sido el interior de Hualqui.»[111]

Ese mismo sábado intervino en una conferencia de prensa que dio Gonzalo Rojas en su calidad de director de la Escuela de Verano, que comenzaría al mes siguiente. En esa ocasión, el poeta anunció que a fines de enero la universidad albergaría el Primer Encuentro de Escritores Chilenos.

Rojas anunció también que se había asegurado la participación, tanto en la Escuela de Verano como en el encuentro de escritores, del literato español Dámaso Alonso. Miembro de la llamada Generación del 27, que incluyó a Federico García Lorca y Rafael Alberti, Alonso era una verdadera eminencia. Las tratativas para traerlo a Chile las había liderado el propio rector Stitchkin, conforme al objetivo de convertir a su universidad en una institución académica y cultural de vanguardia en Chile y Sudamérica.

Incluso hubo conversaciones con el filósofo existencialista Jean Paul Sartre, también con el plan de llevarlo a Concepción. Así al menos lo aseguró Gonzalo Rojas en esa rueda de prensa. Al final del evento periodístico, Violeta Parra efectuó una breve presentación con las primeras cuecas que recientemente había recopilado.

La cantante pasaba poco tiempo en la casona frente al Parque Ecuador. Estaba todo el día en terreno y, a veces, no volvía en varios días. Pero sus horas en la Escuela de Artes seguían siendo intensas. Para comenzar, mantenía el romance y la complicidad intelectual con Julio Escámez. Las discusiones políticas entre ambos iban subiendo de tono y Violeta parecía estar verdaderamente enamorada de este pintor que usaba lentes gruesos a causa de su miopía.

«Julio era un tipo muy comunista, pero muy abierto al debate. Por ahí tenía encontrones políticos con Violeta», diría Eduardo Contreras, un abogado —comunista también— que a fines de los sesenta fue alcalde de Chillán, y que por la misma época se hizo amigo y confidente del muralista. «Cuando Julio me decía que la Viola era jodida, no se refería sólo a que era muy celosa, apasionada y posesiva, sino también a que sus conversaciones giraban mucho en torno a la política. Él la veía como muy "puntuda", muy cuadrada, muy enchapada en que las cosas son como son y punto.»[112]

Las peleas de la pareja se volverían más violentas, aunque por motivos que nada tenían que ver con política. El ambiente bohemio en la casona colonial, mientras tanto, seguía viento en popa. Algunas noches Violeta se instalaba en el patio central y se ponía a cantar y tocar la guitarra, animando los festejos hasta altas horas de la noche. En estas tertulias nocturnas participaban Gonzalo Rojas, el escritor local de origen argentino Daniel Belmar y el pintor Óscar Tole Peralta, quien era el director de la Escuela de Artes.

Pero, como siempre, el foco de la cantante se mantenía en los alrededores, donde podía continuar recopilando canciones y artefactos musicales autóctonos. En esos menesteres Violeta fue recorriendo Quillón, Florida, Ñipas y Cerro Carampangue.

El 16 de diciembre se encontraba en el fundo El Maitén, cerca de Yumbel, uno de los pueblos de Chile con más fiestas religiosas. En esa hacienda, a unos sesenta kilómetros al interior de Concepción, conoció a la cantora Rosa Vivero. En sus anotaciones la folclorista no mencionó su edad, pero anotó que tenía cinco hijos. Esta mujer le enseñó dos cuecas: «Yo vide llorar un hombre» y «La niña que está bailando». Un año después, Violeta incorporó el primer tema en el disco *La cueca presentada por Violeta Parra*, en lo que sería el tercer volumen de la serie *El folclore de Chile* de Odeon.

Enero, 1958

El jueves 2 de enero se inauguró la cuarta Escuela de Verano de la Universidad de Concepción. La actividad de extensión duraba casi todo el mes. Los académicos e investigadores de la casa de estudios, además de expertos foráneos especialmente invitados, impartían cursos sobre «problemas filosóficos, científicos, técnicos, artísticos y literarios», según consignaba un folleto de difusión.[113]

En la ceremonia de apertura hubo varios discursos, entre ellos uno del rector Stitchkin. Y al final del evento Violeta Parra interpretó canciones que había recopilado en las semanas anteriores.

Casi tres mil personas se inscribieron para participar de las decenas de cursos y talleres que ofrecía esta universidad privada, la tercera más antigua del país (después de la de Chile y la Católica de Santiago) y que fuera fundada en 1919 por la propia comunidad. Más de doscientos de los inscritos eran alumnos de otros países de América Latina a los cuales la universidad había becado.

Las clases iban desde los avances en endocrinología, a cargo del doctor Ennio Vivaldi (padre del médico del mismo nombre que en junio de 2014 asumió como rector de la Universidad de Chile), hasta el arte de la acuarela, cuyo profesor era el pintor Nemesio Antúnez. Y, claro, también estaban las clases de cueca que hacía Violeta Parra.

El lunes 6 de enero la folclorista comenzó a dictar su curso. El lugar era la Escuela de Artes, la misma casona colonial donde vivía con sus dos hijos. En total, Violeta impartió ocho clases durante enero y tuvo unos treinta alumnos. Mireya Mora fue una de las que se inscribió en este ciclo del folclor, que en años anteriores habían dictado cantantes como Margot Loyola y Raquel Barros.

La Yeya Mora era una mujer que en 2016 tenía ochenta y ocho años y que seguía trabajando en la Universidad de Concepción, en un cubículo de la biblioteca central. De estatura baja —«la Violeta era de mi porte, o muy poco más»[114], como diría al compararse con el metro cincuenta y dos de la cantante—, Mireya aún conservaba su cuaderno de apuntes de aquellas clases de 1958. Sus anotaciones mostraban que, en la primera sesión, Violeta les hizo una introducción general acerca de la cueca: cómo se rasguea la guitarra y cómo se disponen el hombre y la mujer en el baile, entre otras cosas.

Acto seguido, Violeta les enseñó unas seis cuecas, algunas que había recopilado en las zonas rurales cercanas a Santiago y otras que había recogido durante las últimas semanas, a partir de sus recorridos en torno a Concepción. La primera cueca que les mostró era «La mariposa», que provenía, según los apuntes de Yeya, de la localidad de «Rosario, cerca de Rancagua, cantada por la anciana de ciento seis años Francisca Martínez».

Como Violeta no sabía transcribir en partituras, y lo más probable es que la mayoría de sus alumnos tampoco fuera capaz de ello, les enseñaba la parte musical de una forma no muy distinta a los cancioneros populares que circulan actualmente. Es decir, un pentagrama básico acerca de la manera que debía adoptar la mano izquierda para formar acordes y la forma de rasguear con flechas que indicaban el movimiento de la mano derecha hacia arriba o abajo.

A medida que Violeta los instruía en la estructura musical básica de la cueca, les solía insistir: «Deben poner de su propia cosecha los toques finales».

Otra cueca que les mostró fue «Yo soy la recién casada». En su cuaderno Mireya apuntó: «Recogida al interior de Hualqui por Violeta Parra, guitarra traspuesta en Do». En efecto, Violeta la había aprendido de María Alejandrina Tapia, una campesina que vivía en un caserío cerca de esa localidad. En las hojas mecanografiadas que confeccionó Violeta después no figuraba la edad de esta cantante, pero sí el hecho de que aprendió de ella cinco cuecas, dos de las cuales fueron incorporadas al disco que la folclorista grabó a fines de año.

En el vinilo, Violeta cambió el título original de la cueca de María Alejandrina por el de «Para qué me casaría». Así como le venía sucediendo con varias cantoras regionales, la letra era todo menos la imagen típica de tarjeta postal que los propios chilenos tenían de su folclor.

> ¿Para qué me casarida?
> Tan bien que 'taba soltera.
> Si mi taita me pegaba,
> mi marí'o dice '¡juera!'
>
> Mi marí'o me estima
> como una reina:
> no me deja costilla
> que no me quebra.

¿Cómo reaccionaron sus alumnos ante esta cueca y su contenido? Es difícil saberlo. Pero la presencia de una canción por el estilo, tanto en las clases como en el repertorio de Violeta, es probable que fuese una forma de llamar la atención sobre uno de los grandes tabúes de la época: la violencia intrafamiliar dirigida a los hijos y las mujeres.

De todos modos, ya en la clase inicial Violeta dejó en claro su carácter al expulsar a una joven. El motivo fue que la joven partió diciendo que no sabía bailar cueca, pero cuando la profesora le pidió al curso interpretar esta danza al son de su guitarra, la muchacha resultó ser una excelente bailarina. Las clases de la Escuela de Verano no imponían prerrequisito alguno. Pero, según recordaba Mireya Mora, a Violeta le indignó que esa muchacha se bajara el perfil por falsa modestia y no se sintiera orgullosa de saber interpretar tan bien el baile más popular del país.

Después de terminar su curso, Violeta continuó con actividades relevantes en la Universidad de Concepción. El jueves 23, a las seis de la tarde, dio un recital para los participantes del Primer Encuentro de Escritores Chilenos.

Además de Dámaso Alonso, en este encuentro, que se había inaugurado el día 20, participaron figuras consagradas y emergentes: Nicanor, Pablo de Rokha, Miguel Arteche, Daniel Belmar, Nicomedes Guzmán, Enrique Lafourcade, Volodia Teitelboim, Fernando Alegría, amigo de Violeta este último, y el antiguo amor platónico que tuvo la cantante en los años treinta, Luis Oyarzún.

Violeta conoció en el evento al periodista Enrique Bello Cruz. Diez años mayor que ella, Bello había fundado en 1948 la revista cultural *Pro-Arte*, un influyente semanario en el que solían escribir renombrados intelectuales y artistas. En *Pro-Arte*, que terminó de publicarse en enero de 1956, habían colaborado poetas como Pablo Neruda, Gabriela Mistral, Ángel Cruchaga, Tomás Lago y Nicanor Parra; artistas como la escultora Marta Colvin y el pintor Roberto Matta, y representantes del mundo del periodismo como Santiago del Campo. Pero *Pro-Arte* también contó con la participación de ilustres extranjeros, como Le Corbusier, Diego Rivera y André Breton.

Enrique Bello pertenecía a una distinguida familia y era cercano a Neruda y a Luis Oyarzún, quien era por entonces el presidente de la Sociedad de Escritores y luego asumiría el decanato de la Facultad de Artes de la Universidad de Chile.

Violeta y Enrique entablaron una estrecha amistad. Dos años después, en 1960, la cantante le compuso y dedicó una canción para su cumpleaños. El editor se había quejado de que la canción «Cumpleaños feliz», que provenía de la estadounidense «Happy Birthday», era una melodía aburrida que poco tenía que ver con Chile. Así fue como la cantante creó «El día de tu cumpleaños», un chapecao para el cual Violeta albergaba la esperanza de que sustituyera al tradicional «Cumpleaños feliz». En medio de una música festiva, la letra decía:

> El día de tu cumpleaños
> habría que embanderar
> desde Arica a Magallanes
> con banderas colorá's.
> Que viva tu nacimiento,
> bello botón de rosal.
> Por la voluntad del cielo,
> ¡que vivas cien años más!

Febrero, 1958

A medida que avanzaba el verano, la relación sentimental entre Violeta Parra y Julio Escámez se comenzó a tensionar. Resulta que cuando el muralista conoció a la cantante, este ya tenía una polola. Se trataba de una bella joven de rasgos indígenas. En el mural de la Farmacia Maluje la había retratado varias veces, pero Violeta presionó al pintor para que la borrara y, a cambio, la incluyera a ella.

«Julio estaba enamorado de una joven y hasta pensaba en casarse; sobre todo, ella tenía mucho interés en casarse con él», reveló el arquitecto Osvaldo Cáceres, quien se encontraba en Concepción tras haber ganado el concurso para construir el edificio del personal de la universidad. «Pero Violeta pasó a dominar la situación e hizo que él peleara con ella (la muchacha), a la que trataba como "esa india".»[115]

José Miguel Varas, que también participó en el encuentro de escritores, tuvo recuerdos similares. «La relación fue poco duradera y terminó de manera catastrófica», escribió en una novela sobre Escámez, en 2005. «Después del comienzo volcánico de esta relación, ella comenzó a sentir que el interés de la otra parte decaía. Quedaban de juntarse en casa de la madre del pintor a cierta hora y (este) no aparecía. La cantora tocaba la guitarra monótonamente durante un tiempo interminable, mientras la señora María trataba de rellenar el espantoso hueco de la ausencia con palabras.»[116]

Finalmente, el muralista decidió volver con la joven y eso provocó la ira de Violeta, quien encaró a Escámez en público. Abundan los testimonios, a veces contradictorios, sobre cómo y dónde se produjo el quiebre. Unos afirman que Violeta estaba en medio de un recital en la casona, cuando el pintor apareció de la mano con la muchacha. Violeta interrumpió de inmediato su actuación, se dirigió hacia el muralista y le rompió la guitarra en la cabeza.

Otros dicen que, si bien la ruptura fue dramática, no se dio de manera tan violenta. En medio de un acto cultural de la Universidad de Concepción, Violeta habría visto a Julio con la jovencita y comenzó a gritar y montar un escándalo. Avergonzado, el artista accedió a irse con Violeta a otro lugar para resolver sus diferencias y acordar la ruptura definitiva.

Como fuese, a partir del quiebre comenzó a circular uno de los mitos más persistentes sobre la supuesta personalidad explosiva de la folclorista: su costumbre de romper guitarras en las cabezas de los hombres. Incluso su hermano Nicanor se hizo eco de estas historias. «Creo que rompió cuarenta y ocho guitarras en la cabeza de gente»,[117] afirmó a inicios de los años ochenta.

A diferencia de la ruptura con sus dos maridos, Luis Cereceda y Luis Arce, a quienes apenas mencionó en su autobiografía poética, Violeta habló de Julio tres veces en sus *Décimas*. Desde luego, pudo haber influido el hecho de que estaba escribiendo dicho libro durante su estancia en Concepción. La primera pieza dedicada al muralista se tituló «Engaños en Concepción».

> Fui dueña del clavel rojo,
> creí en su correspondencia,
> después me dio la sentencia:
> no es grano sino gorgojo,
> fue por cumplir un antojo,
> me dice la flor del mal,
> yo soy un hondo raudal
> d'espumas muy apacibles
> y el remolino temible
> abajo empieza a girar.[118]

Y pocas páginas más adelante, Violeta agrega:

> Le digo que en Concepción
> sufrí muy grande amargura
> que a punto de la locura
> me tuvo el desasosiego
> y al señor juez yo le ruego:
> senténcieme con premura.[119]

Violeta se cobraría la mayor venganza artística en su próximo disco, donde le dedicó un ácido tema a Julio Escámez.

Mientras la cantante lidiaba con el desamor, su actividad no decaía. El 22 de enero, Violeta inauguró el Museo Nacional de Arte Folclórico Chileno, una de las labores que le había encargado la Universidad de Concepción. Pero el ambicioso nombre, a decir verdad, le quedaba grande a la iniciativa real. Violeta Parra usó una de las habitaciones de la Escuela de Artes para exponer guitarrones, kultrunes, fotografías, un pandero, una matraca, un gramófono, tres arpas y un par de zuecos, además de las transcripciones de varias canciones recopiladas en esa zona, y denominó a esa colección como museo. Una parte del material lo aportó ella misma a partir de sus investigaciones previas. Con el tiempo, muchos de estos artefactos se perdieron y hoy sólo queda una fracción en el Museo Pedro del Río Zañartu de Hualpén, ubicado cerca de la desembocadura del río Biobío.

Cabe aclarar que el museo nunca fue una prioridad para Violeta. Su interés estaba centrado en la recopilación folclórica. Y las autoridades de la universidad lo sabían e incluso accedieron a que la folclorista se trajera un ayudante desde Santiago para transcribir los cantos. Nuevamente se trataba de Gastón Soublette, que llegó en febrero para encargarse de esa labor. «La universidad me contrató para transcribir todo lo que Violeta recopiló en la zona; salimos a terreno y conocí a los cantores que ella ya había detectado en los campos vecinos a Concepción.»[120]

Como siempre, la relación entre ambos fue tensa. Si bien Soublette la acompañó eventualmente en el trabajo de campo, la mayoría del material que debía transcribir era el que Violeta le enseñaba en su cuarto. Y el musicólogo se desesperaba a veces porque la folclorista nunca repetía una canción de la misma manera.

—Pero Violeta, ¿la canción cómo es? ¿Cómo la tocaste la primera o la segunda vez? —le preguntaba Soublette.

Ella se impacientaba ante tanto tecnicismo y, en un arranque de rabia, le espetó:

—A ti, pituco [casi un improperio], lo único que te interesa son las partituras, no la música de verdad.

Los encontrones dieron paso a una pelea descomunal en la que Soublette rompió todas las partituras y salió furioso de la habitación de Violeta. Poco después, ambos se reconciliaron; y años más tarde, Gastón Soublette recordaría:

Entendí entonces que su creatividad, su coraje y la fuerza de su personalidad conllevaba una cara oculta de su ser donde se aposaba periódicamente una sustancia amarga e iracunda [...]. Era el precio que ella debía pagar por ser una persona excepcional, una mujer superdotada [...]. Su humor era cambiante y todos los que la frecuentamos conocimos las buenas y malas experiencias de enfrentarse a ella y compartir tanto sus alegrías como sus rabias y quebrantos [...]. Su parte luminosa era, en verdad, deslumbrante. Pocos seres he conocido tan dotados para la alegría, como también para la generosidad y el reconocimiento del otro. Pero los roces violentos que se producían cuando ella estaba de mal humor, provocaban a quienes la frecuentaban actitudes de retraimiento y alerta que, con el tiempo, daban buen resultado, hasta constituirse en toda una estrategia de trato. Porque con Violeta había que ser atinado si uno quería conservar con ella una buena relación.[121]

El Museo Pedro del Río Zañartu conserva hasta hoy las transcripciones que Soublette y Parra realizaron a comienzos de 1958. Y en el mural de la Farmacia Maluje, declarado Patrimonio Nacional en 2015, la que despunta todavía es Violeta Parra, y no la polola oficial de Julio Escámez.

Marzo, 1958

Uno de los misterios del paso de Violeta Parra por Concepción se relaciona con el famoso guitarrista clásico Andrés Segovia. Este intérprete español fue quien convirtió a la guitarra, considerada desde siempre como un elemento de la música popular, en un instrumento de música docta.

En una entrevista que la cantante dio en marzo de 1958, afirmó que Segovia fue para ella una figura clave. «Para componer y para interpretar tuve que aprender a tocar guitarra [...]. Me enseñó Andrés Segovia en Concepción, y así descubrí que lo que había hecho hasta ahora estaba totalmente equivocado. No sabía poner las manos en la guitarra, ni tocarla como corresponde. Una vez que dominé lo que me enseñó Segovia, me puse a componer temas musicales suaves, melodiosos»[122], dijo la folclorista.

Sin embargo, no existe constancia documental de que el músico hispano estuviera en Concepción por esas fechas. ¿Aprendió Violeta las técnicas del maestro a través de otros músicos que sí estuvieron en la Escuela de Verano? Tal vez. El guitarrista Eulogio Dávalos pasó por la ciudad en esa época y, pese a sus trece años de edad, ya era considerado un prodigio. De hecho, a los nueve, en 1954, había realizado una gira por todo el país, mostrando sus dotes en la guitarra clásica; y a fines de 1958 había ido a España becado por el mismísimo Segovia. Más adelante, Violeta y Eulogio tocarían juntos en París.

Respecto al ámbito doméstico, Violeta decidió matricular a Ángel en el Liceo Enrique Molina. Su hijo ingresó a esa escuela estatal después de rendir exámenes libres, ya que nunca antes había asistido a un colegio. Con Ángel internado, de lunes a viernes Violeta aprovechó para irse a Santiago con el objetivo de grabar un nuevo disco y dar entrevistas sobre su reciente quehacer. Mientras su madre estaba en la capital, Ángel ingresó también a las Juventudes Comunistas y formó, junto a varios compañeros de liceo, su primer conjunto musical, llamado Los Norteños. Los muchachos incluso grabaron un pequeño disco: *Cuatro villancicos chilenos*.[123] Siguiendo la senda materna, dos canciones provenían del canto popular, que Ángel aprendió de la propia Violeta, y dos fueron composiciones propias del joven de catorce años.

A fines de mes, Violeta Parra entró a los estudios de Odeon en Santiago para grabar el segundo volumen de la serie *El folklore de Chile*. En este disco registró por primera vez el canto a lo divino titulado «El rey Asuero», que había recogido unos años antes de Emilio Lobos, el campesino del fundo Santa Rita. También incorporó canciones que acababa de recopilar en las cercanías de Concepción. En el álbum se publicaron, además, tres temas que había compuesto Violeta con referencias nítidas a su biografía y experiencias recientes.

El primero se llamaba «La muerte con anteojos» y estaba dedicado a su ex amante Julio Escámez. La letra, que Violeta también incluyó en sus *Décimas*, era devastadora.

> To'as las noches conmigo
> se acuesta a dormir un muerto.
> Aunque está vivo y dispierto
> —confuso es lo que les digo—
> es una mortaja, amigo,
> que se alimenta de hinojos. […]
>
> Una mujer deshonesta
> le hizo perder el criterio.
> Esto pa'naide es un misterio

Curiosamente, la ilustración de la portada era un dibujo de Julio Escámez.

La segunda canción compuesta por Violeta era un canto a lo humano y relataba la tormentosa relación laboral con Gastón Soublette. Se titulaba «Verso por desengaño»:

No tengo la culpa, ingrato,
de que, entre los dos, el diaulo
por tres o cuatro vocablos
nos cause tan malos ratos.
De hacerte sufrir no trato,
aunque así parezca el caso. [...]

Como dos malas mujeres
peleamos sin razón. [...]
Si no me río, te enojas,
y si me río, tam'ién.

Y el tercer tema propio se llamaba «Cueca larga de los Meneses», que era uno de los escritos del recién estrenado poemario de Nicanor, *La cueca larga*. Los hermanos se habían influenciado mutuamente para quebrar los esquemas tradicionales, tanto de la poesía como del canto popular. «Ella quería romper todos los esquemas. Andaba en la misma onda de su hermano Nicanor»,[124] recordó Osvaldo Cádiz.

Mientras grababa este disco, Violeta volvió a recurrir a los periodistas que siempre habían informado acerca de sus pasos. *Ecran* publicó que había recibido la visita de la cantante, la cual llegó a la redacción «con ocho kilos menos y una máquina Agfa colgando de su cuello».[125] En el artículo se aseguraba que Violeta había adquirido la cámara fotográfica para documentar sus investigaciones folclóricas en la región de Concepción. E intrigado por las composiciones intelectuales de la cantante, el periodista afirmaba: «Para interpretar sus composiciones atonales hace un dibujo mental del movimiento de sus dedos sobre la guitarra y lo repite cada vez que toca. Ha tenido muy buenas críticas de Acario Cotapos y de Enrique Bello».[126]

Abril, 1958

Concepción era uno de los núcleos de la vida cultural y artística chilena. Ello se debía en gran parte al impulso modernizador que el rector David Stitchkin le dio a la universidad. El empuje no sólo consistió en incorporar nuevas carreras científicas y equiparlas con laboratorios de vanguardia tecnológica, sino también en fomentar los encuentros vinculados al arte y el pensamiento humanista.

Por la ciudad, que en esos años se estaba industrializando a pasos agigantados, no sólo pasaban luminarias consagradas como Pablo Neruda, sino también creadores en ciernes, como Nemesio Antúnez.

Violeta lo conoció en enero, durante las actividades de la Escuela de Verano, y pronto cimentaron una amistad perdurable. Se admiraban recíprocamente. Tanto así, que la cantante hizo una pequeña obra llamada *Los manteles de Nemesio*. Era una pieza musical para guitarra y voz soprano; y para componerla, Violeta había encontrado la inspiración en un cuadro de Antúnez. «En Concepción mi mamá tuvo una vida de creación riquísima», comentó Ángel. «Por ahí pasaban tantos intelectuales y fue ahí cuando mi madre conoció a Nemesio y compuso "Los manteles".»[127]

A lo largo de los años académicos y familiares de la artista han realizado referencias a esta obra que, supuestamente, seguía la línea de la música atonal con la cual venía experimentando. No existe, sin embargo, ningún registro grabado de esta pieza.

Lo mismo sucedió con otra canción que Violeta compuso en esos días. Su amistad con el poeta Gonzalo Rojas, amigo de Nicanor desde los tiempos del INBA, la llevó a musicalizar su poema «Sátira a la rima». Pero la cantante retituló la letra como «Los burgueses». Hoy tampoco perduran registros grabados de aquel tema, que decía así:

> He comido con los burgueses,
> he bailado con los burgueses,
> con los más feroces burgueses,
> en una casa de burgueses.
> [...]
>
> Atrincherados tras la mesa,
> pude verlos tal como son:
> cuál es su mundo, cuáles son
> sus ideales: ¡la plata y la mesa!

Era la primera vez que Violeta interpretaba una canción con un contenido político clasista tan claro, lo que venía a refrendar de paso su constante recelo ante las capas pudientes. La letra, además, parecía anticipar sutilmente algunas escenas de la premiada película de Luis Buñuel *El discreto encanto de la burguesía* (Francia, 1972).

El museo que le había encargado la Universidad de Concepción no avanzó mucho durante abril. Violeta agregó a la habitación de la Escuela de Artes algunos zuecos y fotografías que había tomado en sus recorridos. También se dedicó a transcribir a máquina sus recopilaciones, acompañadas de las partituras que confeccionaba Soublette.

Aun cuando Violeta tenía descuidado el museo, sus exploraciones en la región estaban en buen pie. Rancho por rancho, caserío por caserío, la folclorista iba reconstruyendo fragmentos de canciones populares. Uno de los cantos con los que se encontró correspondía a un antiguo romance español del siglo XV o XVI, cuyo origen se remontaba inclusive a la Antigua Grecia. La folclorista halló pedazos de este romance en varios pueblitos; y al final, habiendo reunido todos los trozos, pudo interpretar la canción «Blancaflor y Filumena», con claras referencias al medioevo ibérico:

> El duque don Bernardino
> al anca se la llevó
> y, en el medio del camino,
> su pecho le descubrió;
> después de cumplir su gusto,
> la lengua se la cortó.
>
> Con la sangre de su lengua
> ella una carta escribió
> a un pastor que va pasando
> que por señas lo llamó.

En septiembre de 1959, «Blancaflor y Filumena» fue incluida en el disco *La tonada presentada por Violeta Parra*, que era el cuarto volumen de la serie *El folklore de Chile* del sello Odeon. El arte de portada, donde podía apreciarse, de manera algo abstracta, a una cantante cabizbaja y de trenzas largas, era obra de Nemesio Antúnez.

La cantante proseguía con sus labores de recopilación y la vida en la casona continuaba por la senda bohemia. Pablo de Rokha se había instalado en Concepción y recorría la ciudad con una maleta repleta de sus libros de poemas, los cuales trataba de vender a cualquier transeúnte, como si fuese un vendedor ambulante.

Óscar Tole Peralta, director de la Escuela de Artes de la Universidad de Concepción y dueño de la galería El Sótano, también formaba parte del grupo que animaba las fiestas nocturnas de la casona. El escritor Daniel Belmar, y por cierto Violeta Parra, eran otros miembros de esta tropa.

El grupo se solía reunir de noche para compartir comilonas descomunales. La mayoría de las veces era Violeta quien se encargaba de preparar varios platos de comida criolla. De Rokha, que ya había pasado los sesenta años y tenía una barriga prominente debido a su gusto por la buena mesa y el vino, era quien más animaba estas reuniones. Buen amigo de Violeta, en uno de los festines le aconsejó: «No hay que temerle a la muerte antes de que llegue, es como inventarla».[128] El poeta y la folclorista acostumbraban conversar bastante acerca de estos temas. «Después, cuando llega la muerte, ¡qué importa!», reafirmaba el vate, archienemigo de Neruda y candidato a ser el poeta oficial del Partido Comunista.

En septiembre de 1968 el poeta se suicidó con un balazo en la boca. Lo hizo un año y medio después del disparo en la sien que terminó con la vida de Violeta.

Mayo, 1958

Los meses dedicados a recopilar música y compartir con las nuevas amistades estaban llegando a su fin. Violeta Parra lo sabía. El 22 de mayo le envió una carta al rector de la Universidad de Concepción en la que le pedía ayuda para financiar un viaje a Europa. En esa misiva le agradeció a David Stitchkin por los seis meses de trabajo y contrato, afirmando que «sólo una personalidad de la categoría universitaria como la suya ha sabido valorar mi modesta tarea como investigadora e intérprete del folclor nacional, estimulándome a proseguir incansablemente en este noble y arduo oficio que es el descubrimiento de Chile». Tras agradecerle la remuneración de mayo, la folclorista le hizo un pedido.

Me permito, por último, poner en su conocimiento que dentro de pocos meses voy a hacer mi segundo viaje a Europa, con el propósito de divulgar primero en ese continente y después en todo el mundo la música chilena. Honrosísimo sería para mí realizar tal jira [*sic*] en combinación y relación con esta Universidad, de tal modo que allí donde yo actuara apareciera a la vez el nombre de la Universidad de Concepción. Para cumplir dicho cometido sólo aspiraría a que la Universidad me ayudara con el pasaje y las credenciales del caso. El valor del pasaje en tercera clase lo calculo en quinientos mil pesos. Todos los demás gastos correrían por mi cuenta. Al proponerle esto no me anima otro deseo que el de seguir vinculada a esta Casa de Estudio que tanto quiero. Espero su respuesta, a través de Gonzalo Rojas, antes de intentar una consulta semejante con alguna institución cultural del país.

Le reitero, don David, mi más profundo agradecimiento y sigo, como hasta ahora, a sus gratas órdenes.

VIOLETA PARRA[129]

Las autoridades de la universidad tardaron en contestarle. Mientras Violeta esperaba, el país y el mundo entero estaban atentos a otra hazaña tecnológica de la Unión Soviética. Los periódicos anunciaban que el sábado 25 de mayo, a las 20.52 horas, se iba a avistar desde Chile el paso del satélite ruso Sputnik III.

Pasadas dos semanas se reunió el Consejo de Directores de la universidad, pero este decidió retrasar nuevamente la respuesta, a la espera de que el rector Stitchkin, quien había llevado a Violeta a Concepción, volviera de una gira. Finalmente, a las 11 de la mañana del día lunes 16 de junio el directorio, con la presencia del rector, decidió rechazar el pedido de la folclorista. En el acta de esa sesión se consignaba:

> De una nota de la señora Violeta Parra pendiente de la sesión anterior en que solicita la ayuda económica de la universidad para un viaje a Europa que tiene por objeto la divulgación la música folklórica chilena: se acordó contestar a la señora Parra expresándole que la Corporación lamenta muy de veras no poder acceder a su petición en vista del estado de las finanzas universitarias y a la vez agradeciéndole la magnífica labor que recientemente ha cumplido en la universidad.[130]

Aunque pedía poco para viajar, una vez más el deseo de Violeta de poder retornar a Europa quedaba trunco. Sin trabajo estable y con una nueva frustración amorosa a cuestas, Violeta y sus dos hijos emprendieron el regreso a Santiago. Camino a la capital se detuvieron unos días en Chillán para ofrecer unos recitales en la Escuela de Invierno de la sede de la Universidad de Concepción en esa ciudad. La actividad, realizada ya en julio, no logró levantarle el ánimo a Violeta.

Al llegar a Santiago la cantante se encerró por varias semanas en un estudio de la calle Estado. No quería saber de nada ni de nadie. Ni siquiera de sus hijos. En esa reclusión compuso una pieza que los músicos doctos consideran hasta el día de hoy una obra maestra.

CUARTA PARTE

Violeta la revolucinaria
(1959-1965)

Yo canto la diferencia que hay de lo cierto a lo falso.
De lo contrario no canto.

VIOLETA PARRA

«EL GAVILÁN»

A comienzos de diciembre de 1959 decenas de miles de santiaguinos concurrieron a un evento cultural inédito en la capital: la
Primera Feria de Artes Plásticas.

Se trataba de una muestra al aire libre donde pintores, ceramistas, grabadores, escultores y otros artistas exhibían, por primera
vez, sus obras a un público masivo. La feria se ubicó en el tradicional Parque Forestal, en la ribera sur del Mapocho. A lo largo de una
franja de trescientos metros, entre los puentes Purísima y Loreto,
los expositores mostraban y vendían sus trabajos.

Organizado por un grupo de profesionales independientes interesados en difundir el arte popular y encabezados por el abogado
Germán Gassman, quien después fue director del Museo de Arte Moderno de Santiago, el evento contó con el apoyo de algunas empresas
y de la Universidad de Concepción, cuyo rector, David Stitchkin,
contribuyó con una suma para premiar las mejores obras. La Universidad de Chile, en tanto, había decidido no auspiciar la iniciativa.

Tanto fue el interés que al inaugurarse la feria, el sábado 5 de
diciembre, asistieron los senadores Eduardo Frei Montalva y Salvador Allende. Este último había perdido en septiembre de 1958

la elección presidencial —contra el candidato de la derecha Jorge Alessandri— por un estrecho margen, y todo indicaba que volvería a presentarse para las elecciones de 1964. Algo similar ocurría con el senador Frei, quien estaba convirtiendo a su partido, la recién creada Democracia Cristiana, en una potente fuerza política, y aspiraba a conquistar el poder en los próximos comicios.

En la muestra del parque participaron tanto artistas consagrados como productores desconocidos de los principales centros artesanales del país: Quinchamalí y Pomaire.

En la mitad había un puesto que contaba con sus propios amplificadores y que terminaba imponiéndose a la música oficial de aquella feria. Era el pequeño sitio que ocupaba Violeta Parra.

«Ella aportó complicaciones», afirmaba a la sazón una crónica de prensa. «Todo el día transmite sus canciones a gran volumen.»[1] Molestos, los expositores vecinos decidieron cortarle la corriente. Después de una pelea, pudo llegarse a un acuerdo: Violeta bajaría los decibeles para que su música sólo se escuchara en su stand, y así la dejarían cantar a capela y tocar la guitarra.

Pero ¿qué hacía la folclorista y recopiladora de cantos campesinos en una exposición de artes plásticas?

Todo comenzó con una hepatitis. En cama durante un mes, Violeta trató de entretenerse con otras formas de arte. «No podía quedarme inactiva, ya que ni cantar ni tocar la guitarra me estaba permitido. Un día tomé un trozo de arpillera y un poco de lana y bordé; no dio nada interesante, pero luego volví a comenzar con nuevas ideas.»[2]

De esta manera, en julio de 1959, Violeta inició una nueva etapa en su voluntad de experimentación. Además de dedicarse a bordar cuadros desde su lecho de enferma, intentó realizar cerámicas y pintar al óleo. Su amiga Silvia Urbina recordó cómo fueron esas semanas:

Tenía las sábanas pintadas, las almohadas, todo pintado, porque como era ella, pintaba y limpiaba los pinceles en la almohada. Entonces yo le digo: «Pero Violeta, ¡cómo se te ocurre! ¿Vas a dormir en eso, con ese olor?». Y me contestó: «Un olor más, un olor menos». Y así comenzó a pintar, para aprovechar el tiempo, porque le habían dicho que tenía que estar un mes en cama: «¡Un mes me dejaron aquí!», y van garabatos p'arriba y p'abajo. De repente llegaba yo o llegaba el Ángel a verla y no tenía más que una pura cebolla y ajo y pan duro, y con eso te hacía una sopa.[3]

Como sucediera tantas veces, Violeta reclutó a sus familiares para atenderla. Ángel se quejaba de esa «vieja mañosa», pero corría para complacer a su madre. También su nieta Tita tenía que participar en la nueva obsesión artística de Violeta. Y aunque Cristina apenas tenía tres años, igual recordaría esas semanas claves. «La Violeta estaba en cama bajo reposo para sanarse de la hepatitis, ocupando su tiempo en las arpilleras, cuando no se le ocurre nada mejor que le llevemos al perro para sujetarlo de pie y que ella pudiera bordarlo. Nos costó un mundo mantener al perro con esa postura, pero así quedó perfectamente bordado.»[4]

A sugerencia de su hermano Nicanor, esa arpillera, de 136 por 46 centímetros, se llamó *La cantante calva*, ya que las tres mujeres que aparecían en ella no tenían cabello: la propia Violeta, Isabel y Tita parada junto al perro. La colorida obra tenía toques del *naif* europeo y, sobre todo, del arte que Occidente venía conociendo en países remotos de África o Asia.

Siempre segura de sí misma, Violeta estaba convencida de que lo que estaba haciendo era arte avanzado. Con sus anticuecas ya había deslumbrado a los académicos y los músicos doctos. Y además había gente que empezaba a impresionarse con sus obras visuales. «Un ingeniero dijo que mis tapices eran arte y, confiando en su afirmación, proseguí mi labor.»[5]

En diciembre se inscribió para participar como expositora en la feria del Forestal. Algunas fotos en blanco y negro muestran a la artista rodeada de sus artefactos. Violeta no sólo exponía las obras terminadas, sino que se dedicaba a crear nuevas piezas in situ.

El éxito, sin embargo, no fue absoluto. Sus pequeñas obras, como arpilleras, óleos y cerámicas, estuvieron lejos de concitar el respaldo unánime de la crítica y del público. «Violeta Parra sigue teniendo más éxito como folklorista que como novel ceramista», diría una reseña del periódico *La Nación*. «La gente acude a su stand mejor para escucharla cantar que a ver sus cerámicas».[6]

Efectivamente, la música nunca faltaba en el puesto, ya fueran las reproducciones en tocadiscos de sus cuecas y tonadas, incluyendo desde luego sus grandes éxitos como «Casamiento de negros», «La jardinera» o «Qué pena siente el alma», o cuando Violeta tomaba la guitarra para cantar al aire libre.

Miguel Letelier fue uno de los personajes que pasó por ahí. El músico, quien conocía a la cantante hacía años, se acercó al lugar motivado por la aglomeración que rodeaba a Violeta. La folclorista estaba interpretando una complicada pieza de guitarra mientras cantaba en tonos disonantes.

Cuando Violeta terminó de tocar, el público estalló en aplausos. Letelier estaba impactado.

—¿Qué estabas tocando, Violeta? —le preguntó.

Ella le explicó que pensaba convertir esa composición en una obra teatral o de ballet. El nombre que le puso era «El gavilán».

—Violeta, esto es extraordinario —comentó con entusiasmo el músico—. ¿Tú conoces a Stravinsky?

Según recordó el propio Letelier, la folclorista lo miró extrañada y contestó:

—No sé quién es.

—¿Y a Debussy? —insistió el músico, quien consideraba que en «El gavilán» se usaban escalas típicas del impresionismo francés.

—Tampoco.

—¿Isaac Albéniz?

—Es un músico —contestó Violeta—. Pero no, no lo he escuchado nunca.

«¿De dónde sacó ella todo eso? Tuvo una intuición musical mucho más allá del folclor», afirmaría Letelier en un documental sobre Violeta, en 2013.[7]

Pero, en contradicción con este testimonio, Ángel afirmó que a su madre siempre le gustó Stravinsky y que incluso tenía un vinilo del músico ruso, que solía oír cuando la familia adquirió su primer tocadiscos a fines de los años cuarenta.[8]

La gestación de «El gavilán», que hasta el día de hoy los expertos musicales consideran una pieza cumbre de Violeta Parra, se produjo en un momento oscuro en la vida de la artista.

Poco después de terminar su labor en la Universidad de Concepción, y luego de que esa institución rechazara su solicitud de financiamiento para un viaje en tercera clase a Europa, Violeta cayó en una depresión. Como escribió su amigo Alfonso Alcalde, «la Violeta andaba a los tumbos después de que la Universidad de Concepción la cesanteó [...], flaqueó en esta época, pero no le daba ni por el trago ni por la comedura».[9]

Al retornar a Santiago se encerró en una pequeña habitación en el departamento de su nuevo amigo Enrique Bello, director de la revista *ProArte*, quien le dio alojamiento mientras esperaba que en su parcela de Ñuñoa se construyera una casa nueva. El dinero para edificar lo que actualmente se conoce como la Casa de Palos provino de un juicio internacional por derechos de autor. En 1957, la orquesta estadounidense liderada por Les Baxter, que se especializaba en reescribir música de todo el mundo, había grabado un disco para el sello Capitol Records. El segundo tema de ese álbum titulado *Round the World with Les Baxter* («Alrededor del mundo con Les Baxter»), se llamaba «Crazy Chilean Song» («Loca canción chilena»), y era nada menos que «Casamiento de negros».

Los detalles del litigio llevado adelante por la Universidad de Chile —que por entonces estaba a cargo de los derechos de autor en el país—, no están claros. Lo que sí se sabe es que Violeta ganó, y que el estadounidense tuvo que pagarle una indemnización.

Pero la perspectiva de tener una mayor comodidad financiera no era algo que apaciguara el ánimo de Violeta. La propia folclorista comentó muchas veces que su relación con el dinero era ambigua. Por un lado, demandaba pagos y se quejaba por su falta de plata. Y en ello podía ser bastante agresiva. De hecho, en sus últimas semanas en Concepción se peleó con Óscar «Tole» Peralta, el director de la Academia de Arte. La razón del enfrentamiento fue precisamente el dinero. Violeta sentía que había realizado demasiadas cosas de manera gratuita para la comunidad universitaria y que ello merecía un reconocimiento mayor al acordado. Peralta no pensaba lo mismo.

La pelea fue tan feroz que nunca más se volvieron a hablar. Carmen Luisa, de unos ocho años por entonces, recordó algo de esa ruptura. «El trabajo en Concepción terminó muy mal, con una pelea terrible con el Tole Peralta. Por cuestiones de plata, porque nosotros estábamos viviendo muy mal en la universidad y mi mamá se estaba sacando la mugre.»[10]

Distinto era cuando Violeta tenía dinero. Lo gastaba en insumos artísticos —pinturas, alambres, cámaras fotográficas, instrumentos musicales— o simplemente lo regalaba entre sus familiares y amigos. «Yo y los negocios —declaró resignada en 1964—. A mí me pueden ofrecer una parcela en el cielo y yo la compro.»[11]

Encerrada en el departamento de su amigo, Violeta no quería saber nada de nadie. Jimena Pacheco, una adolescente cercana al hijo mayor de Bello, recodaría que Violeta pasaba sentada en el suelo del living, con la guitarra sobre su regazo. «La veía cuando entraba. Yo me decía: "¿Por qué no se sienta en una silla o el sillón?".» La joven alumna del Liceo Manuel de Salas, que años después sería la secretaria personal del escritor y senador comunista Volodia Teitelboim, retuvo en su memoria esas escenas recurrentes. «Nunca la escuché cantar, sólo estaba sentada en el suelo pulsando las cuerdas o sacando acordes. Tampoco vi nunca a sus hijos ahí.»[12]

Quien tenía permitido visitarla de vez en cuando era la fotógrafa Adela Gallo. Se habían conocido en la casa de Pablo Neruda a comienzos de la década. Adela era tan excéntrica como Violeta. De veinteañera fue una de las primeras mujeres chilenas en convertirse en conductora de camiones e incluso llegó a ser dirigente sindical de los choferes en el norte. «A Violeta le gustaban las fotos que yo sacaba. Y me las pagaba, cosa rara entre los artistas de esa época.»

La amiga de Violeta era la única que contaba con una llave para entrar a su pieza, amoblada con un colchón y nada más. Adela Gallo recordó que todos los días la iba a ver a la hora de almuerzo y le llevaba comida, pero la cantante rara vez comía. «Yo le llevaba un bife hecho para que comiera, pero ni eso quería. La Violeta tuvo una crisis [...] y se encerró en un estudio en la calle Estado. Era del tipo amurrado. No quería ver a nadie, no quería que entrara nadie, estaba furiosa», afirmó la fotógrafa en una entrevista poco antes de su fallecimiento, en 1984.

En esas visitas diarias, Violeta le iba mostrando sus creaciones recientes. «Ella me tocaba lo que había compuesto, que era maravilloso, por cierto. Y así fue componiendo "El gavilán".»[13]

Casi un año y medio después, Violeta estaba interpretando esa obra en el Parque Forestal, ante un consternado Miguel Letelier.

—Violeta, ¡debes anotarlo! ¡Debe quedar un registro de esto! —le dijo el músico, que se ofreció para transcribir la pieza en partituras.

—Bueno, está bien —le contestó la cantante, y fiel a su costumbre de madrugar, agregó: —Te espero mañana a las seis de la mañana en mi casa.

Durante una semana completa, Letelier fue todas las mañanas a la Casa de Palos, donde ambos se instalaban debajo de un parrón para trabajar. «Ella tocaba de oído y yo escribía con mucha dificultad, porque cada vez que cantaba una frase la cantaba distinto, cambiaba una nota y cambiaba otra», contó el músico.[14]

Una vez terminada la transcripción, Letelier aprovechó para grabar un registro de «El gavilán» en cinta magnetofónica. Sería la primera de tres grabaciones caseras que Violeta dejó de esta obra, la que, en palabras del cantautor cubano Silvio Rodríguez, constituye «la tesis de continuidad y ruptura más contundente que le había escuchado a un cantor latinoamericano: era compromiso y libertad, ortodoxia e iconoclastia».[15]

A pocas semanas de su colaboración con Miguel Letelier, Violeta Parra visitó a su comadre Margot Loyola para mostrarle la obra. «En esta época Violeta comenzó a romper los esquemas, alejándose de su primera etapa que fue muy apegada a las raíces», diría Osvaldo Cádiz, el esposo de Loyola. «Ella quería a toda costa que Margot cantara "El gavilán", y su sueño era que la obra estuviera interpretada por la Orquesta Sinfónica.»[16]

La propia Margot tuvo recuerdos similares. «Violeta vino a mi casa e hizo la grabación [de "El gavilán"]. En principio iba a ser una pieza para canto, instrumentos y danza. Y tenía en mente que Patricio Bunster interpretara la coreografía y yo la cantara [...]; después su idea se perdió en el tiempo. "El gavilán" nunca se hizo como ella lo había concebido originalmente.»[17]

En la casa de Margot, Violeta Parra grabó la segunda versión de la pieza. Se supone que el registro sonoro se encuentra actualmente en el Fondo Margot Loyola de Investigación y Documentación de la Música Tradicional Chilena, en la Universidad Católica de Valparaíso. Sin embargo, en los índices bibliotecarios de esa casa de estudios no aparece por ningún lado.

Estando en París en 1964, Violeta grabó la tercera versión de «El gavilán» junto al grupo de música andina Los Calchakis. Nuevamente se trató de un registro amateur y, al fin y al cabo, la cantante nunca editaría esta obra legendaria como parte de un disco. La segunda y tercera versiones no eran idénticas a la que había registrado para Miguel Letelier. Y la razón era sencilla: Violeta simplemente tocaba y cantaba de memoria.

Para los entendidos, no obstante, Violeta se estaba revelando como un músico capaz de alcanzar —aunque creara de manera intuitiva— los más altos cánones de composición. A partir de «El gavilán» y las anticuecas, la fascinación de la academia con su música fue constante. Acaso la propia folclorista hubiese rechazado los análisis que la harían objeto, o al menos se hubiese extrañado de ellos. Una experta escribió:

Se mantiene el concepto sintáctico gravitacional de un acorde generador y de una tónica, mas no siempre ese acorde tendrá sentido conclusivo; por el contrario, la puntuación sintáctica de orden suspensiva es lo más frecuente. Se suceden antecedentes interrogativos sin encontrar consecuentes conclusivos. En ocasiones se soslaya la función conclusiva y se quebranta la tonalidad modulando a tonalidades lejanas, e introduciendo alteraciones cromáticas en interesantes pasajes disonantes [...] El uso divergente de la tonalidad con cromatismos armónicos y ornamentales, las disonancias no resueltas, conducen [...] a episodios en los que aparecen doce tonos. Esto señala el alto grado de elaboración lingüística a que llega Violeta Parra.[18]

Pero la propia Violeta reiteró que no tenía conciencia académica de lo que estaba creando. «Yo no sé música. De pronto mis manos juegan sobre las cuerdas y toco algo nuevo. No puedo escribirlo, porque tampoco soy capaz. Sencillamente lo memorizo —afirmó en una entrevista—. Después cuando los entendidos oyeron mis pequeñas composiciones, me aseguraron que yo creaba en la escala dodecafónica. Nunca lo presentí... porque ignoraba lo que era eso.»[19]

Sólo en una ocasión habló públicamente acerca de «El gavilán». Participando en la Escuela de Verano de la Universidad de Concepción en enero de 1960, Violeta concedió una extensa entrevista a Mario Céspedes, conductor de la radio de esa institución. Vale la pena detenerse en algunos pasajes donde la folclorista se explaya un poco acerca de esta obra.

MARIO: Decíamos que además ha compuesto últimamente lo que podríamos llamar música culta.

VIOLETA: Sí.

MARIO: Es decir, ha escrito música para ballet. Y en estos instantes está entregada a esta creación a través de un ballet que se titula «El gavilán»... que representa, como decía la misma Violeta, la lucha entre el bien y el mal, entre el poder y la debilidad...

VIOLETA: Eso.

MARIO: ... entre el hombre que es fuerte y el hombre que es débil.

VIOLETA: Eso es, justamente.

MARIO: Pero lo curioso de este ballet es que todos sus elementos están tomados del folclor y de las costumbres de Chile, tanto los elementos literarios como los musicales de él.

VIOLETA: Claro, y en cuanto a los bailes, van a ser también tomados de los bailes auténticos que conozco en el norte, en el sur y en el centro. El tema de fondo es el amor. El amor que... que destruye casi siempre, no siempre construye. [...] «El gavilán» tiene guitarras, arpas, tambores y trutrucas. Es una mezcla.

MARIO: Esto secundado por una masa orquestal, ¿no es cierto?

VIOLETA: Desde luego, la sinfónica... Y van a haber voces. Este canto tiene que ser cantado incluso por mí misma. Porque el dolor no puede estar cantado por una voz académica, una voz de conservatorio. Tiene que ser una voz sufrida como lo es la mía, que lleva cuarenta años sufriendo. Entonces, hay que hacerlo lo más real posible, ¿ve? Entonces voy a tener que cantar yo esta, esperar a que mi garganta esté en condiciones y cantar yo este ballet. Pero secundada, afirmada por coros, por coros masculinos y femeninos.[20]

EL DUENDE Y LA «NUBECITA»

A comienzos de los años treinta, Federico García Lorca realizó una gira por Sudamérica. El 20 de octubre de ese año, el poeta andaluz de treinta y cinco años ofreció una conferencia ante la Sociedad de Amigos del Arte de Buenos Aires. Ahí expuso acerca de los duendes.

«En toda Andalucía, roca de Jaén o caracola de Cádiz, la gente habla constantemente del duende y lo descubre en cuanto sale con instinto eficaz», afirmó el literato que sería asesinado por tropas franquistas al inicio de la Guerra Civil española. Ese discurso se volvió la «teoría del duende», es decir, un intento por explicar la inspiración o el genio artístico. García Lorca añadió:

Para buscar al duende no hay mapa ni ejercicio [...]. Los grandes artistas del sur de España, gitanos o flamencos, ya canten, ya bailen, ya toquen, saben que no es posible ninguna emoción sin la llegada del duende. Ellos engañan a la gente y pueden dar la sensación de duende sin haberlo, como os engañan todos los días autores y pintores o modistas literarios sin duende [...]. La llegada del duende presupone siempre un cambio radical en todas sus formas. Sobre planos viejos, da sensaciones de frescura totalmente inéditas, con una calidad de rosa recién creada, de milagro, que llega a producir un entusiasmo casi religioso [...]. En toda la música árabe, danza, canción o elegía, la llegada del duende es saludada con enérgicos «¡Alá, Alá!», tan cerca del «¡Olé!» de los toros, que quién sabe si será lo mismo.[21]

El duende del artista andaluz era la «nubecita» de Violeta Parra. Cada vez que la creadora chilena entraba en un trance de creación o se sentía inspirada, le anunciaba a todo el mundo que había llegado la nube. En esos momentos se podía olvidar y abstraer de cuanto sucediera en su entorno. Tomaba la guitarra y se ensimismaba en acordes y melodías, o agarraba cualquier papel, así fuese una servilleta, para anotar rápidamente las letras que se le venían a la cabeza. «Ella estaba metida en su mundo y tenía una cosa, una cosa que era muy importante», recordó Ángel. «A veces se despertaba y nos anunciaba: "La nubecita anda por ahí". Pucha, y llegaba la nubecita y nosotros teníamos que desaparecer porque ella empezaba a crear.»[22]

A diferencia de García Lorca, Violeta Parra nunca dejó por escrito ni expuso de manera pública una teoría propia acerca de lo que, a su juicio, desencadenaba la creatividad. Pero en más de una oportunidad les comentó a músicos más jóvenes acerca del proceso de creación.

En 1966, por ejemplo, durante una gira por el norte de Chile, le dijo al joven cantautor Patricio Manns: «No seas huevón, escribe como quieras. Usa los ritmos que te salgan, prueba instrumentos diversos, siéntate en el piano, destruye la métrica, libérate, grita en vez de cantar, sopla la guitarra y tañe en la corneta. La canción es un pájaro que jamás volará en línea recta, es un pájaro sin plan de vuelo. Odia las matemáticas y ama los remolinos.»[23]

Ese año le dio el mismo consejo a Arturo San Martín, integrante de Chagual, un grupo folclórico que Violeta había tomado bajo su alero. «La canción es un pájaro sin plan de vuelo». Y al igual que Manns, San Martín recordó que la cantante les dijo que las canciones «odian las matemáticas y aman los remolinos».[24]

Muchas veces la nubecita de Violeta se parecía más a una tormenta de verano que desciende con furia pero que pasa con rapidez. Excepto en «El gavilán», que había concebido además como un ballet, por lo general componía un tema entero en pocos días o sólo en unas cuantas horas. «¿Te acuerdas cómo Violeta hacía una canción? ¿Cómo trabajaba?», le preguntó una vez el cantautor Osvaldo Rodríguez a Gilbert Favre, la futura pareja de Parra. «A mí me parece que lo hacía todo de golpe», respondió el suizo. «Con las arpilleras no andaba muy rápido, entonces se aburría y hacía una canción.»[25]

Aunque con menor intensidad, la nube también se le aparecía en sus trabajos de artes plásticas, que desde aquella hepatitis estaba adquiriendo una importancia cada vez mayor. En sus óleos, máscaras de papel maché, esculturas de alambre o tapicerías, se metía el duende andaluz. Así lo expresó la propia Violeta al referirse a sus tapices:

Un día vi lana y un pedazo de tela y me puse a bordar cualquier cosa, pero la primera vez no salió nada [...]. Porque no sabía lo que quería hacer. La segunda vez agarré el pedazo de tela, lo deshice y quise copiar una flor. Pero no pude, al terminar el bordado no era una flor sino una botella. Quise ponerle un corcho a la botella, y este parecía una cabeza. Le agregué ojos, nariz y boca. La flor no era una botella, la botella no era una botella sino una mujer como aquellas que van a la iglesia para rezar todos los días, una beata.[26]

Pero Violeta no veía nada muy especial en su nube. «Todo lo que hago es porque me nace así, escribo, pinto y canto en forma espontánea e instintiva», afirmó en una ocasión; y en otra, coincidentemente, dijo: «Todos podemos inventar, no es [sólo] mi especialidad».[27]

Es probable que la nubecita apareciera con mayor nitidez cuando Violeta avanzó hacia composiciones más abstractas, inspiradas en esos colores del mar que había observado en la travesía marítima de 1956. Es decir, en composiciones musicales como las anticuecas o «El gavilán».

En noviembre de 1961 Violeta Parra sorprendió a muchos al publicar un disco que contenía una serie de canciones completamente atípicas para su repertorio. Si bien la base de muchos de esos temas estaba en los ritmos y las melodías de los cantos campesinos que venía recopilando hace ya casi una década, Violeta comenzó a adaptar la música y no meramente a reproducirla. Además, ya casi todas las canciones venían con sus propias letras. El resultado era un tipo de canto nuevo y más combativo. La nubecita, entonces, daría vida a la cantautora.

Funcionarios, burócratas e imbéciles

Después de fracasar en su intento por volver a Europa de la mano de la Universidad de Concepción, y tras el período de encierro que hizo surgir «El gavilán», Violeta rápidamente recuperó el ánimo. En los siguientes dos años se lanzó a recorrer las latitudes más distantes del país con el fin de recopilar el folclor de esas zonas.

Pero esta vez no sólo quiso plasmar sus experiencias en canciones, sino también dejar testimonios escritos. La primera vez que su nombre apareció encabezando un artículo periodístico fue en diciembre de 1958. *Pomaire*, una revista editada en Santiago y dedicada a las letras y las artes populares, publicó un reportaje de Violeta sobre los velorios de angelitos, donde ella explicaba en profundidad el origen social y musical de esta costumbre en extinción. Los editores se complacieron en contar con la colaboración de «la más genuina cantante chilena».[28]

El año siguiente se dedicó a escribir el libro *Cantos Folklóricos Chilenos*. En este Violeta contaba sobre todo la historia de sus primeras recopilaciones en los campos al sur de Santiago. Por sus páginas desfilaban el profeta Isaías Angulo, Emilio Lobos, Gabriel Soto y Rosa Lorca, entre muchos otros. Varias de las canciones que recogió aparecieron transcritas ahí, junto con las partituras realizadas por Gastón Soublette. También venía con fotografías que Sergio Larraín y Sergio Bravo habían tomado cuando acompañaron a la folclorista.

El libro pasó más bien inadvertido y no adquirió mayor notoriedad hasta que, en 1979, lo volviera a publicar la editorial Nascimento.

No hay reportes de prensa conocidos que hayan reseñado la primera edición, hecha por Zig-Zag en 1959, y sólo dos décadas más tarde los estudiosos comenzarían a darse cuenta del valor de aquel volumen.

El tercer intento por dejar escritas sus experiencias corrió una suerte aún más esquiva. Hasta hoy no existe certeza de cuándo comenzó a escribir las *Décimas* ni de cuándo exactamente las terminó. Nicanor afirmó en una entrevista que Violeta las había escrito de una sola vez, en un lapso muy breve. Pero eso es poco probable. Varios testimonios aseguran que, durante su estancia en Concepción, Violeta consagraba parte de su tiempo a escribir la historia de su vida, y algunos afirman que ya en 1956, estando en París, había comenzado a redactarlas. Lo que sí se sabe es que Violeta dejó de escribir las *Décimas* hacia 1959, por cuanto las últimas entradas se refieren a hechos biográficos de ese año.

Las *Décimas* nunca las publicó en vida. Recién en 1970, tres años después de su muerte, se editó esta autobiografía en cuya introducción se reproducían los poemas que tres grandes autores le dedicasen a Violeta: Pablo Neruda, Pablo de Rokha y Nicanor Parra.

Curiosamente, las *Décimas* no fueron editadas por la Universidad de Chile, institución con la cual Violeta siempre colaboró, sino por la Universidad Católica. En 1971, el diario *El Siglo* señaló:

> El manuscrito del libro corrió una suerte azarosa. Fue iniciado en París. Violeta era desordenada, no se preocupaba de papeles. Una parte de los originales fue enviada por manos anónimas al Ministerio de Relaciones Exteriores. Ahí estaba hasta que lo rescató la Universidad Católica.[29]

No se trataba, sin embargo, de una obra desconocida para sus contemporáneos, al menos no para el círculo de intelectuales, políticos y artistas en el que se movía Violeta desde su regreso de Europa.

En el verano de 1960 Pablo Neruda la invitó a La Chascona, su casa en el bohemio barrio Bellavista, que el poeta había mandado a construir en 1953 como un refugio para quien aún era su amante, Matilde Urrutia. En esa residencia Violeta recitó por primera vez sus décimas. Para la ocasión, Neruda convocó a los integrantes de la comisión cultural del Partido Comunista, conglomerado que desde agosto de 1958 había vuelto a la legalidad después de derogarse la llamada Ley Maldita. Entre los presentes estaban Volodia Teitelboim, que pronto sería diputado y después senador; el profesor de filosofía y redactor de la revista ideológica del PC *Principios*, Jorge Palacios Calmann; y Yerko Moretic, crítico literario de *El Siglo*. Todos escucharon con atención la lectura de Violeta y quedaron impresionados.[30]

Tarde esa misma noche, al retornar a su casa, Moretic le comentó a su esposa Virginia Vidal, que también era militante comunista y periodista de *El Siglo*: «Las *Décimas* son su vida misma, ¡es algo extraordinario!, sólo comparable con el gaucho Martín Fierro».[31]

A pesar del entusiasmo que generó el manuscrito de Violeta, el Partido Comunista no lo iba a editar como libro. ¿La razón? Por un lado, el partido no contaba en esos años con la infraestructura necesaria para producir libros «culturales». Sus esfuerzos de imprenta y divulgación estaban centrados en *El Siglo*, la revista *Principios* y folletos y afiches de movilización social. «No hay que olvidar que en esa época los comunistas eran "obreristas" —diría Ángel Parra—. Es decir, las cuestiones culturales no eran prioridad. El partido no tenía ninguna sensibilidad hacia lo artístico y mi mamá, ella sola, era como un comité central entero.»[32]

Este «obrerismo» era algo bastante real a fines de la década del cincuenta e inicios del sesenta. Para la campaña presidencial de 1964, en la que se presentó por tercera vez el socialista Salvador Allende, Violeta se daría plena cuenta de ello. Los dirigentes del comunismo tenían que provenir de las filas proletarias, aunque fuera cada vez mayor el contingente de intelectuales, artistas y universitarios que simpatizaban con su causa, sobre todo después de la Revolución Cubana y en medio de las tensiones de la Guerra Fría.

El escritor Jorge Edwards, proveniente de una de las familias más distinguidas de la clase alta, pero simpatizante de izquierda, se referiría a este abismo social y cultural que impregnaba al Partido Comunista. «Yo me acuerdo de mi amigo Enrique Bello Cruz [amigo también de Violeta], ensayista, crítico, hombre de izquierda, cercano a los comunistas, pero siempre separado de ellos debido a su afición a la pintura abstracta.»[33]

Después de que el PC optara por no publicar las *Décimas*, Violeta decidió, convencida de su valor literario, postularlas al Premio Municipal de Santiago, el galardón más importante de las letras chilenas, que su hermano Nicanor había ganado en 1938. Gabriela

Pizarro, una folclorista más joven que había entablado amistad con Violeta, la ayudó a pasar sus apuntes a máquina de escribir. Pero el libro no obtuvo el premio ni estuvo entre los finalistas.

Violeta Parra continuó hablando de sus *Décimas* en programas radiales y entregó copias a varias personas, entre ellas al locutor y animador cultural René Largo Farías y al ex director de Radio Chilena, Raúl Aicardi, que a partir de 1960 se hizo cargo del primer canal chileno de televisión, fundado por la Universidad de Chile. En 1962 la cantante incluso trató, sin éxito, de editar su autobiografía en Argentina.

Los traspiés no sólo afectaban su faceta de escritora. En el ámbito folclórico sucedieron cosas que alimentaban su rabia contra un sistema cultural que ella percibía atrofiado y regido por burócratas insensibles. En 1963, por ejemplo, el Instituto de Investigaciones Musicales de la Universidad de Chile publicó el tercer volumen de la *Antología del Folklore Musical Chileno*, basándose en temas grabados en 1960 y 1961. Violeta fue excluida de esta recopilación. «¿Por qué no escogieron a Violeta Parra para cantar algunas de estas canciones?», se preguntó el crítico estadounidense Norman Fraser en una reseña publicada en el *Journal of the International Folk Music*.[34]

Tal vez por sentirse incomprendida, Violeta se volvió cada vez más osada en sus actuaciones públicas. Si a inicios de los años cincuenta aún trataba de actuar con la modestia típica de las cantoras campesinas que había conocido, hacia fines de la década se empoderaba en los escenarios y rompía con los cánones.

Un hecho que ilustra este giro ocurrió en enero de 1959. Ese mes salió a la venta el disco *La cueca presentada por Violeta Parra*, con muchos de los temas recopilados en Concepción.

El nuevo disco se presentó en el Salón de Honor de la Universidad de Chile, un espacio reservado para las grandes ceremonias de esa institución. Eran aposentos «de doble altura, rodeados de columnas de orden dórico romano en el primer nivel y columnas compuestas, en el segundo, unidas por arcos».[35] Claramente lo de Violeta, que se hizo acompañar de un organillero y una banda de circo, no se condecía con la solemnidad del lugar. Su amigo Gastón Soublette recordó que «algunos funcionarios, naturalmente, se lamentaron de ese atropello a la casa universitaria, mientras que el público aplaudía de pie».[36]

Para Violeta Parra este tipo de transgresiones iban más allá de un mero acto de rebeldía. «Si no fuera como soy —le confesó a su amiga Adela Gallo—, nadie me haría caso.»[37]

Lo que sí la desquiciaba cada vez más eran las injusticias. Siempre fue sensible a las inequidades sociales y personales, pero a medida que avanzaba en su carrera estaba menos dispuesta a tolerarlas, de modo que comenzó a denunciarlas con más fuerza en sus letras y a reivindicar un trato más justo para su propio quehacer.

Hay un episodio que grafica muy bien esta actitud combativa.

Ocurrió probablemente el año 1958, poco después de que conociera a Claudio Arrau, quien personalmente solicitó encontrarse con la folclorista en una de sus visitas al país. A fines de ese año el Club de la Unión contrató a Violeta Parra para una función privada. Este exclusivo club se había fundado en 1864. Siguiendo el modelo de los clubes ingleses de la época victoriana, reunía a los representantes masculinos de la elite, a menudo diputados, senadores, ministros, jueces e incluso presidentes. Era un lugar de encuentro entre caballeros que, en torno a un trago o un juego de billar o cartas, socializaban y dirimían sus diferencias políticas.

Albergado en una mansión de estilo neoclásico francés de inicios del siglo XX, el club hacía gala de un distinguido aire de dominio en sus salones, corredores, escaleras, bibliotecas y comedores. El edificio se ubicaba y se ubica hasta hoy al frente de la Casa Central de la Universidad de Chile, a una cuadra de la bolsa de comercio y a pocas calles del palacio presidencial, es decir, en el centro mismo del poder. Aunque recién en el año 2006 el Club de la Unión admitió a la primera mujer como miembro pleno, las esposas de los socios podían disfrutar de sus elegantes instalaciones para fines recreativos. Y fue en tal contexto que Violeta actuó en ese templo de la masculinidad y la autoridad.

Desde hacía varios años, la cantante era cercana a la elegante dama Sofía Izquierdo, que acostumbraba comprarle telas a su ex suegra, la madre de Luis Arce. Con el tiempo Violeta se acercó también a las hijas de Sofía: Amparo y Asunción Claro Izquierdo. La primera era compositora y la segunda una reconocida arpista. «Creo que fue para un cumpleaños de Sofía o de sus hijas que mi mamá actuó en el Club de la Unión», afirmó Ángel.[38]

Violeta ofrecería una breve actuación para los comensales del club, que terminó en un verdadero desastre. Después de esta presentación, transcurrida sin sobresaltos y con aplausos corteses, los mozos del lugar la convidaron a pasar a la cocina para servirse algo. La cantante se indignó. A su juicio, la estaban tratando como a una mera empleada que debía saciar su hambre en pieza aparte, pero que de ningún modo sería invitada a participar cabalmente del cóctel.

«¿Te acuerdas, Isabel, cuando mamá contaba cómo había insultado a los "momios" [reaccionarios] del Club de la Unión?», recordó Ángel en una entrevista que dio junto a su hermana a la revista *Casa de las Américas* en 1971, y en la que daría otros detalles de aquel episodio:

Mamá armó tal escándalo [que] el banquete se fue al diablo. Los señores y las damas llenas de joyas oyeron sus gritos. Cuando mamá se ponía furia era cosa seria, con que más se querían disculpar más los insultaba. Le sacó la madre a cada uno de arriba para abajo [...].

Estuvo como veinte minutos despachándose. Qué amenaza no les hizo. Les predijo las peores muertes, el infierno, la horca, una bomba que los haría saltar por los cielos hasta el fin de sus días, que [eran] chupasangres, vendepatrias, asesinos, explotadores, ah, y oficinistas. Cuando se le dio la gana salió a la calle y desde allí los seguía vituperando, ante los ojos redondos de los transeúntes [...]. Cuando llegó a la casa nos contó entre carcajadas orgullosas: «Les di una lección que no se esperaban esos tal por cual, pitucos recogidos. ¡Se creyeron que era una huasita resignada y obediente los maracos!».[39]

En conversaciones con familiares y amigos, la artista se descargaba una y otra vez contra esas personas que, a su parecer, la frenaban. Isabel contó que el peor insulto que su madre podía propinar era el de «funcionario». O como escribió su amigo Alfonso Alcalde: «Era antiburocrática y odiaba sin piedad a los imbéciles y también a los cónsules».[40]

La creciente actitud contestataria de Violeta generaba anticuerpos. «Me acuerdo de que cuando iba a la Universidad de Chile [a cobrar los derechos de autor] los funcionarios se escondían debajo de los mesones», afirmó su hermano Roberto. «Si a ella lo único que la ponía histérica era la injusticia.»[41]

Existen testimonios que reflejan cómo esta conducta hosca chocaba con muchos contemporáneos. Por ejemplo, Lorenzo Berg, escultor y artesano que formó parte del equipo organizador de la primera y la segunda feria de Artes Plásticas del Parque Forestal, afirmó que Violeta Parra era una «leona para la pelea [...] hacía que el mundo girara a su alrededor, nunca halagó a nadie, decía las franquezas más increíbles». Berg recordó luego que para la folclorista él era «en las buenas su "primo", y en las malas un "gringo concha de tu maire"».[42]

Según apuntara José María Palacios, locutor radial que difundió la música de Violeta desde fines de los años cincuenta, «ella era agresiva, pero era agresiva porque se rebelaba contra la frustración imperante en su país». Palacios conducía desde mediados de 1958 el programa Aún Tenemos Música, Chilenos en Radio Chilena, que diariamente transmitía desde las once de la mañana música nacional. Las canciones de Violeta Parra eran habituales en la parrilla de este programa de una hora, y a veces el locutor rifaba entre los oyentes algunas cerámicas, óleos o arpilleras de la artista. «Violeta era una mujer que se ilusionaba demasiado —dijo Palacios en un homenaje póstumo—; creyó que lo que ella estaba haciendo siempre era bueno, porque realmente era bueno. Golpeó muchas puertas que muchas veces no se abrieron.»[43]

Milo Hiltbrand, un joven suizo que compartió con Violeta durante su estancia en Ginebra en 1963, declaró que «era una mujer que no podía aguantar ninguna injusticia […] cuando Violeta veía una injusticia social lo sentía como una agresión a ella misma, y pienso que esa fue la base de su visión política».[44]

Haciéndose eco de las frustraciones y choques sociales de su hermana, Nicanor le dedicó en 1960 un largo poema que tituló «Defensa de Violeta Parra». Posteriormente la cantante usaría dicho poema, junto con otro que le escribiera De Rokha, como tarjeta de presentación. Después de todo, Nicanor ya estaba encumbrado como uno de los grandes nombres de la generación sucesora de Neruda. En «Defensa de Violeta Parra», el hermano mayor escribió:

Porque tú no te compras ni te vendes
Porque tú no te vistes de payaso
Porque hablas la lengua de la tierra
Viola chilensis.

¡Porque tú los aclaras en el acto!
[…]

Cómo van a quererte

me pregunto
Cuando son unos tristes funcionarios grises como
las piedras del desierto
¿No te parece?

Cinco años más tarde, Violeta musicalizaría el emotivo poema, recitado esta vez por el propio Nicanor. La cantante hizo un acompañamiento en guitarra que recordaba lo que había improvisado para los documentales de Sergio Bravo.

Mientras batallaba con la incomprensión, Violeta siguió pugnando también por recopilar los auténticos cantos tradicionales.

Los reyes de la música típica eran todavía Los Huasos Quincheros, que ella tanto repudiaba por considerarlos representantes de los patrones de fundo. Algunos expertos calculan que entre 1958 y 1966 este conjunto vendió más de cien mil discos en Chile, toda una hazaña si se tiene en cuenta que el país apenas superaba los siete millones de habitantes.[45]

Si Violeta y otras folcloristas como Margot Loyola y Gabriela Pizarro indagaban en las raíces populares de la música chilena, paralelamente estaba surgiendo una nueva generación de corte más comercial, cuyas canciones están hasta hoy entre las más exitosas del país. Un ejemplo es la cueca titulada «La consentida», de Jaime Atria, que en 1961 ganó el primer certamen folclórico del Festival de Viña del Mar. Esta competencia musical era la versión criolla de reputados festivales extranjeros como el de San Remo, fundado en 1951, o el Eurovisión, que se inició en 1956.

Otro éxito fue el vals «Yo vengo de San Rosendo», parte de la banda sonora de *La pérgola de las flores*, una pieza teatral estrenada en 1960. La letra hablaba de una migrante, Carmela, que se va del campo para vivir en el Santiago de los años veinte. Aunque el vals reflejaba una realidad demográfica y social importante, era un texto más bien inocuo e inocente. Cantado en las tradicionales décimas, decía:

> Se trabaja todo el día,
> se duerme al anochecer,
> y apenas clarea el alba
> trabajamos otra vez... ¡ay!,
> Yo vengo de San Rosendo
> a vivir a la ciudad.

> Carmela, Carmela,
> llegas a la ciudad
> con la cara sonriente,
> ¡ay qué felicidad!

Nada más alejado de la cosmovisión de Violeta que esa imagen romantizada de las migraciones. «La modernidad ha matado la tradición musical del pueblo», se quejó en una ocasión. «El arte popular se va perdiendo poco a poco para los indios y los campesinos también. La tradición se ha convertido en un cadáver. Es triste [...], pero estoy feliz de poder pasearme entre mi alma antigua y la vida actual.»[46]

En entrevistas que concedió a fines de los cincuenta e inicios de los sesenta, Violeta elogiaba las labores de su comadre Margot Loyola y de folcloristas más jóvenes como Gabriela Pizarro y Héctor Pavez —que habían fundado en 1958 el conjunto Millaray—, o las del grupo Cuncumén y un cantor que consideraba una estrella emergente: Víctor Jara. Sin embargo, juzgaba que el rescate de lo auténtico era una batalla sin fin y que sólo ella era la llamada a preservarlo.

Cierta vez un periodista de *El Siglo* le preguntó si creía que la música chilena tenía la vida asegurada. «Está definitivamente salvada, empezando por mí misma», contestó, agregando que ya tenía publicadas cerca de doscientas canciones y que en su casa había material para ochocientas más. Y remató: «Sin tomar en cuenta otras [canciones] que tengo que recoger».[47]

Por entonces se daba también lo que en sus palabras constituía una «terrible invasión de música extranjera», cada vez más asentada en las listas de popularidad. «Sin ofender a Paul Anka, hay que valerse de todos los elementos musicales para entrar de una vez por todas en el oído del público. No está entregado [el público] por gusto propio a esta música extranjera, sino porque la radio se la ha macheteado en la cabeza, a la luz del día, sin que nadie diga nada.»

UN TELEGRAMA DIRIGIDO A DIOS

Incansable, Violeta partió en febrero de 1959 rumbo a Chiloé. Este archipiélago sureño tiene un lugar especial en la cultura chilena. No sólo fue uno de los últimos lugares que permanecieron leales al Reino de España durante las guerras de independencia, sino que muchos de los mitos y leyendas que se popularizaron en el resto del territorio provenían de allí.

Invitada por la Universidad de Chile, Violeta desembarcó en Chiloé junto a Gabriela Pizarro y Héctor Pavez. Los tres se instalaron en la ciudad de Castro, en el centro de la llamada Isla Grande, para dictar clases de folclor a los chilotes.

María Antonieta Bórquez, una chilota que entonces tenía catorce años, estuvo entre la treintena de participantes de aquel curso de cueca. Décadas después, Bórquez recordó que la metodología de la cantante consistía en transmitir hasta el cansancio las estructuras formales, para una vez aprendidas, dejarlas ir. «Era una persona muy exigente y se preocupaba por cada uno de nosotros. Nos enseñó las vueltas, el escobillado, el zapateo y todo lo que concierne a la cueca. Pero después nos dijo que lo más importante es bailar como uno lo sienta y desapegarse de las estructuras convencionales que a uno le enseñan. Durante gran parte del tiempo nos enseñó de forma más estructural, para después destruir sus enseñanzas a partir de eso que nos decía a todos: "Déjense bailar como a ustedes les salga".»[48]

Y, claro, no faltaron las muestras de su fuerte carácter. María Antonieta Bórquez señaló que en el curso había unos médicos nada aventajados a la hora del baile. Para que estos caballeros y los demás soltaran el cuerpo, Violeta les enseñó a bailar mambo, un baile que conocía desde la época de Estampas de América. Pero ni de esa manera se les daban bien los movimientos a los mentados doctores. «Así que la Violeta los pescaba y los tiraba de la oreja para que hicieran la vuelta y aprendieran de una vez a hacerla como corresponde.»[49]

De todos modos, los alumnos quedaron felices con la maestra y juntaron plata entre todos para regalarle un acordeón. Al finalizar el curso, Violeta consiguió que sus mejores estudiantes ofrecieran una función en el Teatro Municipal de Castro.

Usando Castro como cuartel central, Violeta recorrió las numerosas islitas que se sitúan en las costas orientales de Chiloé. Estaba en busca de canciones, ritmos e instrumentos típicos de esa región. Como les comentó con gran alegría a sus alumnos, en efecto fue encontrando frases y dichos del antiguo castellano que ya no se usaban en ninguna otra parte de Chile, pero por desgracia no ha quedado registro sobre cuáles eran específicamente esos dichos.

Violeta y sus acompañantes descubrieron y se fascinaron además con la cocina tradicional chilota. Uno de esos platos era el curanto, antigua preparación que usaban los habitantes originales, los chonos. Consistía en cocinar los alimentos —normalmente mariscos, carnes, papas y hojas de grandes vegetales— en un hoyo hecho en la tierra y rellenado con piedras calientes. En este viaje Violeta conoció igualmente el chapalele, que era una masa de harina de trigo y papas cocidas, dulce o salada dependiendo del lugar. Al retornar a Santiago incorporaría ambas comidas a su repertorio culinario.

Sin embargo, uno de sus mayores descubrimientos fue un tipo de composición musical, la sirilla, llegada con los primeros conquistadores españoles a fines del siglo XVI. Originalmente se llamaba seguidilla y provenía de Castilla La Mancha y Castilla León, aunque a lo largo de los siglos había sido transformada por los habitantes de Chiloé, cuya identidad combinaba la de los chonos originarios, los mapuche y, por cierto, los españoles.

Violeta Parra se encantó tanto con la sirilla, que la usó para varias de las canciones que a futuro integrarían su repertorio más universal. «Veintiuno son los dolores», «Según el favor del viento» y «Maldigo del alto cielo», fueron temas basados en este estilo. La sirilla también constituyó el patrón rítmico de acompañamiento en la que terminaría siendo su canción más célebre: «Gracias a la vida».

La folclorista permaneció gran parte de ese verano en Chiloé y, al volver a la capital, se encontró con una sorpresa: su hijo Ángel había partido a vivir a Montevideo, Uruguay.

Dos meses antes, Ángel Parra había conocido en la Universidad Federico Santa María a un grupo de uruguayos. En Valparaíso estaba trabajando como ayudante de su madre, que había sido contratada por una semana para dictar un curso en la Escuela de Verano de esa institución. Aprovechando la partida de Violeta al sur, Ángel decidió emprender rumbo al Atlántico sudamericano. «Me fui en busca de aventura. Y naturalmente para arrancar de la influencia femenina en mi familia, tanta mujer, yo quería salir de ese entorno familiar femenino, de mi abuela, mis tías; no quería ser como mis tíos Parra y los cuñados de ellos, que eran todos sumisos, yo no quería.»[50]

Violeta aceptó a regañadientes la partida de su hijo de dieciséis años, aun cuando ella misma hubiese dejado de lado a su prole, más de una vez, para recorrer el país y el mundo. De hecho, durante todo el tiempo que estuvo en Chiloé, Carmen Luisa quedó a cargo de la abuela Clarisa. Centrada en su carrera, en marzo dio luz verde para que el disco colectivo *Fiesta chilena* incluyera uno de sus temas, «La petaquita», una mazurca que en su infancia había aprendido de la propia Clarisa.

A mediados de año, en pleno invierno, Violeta recibió una nueva invitación. Ahora le pedían participar en las Escuelas de Invierno de la Universidad Católica del Norte, ubicada en Antofagasta. Partió junto a su hija veinteañera, Isabel, cuya carrera venía fomentando desde hacía algún tiempo. Además de enseñar música tradicional, Violeta ofreció en Antofagasta cursos de cerámica y pintura, en línea con sus nuevos intereses artísticos.

Es probable que madre e hija asistieran por primera vez a la Fiesta de La Tirana. Esta festividad, que se realiza todos los 16 de julio en el altiplano de Atacama, a la altura de Iquique, en el norte de Chile, está dedicada principalmente a la Virgen del Carmen, pero también incluye elementos paganos, de las culturas prehispánicas de esa región minera, que incluso en la actualidad celebran a la Pachamama, la diosa de la tierra venerada por los incas. Era un asunto colorido, con bandas de bailarines enmascarados y con trajes de diablos —de ahí el nombre de «diabladas»—, acompañados de tambores y silbatos.

Los recuerdos de Isabel acerca de esta visita al norte son bastante más mundanos y muestran que, más allá de las batallas políticas y artísticas de Violeta, al fin y al cabo era una mujer con gustos y deseos convencionales. Tras dictar los cursos, ambas se fueron a Iquique, que había sido declarada zona libre de impuestos con el objetivo de impulsar el comercio regional. «Nos gastamos todo lo ganado en ropa, cosméticos, alimentos importados, poleras de nylon, conjuntos de lana inglesa, chalecos de cachemira, camisas de cotelé, jabones para lavar, condimentos yanquis, y, por supuesto, grandes cantidades de jabón Camay, termos, lápices labiales y cremas mágicas que garantizaban un rostro inarrugable.»[51]

Al volver de ese viaje al desierto de Atacama, Violeta Parra cayó en cama a causa de una hepatitis. De acuerdo a su versión, fueron nada menos que ocho meses de reposo. Pero la verdad resultó más pedestre, no más de un mes de postración, lo habitual para cualquier persona que contrae esta enfermedad al hígado; suficiente, de todos modos, para que la aventura uruguaya de Ángel llegara su fin.

En cuanto se enfermó, Violeta hizo llamar a su hijo. Para entonces, Ángel había conseguido un trabajo de ayudante de televisión en Montevideo y, por intermedio de un colega, había conocido a un locutor deportivo de la Radio Espectador. «Era un tipo moreno, flaco, con la marca indeleble en los dedos, amarillos de cigarrillos negros, que fumaba como si la tabacalera fuera a cerrar definitivamente en el país. Me impresionó su voz profunda», escribió Ángel Parra.[52]

La primera vez que se juntaron fue en el boliche Il Bosco, en el barrio Pocitos de Montevideo. El colega le había comentado a Ángel que aquel locutor deportivo también cantaba y tocaba la guitarra. Se trataba de Alfredo Zitarrosa, quien se convertiría dentro de un tiempo en uno de los cantautores más conocidos de Sudamérica.

Pero eso era algo que poco le importaba a Violeta. Tanto se ensimismaba en su trabajo, que rara vez tomaba nota de otros músicos de Chile, del continente o del mundo. Es más, reprobaba abiertamente la obsesión de Ángel por Atahualpa Yupanqui. Sólo escuchaba al argentino cuando su hijo ponía un disco. Lo mismo le sucedió cuando Isabel, Ángel o Carmen Luisa comenzaron a tocarle canciones de un grupo británico que estaba causando furor: The Beatles. Según los dos últimos, a Violeta le gustaba mucho el tema «Yesterday» del cuarteto de Liverpool, sobre todo por el arreglo de guitarra. Pero casi nada más. En ello Violeta no se diferenciaba mucho de quienes veían al rock —en palabras de la experta Marisol García— «como música extranjerizante, descomprometida, alienante y frívola».[53]

Utilizando su red cada vez mayor de contactos, Violeta logró que el Ministerio de Relaciones Exteriores instruyera a uno de sus funcionarios en Montevideo para ubicar y repatriar a Ángel. Así lo evocaría el hijo:

> Como todas las cosas buenas se terminan, un día pasó lo que tenía que pasar. Un señor muy elegante golpeó a la puerta y se presentó: «Soy Ricardo Latcham, funcionario chileno, fui designado como agregado cultural de la Embajada de Chile. Tengo entendido que el joven Luis Ángel Cereceda Parra, chileno, vive aquí. He recibido instrucciones de la Cancillería chilena para repatriar a este joven. Su madre está enferma y lo necesita a su lado». Me embarqué en mi primer viaje en avión, sin billete de regreso a Montevideo. Billete financiado por el Estado chileno.[54]

Décadas después, Ángel recordó de manera lacónica que «así fui repatriado y, claro, volví a mi estatus de hijo, pero mi mamá efectivamente estaba en cama».[55]

Con los hijos bajo su alero por primera vez en años, Violeta decidió incorporarlos a su próximo gran proyecto: una fonda propia para las Fiestas Patrias. En torno a tal emprendimiento enroló también a algunos de sus hermanos y a sus amistades del mundo del folclor.

En septiembre de 1959 Violeta Parra instaló su carpa en el Parque Cousiño, que luego pasaría a ser llamado Parque O'Higgins. Ubicado unas veinte cuadras al sur del centro de Santiago, allí se concentraban los principales festejos por la independencia de Chile.

La carpa de Violeta ofrecía, como todas las fondas, empanadas y chicha, preparadas por ella misma. Y había también música en vivo. En la tarima se presentaban Violeta, Isabel y Ángel, o Roberto y Lalo, avezados cultores de la cueca de los bajos fondos. También intervenían Lautaro, que se había vuelto un guitarrista eximio; Óscar, que era ya una estrella ascendente en el mundo del circo; e Hilda.

A ratos aparecían músicos invitados, como Víctor Jara, Héctor Pavez, Gabriela Pizarro, Rolando Alarcón y Silvia Urbina. Y cuando no había música en vivo, Violeta proyectaba en una pantalla gigante, hecha de sábanas blancas, los documentales de Sergio Bravo donde ella había colaborado. No faltaban tampoco los viejos de Puente Alto que la habían ayudado en sus años de formación. En fin, el puesto dieciochero era un verdadero festival de la cultura popular.

Violeta volvió a montar este espectáculo en los años sucesivos. Era por lo demás un buen negocio, en el que los feriantes podían ganar suficiente dinero para sostenerse por meses sin volver a trabajar. Ciertamente, también para la artista representaba una buena oportunidad de acumular algo de plata. Pero, fiel a su carácter, primaba en ella el afán de seguir esparciendo el folclor local.

Después de la primera Feria de Artes Plásticas, donde apenas logró vender unos cuantos objetos, Violeta se lanzó a recorrer nuevamente el país, y no es desatinado pensar que por esta época escribiera una de las últimas entradas de su autobiografía.

Recordando todos sus viajes, las ciudades, pueblos y sitios que había recorrido, escribió:

> Mi brazo derecho en Buin
> quedó, señores oyentes,
> el otro por San Vicente
> quedó no sé con qué fin;
> mi pecho en Curacautín
> lo veo en un jardincillo,
> mis manos en Maitencillo
> saludan en Pelequén.

Unos años más tarde Patricio Manns, ya amigo de Violeta, recogió estas décimas para componer el tema «Exiliado del sur», que resultó ser todo un éxito. Y luego el conjunto Inti Illimani adaptó levemente la canción para convertirla en uno de los himnos más perdurables de la música folclórica chilena.

Así dice más adelante la letra:

> Mi corazón descontento
> latió con pena en Temuco,
> y me ha llorado en Calbuco,
> de frío por una escarcha.

La técnica poética que utilizó Violeta en estos versos es algo que se conoce como «el cuerpo repartido». Según Manns, se trataba de algo muy propio del folclor de San Fabián de Alico, allí donde los

Parra Sandoval pasaron sus primeros años como familia. «El cuerpo repartido seguía la lógica de "dejé una gorra en Temuco, la otra en Cachapoal", etc.»[56]

A continuación Violeta emprendió otros dos viajes por Chile. En mayo de 1960 participó en una gira por el sur a cargo del locutor radial Julio Alegría. La actividad fue financiada por el Departamento de Extensión de la Universidad de Chile y en la delegación iban Violeta y sus dos hijos mayores, la folclorista Silvia Urbina y el conjunto Cuncumén, entre otros. Las primeras paradas fueron Chillán y Valdivia, para culminar en Puerto Montt, ciudad que era la puerta de entrada a Chiloé y la Patagonia.

Al tiempo que realizaban sus presentaciones experimentaron una serie de movimientos telúricos, algunos muy fuertes. Los temblores eran de tal frecuencia y magnitud, que entre la delegación comenzó a instalarse la idea de que se avecinaba un terremoto grande.

El domingo 22 de mayo la delegación llegó a Puerto Montt. «Llegamos y dejamos todo en el hotel, un local de tres pisos frente a la estación —recordó Ángel—. Había un almuerzo organizado en una isla. Partimos todos menos mi mamá, que quiso quedarse con los pescadores, porque aprovechaba los viajes para interrogar a los más viejos.»[57]

Mientras la delegación partía a la Isla Tenglo, ubicada a menos de doscientos metros de Puerto Montt, Violeta permaneció en la ciudad junto a Silvia Urbina: querían recorrer el mercado de mariscos y pescados de Angelmó, justo al frente de la pequeña isla. De vez en cuando, la tierra seguía temblando. Pasadas unas horas, Violeta Parra se dirigió a la oficina de Correos y Telégrafos con el propósito firme de enviarle un telegrama a Dios. Urbina narraría este episodio a su pareja de esa época, Patricio Manns.

—Perdón, ¿a quién quiere enviar este telegrama? —preguntó incrédula la funcionaria.

—A Dios —contestó Violeta sin inmutarse.

El mensaje que la cantante quería enviarle a Dios era simple. Hastiada de tantos temblores que la asustaban a ella y a todos los demás, lo que tenía que decir era: «OYE, DIOS, ¿POR QUÉ NO ME MANDAS UN TERREMOTO? Firmado: VIOLETA PARRA».

La empleada no le permitió enviar el mensaje, creyendo tal vez que estaba frente a una mujer desquiciada. Pero Violeta insistió y pidió hablar con el gerente de la sucursal. Cuando el encargado salió de su oficina trasera, reconoció de inmediato a la folclorista. Le dijo que ya tenía un boleto para el concierto que iba a dar al día siguiente en el Salón de Honor de la alcaldía de Puerto Montt.

—Doña Violeta, ¿cuál es el problema? ¿Qué es lo que requiere? —le preguntó.

—Quiero enviar un telegrama a Dios.

—Conforme, no hay ningún problema. Pero necesito su dirección. Ponga el remitente y yo me encargo.

—Chile —dijo a secas.

—¿Calle? —le preguntó el gerente.

—No, ninguna calle ni número. Santiago de Chile.

—Perfecto —respondió el encargado y agregó: —No se preocupe, esto lo paga el destinatario.[58]

Violeta Parra envió su telegrama a Dios a la una de la tarde. Dos horas y once minutos después se desató en el sur de Chile el terremoto más violento que se haya registrado en el planeta. Los sismógrafos calcularon que su magnitud fue de unos 9,5 puntos en la escala de Richter, a lo que siguió un inmenso tsunami con olas de hasta veinticinco metros de altura. La catástrofe acabó por devastar y cambiar la geografía costera a lo largo de unos mil kilómetros.

Violeta Parra estaba sola en su habitación en el segundo piso del céntrico Hotel Miramar cuando sobrevino la debacle, y luego procesaría toda esa conmoción en una canción escrita en décimas.

Estaba en el dormitorio
de un alto segundo piso
cuando principia el granizo
de aquel feroz purgatorio;
espejos y lavatorios
descienden por las paredes.
«Señor, ¿acaso no puedes
calmarte por un segundo?»
Y me responde iracundo:
«Pa'l tiburón son las redes».

En el relato musical Violeta contó que «con gran espanto en el alma» saltó hacia la puerta de la habitación, sujetándose con ambas manos a la manilla. Las sacudidas eran tan fuertes que, pese a estar aferrada, flotaba en el aire «cual campanilla o péndulo dispara'o».

Por cierto que el recital del día siguiente no se efectuó. Violeta y los demás músicos quedaron traumatizados. «Fue terrible, nos afectó de tal manera que varios de nosotros estuvimos cerca de seis meses con psiquiatra», afirmó Silvia Urbina.[59]

El segundo viaje fue pocos meses después y la llevó nuevamente al desierto de Atacama. Por razones muy distintas, esta travesía también causó un fuerte impacto sobre Violeta.

«Y ARRIBA QUEMANDO EL SOL»

Violeta había sido hasta el momento más recopiladora que creadora. Desde luego, había compuesto muchos temas propios, como «La jardinera», pero estos se habían inspirado en las métricas, melodías y contenidos de los cantos campesinos que recogía.

Entre noviembre de 1958 y septiembre de 1961 la cantante publicó dos discos propios —*La cueca presentada por Violeta Parra* y *La tonada presentada por Violeta Parra*—, que formaban parte de la serie El Folklore de Chile del sello Odeon.

Orgullosa de su labor folclórica, en *La cueca presentada por Violeta Parra*, que salió al público en enero de 1959, la cantante incorporó tres narraciones en las que hablaba de la importancia de su trabajo. Ella aparece comentando al principio, al medio y al final de ese disco para interpelar al oyente. Es un formato inusual.

Antes de la primera canción, su voz aguda y algo atropellada decía:

Desde el año 53 hasta hoy he podido darme cuenta de que la cueca chilena no es tan sólo esta cueca que hemos escuchado siempre a través de la radio, ya sea cantada por mí o por otros intérpretes.

Hasta este momento puedo dar cuenta de cuatro tipos de cueca. En Quirigua, conversando con la Filomena Yévenes y con la Celia Yévenes, tejedoras y cantoras campesinas, aprendí a saber que en las fiestas de Chile se cantan estos cuatro tipos diferentes de cueca chilena: la cueca corta y común —que conocemos todos—, la cueca valseada, la cueca larga voluntaria y la cueca larga obligatoria, que también lleva otro nombre y que se llamaría cueca del balance.

Dice doña Celia que la cueca del balance se baila cuando nadie se decide a comenzar la fiesta. La cantora entonces toma la iniciativa, y dice: «Voy a cantar la cueca del balance». Hace un verdadero balance de todas las personas que están, y después de la tercera parte empieza a nombrar a cada uno de los presentes.

Acto seguido, Violeta interpreta cuecas de ese tipo. Y después de varias canciones, casi todas ellas recopiladas en torno a Concepción, vuelve a intercalar una grabación con su voz, al final de la cual dice: «Yo podría seguirles contando muchas cosas de mis andanzas a la siga de la cueca chilena, pero yo creo que es mejor que se las diga cantando las cuecas».

Al final del disco, la folclorista se despide con estas palabras:

Bueno, aquí les dejo entonces este regalito de cuecas chilenas, y espero que ustedes las escuchen una y otra vez y saquen de este presente mío alguna conclusión con respecto a nuestra cueca, así como la he sacado yo a través de los viajes que he hecho al campo y de los años que llevo recopilando.

En esos tres años, entre fines de 1958 y fines de 1961, la cantante también aportó a cinco discos colectivos. Pero por lo general, se trataba de canciones reeditadas, en especial éxitos como «Casamiento de negros». En septiembre de 1961, por ejemplo, participó en el disco *Vamos pa' Santiago* de la serie folclórica *Fiesta chilena* con «El bergantín». Era un vals que había aprendido a inicios de los años cincuenta de Florencia Durán en el fundo Santa Rosa de Alto Jahuel, y que ya había editado en 1957.

Pero más allá de reciclar sus antiguas canciones campesinas, desde septiembre de 1959 que venía guardando un riguroso silencio musical. Ese mes salió *La tonada presentada por Violeta Parra*, pero pasarían más de dos años para su próximo disco en solitario.

«El gavilán» nunca se grabó oficialmente. Y las canciones que compuso durante estos dos años, como «Puerto Montt temblando está», no eran de conocimiento público, más allá de su círculo familiar y de amistades. Si bien actuaba con cierta regularidad en el programa radial Un Pueblo Canta, dirigido por Julio Alegría, rara vez se salía de su repertorio tradicional. En ese espacio también participaban Margot Loyola, Cuncumén, los Hermanos Loyola, Margarita Alarcón y Vicente Bianchi, entre otros, y se transmitía a través de más de cuarenta estaciones de radio de todo el país.[60]

Sólo en una ocasión compartió con los oyentes una de sus composiciones desconocidas. Y esa fue precisamente la entrevista que dio a Mario Céspedes de la Radio de la Universidad de Concepción en enero de 1960, donde habló de «El gavilán».[61]

Por eso, cuando Violeta sacó su nuevo disco en noviembre de 1961, pocos reconocieron en esas canciones a la recopiladora de siempre. Con ese álbum había nacido Violeta Parra la cantautora. Y el público no parecía estar preparado para un avance tan drástico.

Esta transformación silenciosa, de espaldas al público, se venía acentuando con sus últimos viajes. En vez de sólo retratar los cantos autóctonos, de a poco Violeta comenzó a componer canciones propias donde derechamente se hacía cargo de denunciar las miserias del pueblo. Un ejemplo de ello fue la canción «Según el favor del viento», que compuso poco después de su estancia en Chiloé, pero que recién grabó en 1962.

No es vida la del chilote,
no tiene letra ni pleito.
Tamango llevan sus pies,
milcao y ají su cuerpo;
pellín para calentarse
del frío de los gobiernos
—llorando estoy—
que le quebrantan los huesos
—me voy, me voy.

El país se estaba preparando para celebrar en septiembre los 150 años de su independencia. Como parte de los festejos, el sello Odeon sacó el disco *¡A bailar cueca!* Se trataba de una obra colectiva en la que se incluyeron temas interpretados por Los Campesinos, Silvia Infantas y los Baqueanos, o el antiguo dúo de Hilda y Violeta. Figuraba, por ejemplo, «El guatón Loyola», una de las cuecas más conocidas, tocada esta vez por Los Hermanos Lagos. Las Parra, en tanto, contribuyeron con cinco cuecas. Entre ellas estaba «Ciento cincuenta pesos», cuyas estrofas faltantes Violeta había logrado reconstruir en 1954 gracias a Eduviges Candia, la vieja cantora de San Carlos.

Al año siguiente, mientras el país se estaba embanderando para un nuevo 18 de septiembre, ocurrió un hecho que causó profundo impacto en Violeta. Una noche escuchó gritos desgarradores cerca de su casa. Al poco rato llegó un hombre jadeando a su vivienda y, bastante hiperventilado, le dijo que Luisa, su esposa, estaba a punto de dar a luz. Era un matrimonio humilde, que vivía en una de las pocas chacras campesinas del vecindario.

Violeta conocía bien a Luisa. De hecho, una o dos veces por semana esta mujer mapuche iba a hacer el aseo a su casa. En realidad, era una forma que tenía la cantante de ayudarla. «Violeta la quería mucho y la tenía un poco para ayudarla a vivir, porque su marido nunca trabajaba, no le gustaba, y le hacía hijos cada nueve meses», recordaría años después Gilbert Favre, el suizo que pronto entraría con fuerza a la vida sentimental de Violeta.[62]

Violeta partió de inmediato a auxiliar a Luisa y esa noche hizo de partera tal como su ídolo, doña Rosa Lorca. Gilbert la acompañó y, en un escrito hasta ahora inédito, anotó:

Vi a Violeta sudando, intentando sacar al pequeño, y todo bajo las órdenes e instrucciones de Lucha [...]. Poco a poco el pequeño salía, y por fin estaba afuera. En ese momento Violeta casi desfallece cuando Lucha le dijo: «Ahora tomas las tijeras y cortas el cordón, pero sin dejarlo ir. Lo amarras con un pedazo de hilo y el otro trozo lo amarras a mi pie mientras llega el doctor». Esta señora tenía una increíble sangre fría. Había dirigido todo el parto ella misma. El niño resultó ser una niña y, evidentemente, se llamó Violeta.[63]

La experiencia de ese alumbramiento marcó a la cantante y la hizo reflexionar acerca de las inequidades sociales. Ello quedaría plasmado en su primera gran canción de protesta, titulada «Yo canto la diferencia». En ese tema, dedicado de manera sarcástica a las celebraciones de la independencia, Violeta cuestionó el ánimo festivo contrarrestándolo con los males que aquejaban al pueblo. Y en medio de ese testimonio de rabia y protesta, cantó acerca de Luisa:

> Sus gritos llegan al cielo,
> nadie la habrá de escuchar
> en la Fiesta Nacional.
>
> La Luisa no tiene casa
> ni una vela ni un pañal.
> El niño nació en las manos
> de la que cantando está.

Y en las tres últimas líneas Violeta encaró directamente al poder político y a lo que, a su juicio, era un postizo sentimiento nacionalista. Con referencias al baile nacional y al automóvil en que el presidente se solía desplazar entre las multitudes, cantó:

> Por un reguero de sangre
> mañana irá el Cadillac.
> Cueca amarga nacional.

El jefe de Estado era entonces Jorge Alessandri Rodríguez, hijo del ex presidente Arturo Alessandri.

Tampoco esta canción se dio a conocer al público sino hasta fines de año. Además de la alusión a Luisa y su parto, la letra era una dura crítica al patriotismo dieciochero que se olvidaba de los males sociales. Haciéndose eco de las verdades entonadas por los borrachos de Chillán que había oído en su juventud, Violeta comenzó por decir: «Yo canto a la chillaneja / si tengo que decir algo, / y no tomo la guitarra / por conseguir un aplauso». Luego agregaba:

> Ahí pasa el señor vicario
> con su palabra bendita.
> ¿Podría su santidad
> oírme una palabrita?
> Los niños andan con hambre,
> les dan una medallita
> o bien una banderita.

Las rabias que Violeta acumulaba y que poco a poco iba plasmando en sus nuevas canciones, alcanzaron un punto álgido en ese invierno del año sesenta.

Después de retornar de su gira sureña, interrumpida por el gran terremoto, un acaudalado empresario se le acercó con una propuesta imposible de rechazar: recorrer el norte para ir desenterrando las viejas canciones de los mineros. El hombre de negocios era dueño de varias minas y ofrecía costear toda la expedición. Es probable que se haya tratado de Osvaldo Castro Larraín, heredero de una fortuna salitrera de comienzos del siglo XX.

Otro Osvaldo, de apellido Rodríguez, joven cantautor que en unos años se volvería estrecho amigo de Violeta, recordó que la folclorista, estando en Viña del Mar, le relató lo sucedido. Él lo escribiría mucho tiempo después:

Todo marchó bien hasta que el vehículo que llevaba a nuestra investigadora debió desviarse del camino por una falla mecánica. Se detuvieron en el Mineral de Santa Juana, uno de los más miserables de todo el norte. El pueblo entero olía a excrementos. No había alcantarillado, ni luz ni gas. Violeta interrumpió el viaje. No le debe haber dado explicaciones a nadie, menos al invitante que, claro está, no participaba de la expedición.[64]

Ante la miseria que observó en las minas del desierto de Atacama, la respuesta musical de Violeta Parra fue la canción «Arriba quemando el sol», que compuso nada más volver a Santiago.

Pero, nuevamente, tendrían que pasar casi dos años para que «Arriba...» se diera a conocer. Violeta la grabó por primera vez en Buenos Aires a mediados de 1962. Cuando en mayo de ese año fue entrevistada por la revista *Vuelo*, el periodista se quedó asombrado.

Esta mujer [...] obligaría a llenar muchas carillas. No contamos ni con el espacio ni el tiempo necesario para ello. Pero hay algo más que es imposible transcribirlo en una nota de esta naturaleza: su canto. Toda la autenticidad y emoción de su canto es intransferible. Estar junto a ella cuando entona, por ejemplo, su canción a los mineros chilenos:

> Las hileras de casuchas
> frente a frente, sí señor.
> Las hileras de mujeres
> frente al único pilón,
> cada una con su balde,
> con su cara de dolor,
> y arriba quemando el sol.[65]

En noviembre de 1961, cuando Violeta finalmente rompió su silencio discográfico, el resultado fue un disco que dejó perplejos a muchos. Titulado *Toda Violeta Parra*, era una suerte de antología que recogió algunos temas antiguos —como «La jardinera» y «Casamiento de negros»——, y también varias de las composiciones que últimamente había estado creando en privado, como «Puerto Montt está temblando», «Yo canto la diferencia» y «El día de tu cumpleaños», el happy birthday alternativo que le había compuesto a su amigo Enrique Bello.

Además incorporó un tema con elementos atonales, «El pueblo», poema extraído del *Canto general* de Neruda, que Violeta acompañó con fraseos y punteos disonantes. «Paseaba el pueblo sus banderas rojas / y entre ellos en la piedra que tocaron / estuve, en la jornada fragorosa / y en las altas canciones de la lucha.»

Más allá de la universalidad de Neruda en esa época, tal vez Violeta quisiera retribuirle al poeta un gesto que realizó durante la celebración de su quincuagésimo cumpleaños. Frente a todos los invitados, Neruda le dedicó una sencilla cuarteta:

> Estás Violeta Parrón
> violeteando la guitarra
> guitarreando el guitarrón
> entró la Violeta Parra.[66]

El disco nuevo incluía una canción que, por su solo título, significó un vuelco para quienes conocían la música de Violeta. La tonada «Hace falta un guerrillero» comenzaba con esta estrofa:

> Quisiera tener un hijo
> brillante como un clavel,
> ligero como los vientos,
> para llamarlo Manuel
> y apellidarlo Rodríguez,
> el más preciado laurel.

El personaje al que aludía la cantante era Manuel Rodríguez, uno de los héroes de la independencia chilena que, si bien ostentó altos cargos públicos durante los primeros años del proceso de emancipación, se hizo famoso entre la gente por sus labores de guerrillero. Tras ser asesinado en 1818, cuando sólo tenía treinta y tres años, Rodríguez se convirtió en una figura romántica y admirada.[*]

¿Y cómo se imaginaba Violeta a este hijo guerrillero?

> De niño le enseñaría
> lo que se tiene que hacer
> cuando nos venden la Patria
> como si fuera alfiler.
>
> Las lágrimas se me caen
> pensando en el guerrillero.
> Como fue Manuel Rodríguez,
> debiera haber quinientos,
> pero no hay uno que valga
> la pena de este momento.

Según le comentó Sergio Bravo al investigador alemán Manfred Engelbert, Violeta probablemente compuso esa canción en 1958, cuando el cineasta se encontraba restaurando la película *El húsar de la muerte*, que Pedro Sienna había filmado en 1925.[67] La idea de la artista era musicalizar la película con esa canción, pero Bravo rechazó la idea. En una carta a Engelbert, Bravo afirmó:

Aunque el tema de la canción se integraba al contenido de la obra de Sienna, me fue imposible hacerla entender que en un largometraje no

---

[*] La fama de este patriota incluso inspiró a la guerrilla urbana que el Partido Comunista creó en los años ochenta para combatir la dictadura de Pinochet. Se llamó Frente Patriótico Manuel Rodríguez.

era posible insertar una tonada sujeta a una métrica y forma cerradas. La respuesta fue que Violeta compró un piano vertical, con el objeto de proceder como en las películas mudas. ¡Y surgieron los problemas de que Violeta no sabía tocar piano y menos leía las notas![68]

Toda Violeta Parra era el quinto álbum que publicaba en Chile como solista. En la portada aparecían dos fotos en blanco y negro de Violeta, ambas tomadas por Fernando Krahn en una misma sesión en la casa de la cantante. Krahn era entonces un dibujante e ilustrador chileno de veintiséis años, y con el tiempo iría tomando varias de las fotografías más conocidas de Violeta Parra. Después hizo carrera en medios internacionales como *The New Yorker* y *The Atlantic Monthly* de Estados Unidos, *El País* y *La Vanguardia* de España y *Die Zeit* y *Stern* de Alemania.

Ambas fotos muestran a una Violeta de pelo largo, un tanto desordenado, mirando fijamente la guitarra que tiene entre sus brazos. En la presentación escrita del disco, Gastón Soublette habla un poco del ambiente artístico que se vive en la Casa de Palos y destaca la calidad poética de Violeta, que se basa en el folclor popular.

Pero ¿qué llevó a la cantante a comenzar su primer disco en tres años con una canción que le rendía tributo a un guerrillero del siglo XIX? No existe una respuesta clara. Hay que decir, sin embargo, que la imagen del hombre revolucionario siempre formó parte del *ethos* latinoamericano. Los mexicanos Emiliano Zapata y Pancho Villa, o el nicaragüense Augusto Sandino, para muchos eran verdaderos revolucionarios y héroes de resistencia. En enero de 1959 habrían de sumarse a este grupo los barbudos de Cuba, Fidel Castro, Ernesto «Che» Guevara y Camilo Cienfuegos.

La Revolución Cubana había encendido los ánimos y la imaginación de miles de jóvenes de América y también de Europa. Violeta Parra nunca habló en público acerca de los nuevos revolucionarios.

Pero íntimamente, según comentaron sus dos hijos mayores, la cantante parecía simpatizar con esos hombres de la Sierra Maestra que derrocaron a Fulgencio Batista.

En una conversación que Isabel y Ángel sostuvieron en 1971 con la revista *Casa de las Américas*, cuando en Chile gobernaba Salvador Allende, el hijo aseguró:

> En lo político Violeta tenía las cosas bien claras. Le oí decir en más de una ocasión que para hacer salir a los norteamericanos de Chile, y a la burguesía del poder, no quedaba otra que hacerlo por las armas [...]. De más está decirte que creía en la Revolución Cubana y que creía en el Che.[69]

Casi medio siglo después, en otra entrevista, Ángel fue menos elocuente. «Recuerdo que cuando triunfó la revolución cubana ella estaba contenta. Decía: "Ojalá las cosas cambien".»[70]

Como fuera, y guardando las proporciones culturales y temporales, el disco *Toda Violeta Parra* fue el equivalente al álbum *Revolver* o al *Sgt. Pepper's Lonely Hearts Club Band* de The Beatles. Marcó un punto de inflexión en la carrera musical de la artista. Ya nada sería tan inocente como «La jardinera» o «She Loves You».

La «nubecita» de la folclorista, o el misterioso «duende» de Federico García Lorca, se habían apoderado de manera definitiva de Violeta Parra.

Un suizo errante y el clan Parra

La tarde del martes 4 de octubre de 1960, Violeta Parra estaba acostada dentro de su humilde habitación de madera. Desde afuera llegaba el ruido de decenas de personas que se habían reunido en su parcela en Ñuñoa* para hacer un asado, tomar vino y bailar cuecas. Es probable que, desde su cama, que era uno de los pocos muebles en su pieza, Violeta escuchara las risas, cantos y guitarreos de sus hermanos Roberto, Eduardo, Lautaro y Óscar.

Estaban celebrando que la cantante cumplía cuarenta y tres años. Aunque en la familia esas efemérides no eran importantes y lo que valía de veras era el santoral, cualquier excusa para el festejo resultaba bienvenida.

Mientras los invitados se deleitaban en el patio, de pronto Violeta escuchó unos golpecitos en su puerta.

—¿Quién chucha me está molestando? —espetó.

La puerta se entreabrió y apareció la cabeza de Adela Gallo, la fotógrafa amiga de Violeta.

—Soy yo, no te enojís conmigo, mira que te traigo un regalo —dijo Adela mientras abría lentamente la puerta—. Mira, te traje un gringo.

En efecto, Adela venía acompañada de un suizo recién llegado a Chile. Su nombre era Gilbert Favre.

Violeta, que estaba acostada con ropa sobre su cama, se incorporó y los invitó a entrar.

El suizo estaba impresionado con la escena. «Era un cuarto pequeño, en un lado había un piano y al otro una cama grande. Ahí estaba sentada una mujer impresionante, de pelo negro y largo, con la cara marcada por la viruela, de ojos penetrantes y muy móviles.»[71]

Violeta y Gilbert congeniaron de inmediato.

—Esta celebración es por tu cumpleaños, ¿no? ¿Por qué no participas? —le preguntó.

—Las fiestas me aburren —contestó Violeta.

---

* Poco tiempo después, en 1961, parte de la comuna de Ñuñoa, dentro de la cual estaba la Casa de Palos, pasaría a conformar una nueva comuna: La Reina.

Ambos se pusieron a hablar y a hablar, y ni siquiera se dieron cuenta cuando Adela se fue, o cuando la música y el baileteo en las afueras comenzaron a menguar. Simplemente siguieron conversando. En sus memorias inéditas, que escribió poco antes de fallecer a fines de los años noventa, Gilbert recordó esa noche:

> Como el alcohol me subía a la cabeza, la conversación se volvía más apasionante. En realidad no me acuerdo de qué hablamos. Así pasó toda la noche y la botella (de vino) también, hasta el amanecer. Hacia el alba tuve que irme. Lo más chistoso es que para no despertar a la gente en la casa, tuve que salir por la ventana, pasar el jardincito y saltar la cerca.[72]

Aunque el suizo fuese un fumador empedernido, un hábito que Violeta siempre detestó, entre ambos nació un vínculo especial. Sin embargo, no se volvieron a ver en casi tres meses.

A los pocos días del encuentro, Gilbert Favre se fue de Santiago con rumbo a Antofagasta. Había llegado a Chile como acompañante de un compatriota, el arqueólogo Jean-Christian Spahni, y su misión era ayudarlo en el estudio del arte rupestre de la región del río Loa, en el desierto de Atacama. Gilbert era oriundo de Ginebra y no tenía una profesión formal. Tocaba el clarinete y le gustaba el jazz, pero sobre todo andaba en busca de aventuras y nuevos mundos. Antes de enrolarse hacia Sudamérica con Spahni, por ejemplo, había pasado unos meses en Andalucía tratando de descubrir el alma del flamenco. Para ello vivió varias semanas con una comunidad de gitanos de Granada.

La expedición suiza al norte de Chile descubrió numerosos petroglifos. Una de las labores de Gilbert era estampar esas formaciones en un papel transparente. Pero como no tenía estudios formales, su principal tarea era la de cocinero. «En general me ocupaba de la cocina, era muy fácil: un día papas, otro espaguetis, luego arroz, y volvía a empezar.»[73] Muy pronto, Gilbert comenzó a aburrirse del trabajo. «Ya no correspondía a mi sueño de exploración que me había imaginado cuando estaba en Ginebra.»[74]

Después de pasar poco más de dos meses en el desierto, decidió abandonar al grupo sin avisarle a nadie. Con Spahni nunca más se volvieron a hablar, y eso que el experto fundó y dirigió durante dos años el Museo Arqueológico de Calama. Fiel a su alma aventurera, Gilbert partió a pie hacia la costa del Pacífico. En esa travesía de casi cuatro días se perdió y estuvo a punto de morir de hambre y sed, pero finalmente logró llegar a Antofagasta.

Sin un peso en los bolsillos, pero cargando su clarinete, se le ocurrió recurrir a una radio local para contar su historia y conseguir que alguien lo transportara los más de mil trescientos kilómetros que lo separaban de Santiago. «Me recibieron con los brazos abiertos y de inmediato me hicieron una entrevista, porque un gringo perdido en Antofagasta, que tenía historias que contar, era algo que nunca habían visto», recordó Gilbert Favre. «Lo que pasó después fue extraordinario. Sonaban los teléfonos [de la estación de radio] y muchos camioneros se ofrecieron para llevarme gratuitamente hasta Santiago.»[75]

A fines de diciembre de 1960 o a comienzos de 1961, el suizo llegó de vuelta a la capital. Decidió dormir entre unos arbustos del Parque Forestal, porque no tenía plata para costearse una habitación.

Mientras Gilbert Favre vivía sus aventuras accidentadas en el norte, Violeta Parra intentó proseguir con su vida normal. El impacto que le había causado el gringo era evidente. Hablaba mucho de él con sus familiares. Hacía tiempo que la cantante no se había sentido tan atraída por un hombre. El último había sido Julio Escámez, el muralista que conoció en Concepción.

Hubo, eso sí, otro hombre entremedio, cuya identidad no está clara. Violeta se lo mencionó a su amiga Margot Loyola y le contó que este la había despechado.

—La solución es fácil, hay que matarlo —dijo Loyola.

—¿Sabís disparar un arma? —le preguntó Violeta.

—No, pero siempre se puede aprender.

—¿Y tenís una pistola? —insistió Violeta.

—No, pero la podemos comprar.[76]

Acto seguido, ambas se rieron a carcajadas. Ni Violeta ni Margot matarían a un hombre.

En el mismo parque donde luego durmió el suizo, Violeta estaba exponiendo por segunda vez sus obras visuales. Recientemente se había dedicado a perfeccionar sus técnicas de bordado, escultura y pintura, dejando algo de lado su faceta musical. Su hija Isabel recordó que en esta época «no era extraño llegar a su casa y encontrar una ventana sin cortinas o una cama sin sábanas». Y la explicación era sencilla: Violeta estaba bordando.[77]

A la segunda feria de Artes Plásticas Violeta Parra llevó, entre otras obras, dos tapicerías. La primera se titulaba *Thiago de Mello* y estaba dedicada al agregado cultural de la embajada de Brasil. Este poeta brasileño había apoyado los proyectos documentales de Sergio Bravo y, con el tiempo, se convirtió en amigo de Violeta. De hecho, De Mello consiguió que Violeta expusiera en Río de Janeiro a inicios de los años sesenta. El diplomático fue cesado de sus funciones en Chile en 1964, cuando en Brasil se produjo el golpe de Estado contra el presidente socialdemócrata João Goulart.

La segunda tapicería se llamaba *El Cristo de Quinchamalí* y la había tejido a fines de 1959. Una experta la describió de esta manera:

En esta arpillera Violeta borda un Cristo con lanas negras —color característico de la loza de Quinchamalí—, que está crucificado, pero podemos ver sólo la parte superior de la cruz y sus dos brazos. La cruz no está clavada al suelo, sino que parece estar sujeta al árbol.[78]

Pero tal como había sucedido el año precedente, pocos visitantes de la feria prestaron atención. *El Cristo de Quinchamalí* no se vendió en esa oportunidad, pero cinco años después fue expuesto en París. «Fallamos como seres humanos. Cuando hace años los tapices de Violeta Parra colgaban en la Feria de Artes Plásticas, nosotros pasamos de largo y no fuimos capaces de participar, de querer tener esas cosas —afirmó el artista Eduardo Martínez Bonati, que esa vez ganó el premio por el mejor grabado—. Ahora todos queremos tener un tapiz de Violeta Parra.»[79]

La cantante hizo más noticia por su conducta que por sus obras. «Recibí muchos reclamos de vecinos refinados porque ella colgaba su ropa entre los árboles —recordó el organizador Lorenzo Berg—. Y metía ruido con su viejo parlante.»[80]

Pocos días después de la exposición, que había triplicado el número de expositores y asistentes respecto a la versión pasada, Gilbert Favre retornó a la capital.

Dormía entre los arbustos del parque cuando lo despertó un policía. Este le preguntó qué estaba haciendo ahí. Y tras dar las explicaciones de rigor, el suizo se fue a tomar un café. Por esas coincidencias de la vida se encontró con Ángel. «Cuando me vio, su cara se iluminó —rememoró Favre—. Estaba muy contento de verme, como si nos hubiésemos conocido de toda la vida.»

—Por qué no vienes a la casa, mi madre estaría contenta de verte —le dijo Ángel.

Dicho y hecho, ambos tomaron un bus rumbo a La Reina. Cuando llegaron, Violeta estaba regando el jardín. Se sorprendió muy gratamente cuando vio la cara del suizo. Le hizo un recorrido por la pequeña parcela de casi cuatrocientos metros cuadrados, donde tenía plantados tomates y maíz y donde había también un horno de barro para cocinar. Después, recordó Gilbert, «se apuró en prepararme comida y una cama en el living». Ángel se excusó diciendo que tenía una cita urgente. «Se despidió guiñándome el ojo con malicia.»

Pasaron toda la tarde conversando, mientras Violeta le mostraba sus arpilleras y pinturas, a las que llamaba «mis monos», y la amplia colección de figuras de greda de Pomaire que guardaba en estantes. Al finalizar el día, Violeta sacó la guitarra e interpretó algunas canciones, entre ellas «Casamiento de negros». Después siguieron conversando. En su autobiografía inédita, Gilbert escribió:

> Luego me contó que su familia era pobre y que todos sus hermanos y hermanas, salvo uno que era profesor de matemáticas y poeta, eran músicos o trabajaban en el circo. Que ella antes de interesarse en el folclor tocaba flamenco disfrazada de gitana. Supe más o menos todo en una tarde. Era realmente apasionante. Me di cuenta de que era una persona excepcional.[81]

La cantante también le mostró sus pinturas al óleo y un grueso fajo de papeles. Eran las *Décimas*. Mientras pasaba las hojas, Gilbert notó que en algunas páginas había anotaciones al margen que nada tenían que ver con el texto. «Tenía escrito por ejemplo: un litro de leche, dos kilos de carne, botones.» Y cuando le preguntó de qué se trataba, la artista dijo: «A veces pienso en ir a hacer compras y no tengo papel para escribir, entonces escribo ahí porque después se me olvida».[82]

Gilbert esa vez le contó a Violeta qué lo había traído a Chile y las circunstancias que lo habían llevado a la puerta de su pieza el año pasado. Como tenía días libres antes de partir con Spahni, se le había ocurrido la idea de indagar en el folclor local. Su intención era escribir un reportaje para algún periódico de Ginebra.

Así que se dirigió a una tienda de música para preguntar quiénes eran los más importantes folcloristas del país. Nadie sabía nada y le recomendaron ir al Departamento de Folklore de la Universidad de Chile. Ahí se encontró por casualidad con la fotógrafa Adela Gallo. Le hizo la misma pregunta y la fotógrafa le dijo que había dos grandes folcloristas mujeres: Margot Loyola y Violeta Parra. ¿Y cuál es más interesante? La respuesta fue: Violeta.

«Usted está de suerte, porque mañana voy a su casa», dijo Adela.[83]

Tres meses después, el suizo estaba instalado en la Casa de Palos. Y con el correr de los días el intercambio de historias no decrecía. Gilbert le mostró su clarinete y tocó algunos temas de jazz, acaso piezas de Charlie Parker o Dizzy Gillespie, dos de los grandes exponentes de la corriente bebop, de la cual era fanático. No se sabe lo que Violeta pensaba de esa música, pero el propio Gilbert escribiría que pronto dejó de tocar jazz y se limitó a interpretar música clásica.

«Me cocinaba platillos que saboreaba y yo le contaba historias que la hacían reír. Y lo que tenía que pasar, pasó.» Se enamoraron. Y como en todas las relaciones previas de Violeta, Gilbert también era más joven. Nacido en noviembre de 1936, tenía diecinueve años menos.

Al principio ocultaron su relación frente a Ángel e Isabel, quienes vivían aún con su madre. Durante el día los hijos bajaban a la ciudad, mientras que Gilbert y Violeta se quedaban en casa y se encargaban del cuidado de Tita, la hija de cuatro años de Isabel. Ángel había ingresado al conservatorio de música y estaba estudiando oboe. «La Violeta al escucharme preparar las clases siempre me llamaba el encantador de lombrices, ni siquiera de serpientes, ¡de lombrices!», recordó el hijo entre carcajadas.[84]

A pocas semanas de iniciado el romance secreto, Violeta le comunicó a Gilbert que la cosa no podía funcionar así, que las costumbres en Sudamérica eran muy distintas a las de Europa.

—En Chile no es posible vivir así —le dijo seriamente.

Gilbert se extrañó.

—Tienes que pedir mi mano, y se la debes pedir a Ángel, que es el hombre de la casa.

«Encontraba que eso era totalmente ridículo, pero, en fin, había que respetar las tradiciones», recordó Gilbert. Un domingo, el suizo se acercó nervioso al hijo de Violeta, quien aún no cumplía los dieciocho años.

—¿Podrías venir a dar una vuelta conmigo? Tengo algo que decirte.

Se fueron a caminar por el barrio y Gilbert comenzó a hablar. En sus memorias lo relata de este modo.

Yo estaba realmente incómodo. No sabía por dónde empezar. Le dije: «Sabes, tu madre está sola…». Él me escuchaba, pero no contestaba. Y yo estaba cada vez más confundido. «Entonces, ves…; le hace falta alguien». Ángel no hacía nada para ayudarme. Seguíamos caminando, él la cabeza gacha y yo que trataba de hacer lo que podía. Me iba por las ramas. Y al final, saqué fuerzas y le dije: «Mira, tu madre y yo quisiéramos vivir juntos porque nos llevamos bien, y necesito pedir tu consentimiento».

Ángel comenzó a reírse a todo volumen y le dijo que hace rato todos sabían que él y su madre estaban enamorados. Y que si no le había contestado era para tomarle el pelo. Recién ahí Gilbert se dio cuenta de que todo el episodio había sido un juego inventado por la propia Violeta. De hecho, cuando volvieron a la casa, Violeta estaba detrás de una cortina, asomando sólo su cabeza. Preguntó con actuada ansiedad cuál había sido el veredicto del hombre de la casa.

Aunque todo había sido una travesura, la familia decidió celebrar el nuevo romance como si efectivamente fuese un matrimonio.

«Festejamos esa alianza con música y vino —escribió Gilbert—. Los vecinos, los primos, todos llegaron a la casa. La fiesta duró hasta la tarde del día siguiente.»

La familia Parra recibió al «gringo» con cariño. Y este se estaba integrando a un clan bastante especial. En la prensa chilena se hablaba cada vez más de la peculiaridad de los Parra. Nicanor y Violeta ya eran personajes nacionalmente conocidos. El primero incluso se había convertido en una personalidad poética de América Latina. Si bien Hilda ya estaba algo retirada de la música, su nombre todavía sonaba en algunos círculos folclóricos. Roberto y Eduardo eran intérpretes renombrados de la cueca, sobre todo en los barrios proletarios. Lautaro era un guitarrista que acompañaba a orquestas famosas. Y el hermano más pequeño, Óscar, se abría camino en el mundo del circo. A ello se sumaba la segunda generación, comandada por Isabel y Ángel, que habían participado en varios discos de Violeta y hasta habían compuesto discos propios o participado en programas de radio. También Fernando Báez, hijo de Hilda Parra, se estaba iniciando como folclorista.

Por si no bastase, se sumaban las encumbradas amistades que tenían, sobre todo, Violeta y Nicanor: los poetas Pablo Neruda, Gonzalo Rojas y Enrique Lihn y los folcloristas Margot Loyola, Gabriela Pizarro y Víctor Jara, entre otros.

Y el clan también se relacionaba con nombres de alcance mundial. Un ejemplo fue el poeta Allen Ginsberg, gran exponente de la generación beat estadounidense de los años cincuenta, y luego una figura crucial de la contracultura.

En enero de 1960, el poeta Gonzalo Rojas invitó a Ginsberg a participar en el Primer Encuentro de Escritores Americanos que realizó la Universidad de Concepción. Ahí el norteamericano conoció a Nicanor y a Violeta. Después del encuentro, el amigo de Jack Kerouac se alojó donde Nicanor, a pocas cuadras de la Casa de Palos de Violeta. En su diario personal Ginsberg anotó una escena de comienzos de marzo en la casa del poeta chileno.

> Catalina, la hija con *guagua* [Catalina Parra, hija mayor de Nicanor], está de visita sentada en el porche delantero. Violeta Parra está toqueteando su guitarra y canta, un gatito está tendido bajo sus pies… Nicanor se está relajando y tiene los ojos cerrados. Un niño de unos doce años semidesnudo en traje de baño, con una piel suave y morena, corre por la entrada. Yo en un sillón adentro frente a la puerta abierta, relajado observo todo con morfina. El viento cruje a través de los árboles de Chile.[85]

Tal vez Violeta le comentó a su nuevo amor acerca de las amistades. Pero Gilbert aún no conocía en persona a todos los miembros de este clan tan curioso. La importancia que tuvo Favre en los últimos y más fructíferos años de Violeta Parra no se puede subestimar. Dos de las canciones más universales de la artista lo mencionaron o estuvieron dedicadas a él: «Run Run se fue pa'l norte» y «Gracias a la vida». Debe decirse, no obstante, que la relación entre Violeta y Gilbert fue claramente idealizada por biógrafos, periodistas, académicos y familiares.

Poco después de la muerte de Violeta, Carmen Luisa afirmó que su madre «tenía la idea de que Gilbert sería el hombre de su vida hasta que se muriera, pero no fue así, y en ello tuvo un poco la culpa porque estaba acostumbrada a usar un poco a los hombres».

Con base en las memorias inéditas de Gilbert Favre y en testimonios recogidos por decenas de publicaciones y entrevistas realizadas especialmente para este libro, se puede reconstruir la constelación de los Parra en 1961, cuando el suizo errante y bohemio ingresó como miembro pleno a la familia.

NICANOR. La opinión del hermano mayor del clan siempre fue de suma importancia para Violeta. Aunque era un profesor universitario volcado a las ciencias, su nombre había saltado al estrellato de la poesía con sus *Poemas y antipoemas* de 1954 y su libro siguiente, *La cueca larga*, que se publicó en 1958. «Violeta tenía una admiración ilimitada por esa fuente de la ciencia —recordó Gilbert—. Era el único ser humano que podía hacerla cambiar de parecer.»

Nicanor no estuvo presente en la fiesta donde se celebró la unión de hecho. Pero días más tarde la cantante lo invitó para que conociera al suizo. Estaba nerviosa. Los tres se pusieron a conversar acerca de una reciente obra plástica de Violeta. Luego, Nicanor convidó a Gilbert a su casa. La artista se quedó en su hogar terminando una pintura al óleo.

El cuñado le mostró su residencia a Favre, lo paseó por el jardín, le enseñó su enorme biblioteca y la maravillosa vista que tenía desde la terraza.

Este hombre que se estaba acercando a los cincuenta años le parecía a Gilbert una figura respetable, pero que a la vez infundía algo de temor y distancia. En una de las habitaciones, el suizo divisó en un rincón las sombras de una silueta masculina. Era un hombre de cara arrugada, mal afeitado y que parecía estar borracho, pues se tambaleaba suavemente. «Nos miraba con un aire amenazante», apuntó Gilbert.

Ese personaje era Roberto Parra, el hermano más fiestero y alcohólico. «Nicanor no me habló de él y tampoco me lo presentó. Supe más tarde que ambos se habían peleado y que Roberto había amenazado a Nicanor con tajearlo con un cuchillo si lo seguía hueveando.»

Unas horas después, el poeta llevó al suizo de regreso. «Me devolvió a Violeta con la etiqueta de "conforme"», escribió Gilbert.

Sin embargo, la sofisticación intelectual de Nicanor no se condecía con el espíritu despreocupado de Favre. Se llevarían bien, claro está, aunque el gran amigo de Gilbert sería aquel borracho entrevisto en las sombras.

ROBERTO. A este hermano le decían «el hombre de las 35 guitarras». No se trataba de un sobrenombre casual. Era el número de instrumentos que había perdido o roto en sus parrandas en los barrios obreros o en las casas de putas de los bajos fondos santiaguinos. «Era la encarnación de Zorba el Griego», recordó el suizo.

Para un joven europeo como Gilbert, Roberto Parra calzaba a la perfección con el imaginario exótico de Sudamérica: un hombre proletario, rudo, borracho, ingenioso y vividor. Pese a sus excesos, era profundamente religioso, en el sentido ritual de la palabra, y al mismo tiempo simpatizante y votante del Partido Comunista. Es decir, toda una contradicción en sí mismo, como las que ya no se veían en Europa, excepto en las zonas sureñas de Italia. «Su encanto descansaba sobre su autenticidad —escribió Gilbert—. No hería nunca a nadie en su alma, si quería herir a alguien lo hacía con el cuchillo.»

Roberto hablaba con veneración acerca de Dios, persignándose y agachando la cabeza cuando sentía que cometía una ofensa, y en voz baja y con cierto temor cuando se refería al diablo, a quien llamaba «Don Sata».

A mediados de 1961, cuando Violeta estaba apremiada por la falta de plata, Gilbert le propuso irse con su hermano Roberto a una mina en el norte para contribuir a la economía de la Casa de Palos. La cantante accedió. «Roberto me explicó que el trabajo era duro, pero que pagaban bien», escribió Gilbert.

Al llegar a la mina, enclavada en la cordillera de los Andes, Roberto le dijo al suizo que lo esperara afuera de las instalaciones mientras arreglaba la contratación. «Lo esperé en la calle y de pronto, escucho un ruido en la oficina. Gente gritando y veo a Roberto salir rápidamente dando un portazo y gritándome: "¡Hay que irse rápido!".»

Salieron corriendo mientras un puñado de funcionarios los hostigaba y les lanzaba piedras. Cuando lograron zafarse, Gilbert le preguntó jadeando qué había pasado. Y el hermano menor de Violeta le explicó todo. «Lo que pasa es que yo trabajé en esta mina hace tiempo y en esa época realmente nos explotaban. Entonces formé un pequeño sindicato e hice una huelga que duró bastante tiempo. Estos tipos me reconocieron, pero yo ya no me acordaba que había hecho eso, entonces, como puedes ver, tenían razón de echarme.»

Las perspectivas laborales de Gilbert y Roberto no llegaron a concretarse. Violeta se murió de la risa y así hubo motivo para montar una nueva fiesta familiar en la Casa de Palos.

Roberto y Gilbert compartían un alma bohemia. El suizo lo acompañaba a bares de mala muerte, a burdeles y otros antros. Y es muy probable que se sintiera fascinado por esa cultura tan distinta a la suya.

Borrachín empedernido, Roberto podía desaparecer durante meses. Para Violeta y Clarisa era una fuente constante de preocupación, y en ocasiones también involucraban al gringo en la búsqueda. «Varias veces tuvo que hacer el viaje de un lado a otro del país para buscar a ese hijo en prisión, pagando la fianza para llevarlo de vuelta a la casa —relató Gilbert—. Roberto podía emborracharse seis meses seguidos y una vez me contó que estaba seguro de haber cruzado todo Chile, pero debajo de la tierra. Tengo la sensación de que fue un delirio.»

Como fuese, el propio Gilbert afirmó en sus memorias: «Después de Violeta, el personaje de la familia Parra que más me fascinó fue Roberto».

CLARISA. Un día de otoño de 1961 Violeta por fin se atrevió a llevar a Gilbert a conocer a su madre. Clarisa vivía en la comuna de Barrancas, en el extremo opuesto de Santiago.

Gilbert se impresionó al conocer a esta mujer grande y gruesa que, como pronto se daría cuenta, era la verdadera matriarca de la familia, y la única persona frente a la cual Violeta cambiaba de carácter y se podía volver sumisa.

Algo gruñona, Clarisa siempre se quejaba de algo y, sobre todo, de su hijo Roberto. Desaparecido por semanas o meses, volvía completamente ebrio a la casa de su madre y se armaban unas peleas tremendas. La matriarca todavía conservaba su sable de la época del restaurante El Sauce. Y si su hijo se ponía muy violento, le daba unos golpecitos con el lado plano. A veces Roberto salía cubierto de sangre de esas peleas.

Su manera de mostrar cariño era darles de comer a sus seres queridos. Era, al fin y al cabo, una mujer de costumbres conservadoras. Cada vez que iba a visitar a Violeta a La Reina la retaba por el desorden y su falta de habilidades como ama de casa.

«Cuando tienes un hombre hay que saber mantenerlo, lavar su ropa, darle de comer, respetarlo», le dijo en más de una ocasión. Para la matriarca, el deber de la mujer era quedarse en casa. Gilbert recordaba que, como Violeta tenía una visión muy distinta, le daba algo de vergüenza cuando Clarisa comenzaba a dar lecciones de vida. «Pero no se atrevía a decírselo a su madre.»

El suizo, de todos modos, tenía una gran admiración por su suegra:

Esta señora era tan extraordinaria que tenía un amante de unos cuarenta años. Este estaba desaparecido hace más de un año. Hizo investigaciones en todo el país, sin resultado. Un tiempo pensó que lo habían asesinado y tirado al canal San Carlos. Entonces mandó a secar el canal para encontrar su cadáver, pero tampoco tuvo resultados. Me dijo con mucha ternura: «Comprendes, era tan bueno conmigo».

LA VIDA DIARIA CON VIOLETA. Tal como se quejaba su madre, la cantante era desordenada en su diario vivir. Telas, cuadros, instrumentos, pinturas, fajos de papeles, artesanías, todo se repartía en un gran caos, que sin embargo tenía perfecto sentido para Violeta. En lo que verdaderamente se mostraba desprolija era en las finanzas.

Muy pronto Gilbert aprendió a convivir con la incertidumbre financiera. Cuando llegaba algo de plata por unos escuálidos derechos de autor, el clan vivía mejor. Pero casi todo el tiempo vivían con lo justo. También mejoraba la situación cuando Violeta actuaba en algún programa de radio o vendía sus arpilleras de gran tamaño. El problema era que no le gustaba vender sus monos. «Violeta le tenía tal amor a sus creaciones que tenía una gran reticencia a venderlos», aseguró Gilbert.

Carmen Luisa, la hija menor que ya estaba por cumplir once años, también se acordaba de la ambigüedad de su madre al respecto. «Ella nunca creó algo para venderlo. Siempre decía que eso podía fregar mucho más al artista que la pobreza.»[86]

Violeta siempre tuvo una relación ambigua con el dinero. Continuamente perseguía a los funcionarios de finanzas de las radios, disqueras y universidades para que le pagaran a tiempo y, ojalá, algo más a futuro. Pero una vez que le llegaban sumas más grandes las solía gastar rápidamente y prefería compartirlas con sus cercanos.

Aunque la falta de plata era un asunto crónico en la vida de Violeta, al aparecer Gilbert las cosas estaban más estrechas de lo habitual. Ángel y Violeta le enseñaron al suizo la técnica de colgarse de las redes eléctricas. Se requería un cable de cobre y un palo. Con este último enganchaban el cable al tendido eléctrico y después lo conectaban a la toma de corriente de la casa. La compañía de electricidad pasaba cada cierto tiempo por el sector y los descolgaba, pero en cuanto los técnicos se iban, volvían a usar el palo y el cable de cobre. Así se ahorraban la cuenta de la luz.

La única labor de Gilbert era construir los marcos para los cuadros y tapices de Violeta. Era una labor que hacía bastante bien, ya que había estudiado algo de carpintería en Ginebra. Pero las finanzas estaban tan deterioradas que Gilbert insistió en buscar trabajo para contribuir a las arcas del hogar. Fue ahí que el suizo comenzó a ver una faceta de Violeta que los llevaría a enfrentarse seguido: la cantante era muy celosa y posesiva. «No quería que encontrara trabajo, por miedo a que me fuera con otra.»

Así que Violeta decidió que había que hacer algunos sacrificios y vendió su piano. Esto dejó consternada a toda la familia, ya que la cantante casi nunca se deshacía de un instrumento, a no ser que lo regalara a alguien.

Al principio Gilbert no se incomodó con la exigencia de no trabajar fuera de casa. E incluso tuvo una idea que podía ser lucrativa y, al mismo tiempo, salvaguardar las obras de Violeta. Se acordó de cuando copiaba petroglifos con papeles transparentes y propuso hacer lo mismo con los cuadros.

Era un trabajo muy delicado y lo hacía de forma limpia y lenta. Era muy difícil reproducir la espontaneidad de las obras auténticas, como algunas manchas de pintura o de grasa, pero en general las copias estaban bastante bien logradas. De todas maneras, como decía ella, sólo los burgueses compraban esas obras y nunca nadie se quejó de algo. Cuando veíamos los cuadros colgados en las paredes de sus casas nos moríamos de la risa. Mala suerte para los que los compraron, era una pequeña estafa, por eso nos reíamos tanto.[87]

En general la pareja salía muy poco de la parcela. Violeta sólo bajaba al centro de la ciudad para hacer trámites. En una ocasión ambos fueron a recorrer algunos barrios pobres. Ver a niños descalzos en poblaciones con caminos de tierra, sin luz ni agua potable, las débiles casuchas de cuatro tablas con sus tejados de zinc y neumático sobre el techo para que no se volaran, fue algo que impactó al suizo. Pero también se sorprendió al darse cuenta de que la cantante apenas podía caminar libremente. «Apenas la reconocían era imposible estar tranquilos, se formaban grandes grupos para ver y saludar a este monstruo [del folclor]. Era muy querida por los chilenos.»

Llegado el 18 de septiembre, Violeta volvió a montar una fonda. Como el año anterior, enroló a casi toda la familia para cantar, cocinar y atender a los comensales. Gilbert ayudó en el montaje de la carpa y en diversas labores. Para el suizo era un evento verdaderamente único celebrar tres o cuatro días seguidos, bailar y tomar vino —del cual era casi tan fanático como Roberto— hasta el amanecer.

Tal vez fue entonces que Violeta Parra interpretó por primera vez «Yo canto la diferencia».

Tras las Fiestas Patrias, todo volvió al ritmo usual en la Casa de Palos. Ahora Violeta componía y tocaba la guitarra casi todo el día. Ya había llegado a un acuerdo con Odeon para grabar a fines de octubre su nuevo disco. De manera que estaba dedicada a ensayar los catorce temas del álbum *Toda Violeta Parra*.

La convivencia con Gilbert, no obstante, se hacía más friccionada. El suizo afirmó que Violeta le reprochaba el no estar casados. «A ella le hubiese gustado regularizar nuestra situación, pero yo en realidad no tenía gana alguna de casarme. Hubiese sido un infierno, era demasiado posesiva.»[88] En sus escritos inéditos Gilbert Favre relató las tensiones que afectaron a la pareja a sólo un año de haberse conocido.

Cuando alguien venía a la casa, sobre todo los esnobs y los burgueses, como les decía Violeta, me ponía de lado. Tal vez porque no estábamos casados, [pero] ¿para qué casarnos? En realidad no me importaba en lo más absoluto la opinión de la gente. [...] De vez en cuando teníamos enfrentamientos que rozaban la tormenta. Con Violeta la vida era tan tensa, que de vez en cuando pensábamos que una pequeña separación era necesaria. En el mismo momento en que sentíamos que una separación temporal era indispensable, entonces todo se calmaba. Nos volvíamos razonables y la conversación se volvía posible. La gran diferencia que teníamos era que ella era muy exigente con ella misma y con los demás. No admitía ningún error. Es sin duda una cualidad y lo demostraba con sus creaciones que eran una verdadera maravilla. Pero yo era más del estilo del indio, un poco contemplativo, pero igual de vez en cuando trabajaba cuando me interesaba.

Hacia fines de octubre Violeta le propuso una separación corta pero productiva. Mientras ella entraba a los estudios de grabación, envió a Gilbert a la región de Chillán a recopilar canciones campesinas. Al suizo, cuyo castellano seguía siendo muy rudimentario, le encantó la idea. Pero en la práctica dedicó más tiempo a tomar vino con los campesinos que a recoger canciones.

Al volver a Santiago Violeta le preguntó si traía algún material. Él le confesó que sólo venía con una melodía. «Violeta no se extrañó y me dijo que lo más importante era que yo haya conocido a esa gente.» Después Gilbert le cantó la melodía que había aprendido e inmediatamente Violeta se largó a reír.

—Pobrecito, ¿no sabes que lo que aprendiste es una canción infantil, una que todos los niños aprenden en el kínder?

«Me puse rojo de vergüenza, pero tuve que rendirme ante la evidencia de que me habían engañado, o más bien que yo me había dejado engañar.»

Este episodio apenas preocupó a la cantante. Tenía asuntos más urgentes que atender. Poco antes había recibido un telegrama desde Argentina donde se le comunicaba que Lalo había sufrido un accidente y estaba gravemente herido en un hospital. La situación exacta no quedaba clara, pero Violeta decidió partir ipso facto a ver a su hermano, que se había ido con sus dos hijos a General Pico, en la provincia de La Pampa.

Para allá partiría ahora Violeta, aunque días atrás la habían dado de alta en el Hospital San Juan de Dios después de padecer una ictericia, uno de los muchos males hepáticos que comenzaron a afectarla.

Entre todos los familiares reunieron dinero para comprar un pasaje aéreo a Buenos Aires y de ahí a General Pico. La matriarca Clarisa tejió rápidamente unas calcetas de lana para Violeta y Lalo, porque aseguraba que en Argentina hacía mucho más frío que en Chile. Y eso que eran los primeros días de diciembre, que anunciaban los calurosos veranos de Sudamérica.

La familia fue al aeropuerto de Cerrillos para despedir a Violeta. La cantante sólo llevaba un pequeño bolso con su ropa y, por si acaso, su guitarra. Sería sólo cuestión de días para que volviera, pensaban todos. Pero una vez más estaban equivocados.

«PERÓN CUMPLE»: VIOLETA EN ARGENTINA

Cuando Violeta Parra recibió el telegrama, su hermano efectivamente estaba hospitalizado. Pero cuando llegó a General Pico, Lalo se encontraba en la cárcel.

La verdadera historia de qué había pasado con Eduardo Parra en Argentina se mantuvo disimulada durante años. En la familia comenzaron a circular distintas versiones, pero la más aceptada era que Lalo se había enfrentado a otro hombre por una mujer. Décadas después, el propio Ángel se hizo eco de esto. «Mi tío Lalo estaba preso en General Pico [y] con discreción se decía que estaba en un hospital —escribió en enero de 2011 para el periódico argentino *Página 12*—. Pero estaba en la cárcel por problemas sentimentales, se le había pasado la mano con un contrincante del corazón.»[89]

La verdadera historia era otra.

Violeta llegó a General Pico el sábado 30 de diciembre de 1961. Lo primero que hizo fue dirigirse a la peña folclórica local, para presentarse como cantante y exponer su caso. Ahí conoció a Rafael Eiras, el fundador de la peña El Alero, donde se juntaban los máximos cultores regionales del folclor. Eiras le recomendó ir a hablar con Joaquín Blaya, diputado del gobierno regional de La Pampa.

Siguiendo el método del boca a boca, tal como acostumbraba hacerlo en sus indagaciones de campo, Violeta llegó a tocar la puerta de aquel político. Le expuso su dilema y, de paso, le comentó que era una conocida pero empobrecida folclorista chilena. Blaya no sólo le prometió ayuda, sino que desde ese mismo día la alojó en su casa. Tal vez el político se mostrase así de abierto con Violeta porque una hermana suya vivía en Santiago de Chile. Era dueña del restaurante Il Bosco, ubicado en plena Alameda, N° 867, conocido por atender las veinticuatro horas y colocar las banderas de la nacionalidad de cada comensal sobre la mesa.

Lalo se había mudado con sus dos hijos al interior de Argentina en búsqueda de un nuevo comienzo, tras la muerte de su esposa en 1957. En General Pico, Eduardo Parra se desempeñaba como guitarrista en la peña folclórica y de vez en cuando actuaba en los circos, recorriendo con sus hijos los pueblos cercanos.

La leyenda no oficial afirma que hacia fines de 1961, su hija preadolescente, Clara, se fugó con un hombre mayor hacia Buenos Aires. Pero ello no es tan probable, considerando que Clarita tenía sólo once años. Ella misma le comentó a periodistas argentinos que, cansada del ritmo gitano de su padre, decidió quedarse a vivir con una familia amiga en General Pico.

Como sea, la deserción y alejamiento de su hija deprimió a Lalo. Así que un día de diciembre de 1961 decidió suicidarse ingiriendo una gran cantidad de calmantes. El problema fue que obligó a su hijo Francisco, de siete años, a hacer lo mismo. Unos vecinos se percataron y llamaron a los paramédicos, que rápidamente trasladaron a padre e hijo al hospital de esa ciudad, que apenas tenía diecisiete mil habitantes. Ambos sobrevivieron sin mayores penurias. Una vez recuperado del efecto de los barbitúricos, Eduardo pidió que le avisaran a su madre Clarisa y a Violeta de la situación. Pero para cuando llegó su hermana, la policía local lo había acusado de intento de homicidio de su hijo.

Joaquín Blaya realizó gestiones ante la justicia que permitieron sacar a Lalo de la cárcel. Clara, en tanto, se había enterado y volvió arrepentida desde la capital.

Tras recobrarse de la peligrosa dosis de pastillas, el pequeño Francisco había sido trasladado a un hogar de menores. En el libro que muchos años después le dedicara a su padre, Clara recordó que a los involucrados todavía les quedaba «recuperar a mi Panchito, pero no hay que olvidar quién llevaba la batuta: Violeta Parra».[90]

Es probable que el diputado Blaya haya negociado un acuerdo: a cambio de la liberación y de restablecer la tutela de su hijo, Lalo y los demás tendrían que repatriarse a Chile. Fue eso lo que efectivamente sucedió en enero de 1962. Y como las autoridades argentinas no iban a financiar una repatriación extraoficial, fue nuevamente el diputado quien se encargó de costear todo.

En las décimas que Lalo consagró a Violeta a fines de los años noventa, hizo una breve referencia a estos acontecimientos.

> Cierta vez en Argentina
> botado en un hospital,
> sin pega ni capital,
> y llega la golondrina.

Violeta, la más adivina,

pega'íta a nuestra madre

me lleva pa' Buenos Aires

y me manda para Chile,

los pesos me da por mile',

cambia mi cara vinagre.[91]

Tampoco en esos versos se aclaraba la historia oficial. Hablaba además de la figura de su madre, Clarisa Sandoval, pero ningún testimonio menciona que ella hubiera estado en General Pico.

En las casi tres semanas que pasó por allá, Violeta y la familia Blaya se encariñaron mutuamente. Le dijeron que volviera una temporada a vivir con ellos, y la cantante les aseguró que así lo haría. Eduardo y sus hijos tomaron un avión rumbo a Santiago, mientras que Violeta emprendió el regreso por tierra. El 17 de enero cruzó el paso fronterizo Los Libertadores, encumbrado a tres mil quinientos metros en plena cordillera de los Andes.

Pero su estancia en tierras chilenas tuvo que ser muy breve. Ni siquiera Gilbert Favre recordaría que Violeta haya vuelto alguna vez de Argentina. «No volvía y ya había pasado más de un mes», escribió en sus textos autobiográficos.

A fines de enero Violeta figuraba instalada de nuevo en casa de los Blaya. Estos le habían cedido el comedor principal y la habitación adyacente para que trabajara sus arpilleras, óleos y esculturas, y también para que tocara la guitarra. El comedor daba a una terraza que la familia le prestó para desplegar sus obras. «El sol entraba por la mañana al comedor, al que daba la pieza de Violeta —evocó Cristián Blaya, uno de los hijos, que en esa época tenía unos ocho años—. A la tarde el sol se volcaba en aquella terraza, en la que también trabajaba ella. Todo era un desorden de vitalidad y creatividad.»[92]

Joaquín Blaya no sólo sostenía los costos del diario vivir de Violeta, sino que además le compraba todos los insumos para su arte. La esposa del legislador provincial, Celia Petrelli, era la presidenta del Centro Materno-Infantil de la ciudad, y logró reunir a muchas mujeres para que asistieran a los talleres de cerámica, bordado y otras técnicas que comenzó a ofrecer la chilena.

En las siguientes semanas la folclorista chilena se presentó en la peña El Alero. Una foto en blanco y negro la muestra sentada sobre una silla, la guitarra entre los brazos, y rodeada de decenas de habitantes de La Pampa.

Blaya era militante de la Unión Cívica Radical y, como tal, apoyaba al gobierno de Arturo Frondizi. «Mi padre era desarrollista, pero Violeta era comunista —recordaba Cristián—. Entonces supongo, aunque yo era chico, que entre mi padre y ella tuvieron muchas conversaciones políticas interesantes.»[93]

Varios artículos periodísticos chilenos y argentinos aseguran que la estancia de la folclorista en General Pico fue de unos seis meses. Pero todo indica que fueron más bien seis semanas. Esto porque en marzo de ese año Violeta ya estaba en Buenos Aires. De hecho, el diputado Blaya le pagó el pasaje en tren y le dio algo más de plata para sus primeros días en esa urbe de tres millones de habitantes.

Décadas después, Cristián Blaya afirmó que «con mi familia nos atribuimos siempre que para Violeta General Pico fue una parada importante, un descanso para recuperar fuerzas y confianza».[94] Y tuvo mucho de razón. En una carta que Violeta le envió desde Europa a Celia Petrelli de Blaya, escribió con lápiz rojo: «Lloré mucho al partir. Tengo mucho que agradecer a La Pampa. La Pampa y los Blaya, la Pampa y el curso, la Pampa y el público… Grande es mi gratitud, grande, grande».[95]

Al llegar a Buenos Aires, Violeta se fue a vivir al Hotel Phoenix, ubicado en la esquina de la calle San Martín con Avenida Córdoba, en pleno centro. Inaugurado en 1889, había sido destino favorito de turistas y hombres de negocios británicos, pero hacia los sesenta estaba muy venido en menos.

La habitación 111 sería su centro de operaciones. Y Violeta acabaría convirtiéndola en un gran taller. Cuando un periodista argentino la entrevistó a fines de abril relató que «la modesta habitación del hotel con las paredes casi totalmente cubiertas con sus cuadros al óleo y sus arpilleras [...] aporta una atmósfera tan particular».[96]

Nada más arribar a la capital argentina, Violeta le escribió a Joaquín Blaya una carta en la que ya dejaba traslucir su ansiedad y sus proyectos de triunfo. «Tengo hoy y mañana para descansar. El lunes me pondré de firme a mover tuercas y tornillos para hacer andar la maquinita folclórica.»[97]

Y así fue. Gracias a los contactos que le proporcionó Blaya, Violeta apareció en los programas de folclor que transmitía la Radio Nacional. Luego logró presentarse en dos programas del Canal 13 de televisión, que había iniciado sus transmisiones en octubre de 1960 y que pertenecía al empresario cubano Goar Mestre Espinosa.

Mientras comenzaba a abrirse camino en Buenos Aires, tuvo que decirle a Gilbert Favre que no estaba en sus planes volver pronto a Santiago. En una carta de fines de marzo, afirmó:

Mijito, soy de fierro muy duro y de voluntad inquebrantable. Estoy sufriendo por irme, pero así resistiré hasta que este país se ablande y sepa y sienta que yo ando por aquí. Yo no vengo a lucirme, quiero cantar y enseñar una verdad, quiero cantar porque el mundo tiene pena y está más confuso que yo misma. Los argentinos necesitan de la verdad sencilla y profunda del canto americano. ¿Cómo voy a irme tranquila si aquí hay un desorden descomunal? [...] Pero estoy flaca y mañosa. También estoy regalona como una gata. Te besa fuerte, Violeta.[98]

Sin embargo, le pidió a «Chinito», como lo solía llamar a veces, que se viniera a Buenos Aires y que, de paso, le trajera algunos de sus materiales artísticos. Se lo dijo en la siguiente carta:

> No quiero que viajes en tren, es muy lento. Trae las arpilleras sin la madera, lo mismo las pinturas, y decláralas a la salida. En la aduana tengo un amigo, el señor Arteaga, él me quiere mucho. Nicanor también lo conoce. Vayan los dos y llévenle un disco mío, el último. Él les entregará todos mis trabajos. Es muy bueno conmigo.
>
> [...] Necesito verte y abrazarte. Hace setenta días que salí de Chile. La verdad es que soy una suelta que ama a su Patria y sufre por ella.

Pocos días después de despachar esa carta, la cantante vivió su primer golpe de Estado. El 29 de marzo las fuerzas armadas argentinas derrocaron el gobierno de Frondizi. A diferencia del sangriento pero fallido golpe contra Juan Domingo Perón en junio de 1955, cuando los militares bombardearon la Plaza de Mayo y la Casa Rosada con un saldo de más de trescientos muertos, este fue un movimiento silencioso. A las cuatro de la mañana los alzados le comunicaron al mandatario que sería destituido y enviado a la isla Martín García, en medio de la inmensa desembocadura del Río de la Plata.

No fueron los jefes militares, curiosamente, los que se quedaron con el poder, sino que —en un movimiento político tras bambalinas— asumió el presidente del Senado, José María Guido, que pertenecía al mismo partido y la misma línea política del derrocado jefe de Estado. Por muchas horas no hubo presidente, y los argentinos y Violeta Parra se fueron enterando durante el día de los sucesos.

Desde luego que la experiencia dio vueltas en la cabeza de la cantante. En una carta que mandó semanas más tarde a Joaquín Blaya, preguntó:

¿Cómo es que usted resiste la vida política en Argentina? En los meses que viví en Buenos Aires pude darme cuenta de muchas cosas. Es una chacota el asunto del gobierno. ¿No cree usted que los milicos y los curas ya están añejos y ridículos? Qué barbaridad cuando salen los tanques a pasearse, y qué barbaridad los golpes de Estado… Yo no entiendo nada, la ensalada es indigerible.[99]

En el viejo Hotel Phoenix también se hospedaban otros artistas. Uno de ellos, un pintor argentino, le regaló numerosas telas, pinturas y pinceles. «En cinco minutos captó mi problema —le escribió a Gilbert—. Yo no podía comprar todo eso y ahora tengo para trabajar toda la semana.»[100]

De a poco Violeta comenzó a hacerse un poco más conocida. Después de sus dos presentaciones en televisión a inicios de abril, mucha gente comenzó a identificarla en público. Eso al menos sostuvo la cantante en otra carta a Gilbert. «La gente me habla en la calle, porque la tele es definitiva. Ya soy una cosa sabida y conocida.»

La cantante también se reencontró con Horacio Guarany, un destacado folclorista argentino, a quien había conocido durante su corta estadía anterior en Buenos Aires, cuando iba rumbo a Polonia. Guarany se afilió al Partido Comunista tras el derrocamiento definitivo de Perón en septiembre de ese año. Los comunistas tenían allá mucho menos peso político que sus pares chilenos, en parte porque algunas corrientes del peronismo habían adoptado su discurso e ideología. Los cantantes, en cualquier caso, congeniaron de inmediato.

Al igual que la chilena, Guarany recopilaba cantos populares, en especial los de la zona nortina de Tucumán, y con el tiempo se fue transformando en cantautor. Uno de sus temas más ilustres se titulaba «Si se calla el cantor» y habría de convertirse, durante la última dictadura militar de ese país (1976-1983), en un verdadero himno de la canción protesta. Su letra decía:

Si se calla el cantor, calla la vida,
porque la vida, la vida misma es todo un canto.
Si se calla el cantor, muere de espanto
la esperanza, la luz y la alegría.
Si se calla el cantor, se quedan solos
los humildes gorriones de los diarios,
los obreros del puerto se persignan
quién habrá de luchar por su salario.

«Horacio Guarany es un cantor folclórico, y del pueblo, es famoso —le escribió Violeta a Gilbert—. Me llamó, hablamos y me ayudará en la publicación de mi música para guitarra.» Guarany, siete años menor que la chilena, era de cierto modo una versión masculina y trasandina de Violeta Parra. Y tal como sucedería con ella, Guarany saltó a la fama continental de la mano de Mercedes Sosa, quien en 1972 grabó un disco a dúo con sus canciones. Un año antes, la cantante oriunda de Mendoza había hecho lo mismo con varias de las canciones más emblemáticas de Violeta.

Además de su creciente red en el mundo del arte, la radio y la televisión, Violeta atrajo el apoyo de algunos chilenos residentes en Buenos Aires. Uno de ellos era Enrique Araya, el agregado cultural de la embajada. Aparte de diplomático, Araya era novelista y miembro de la Sociedad Argentina de Escritores, y no carecía de contactos en el ámbito cultural.

Es posible que haya sido él quien ayudó a Violeta a gestionar importantes actuaciones en el teatro IFT (Yidischer Volkstheater o Teatro Popular Judío), que había sido fundado en 1932. Ubicado en el corazón del barrio Once, una zona de pequeños comerciantes y fabricantes de telas y hogar de numerosas sinagogas y clubes judíos, el teatro tenía capacidad para 670 personas. Excepto en actos políticos, Violeta Parra nunca había tocado en solitario ante tantas personas.

La fecha de la primera presentación de Violeta se fijó para el viernes 27 de abril a las 9:30 de la noche. Dependería del interés de los espectadores la posibilidad de agregar más fechas. La cantante estaba muy emocionada. «Me han conseguido un hermoso teatro de 700 localidades [y] el recital es [...] con gran propaganda y asistencia de críticos, periodistas —le escribió a Gilbert a comienzos de abril—. Quiero que hables con Sergio [Bravo] y le pidas *Mimbre*. Enrique Araya está en Chile, es el agregado cultural. Él puede traerlas en su valija diplomática.»[101]

Para Violeta no sólo era una oportunidad de mostrar sus canciones, sino de exhibir también la cultura chilena frente a los porteños. Por eso le pidió a Gilbert que mandara el documental, además de vestidos campesinos, el poema «Defensa...» de su hermano mayor y, claro, sus arpilleras y cuadros favoritos que estaban en Santiago. En la carta de abril queda claro que Violeta veía este recital como un gran evento para su carrera artística y quería que su familia estuviera presente y, ojalá, participara incluso en la presentación.

¿No querría Nicanor venir en su auto, con la Chabela [Isabel], el Ángel, la Luisa y tú? Yo le devuelvo los gastos en bencina y los recibo en mi hotel [...] Me gustaría tanto dar mi recital con mis hijos. ¡Sería una locura! Si Nicanor no puede venir, se vienen todos en tren. [...] De paso la Chabe, que no conoce nada, tiene la posibilidad de mirar otro país, otro modo de vivir y otra forma de gente. Es interesante para mis críos. [...]

Hay que apurarse, hay que volar. Por el momento, que vaya Chabelita a cobrar a Odeon. El dinero es sagrado para los pasajes, solamente para los pasajes. [...]

El Raúl al cual se refería Violeta era Raúl Aicardi, director de la Radio Chilena. Ahora estaba a cargo del primer canal de televisión del país, el cual se estrenaría a fines de mayo, aprovechando el inicio del Mundial de Fútbol Chile 1962. Aicardi contrató a Ángel e Isabel como parte del equipo que estaba poniendo a punto las transmisiones, aunque ambos se desempeñaban en labores menores.

En sus memorias inéditas, el suizo recordó que Violeta envió un telegrama pidiéndole que se fuera lo antes posible a Buenos Aires, porque todo marchaba muy bien para ella y no tenía intenciones de volver a Chile por el momento. «No me gustaba mucho la idea de ir a esa ciudad, pero tenía ganas de ver a Violeta. Hacia un tiempo que se había ido.»[102]

Mientras ella trataba de conquistar Buenos Aires y llevarse a sus seres queridos a Argentina, él se dedicaba a disfrutar de su ausencia. «Yo aprovechaba para hacer algunas escapadas por Santiago, porque en realidad nunca salía y esta ciudad era desconocida para mí.»[103] Dedicados a la buena vida, Roberto y Favre solían recorrer bares y burdeles.

Como el recital del 27 de abril se acercaba rápidamente, y ni Nicanor ni los hijos de Violeta se animaron a ir, la cantante le pidió a Gilbert que se tomara un avión, todo un lujo. Entre la familia Parra y algunas amistades de Violeta reunieron el dinero para el pasaje. Pero cuando estaba por tomar el vuelo, el servicio de inmigración no lo dejó salir. Gilbert recordó esa escena ocurrida en una oficina del aeropuerto de Cerrillos.

—Si quiere salir del país está en la obligación de pagar impuestos —le dijo el funcionario.

—¿Impuestos? ¿Pero cómo?

—Sí, hace casi dos años que usted vive en el país y debe haber ganado dinero para vivir.

¿Cómo explicarle a ese funcionario que durante gran parte de ese tiempo había sido amante y ayudante ad honorem de una artista? Violeta y su familia usaron todos sus contactos políticos para liberarlo del pago de tributos. Y acaso para ello recurrieran a Esther Matte Alessandri, una vieja conocida de la artista. «Después todo se resolvió, gracias a gente que era más o menos de la familia de [Jorge] Alessandri, el presidente de la época —escribió Gilbert—. Era libre de irme cuando quisiera.»[104]

Cuando Gilbert Favre finalmente obtuvo una nueva fecha para tomar el vuelo, se juntó con un grupo de amigos para pasear por una feria de artesanía en el Parque Forestal. En esa feria conoció a un artista mapuche que hacía grabados sobre madera y congeniaron de inmediato. «Mi avión salía a las tres de la tarde, lo que nos daba tiempo de tomarnos unos tragos», recordó.

Los nuevos amigos se pusieron a tomar vino y «al mediodía estábamos embriagados y nos metimos a una casa de putas para festejar nuestro encuentro. Cada uno pagó una prostituta y seguimos tomando. Estaba tan borracho que se me olvidó mi avión a Buenos Aires».

Al enterarse de que su amado había perdido el vuelo, aunque sin saber todavía la razón, Violeta le escribió con tristeza:

Corazón mío: ¡Tanto esperarte, tanto soñar contigo, tanta ilusión! Toda la gente del hotel sabía que vendrías. ¿No vino tu marido?, me preguntan. No, no vino; tengo mucha pena pero va a venir. Él me quiere a mí solita, él me adora.

El sueño de Violeta de contar con una activa participación de su familia y Gilbert quedó en poco o nada. Ni Nicanor, ni Ángel ni Isabel fueron a verla. Y el suizo llegó la misma noche del 27 de abril. Se tomó un taxi desde el aeropuerto al Teatro IFT, pero la presentación ya había comenzado. Gilbert se tuvo que ir a los camarines, pero desde ese lugar pudo observar a Violeta sobre el escenario. Era la primera vez que la veía actuar en público. El teatro estaba repleto hasta la última butaca.

> Estaba simplemente sentada en una silla con su guitarra sobre las rodillas, apoyada contra su vientre, la cabeza gacha, la cara cubierta por su pelo largo, como una cortina que escondía una parte de su expresión. Cantaba sin exuberancia, sólo se veía su mano izquierda desfilar sobre el mango y su mano derecha que marcaba el ritmo. Eran las únicas partes de su cuerpo que daban signos de vida. A través de su pelo salía una voz nasal y talentosa a la vez. Delante de ella una sala silenciosa escuchaba y miraba ese pequeño punto negro sobre esa gran escena. Fue bastante fascinante y estaba claro que ella dominaba sobre el público.[105]

Al llegar tarde, lo que Gilbert se perdió fue el peculiar comienzo del recital. Hubo dos presentadores. El primero: el actor chileno Lautaro Murúa, que había emigrado a Argentina siete años antes para consagrarse como director teatral. El segundo era el historiador Leopoldo Castedo, que había llegado a Chile a bordo del barco de refugiados españoles *Winnipeg*.

Murúa, en vez de presentar a la cantante, se puso hablar de su propia carrera artística. Cuando estaba terminando de tirarse flores a sí mismo, dijo: «Bah, es cierto que vine a presentar a la Violeta, se me había olvidado. Mejor que lo haga Leopoldo».[106]

En su autobiografía, Leopoldo Castedo recordó ese momento incómodo:

> Ante la inverosímil situación pensé que lo oportuno era deslumbrar al público y a la cantante, guitarrista, pintora, tejedora, además de poeta, con una brevísima frase en la que se negaba su calidad de folklorista, porque, dije: «Los folcloristas suelen disecar el alma del pueblo y

Violeta es la encarnación misma del pueblo». Parece que mi frasecita colmó su furia. Arrastrando la guitarra avanzó al centro del escenario. Cuando se calmaron los aplausos dijo: «Buena mierda de presentación. Uno habla hasta por los codos, pero sólo de él, y el otro dice que no soy folclorista». Parecía que el teatro entero se venía abajo con los aplausos, gritos y resoplidos de apoyo a Violeta por un público enfervorecido.[107]

Cuando terminó el recital, Violeta finalmente se reencontró con Gilbert. Estaba molesta y actuó de manera fría. Pero muy pronto su enojo empeoró. Y es que el suizo tenía que confesarle algo, y no se trataba sólo de su infidelidad con algunas prostitutas. Resulta que en la juerga con el grabador mapuche había contraído una enfermedad de transmisión sexual. Llevaba varios días tomando penicilina para tratarse la gonorrea. Esa misma noche le contó todo a Violeta. «Me escuchó con atención y su cara se puso severa; algo se había roto entre los dos, algo terrible. Lo que me inquietaba era sobre todo su decepción. Puta que soy huevón, pero bueno, no importa, tenía que contarle todo.»[108]

Violeta, pese al desastre, no rompió con él.

Ante el entusiasmo del público bonaerense, Violeta Parra estuvo casi una semana dando recitales en el Teatro IFT. Gilbert la acompañó a todas las presentaciones, pero la relación se había vuelto muy tensa. Violeta aprovechaba cualquier situación para enrostrarle su conducta o castigarlo. Por ejemplo, todas las noches le pedía que le soplara en la cara para controlar si había fumado cigarrillos. Gilbert continuaba fumando a escondidas y solía chupar unas pastillas de menta antes del control diario. «Violeta me acosaba y frente a esos reproches, estaba completamente desarmado, lo único que podía hacer era cerrar la boca. Pero se estaba volviendo un chantaje.»[109]

Aun así continuaron su relación. La cantante lo llevó a su nuevo hogar, una pensión en el acomodado barrio de Belgrano. Poco antes de la llegada de Gilbert había dejado el Hotel Phoenix para trasladarse a este lugar más barato, aunque quedaba más lejos del centro. La dueña era una vieja señora polaca que se pasaba el día gritando en las escaleras para retar a los huéspedes o avisarles que los llamaban al único teléfono.

Violeta le presentó una por una a la mayoría de las personas que estaban viviendo ahí, actores, cineastas, pintores. «Eran todos profesionales y afiliados al Partido Comunista —escribió el suizo—. Violeta era del partido y creo que hasta tenía su carnet, pero de esto no sé nada porque en realidad no me interesa la política.»[110]

A veces Violeta organizaba pequeños recitales en el hospedaje, a los que llegaban estudiantes que la admiraban. «Eran muy ruidosos y fanáticos de Violeta y todos eran del Partido Comunista», recordó Gilbert. En los últimos meses la cantante había compuesto una serie de canciones con fuerte contenido político. El disco *Toda Violeta Parra*, que publicó seis meses antes en Santiago, ya contenía tres temas que iban en esta línea: «Hace falta un guerrillero», «Arriba quemando el sol» y «Yo canto la diferencia».

Pero en los meses transcurridos desde ese disco, la politización de sus canciones se había intensificado. El público del IFT y el círculo de amigos y fans porteños fueron los primeros en escuchar temas como «Mira cómo sonríen» y «Porque los pobres no tienen».

En la primera canción, un chapecao, Violeta Parra enrostra a presidentes, policías y funcionarios por darle la espalda al pueblo e incluso reprimirlo.

> Miren cómo sonríen
> los presidentes
> cuando le hacen promesas
> al inocente
> [...]

Miren cómo le muestran
una escopeta
para quitarle al pueblo
su marraqueta.

En la tonada «Porque los pobres no tienen», Violeta Parra encara por primera vez de manera crítica el papel que, a su juicio, desempeñaba la religión cristiana a la hora de mantener el orden social de los poderosos. Cantó:

Porque los pobres no tienen
adonde volver la vista,
la vuelven hacia los cielos
con la esperanza infinita
de encontrar lo que a su hermano
en este mundo le quitan.

Violeta siempre tuvo una relación ambigua con el catolicismo. Seguía algunas tradiciones, como bautizar a sus cuatro hijos en la iglesia, pero nunca iba a misa, ni siquiera al servicio dominical. Las letras de sus primeras canciones recopiladas hablaban de lo divino, de ángeles y figuras del Antiguo y Nuevo Testamento, y en varias de sus propias canciones invocaba también a Dios, pero más como un juego retórico. «Para Violeta el sentimiento religioso consta de dos estratos separados: la visión campesina de una corte celestial, paradisíaca, y los representantes terrenales de tal corte, a los cuales ella juzga por sus actitudes políticas al servicio de las clases dominantes», sostuvo Patricio Manns.[111]

Así continuaba la canción:

De tiempos inmemoriales
que se ha inventa'o el infierno
para asustar a los pobres
con sus castigos eternos

Con el tiempo su crítica a la Iglesia Católica derivó en dudas sobre la existencia misma de Dios. En una canción compuesta un año después en honor a la primera mujer que viajó al espacio, la cosmonauta soviética Valentina Tereshkova, Violeta Parra le pregunta: «Qué vamos a hacer con tanto / tratado del alto cielo, / ayúdame Valentina, / ya que tú volaste lejos, / dime de una vez por todas / que arriba no hay tal mansión».

En el «Rin del angelito», que fue una de sus últimas composiciones antes de suicidarse, Violeta Parra termina con dos líneas que contradicen la idea de inmortalidad del alma que suelen propagar muchas religiones. «Cuando se muere la carne, / el alma se queda oscura.»

Su amiga Adela Gallo declararía que, en el fondo, Violeta sí era una mujer religiosa. «Era marxista-religiosa, a la manera de los birmanos que son socialistas-budistas», afirmó.[112] En cierto modo, la cantante se adelantaba con estas letras a una concepción más política y militante del cristianismo, que hacia fines de esa década daría vida a la teología de la liberación, donde efectivamente convergieron cristianos y marxistas latinoamericanos.

En otra estrofa de «Porque los pobres no tienen», Violeta entonaba:

Y pa' seguir la mentira,
lo llama su confesor.
Le dice que Dios no quiere
ninguna revolución,
ni pliego ni sindicato,
que ofende su corazón.

Con textos por el estilo no era de extrañar que los jóvenes comunistas de Argentina se fascinaran con la cantautora chilena. Pocos cantantes había que fueran tan atrevidos en sus mensajes.

Pero no sólo los militantes comunistas estaban impresionados. También lo estaba Norberto Folino, el periodista de la revista cultural *Vuelo* que entrevistó a Violeta a fines de abril. Folino le dijo que pensaba abrir un modesto sello discográfico y le preguntó si acaso estaría dispuesta a grabar algunos temas para él. La cantautora accedió. Como Folino traía consigo una grabadora portátil de cinta magnética, simplemente aprovechó de ajustar la posición del micrófono para captar bien el sonido de la guitarra.

El material que le entregó Violeta Parra era una verdadera joya. Además de cantar «Hace falta un guerrillero», que ya había editado en Chile seis meses antes, en la habitación del hotel la folclorista interpretó tres temas que nunca había grabado. Estos eran «Arriba quemando el sol», «Según el favor del viento» y «Mira cómo sonríen». Y luego continuó con seis temas más, entre ellos una de sus anticuecas. El argentino le prometió volver con un contrato y un adelanto en efectivo.

Mientras esperaba finiquitar los detalles con la Discográfica Norberto Folino, que era el nombre de aquel emprendimiento, Violeta logró que el sello Odeon en Argentina le grabara un disco entero. Cómo lo logró no está claro, pero dada su tenacidad y capacidad de gestionar contactos es posible que le haya pedido a Rubén Nouzeilles, su editor de Odeon en Chile, que moviera algunos hilos.

Entre el 23 de abril y el 4 de mayo concurrió a distintas sesiones para grabar un disco que finalmente contuvo catorce temas. El lunes 23, a las nueve de la mañana, apareció en los estudios que la compañía tenía en la Avenida Córdoba. Sólo estaban los técnicos y ella. Tal como había sucedido ocho años antes en Chile, el personal de la discográfica rápidamente tomó nota de esa mujer baja, de sólo 1,52 de estatura, pelo largo y oscuro. «Vi entrar la figura modesta de esta desconocida folclorista chilena y cuando comenzó a tocar realmente me impactó. ¿Quién habrá inventado ese rasguido [de guitarra]?», recordó el sonidista José Soler.[113]

Soler, quien había grabado a folcloristas como Atahualpa Yupanqui, evocó la manera en que transcurrió esa primera sesión:

> Lo que también me impresionó fue el aura que Violeta impuso durante la grabación. La tristeza se apoderó del clima general de la producción y las únicas palabras que la chilena pronunció fueron las cantadas. Estaba ensimismada y tocaba la guitarra sin gritar, quiero decir, sin alarde de tocar fuerte ni poseer gran volumen. Se veía en un estado de melancolía bastante especial. Nosotros grabamos y luego mezclamos cuatro canciones, agregándoles una segunda voz y un tañido de guitarra. No hubo demasiadas interrupciones y si se produjeron fue porque nosotros nos equivocamos. Violeta fue muy prolija. Su música venía cocinadita, madura, bien ensayada y bien cantada. Ella vino, cantó y se fue.[114]

El disco argentino se tituló *El folklore de Chile según Violeta Parra*. Incluía canciones del repertorio popular chileno, su antiguo éxito «Qué pena siente el alma» y «Según el favor del viento» y «Arriba quemando el sol», que poco antes había grabado por primera vez con Norberto Folino.

Este álbum de poco más de 38 minutos venía con dos novedades. Era, por una parte, el primer disco cuya portada se ilustró con una obra de la propia Violeta Parra, un óleo que mostraba a una mujer de trenzas largas, de múltiples colores, tocando la guitarra. La segunda novedad era que, también por primera vez, Violeta grabó una canción con elementos mapuche, compuesta probablemente a partir de su estadía en el Wallmapu. La canción se conoció como «Arauco tiene una pena» o «Levántate, Huenchullán». Al estilo de un parabién, la letra denunciaba la opresión que sufría el pueblo originario más numeroso de Chile, y en su estribillo hacía un llamado a los héroes guerreros de esa etnia para que se levantaran de su tumba y combatieran las injusticias cometidas contra su pueblo. Refiriéndose a Arauco, como se llamaba en esos años al territorio mapuche, Violeta proclamó:

> Arauco tiene una pena
> que no la puedo callar,
> son injusticias de siglos
> que todos ven aplicar.
> Nadie le ha puesto remedio
> pudiéndolo remediar.
> ¡Levántate, Huenchullán!

Pero la queja de Violeta no se limitaba a los conquistadores españoles. En un giro casi insolente o hereje para ese tiempo, advertía que los culpables actuales eran los hombres del Chile poscolonial. Sus versos decían:

> ya no son los españoles
> los que les hacen llorar.
> Hoy son los propios chilenos
> los que les quitan su pan.

Muchos años después, Rubén Nouzeilles recordaría el giro de forma y contenido que Violeta Parra experimentó durante su estadía en Argentina y en los meses previos a cruzar la cordillera:

Violeta se sensibilizó fuertemente con la situación social y las caren-
cias que experimentaban los más desposeídos. Este nuevo elemento
hizo que su voz sobrepasara rápidamente los límites de lo autóctono
y costumbrista, y no vaciló en banderizarse con toda reivindicación
popular que ella considerara auténtica. Así se delinea claramente el
segundo periodo musical de Violeta, ya que no iba con su carácter
la cómoda actitud de la estudiosa e investigadora pasiva, dedicada al
culto del pasado. Las creaciones de Violeta revelan ahora una entrega
total y apasionada, durante la cual compone canciones-denuncia de
gran originalidad y fuerza. Es obvio que la mayor virtud de estas
notables creaciones radica en su fuerza expresiva y la sinceridad y
valentía de las denuncias que contienen. «Arauco tiene una pena» es
una buena muestra.[115]

Por el disco que grabó en Buenos Aires a Violeta le pagaron,
con cargo a Odeon Chile, dos mil ochocientos pesos argentinos
por adelantado. Pero el tíquet estaba emitido para ser cobrado en
Chile, y Violeta tardaría más de dos años en volver a su país. El
álbum recién se comercializó, de manera reducida, en junio o julio.
Para entonces Violeta ya había dejado Argentina y se encontraba
nuevamente en Europa. En definitiva, el disco apenas circuló en
Argentina y la propia Violeta jamás lo escuchó. Sólo después de su
muerte se reeditó en Buenos Aires y terminó por convertirse en un
gran éxito de ventas.

En torno a *El folklore de Chile según Violeta Parra* se formó una
leyenda que en parte subsiste hasta hoy. Se decía que en los estudios
de la calle Córdoba también había grabado «Porque los pobres no
tienen», pero que debido a la situación política argentina el tema
fue censurado por las autoridades. No está claro de dónde salió ese
mito. Algunos atribuyen su origen a Isabel Parra, que en el Primer
Encuentro Mundial de la Canción Protesta, realizado en La Habana

en julio de 1967, presentó y grabó dicha canción, denunciando de paso la supuesta censura que habría sufrido.

El propio sonidista, José Soler, no recuerda la mítica grabación. La verdad es que no existe registro alguno de este tema interpretado por Violeta. Todas las grabaciones existentes fueron realizadas por su hija Isabel. Hannes Solo, el investigador musical sueco que fundó la plataforma online *Cancioneros.com*, ha sostenido que la censura de «Porque los pobres no tienen» es un «hecho que no tiene sustento ni está justificado, es una invención».[116] El primer registro oficial se realizó algunos meses después en la República Democrática Alemana, y estuvo a cargo de Isabel, si bien Violeta participó de esas sesiones.

En todo caso, tras grabar *El folklore...*, Violeta continuó actuando en locales menores y montando fiestas en el hospedaje de Belgrano. La relación con Gilbert Favre seguía tensa, aunque frente a desconocidos ella se refería a él como su marido. «Constantemente me ponía en mi lugar —evocó el suizo en sus memorias—. Si seguía viviendo en esas condiciones infernales, era solamente debido al remordimiento.»[117]

Violeta todavía no planeaba volver. Y eso que hacía más de seis meses que no veía a Carmen Luisa. Aún en Buenos Aires, a fines de mayo recibió un telegrama del Partido Comunista de Chile. En este le pedían participar en el Festival de la Juventud que se iba a celebrar en Helsinki, Finlandia. Era el mismo evento al que había asistido en 1955, en Polonia. Isabel y Ángel, al ser militantes de las Juventudes Comunistas, ya habían sido invitados y presionaban ahora a su madre para que se sumara.

Gilbert recordó que, después de meditarlo un par de días, Violeta decidió aceptar. Ángel, Isabel y Violeta se reencontraron en Buenos Aires para abordar un barco que los llevaría a Europa. Se estaba cumpliendo el viejo sueño de retornar a ese continente. Gilbert trató de convencer a Violeta para que le consiguiera un pasaje transatlántico y pudieran viajar juntos, pero ella rechazó la idea. La infidelidad y la gonorrea le estaban pasando la cuenta. «Los acompañé al barco, sin saber si nos volveríamos a ver. Me puse un poco melancólico en ese momento.»

Una foto en blanco y negro muestra a un flaquísimo Ángel, una joven Isabel y una sonriente Violeta en la cubierta del barco, moviendo sus manos en ademán de despedida. Fue el martes 29 de mayo. A bordo también iba la joven dirigente comunista Gladys Marín y Enrique Bello Leighton, pololo de Isabel e hijo del amigo de Violeta. Y además iba Tita, la hija de Chabela.

En el muelle se quedaba Gilbert. El suizo estaría atrapado por meses en Buenos Aires, tratando de llegar a Europa como fuese, incluso como polizonte en un barco de traficantes.

Poco después de zarpar, Violeta se acordó del contrato que le había ofrecido Norberto Folino, así como del adelanto en dinero que este le había prometido. Y le escribió una carta sentida:

> Yo estoy enojada hasta los huesos con usted. Primero, porque sabía de mi angustia económica y me prometió volver con algún dinero. Y no volvió. Toda la delegación estaba detenida por no tener yo con qué pagar una deuda que traían mis hijos. Segundo, usted prometió volver al día siguiente [...]; usted no vino. Tercero, yo le pedí muchas veces que me trajera el contrato. Usted no lo trajo. La inocencia es mía, Folino [...]. Yo no quiero pensar que usted ha jugado con esta inocencia [...]. Espero que lo cumpla. Hay en el lenguaje [argentino] una frase popular que retrata a los peronistas: «Perón cumple». Fríos saludos de parte de Violeta Parra.[118]

Las canciones que Norberto Folino registró en el Hotel Phoenix recién salieron a la luz pública en 1987, veinte años después de la muerte de Violeta. Publicado por el sello rockero argentino Mandioca, bajo el título *Violeta Parra, Temas Inéditos, Homenaje Documental*, los casi trece minutos de esas cuatro canciones emblemáticas son hoy por hoy un objeto de colección. Pero la folclorista nunca obtuvo réditos por ello.

Mientras Violeta y sus hijos navegaban rumbo a Europa, en Chile comenzó el Mundial de Futbol y debutó la televisión. Con ese fenómeno deportivo y cultural surgió una tendencia que, imitando el rock 'n' roll estadounidense, se conoció en el país como la Nueva Ola. Grupos criollos con nombres anglosajones se tomaron el dial y la naciente tevé. Buddy Richard, pseudónimo de Ricardo Toro Lavín; The Carr Twins, que eran los hermanos Carrasco; Pat Henry, nombre artístico de Patricio Henríquez; o el conjunto The Ramblers, que aportó la banda sonora del evento futbolero con su canción «El rock del Mundial» (la canción chilena que más ventas registra en la historia), eran los nuevos héroes de la música chilena.

Violeta Parra apenas se enteró de todo eso. Y para cuando volvió a Chile, la moda ya era otra: el neofolclor.

Berlín, Helsinki, Moscú y la Guerra Fría

Se suponía que la travesía transatlántica iba a ser una ocasión para pasarlo bien. Eso al menos pensaba Ángel Parra cuando se subió, junto a Isabel, Tita y Violeta, al barco que los llevaría a Europa en ese invierno sudamericano de 1962.

Al principio fue un poco así. Tras zarpar de Buenos Aires, el vapor *Yapeyú* recaló en varias ciudades a lo largo de la costa atlántica. «En cada puerto que el barco atracaba se subían nuevas delegaciones de jóvenes comunistas latinoamericanos», escribió con entusiasmo Ángel, entonces de diecinueve años.[119]

Pero pronto Violeta se apoderó de la delegación chilena y los obligó a todos a ensayar bailes de cueca. Era, desde luego, la maestra de ceremonias. A diferencia del viaje que realizó siete años atrás, ahora la conocían y respetaban. «La Viola era implacable, teníamos que hacer una presentación de un número folclórico y todos teníamos que participar —recordó la joven militante y miembro del comité central de las Juventudes Comunistas, Gladys Marín, quien a futuro sería diputada y una conocida dirigente de ese partido—. Todos teníamos que aprender a bailar cueca y Violeta nos ponía en la cubierta y nos gritaba: "¡Tontos! ¡Lesos! ¡Parecen elefantes!" Era muy fuerte y castigadora, no dejaba fumar al Ángel y era comunista, del partido.»[120]

En sus escasos momentos libres, Violeta se dedicaba a bordar arpilleras o a pintar, lo que además permitía que la delegación zafara un poco de sus exigencias y se tomara un respiro.

El primer puerto europeo en el que recalaron fue Vigo, en Galicia, donde todos pudieron bajarse para recorrer la ciudad. Turistear, sin embargo, no formaba parte de los planes de Violeta. «Ya niñitos, ¡a trabajar se ha dicho!», les ordenó a Isabel, Ángel y Titita. Arrastrando sus guitarras, la familia Parra se instaló en el mismo puerto a cantarles a los transeúntes y pedirles plata. Por primera vez llevaban un bombo. Isabel y Ángel, que querían formar un dúo, lo habían adquirido en la Antigua Casa Núñez de Buenos Aires. «No fue difícil para Isabel dominarlo rápidamente», anotó su hermano.[121] A Violeta se le había metido en la cabeza que probablemente el tipo musical que más les gustaría a los gallegos era la sirilla.

Para Ángel era una experiencia incómoda y, como recordaría después, estaba rojo de vergüenza. «Yo quería conocer Vigo, pero nada, tenía que ser un soldado de la causa de mi madre. A las doce del día estábamos cantando en el puerto y después yo pasaba con la mano estirada, así nos ganamos nuestras primeras pesetas.»[122]

Tras unas horas de actuación, volvieron a bordo para navegar hacia Hamburgo, que era el punto final de la travesía. Desde ahí tomaron un tren que los llevó, primero, a Berlín oriental. El evento en Helsinki recién comenzaba el 28 de julio y las delegaciones aún estaban con tiempo para pasear por Europa.

En la capital de la República Democrática Alemana el clan de Violeta se hospedó en un hotel ubicado en la tradicional y céntrica avenida Unter den Linden. También los acompañaron Gladys Marín y Enrique Bello. La discográfica estatal VEB Deutsche Schallplatten, que dependía del Ministerio de Cultura, invitó a los Parra a grabar algunas canciones. No se sabe con certeza cuántos temas registraron, ya que estas grabaciones recién se editaron dos años y medio después, en enero de 1965. Las seis canciones, que finalmente aparecieron publicadas como parte de un disco colectivo llamado *Süd-und mittelamerikanische Volksmusik* (Música popular de Sud y Centroamérica), mostraban el afán de Violeta por incorporar plenamente a los hijos a su quehacer artístico y fomentar sus carreras.

Las sesiones de Berlín estuvieron entre las pocas en que Violeta cantó a coro con ellos, e incluso en alguna canción también aparece la voz de Kike Bello.

El primer tema del disco, «Del norte vengo, maruca», era un villancico con ritmo de trote que Ángel había compuesto en Concepción, cuando formó su primer conjunto musical llamado Los Norteños.

El segundo era el clásico «Casamiento de negros», que Violeta ya había grabado en cuatro ocasiones anteriores, con la diferencia de que ahora madre e hijos cantaban a coro.

La tercera canción llevaba como título «Cuecas», pero en realidad se trataba de la cueca chora «Las gatas con permanente» de Roberto Parra. En las reuniones familiares, o en los bares, Roberto solía tocar este tipo de composiciones pero nunca se había animado a grabarlas, de modo que la primera grabación de un tema propio del «tío Roberto» fue esta interpretación que hicieron su hermana y sobrinos en Alemania oriental. Sólo en septiembre de 1965 Roberto se animó a registrar su primer disco de cuecas, en el cual colaboró Violeta.

Los siguientes tres temas eran de contenido político y social: «Mira cómo sonríen», «Arriba quemando el sol» y la primera grabación de «Porque los pobres no tienen», en la voz de Isabel.

En definitiva, lo de Berlín era una demostración de cómo Violeta iba ampliando, alterando y mejorando sus creaciones. Rara vez la composición original se mantuvo inalterada. Un ejemplo de ello era la canción dedicada a los mineros chilenos. La primera vez que grabó «Arriba quemando el sol», en su habitación de hotel en Buenos Aires, sólo usó la guitarra. En la versión que grabó tiempo después para Odeon Argentina incorporó un bombo. Y en Alemania, Ángel tocó la quena, una flauta hecha de caña que usaban los pueblos altiplánicos de Sudamérica. Sería esta interpretación, con guitarra, bombo y quena, la versión más conocida y estable.

Los diez días en el país comunista también contemplaron las visitas de rigor —guiadas por funcionarios de gobierno— a los modernos barrios de obreros e incluso a una granja de papas en las afueras. Ahí, según recordó Ángel, Violeta quiso mostrarles a los campesinos germanos algo de folclor chileno. Así que bailó una cueca con su hijo como pareja.

En los ratos de ocio, tal como en el barco, Violeta se encerraba en su habitación para bordar arpilleras. En cierto momento la cantante golpeó la puerta de la pieza donde se alojaba Ángel. Este estaba gozando de un instante de privacidad, tomando una cerveza y fumando un cigarrillo. «A escondidas de mi mamá, por supuesto», recordó.[123] Al entrar, Violeta le dijo:

—Se me acabó la lana.

—Qué pena —contestó Ángel.

—¿Cómo que qué pena? ¡Tienes que ir a comprar lana!

—Pero chuta, mamá, si yo no hablo alemán.

—Lo que no se sabe, se repite —le dijo Violeta—. Mira, si ya tengo las dos palabras que necesitas: «Wolle kaufen».[124]

De manera que Ángel tuvo que partir a recorrer las calles diciéndoles a los transeúntes «Wolle kaufen». Todos lo miraban con cara de extrañados. Y es que las dos palabras equivalen a decir en castellano «Lana comprar». Al final, el joven encontró la tienda adecuada.

En su paseo por el centro para satisfacer la demanda de su madre, Ángel se topó con muchos obreros. Había escuadras reforzando el muro de Berlín, que se había comenzado a construir el año anterior y que, por casi tres décadas, dividiría la ciudad en dos. Durante los días en que la familia permaneció en la RDA no murió nadie tratando de cruzarlo. Pero sólo un mes después de la partida se produjo una de las muertes más violentas, grabada y fotografiada por medios de prensa occidentales. Un joven obrero fue alcanzado por disparos de los guardias mientras trataba de escalar. El albañil Peter Fechter estuvo una hora agonizando al pie del muro de concreto antes de morir. La Guerra Fría estaba llegando a su clímax.

Ni Violeta ni sus hijos parecían estar al tanto de estas tensiones. En una carta que semanas más tarde le envió a Joaquín Blaya, la cantante afirmó: «Si le enumero las maravillas que vi (en Alemania Democrática), usted va a pensar, a lo mejor, que hablo en afán de propaganda».[125]

Tras la estadía en Berlín oriental, los Parra partieron a la octava versión del Festival Mundial de la Juventud y los Estudiantes, que en esta ocasión tuvo como lema «Por la paz y la amistad». Llegaron a Helsinki a la una y media de la mañana una noche de fines de julio. Como sucede en Finlandia en esa época del año, todavía no oscurecía completamente. «Para rabia de muchos envidiosos, me ubicaron en un hotel de primera junto con mis hijos», le escribió Violeta a Joaquín Blaya.[126]

El evento contó con la asistencia de más de dieciocho mil personas de 137 países.

A diferencia del de Polonia años antes, esta vez el evento estuvo marcado por la Guerra Fría. Era la segunda vez que el festival se realizaba fuera de la órbita socialista (la otra se llevó a cabo en Viena, en 1959), y Finlandia era oficialmente un país neutral. Para Occidente, en especial Estados Unidos, se trataba de una abierta provocación de la Unión Soviética. Tanto así, que el Comité de Actividades Antiamericanas de la Cámara Baja estadounidense sesionó en tres oportunidades, antes y después del festival, para indagar acerca de las «actividades comunistas de la juventud». Por cierto, era el mismo comité legislativo que, bajo la presidencia del senador Joseph McCarthy, se había hecho famoso por desatar una caza de brujas en la década del cincuenta.

En el informe que despachó el Capitolio en diciembre de 1962, se dijo:

Los auspiciadores de los Festivales Mundiales de la Juventud siempre han hecho alharaca de que se trata de foros democráticos donde se diseminan y avanzan las aspiraciones de los jóvenes de todo el mundo. No obstante, cada uno de estos ha sido diseñado y usado principalmente como un medio para difundir propaganda comunista. Tradicionalmente, estos festivales han sido el escenario de viciosos ataques comunistas a Estados Unidos.[127]

En ese reporte también se constató que la delegación estadounidense era una de las más numerosas, con unos 480 participantes. Pero entre ellos había un grupo de universitarios que se habían ofrecido para «infiltrar» la delegación y después testificar ante el

Congreso. Y así sucedió: delataron a los líderes de Helsinki, y estos, en octubre, fueron forzados a declarar ante el comité.

Un artículo del periódico *The Chicago Tribune*, titulado «Informe identifica a reclutador de festival rojo», señaló el nombre de Marco Schneck, oriundo de California. Por las curiosas vueltas de la vida, se trataba de un simpatizante comunista que había nacido en Santiago de Chile en 1931.[128]

Para Violeta y sus hijos el festival fue un éxito. La cantante recibió una medalla de oro por su actuación individual. Y el conjunto familiar que había armado informalmente en el barco transatlántico, y cuyo primer ensayo había sido en los muelles de Vigo, también obtuvo una medalla dorada. Además, a Violeta la nombraron miembro del jurado para los concursos de danzas y cantos folclóricos. «Yo sabía bien lo que era eso, pues en el Festival de Varsovia también lo fui [jurado] —escribió a Blaya—. Siete horas de trabajo intenso, vi ante mis ojos cien danzas.»[129]

En ninguna de sus cartas —al menos las que se conocen y han sido publicadas, la mayoría por Isabel—, Violeta mencionó que hubiese tensiones políticas. Al revés. Dirigiéndose a Blaya, exclamó eufórica: «¡Si usted hubiera presenciado el Festival!».[130]

Pero con los años Ángel reconocería que lo de Helsinki estuvo marcado por protestas. De hecho, varias federaciones de estudiantes de Finlandia habían rechazado el evento. Es posible que el rechazo no se debiera tanto al supuesto carácter comunista del festival, como al hecho de que este, al estar auspiciado por Moscú, les recordaba a los finlandeses la corta pero sangrienta guerra que habían tenido con la URSS, en el invierno de 1939 y 1940. «Más de algún tomate voló por ahí cuando desfilábamos por las calles —recordó Ángel—. Pero al menos eran tomates, no piedras.»[131]

Después de Helsinki, los Parra se quedaron varados. Habían partido a Europa sólo con pasajes de ida, confiando que en el camino tendrían oportunidades para reunir dinero u obtener auspicios de los países socialistas para continuar su gira o retornar a Chile. En otra carta a Blaya, Violeta comentó sus incertidumbres.

> Todo este torbellino lo resistí angustiada, porque los famosos chilenos nos trajeron, como usted sabe, sin pasaje de regreso, y con la promesa de conseguirnos un contrato por las Repúblicas Socialistas; cosa que no cumplieron, desde luego. Así es que el Festival terminaba, y yo no sabía cómo iba a quedar. El penúltimo día me comunicaban que el asunto del contrato caminaba muy mal, pero que estaba invitada a Bakú-Azerbaiyán por diez días, y tres en Moscú. Me puse furiosa. [...] Otra vez, maletas y trenes y aviones y buses.[132]

El último día del evento, cuando los Parra ya estaban empacando para partir a Azerbaiyán, un dirigente comunista chileno logró financiarles, a través de un personero alemán, el pasaje de vuelta a Chile. Era una oferta generosa, por cuanto los pasajes para toda la familia tenían una vigencia de dos años. A cambio, Violeta se debía comprometer a hacer una pequeña gira por la RDA. La familia se alivió. «Ahora podíamos ver el futuro con tranquilidad», escribió Ángel.[133]

Nada más finalizar el festival de Helsinki, el martes 6 de agosto, Violeta y su prole partieron a la Unión Soviética. Era el sueño que había tenido siete años antes: conocer la Madre Rusia. Pero apenas llegó a Bakú, la capital de la república socialista de Azerbaiyán, la cantante se enfermó. Ya en Finlandia se había sentido mal del estómago y, como los dolores eran constantes, la llevaron a un hospital. Ahí la operaron de apendicitis. Pero había sido en realidad un nuevo ataque al hígado, la misma dolencia que venía aquejándola desde hacía tiempo.

Violeta estuvo diez días en el hospital de Bakú, mientras el resto de la delegación continuaba el viaje a la capital de la URSS, incluso sus hijos. Lejos de desanimarse, el martes 21 le escribió una larga misiva a su protector en General Pico.

> Querido Don Joaquín:
>
> [...] ¿A que no adivina qué estoy haciendo aquí? Metida en el hospital operada de apendicitis, sin ni un chileno, porque el grupo que yo integraba ya tuvo que regresar a Moscú, y los azerbaiyanos no me sueltan hasta que mi temperatura se normalice. [...] Para olvidarme de todo esto, nada mejor que mi guitarra. Pedí un grabador y en el sexto día de la operación grabé un programa completo para la radio [...]. Hoy es el noveno día de mi convalecencia y mi ánimo es bueno. El sol es radiante, entre 36 y 42 grados; después de todo, vivir tan intensamente como yo es una maravilla. Es como tragar y asimilar vida a toneladas [...].[134]

Después de ser dada de alta, Violeta partió a Moscú. Según declaró a la revista *Ercilla*, allá conoció a Guerman Titov, piloto de combate, cosmonauta soviético y potencial reemplazante de Yuri Gagarin, el primer hombre en ser lanzado al espacio exterior. La hazaña había ocurrido en abril de 1961. Al igual como lo hiciera en su primer viaje a Europa, Violeta Parra se ocupaba de que la prensa chilena estuviese al tanto de todas sus actividades. A *Ercilla* contó que le había cantado a Titov «Verso por los cosmonautas», una canción dedicada precisamente a Gagarin. Sin embargo, no existen registros grabados ni más antecedentes acerca de este tema.

Tras la breve estadía en un Moscú que impresionó a Violeta por su tamaño y modernidad, todos regresaron a Alemania oriental para cumplir con su parte del trato.

Apurada como siempre, Violeta aprovechó los pocos días que estuvo de vuelta en Alemania para ofrecer recitales y exhibir sus arpilleras y cuadros en una galería de la céntrica Friedrichstrasse, la que, por cierto, también estaba partida en dos. El periódico *Frei Erde* («Tierra Libre»), editado por una sección distrital del oficialista Partido Socialista Unificado, escribió una reseña acerca de la cantante sudamericana y su familia. Bajo el título «Chile baila, canta y ayuda a la cosecha», esto último en referencia a la granja de papas que habían visitado en julio, el diario sostuvo:

> En lugares de importancia de la República, Violeta Parra está brindando conciertos. Además, hay una interesante muestra de sus paneles y óleos en un pabellón de la Friedrichstrasse. Tan interesante resulta la muestra de Arte Folklórico que nos brinda, que pronto iniciará sus actuaciones en televisión y radio.[135]

No existe evidencia de que tales actuaciones se hayan concretado.

De todos modos, Violeta Parra había reunido suficiente dinero como para que su hija Carmen Luisa tomara un vapor rumbo a Europa. No la veía desde que había salido al rescate de su hermano Lalo en General Pico.

Los Parra partieron de Alemania al puerto de Génova, donde debería llegar Carmen Luisa a comienzos de septiembre. Pero no sólo ella, sino también Marta Orrego, una mujer de la clase alta que se había enamorado de Ángel. Se habían conocido en la casa de un amigo en común y Marta, doce años mayor que Ángel, le pidió clases particulares de guitarra. Ángel y Marta, que desde su infancia era amiga de Jorge Edwards, tendrían dos hijos, y estos brillarían con luz propia en la escena musical chilena: Javiera y Ángel.

Mientras esperaban el vapor *Andrea Doria*, una impaciente Violeta trataba de juntar plata para las próximas semanas. «Mi madre veía en esas calles desconocidas de Génova un teatro que estaba a su disposición —rememoró Ángel—. Y fue a hablar con un dueño de teatro para ofrecer un espectáculo, diciendo que éramos artistas de Chile, pero por supuesto que nos dijeron que no.»[136]

Cuando el barco proveniente de Sudamérica llegó finalmente al puerto italiano en los primeros días de septiembre de 1962, descendieron de este Marta Orrego y su amiga Frida Sharim, una conocida actriz. Carmen Luisa no estaba entre los pasajeros. «Eso fue terrible, terrible para mi madre», recordó Ángel.

Las razones de por qué la hija de doce años no viajó estaban poco claras. Al parecer no pudo sacar pasaporte y, además, se produjo un enredo burocrático por faltar la autorización que se exige a la madre en este tipo de viajes. En el mismo puerto se montó una pelea descomunal. Violeta acusó a Marta —que se había vestido elegante para su reencuentro con Ángel— de ser «una burguesa de mierda», y maldijo que la gente «pituca» pudiera darse el lujo de viajar en cualquier momento a Europa mientras su hija seguía confinada en Chile. La pareja de Ángel venía por seis meses.

Tan violenta fue la pelea, que la familia se separó.

—¡Váyanse todos, hagan lo quieran! —espetó Violeta.

Y la cantante partió sola a la estación de trenes para dirigirse a Suiza. Tampoco está claro por qué partió a ese país, pero tal vez pensaba que Gilbert había vuelto a su natal Ginebra. Los hijos, en tanto, compraron pasajes para París. En su último libro antes de fallecer a comienzos de 2017, Ángel recordó ese episodio de manera diplomática: «Desavenencias y deseos libertarios nos llevaron a separarnos de nuestra madre en el puerto de Génova».[137]

Violeta Parra había comenzado a resentir el hecho de que sus hijos se emparejaran con pitucos. Aunque quería a Kike Bello, la pareja de Chabela, no podía obviar que se trataba de un burgués. El caso de Marta Orrego era peor, por cuanto era una genuina representante de la oligarquía. Ella, en cambio, se había casado con un obrero ferroviario, después con un mueblista y ahora estaba, supuestamente, con un suizo aventurero sin profesión.

Todas estas tensiones salieron a relucir cuando Carmen Luisa no descendió del barco. Pero para Ángel Parra ese día comenzó, por fin, su alejamiento de lo que percibía como un matriarcado asfixiante. «Me estaba liberando, y la liberación pasaba por no estar más pegado a la pretina de mi mamá. En ese sentido la Marta fue quien me liberó.»[138]

Al llegar a París, Isabel y Ángel se dirigieron al Barrio Latino para ofrecerse como un dúo musical latinoamericano. Interpretaban las canciones de su madre y otros temas populares chilenos, pero habían ampliado su horizonte hacia otros países sudamericanos. Ángel era un gran fanático de Atahualpa Yupanqui y también de Alfredo Zitarrosa, a quien conociera en Montevideo. Además de guitarras, el dúo usaba una variedad de instrumentos, como el bombo y la quena. «Hoy puedo decir que el día que Isabel y yo nos presentamos en el boliche café concert llamado La Candelaria causamos sensación y fuimos contratados de inmediato.»[139]

Ese local, que manejaba un exiliado español llamado Miguel Arocena, se ubicaba en la pequeña Rue de Prince y era un lugar de encuentro para músicos y artistas latinoamericanos. Un día les dijeron que en un local cercano tocaba también una cantante chilena. Al acercarse a la ventana, vieron un afiche con los artistas habituales. Y ahí figuraba el nombre de su madre.

Sin que sus hijos supieran, Violeta había llegado desde Ginebra a París. Gilbert no estaba en Suiza. Seguía atrapado en Buenos Aires, pese a sus numerosos intentos por volver a Europa. «La misma noche de mi llegada comencé a trabajar en L'Escale, en ese local tengo trabajo vitalicio desde mi primer viaje a Europa», recordó la folclorista en una carta que le envió a la revista *Ercilla*. «Habían pasado algunas semanas en que cantaba todas las noches y trabajaba en mis tapices durante el día, cuando alguien me dijo que a media cuadra, en La Candelaria, había un número chileno. Fui a ver y eran los Parra chicos.»[140]

Madre e hijos habían actuado todas las noches a treinta metros de distancia. Cuando se reencontraron, el rencor de Génova se había disipado. Sin embargo, Violeta volvió a ocupar rápidamente su lugar de matriarca. Cuando visitó el departamento que su hijo Ángel y Marta Orrego compartían en el quinto piso del mismo edificio antiguo en el que funcionaba La Candelaria, les dijo: «Es un lugar perfecto, aquí me quedo».

Todavía bajo la influencia matriarcal, Ángel accedió y se fue, aunque recién hubiese pintado de blanco las paredes de ese pequeño departamento. Marta no se opuso, y la verdad es que siempre admiró a su difícil suegra. «Era tan llena de contradicciones, era tan intensa para todo, que es imposible describirla. A la Viola no se le puede simplificar en palabras. Hasta sus hijos son incapaces de hacerlo.»[141]

No satisfecha con apoderarse del lugar de ambos, Violeta le exigió a su hijo un porcentaje de las ganancias. El argumento era sencillo pero certero. Desde la infancia los había ayudado a ser artistas y siempre había fomentado activamente sus carreras. Es más, cuando Chabela y Ángel estaban empezando, Violeta los animó a adoptar su apellido en vez del paterno Cereceda. Según ella, sonaba más corto y mejor. Así, contrario a lo que se llegaría a pensar, los hijos no tomaron el apellido de su madre para aprovecharse de su fama, sino que fue la propia Violeta quien se los aconsejó.

Ángel recordó que su madre le pidió el 50 por ciento de sus ingresos. «Ella consideraba que era lo justo y yo también lo consideré muy correcto.»[142] Violeta, por su parte, fue más escuálida al referirse al asunto. «El Ángel se comprometió a darme diez francos por día para comida.»[143]

No está claro si le pidió lo mismo a Isabel, que por entonces cuidaba a su hija Tita.

Poco después de instalarse en París, la cantante le escribió varias cartas a Gilbert. Hacía meses que habían perdido el contacto. «Violeta me había escrito diciendo que le había ido muy bien en el festival y que actualmente toda la familia se encontraba en París, intentando vivir de su música —afirmó el suizo en sus memorias—. Me parecía que su rencor en contra de mí había pasado, porque sus cartas fueron muy amables, hasta el punto de alentarme a que me uniera a ella en Francia.»[144]

Y fue precisamente eso lo que hizo Gilbert, cuando por fin logró financiar su viaje desde Argentina.

INTERLUDIO PARISINO

La Violeta Parra que volvió a instalarse en París a comienzos de septiembre de 1962 no era la misma de seis años antes. Estaba menos apegada a los cantos campesinos y había comenzado a componer sus primeras canciones políticas. Además, se había abierto a usar instrumentos que los campesinos nunca utilizaron, pero que sí empleaban los pueblos indígenas del altiplano de los Andes. Por ejemplo, la quena.

El París que encontró Violeta tampoco era el mismo. El cinco de julio de ese mismo año, y tras una cruenta y larga guerra, Argelia finalmente había obtenido su independencia de Francia.

Si bien una gran mayoría de franceses votó a favor de la independencia argelina en un plebiscito convocado por Charles de Gaulle, había quienes se oponían férreamente a perder esta colonia norafricana. Ángel aseguró que una vez lo increparon en la calle por tener pinta de árabe. «Tenía que decir que era chileno, no argelino, y me preguntaban de dónde es Chile. Y yo contestaba que quedaba en Sudamérica. "Ah, eres español" me replicaban, y me dejaban tranquilo.»[145]

Decenas de países de África y Asia habían logrado independizarse de sus amos coloniales, principalmente Francia y Gran Bretaña, mientras que otros todavía estaban inmersos en sus guerras de independencia, como Vietnam.

Las nuevas generaciones europeas, en especial los círculos de estudiantes, intelectuales y artistas, comenzaron a interesarse en el arte de estos territorios «exóticos». En su primera visita, a mediados de la década del cincuenta, los cantos de Violeta Parra habían sido objeto de colección para etnógrafos como Paul Rivet. Ahora, en cambio, la música de América Latina se estaba poniendo masivamente de moda. Y en especial la música andina que, con sus quenas y charangos, sonaba realmente original a oídos europeos y estadounidenses.

Un claro ejemplo de ello sucedió en 1965, cuando el dúo formado por Paul Simon y Art Garfunkel tocó en un teatro de París, donde compartieron escenario con un conjunto de música andina llamado Los Incas. Fundado por el argentino Jorge Milchberg en la propia Francia, en 1956, aquella noche interpretaron una versión andina del tema «El cóndor pasa». Esta canción de estilo zarzuela peruana había sido compuesta a comienzos de siglo. Paul Simon se fascinó tanto que le pidió permiso a Milchberg para grabarla con su dúo. Al ser publicada por Simon & Garfunkel en 1970, se convirtió en un éxito mundial.

Los locales nocturnos parisinos donde tocaban grupos o intérpretes latinoamericanos pasaban repletos. Y entre estos mismos músicos comenzó un fructífero intercambio de ideas e instrumentos.

Menos purista que antaño, Violeta Parra se abrió lentamente a algunas influencias de otros países. La canción «Paloma ausente», que compuso en París ante el dolor de que su Carmen Luisa no llegara a Génova, tenía claros ecos regionales. Por cierto, la ausencia sólo duró unas semanas. Entre familiares y amigos realizaron una colecta para financiar el pasaje de avión.

«Rítmicamente considerada, esta canción se separa un poco del tradicional chileno, y si alguna reminiscencia con el folclor argentino pudiera despertar, situémosla en la semejanza que efectivamente existe entre los motivos altoperuanos, chilenos y argentinos del norte», escribió Enrique Bello al presentar el disco donde apareció este tema tres años después. En efecto, la melodía y el acompañamiento no eran del estilo acostumbrado. Al final de cada verso, Violeta elevaba la voz:

> Cinco noches que lloro
> por los caminos,
> cinco cartas escritas
> se llevó el viento,
> cinco pañuelos negros
> son los testigos
> de los cinco dolores
> que llevo adentro.

Pero de momento Violeta no estaba dispuesta a transar musicalmente mucho más que eso. Sus hijos, en cambio, se dejaron fascinar por los joropos venezolanos, los huaynos peruanos o las chacareras argentinas. Y también por instrumentos que hasta ese instante no conocían bien, como el charango y la zampoña, o el cuatro venezolano, que era una guitarra de cuatro cuerdas, más pequeña que una tradicional.

«Había una generación hambrienta de escuchar estas nuevas sonoridades», recordó Ángel Parra[146]. No era el caso de su madre.

Violeta les echaba en cara a sus hijos el dejarse llevar por modas y perder la auténtica raíz folclórica de Chile. «Las peleas con el Ángel y la Chabela por el uso del cuatro eran tremendas», recordó Carmen Luisa.[147] Y lo mismo pasaba con el charango, un instrumento de cuerdas de tonos agudos. Violeta criticaba fuertemente a los músicos chilenos que usaban el charango para canciones que no fueran de raíz andina.

A medida que Violeta se empapaba de esta nueva fusión que se estaba produciendo en París, iba ablandando su postura. «En París se puede escuchar folclor más auténtico que en Santiago», declaró en una entrevista menos de dos años después.[148] Con el paso del tiempo, Violeta Parra aprendió a tocar y a respetar tanto el cuatro como el charango. Y los usó como principales instrumentos de acompañamiento en dos de sus canciones de mayor fama mundial. En «Volver a los 17» tocaba el cuatro. Y en «Gracias a la vida» utilizó un charango.

La cantante, pese a todo, siempre se negó a decirle cuatro a la guitarra venezolana y prefirió rebautizarla como «guitarrilla».

El ambiente artístico latinoamericano en el Barrio Latino llegaba a su apogeo. El edificio de La Candelaria estaba habitado casi exclusivamente por gente de ese medio. El español Paco Ibáñez, que Violeta conoció unos años antes, seguía viviendo en ese mismo lugar, en el tercer piso. Pronto, en 1964, grabaría su primer disco, interpretando poemas de Luis de Góngora y Federico García Lorca que lo lanzarían a la fama como cantautor.

Allí vivían, también, personajes que parecían salidos de una novela. Uno de ellos era «el Negro Ricardo», un mulato argentino que habría sido uno de los principales guitarristas de Carlos Gardel. En una gira que el famoso intérprete de tango realizó a París a fines de los años veinte, el Negro Ricardo se enamoró de una mujer y se quedó en esa ciudad. Para cuando Violeta y sus hijos lo conocieron, era un mito viviente, aunque nunca nadie pudo cerciorarse de su verdadera identidad. Este músico viejo era quien abría las funciones de La Candelaria, a las siete de la tarde.

Así lo recordó Ángel:

> El negro Ricardo creaba un ambiente suave de fondo musical y cada noche terminaba su participación temprana cantando «Anclao en París». Tango emotivo a morir, parece que hubiese sido escrito para que él contara su propia historia con un hilo de voz de fumador empedernido, lo que lo hacía más dramático. Aprendí con el negro Ricardo los diferentes acompañamientos de la música argentina. El negro sufría de terribles reflujos y cada cierto tiempo tenía que comer cucharadas de bicarbonato para calmar esos dolores. Una tarde salió como de costumbre y no volvió más. Había muerto.[149]

Otro personaje novelesco que vivía en ese edificio era un hombre llamado Guillermo Berríos, con quien Ángel entabló una breve amistad. «Este amigo argentino era un gran falsificador de cuadros», recordó el hijo de Violeta.[150] Pero por el barrio y sus locales de música también se aparecían chilenos que estaban residiendo en la ciudad, como el escultor Sergio Castillo, el pintor chileno-cubano Mario Carreño y el escritor Jorge Edwards, secretario en la embajada de Chile en París. A veces, Violeta recibía la visita de chilenos que estaban de paso, entre ellos Gladys Marín.

Violeta y sus hijos se las arreglaban para vivir de sus actuaciones estables en L'Escale y La Candelaria, además de ocasionales conciertos en otros boliches. Cuando llegó Carmen Luisa, la folclorista decidió enviarla a un colegio del barrio. Vivían en una habitación en la calle Rue de Prince. La pieza se hacía estrecha porque, a falta de cocina, Violeta había instalado una cocinilla a gas. El baño lo compartían todos los departamentos del piso 5. Además, la artista acumulaba en ese lugar las pinturas y tapicerías que iba creando. Las artes plásticas se habían convertido en una pasión igual o mayor que la música.

Hacia fines de octubre o inicios de noviembre de 1962, apareció sorpresivamente en el Barrio Latino Gilbert Favre. El suizo había vuelto. «Cuando nos volvimos a encontrar hicimos una enorme comida con la familia, con una fiesta en la que estaban todos los amigos, los amigos de los amigos y los conocidos de los amigos. Violeta no parecía estar enojada conmigo, lo que me hizo sentir más seguro y me tranquilizó.»[151]

El reencuentro fue alegre y festivo, pero Gilbert quedó impactado con el lugar donde vivían Violeta y Carmen Luisa. «Su habitación era algo que nunca había visto. No tenía aire, ni siquiera tenía una sola ventana, y era tan pequeña que la cama monopolizaba todo ese pequeño espacio.»[152]

Después de unos días Gilbert tuvo que partir a Ginebra. Un director de teatro para el cual había trabajado antes de ir a Sudamérica le había comprado los pasajes en barco para retornar a Europa. En compensación, Gilbert se había comprometido a realizar todo tipo de labores durante la temporada de invierno de esa compañía.

A partir de este punto, el intercambio epistolar entre ambos sería frecuente. Poco después de que el suizo se fuera, Violeta le escribió:

Seiscientos kilómetros [en referencia a la distancia entre París y Ginebra, que por cierto es menor] Gilbert no es nada cuando no se traiciona; pero cuando sí, una cuadra es mucho. Es terrible la vida. Yo quisiera estar allá, pero estoy aquí. Yo siento que quiero un hombre, pero mi trabajo me aplana. [...] ¡Y con lo celosa que soy! ¡Mentira! Teatro puro. Porque si soy realmente celosa, ¿cómo, de dónde, sale la fuerza que me trajo a la capital de Rimbaud? [...] ¿Te quiere la celosa?

No la celosa. Es ridículo llamarme celosa, yo que puedo volar por meses en otros montes.

[…] Ya ves, Chinito, como no para nunca esta cosa que me sale de la cabeza. Si en vez de letras fuera hilo, tendría que coser todas las heridas del mundo, y desde luego que podría coser el hocico de todos los que hablan mal de mí, y éstos son más de los que creo. […] Guarda mis cartas, Chino. Van a servir después, cuando la Titina quiera conocer los secretos de su abuela. Porque en este mundo ni los muertos están tranquilos. […] Te abraza y te besa tu huevona.[153]

Hacia fines de noviembre Violeta Parra recibió una carta que la alarmó. En esta le contaban los sucesos que habían ocurrido el lunes 19 de noviembre en un distrito pobre del sur de Santiago, llamado Población José María Caro. Los habitantes se habían plegado a la huelga general convocada por el principal sindicato, la Central Única de Trabajadores (CUT), que exigía mejoras salariales y sociales. Los pobladores fueron duramente reprimidos por la policía. El saldo de la represión fue de seis muertos y decenas de detenidos, entre ellos Roberto, que vivía ahí.

La misiva llevó a la cantante a componer una de sus canciones de protesta más famosas. Violeta tituló ese tema «Los hambrientos piden pan», pero la canción se hizo conocida bajo el nombre de «La carta». Siguiendo el formato de una noticia, sin incurrir en estribillos repetitivos, Violeta Parra cantó:

> Me mandaron una carta
> por el correo temprano,
> en esa carta me dicen
> que cayó preso mi hermano
> y, sin lástima, con grillos
> por la calle lo arrastraron.

La matanza causó un gran impacto en Chile. Al día siguiente, el diario *El Siglo* tituló: «El pueblo marcha hoy junto a sus mártires».

Aunque en esta canción Violeta dejó entrever nuevamente su simpatía por el comunismo, lo cierto es que no todos sus hermanos comulgaban con esa ideología, como afirmaba la canción («los nueve son comunistas / con el favor de mi Dios»). Nicanor, por ejemplo, en ningún caso puede decirse que haya sido comunista. Son conocidas sus diferencias con la izquierda latinoamericana, en especial con Cuba.

En una clara muestra de que Violeta estaba consciente de su época y de la historia reciente de Chile, seguía:

> La carta que he recibido
> me pide contestación.
> Yo pido que se propague
> por toda la población
> que «El León» es un sanguinario
> en toda generación.

Con ello la cantante aludía a quien era presidente de la República cuando se produjo la matanza, Jorge Alessandri Rodríguez, hijo del ex mandatario Arturo Alessandri Palma, conocido a su vez como el León de Tarapacá. En otras palabras, la moraleja de Violeta era que esos políticos de derecha siempre iban a ser represivos con el pueblo, porque formaba parte de su ADN.

Una noche de diciembre, Violeta llamó por teléfono a Gilbert. Hacer llamadas internacionales, incluso dentro de Europa, era un asunto oneroso, y solía significar que algo andaba mal. La cantante le contó que de nuevo se había enfermado gravemente del hígado y que su nieta Titina al parecer estaba con tuberculosis. «Era un verdadero llamado de ayuda», recordó Gilbert.[154]

El suizo partió esa misma noche junto a su hermano Jean-Pierre, que tenía un automóvil, a París. Llegaron de madrugada a la calle Monsieur Le Prince. La escena que encontró le produjo espanto.

La habitación que ocupaban era igual de miserable que el cabaret La Candelaria. Cuatro metros por cuatro que hacían de cocina, baño y pieza de dormir. Toda la familia estaba ahí, y salían olores de aceite quemado, como para hacer vomitar a un zorrillo. Era lamentable. Titina estaba en la cama acostada al lado de Violeta, con una fiebre espantosa.[155]

Aunque Gilbert se quiso llevar de inmediato a la familia Parra a Ginebra, Violeta insistió en que ese día aún debía actuar en L'Escale y en La Candelaria. El suizo accedió. En la noche observó cómo la cantante se subía a los escenarios afiebrada. Cuando Violeta terminó de actuar, alrededor de las tres de la mañana, Gilbert subió a los Parra al auto de su hermano y emprendieron el viaje de vuelta a Ginebra. Para sus adentros pensaba: «Pero ¿qué hace esta mujer en este desmadre? ¡Hay que estar muerto de hambre para llegar a esto!».[156]

En el trayecto de madrugada todos iban apretujados: Violeta, Ángel, Isabel, Titina y los dos hermanos Favre, además de la esposa de Jean-Pierre.

En los próximos días tanto Violeta como Tita se mejoraron gracias al aire y los hospitales de Suiza.

UNA HIPPIE Y ACTIVISTA EN GINEBRA

A fines de los años cincuenta, Violeta se paseaba por el Café Sâo Paulo del centro de Santiago con sus vestidos coloreados, hechos a mano a partir de retazos, el pelo suelto sin peinar, y con una actitud desenfadada que a muchos comensales les llamaba la atención. En palabras de la periodista Virginia Vidal, «era una precursora de los hippies, con sus blusas floreadas y polleras largas y cortadas por ella misma, el pelo suelto, la cara sin maquillaje [...]; nunca pasaba inadvertida».[157]

Cuando Violeta y su familia llegaron a Suiza en enero de 1963, su estrafalaria vestimenta ya no era algo tan llamativo. Hombres y mujeres estaban dejando de lado los atuendos formales. Pero aun así, Violeta era un bicho raro en Ginebra.

Todos se fueron a vivir a una antigua mansión que, en sus años de oro, debía haber sido una vivienda muy elegante. Sin embargo, llevaba años abandonada, semiderruida. Tenía un gran portón de fierro y un patio interior empedrado. En torno al patio estaban las caballerizas y los cobertizos donde antiguamente se habrían guardado carretas, paja y animales. En el segundo piso había varias habitaciones que probablemente pertenecían a la servidumbre, muchas de las cuales ya no tenían puertas ni ventanas. Ubicada en la relativamente céntrica rue Voltaire, la residencia no contaba con servicios básicos como agua potable y electricidad. Pero Gilbert se acordó de cómo los Parra se colgaban de los cables eléctricos en Santiago e implementó una conexión hechiza para tener corriente.

«Fue la primera y única población callampa de Ginebra», dijo entre risas Claudio Venturelli, un joven chileno que se hizo amigo de Violeta Parra.[158]

Ese iba a ser el nuevo cuartel central de Violeta, que iría alternando su residencia entre Ginebra y París.

Muy pronto el patio de la vieja mansión se convirtió en un lugar de encuentro para los hispanos de Ginebra y los amigos suizos de Gilbert. Todos los sábados a la hora de almuerzo Violeta cocinaba porotos en una inmensa olla para cualquiera que quisiera ir. La única condición era que los invitados trajeran una botella de vino. Esos almuerzos se solían alargar hasta bien entrada la noche. Tertulias animadas por los cantos de Violeta y sus hijos, y también por amigos que sabían cantar o tocar algún instrumento. «Los porotos de los sábados eran imperdibles», recordó Luis «Tito» Guisado, un emigrante español que formaba parte del grupo.[159]

Para calentarse en medio de la nieve y el hielo solían quemar carbones o conseguir leña. Las bajas temperaturas no impidieron que un día Violeta tomara unos calcetines de lana de Gilbert, los deshilachara y usara esos hilos para una arpillera que estaba creando. Fue el origen de la primera de muchas peleas que tuvieron y que sus amigos presenciaron en más de una ocasión.

Claudio Venturelli —sobrino del artista chileno José Venturelli, quien conoció a Violeta a través del muralista Julio Escámez— fue testigo de cómo trabajaba Violeta Parra.

Ella tenía una especie de estufa de carbón en la mitad de la pieza, pero siempre estaba muerta de frío, porque aquí en Ginebra hace frío. Entonces ella se tapaba con sacos de papa. Pero no los usaba sólo como frazadas, sino que comenzaba a bordar esos sacos de papas. Agarraba un hilo o lana largos y colorados y empezaba a bordar con la aguja. Después de un rato observaba el pequeño trozo tapizado y se iba con su aguja para otra parte del saco de papas, unos 20 o 30 centímetros más alejados. Y en ese espacio bordaba hasta que se le acababa el hilo colorado. Entonces tomaba hilo verde y empezaba en otra parte o seguía donde había dejado el colorado.

Violeta ya tenía en su cabeza el dibujo que estaba haciendo en diferentes lugares de la frazada y con diferentes colores. Claro, uno miraba y veía una mancha roja por aquí y por allá, pero después aparecía el pelo, un ojo, después venía la mano y el cuerpo de una figura.[160]

Violeta, sus hijos y su nieta ya llevaban varias semanas viviendo en la mansión cuando se les ocurrió hacer una presentación en Ginebra. «Esta mujer nunca dejaba de crear y odiaba estar de pie o sentada en una silla —rememoró el suizo—. Su tiempo lo pasaba en su cama, sentada y bordando sus arpilleras de yuta.»[161]

Con la ayuda de Gilbert y los amigos de los sábados arrendaron un espacio en el Theatre de la Cour St. Pierre, en el corazón del barrio histórico y medieval. El espectáculo folclórico estaba anunciado para el sábado 9, lunes 11 y domingo 17 de marzo. Consciente de que «lo andino» estaba causando furor en Europa, el afiche de promoción proclamaba: «Recital de cantos y bailes de Chile y de los Andes, del conjunto chileno Violeta Parra». En el centro de ese cartel aparecía Ángel Parra, con una chupalla sobre su cabeza, un chamanto sobre sus hombros y botas con espuelas. Empuñando una guitarra, era la imagen misma del huaso patronal que Violeta tanto detestaba. Ángel estaba flanqueado por su madre y Chabela, vestidas de manera sencilla, y a sus pies figuraba Tita.

«Nuestro espectáculo folclórico era una creación totalmente familiar», escribió Gilbert. Y luego agregó:

Todo el clan Parra estaba ahí. Mi hermano Jean Pierre se ocupaba del escenario y de la cortina, y yo de las luces. Evidentemente, Violeta era la atracción principal. Pero para rellenar había inventado una suerte de procesión, donde cada uno de la familia, uno tras otro, desfilaba con una vela en la mano tarareando una cancioncita. El espectáculo funcionó muy bien y después Violeta se hizo un poco más conocida [en Ginebra].[162]

Así fue. Esas presentaciones recibieron una crítica favorable de la prensa local, lo que pronto permitió a Violeta exponer su obra plástica en una galería. Y es que Violeta no había dejado de aprovechar la ocasión de esos recitales para mostrar en la entrada del teatro sus arpilleras y óleos. Preocupada siempre por mantener a la prensa nacional al tanto de sus pasos, a inicios de abril le escribió al popular semanario *Ercilla* que había vendido en 450 dólares un tapiz titulado *Cristo negro*. Se trataba de una suma considerable, equivalente a unos tres mil seiscientos dólares de 2017.

Esos meses en que Violeta vivió en Ginebra también estuvieron marcados por su activismo político. A mediados de abril estallaron en Europa numerosas protestas por el juicio que el régimen de Francisco Franco llevó en contra del militante comunista Julián Grimau. Procesado por un tribunal militar debido a sus presuntos crímenes durante la Guerra Civil, Grimau fue condenado a muerte.

Incluso el Papa Juan XXIII trató de interceder a favor del condenado. Entonces hubo una gran protesta frente al consulado de España en Ginebra. Violeta Parra, Gilbert y los amigos participaron de la manifestación. Tito Guisado, que emigró a Suiza buscando aventuras en marzo de 1959, estaba asustado. Pero ese día le tocó ser ayudante de Violeta.

La cantante había preparado un arsenal de botellas de vidrio de Coca-Cola, rellenas de pintura, para lanzarlas contra el consulado español. Era su propia versión de las conocidas bombas molotov. Guisado recordaría el episodio:

—¡Venga, páseme esa botella! —comandaba Violeta.

—Pero Violeta, que nos van a ver —respondía Tito.

—¡Cállese huevón y páseme la munición!

Y el oriundo de Madrid le iba acercando las botellas de distintos colores.

—Ahora la roja, ¡páseme la roja! —le gritaba la cantante, para exigir acto seguido: —¡Y ahora la verde, rapidito, la verde!

De a poco, Tito Guisado comenzó a darse cuenta de que Violeta no sólo estaba lanzando proyectiles contra la sede franquista, sino que le había tomado el gusto y trataba ahora de dejar estampada una creación artística en sus muros. «Esta condenada estaba haciendo un cuadro —recordó con cariño—. De pronto paraba, miraba de reojo y pedía el siguiente color, estaba efectivamente haciendo un *graffiti*.»[163]

Las escaramuzas de Violeta sirvieron de poco. El 20 de abril el régimen de Franco fusiló a Julián Grimau. El hecho, sin embargo, inspiró a la cantante a componer otra de sus canciones de protesta más famosas. Titulada originalmente «Un río de sangre», también se conoció como «Qué dirá el Santo Padre» o, simplemente, «Julián Grimau». Compuesta con un ritmo de sirilla y acompañada de guitarra y tambor, Violeta cantaba por primera vez con una voz más grave y acaso triste, que vendría a presagiar sus últimas composiciones.

El que oficia la muerte
como un verdugo
tranquilo está tomando
su desayuno.
Lindo se dará el trigo
por los sembra'os,
regado con tu muerte,
Julián Grimau.

Esta estrofa, que se refiere directamente al comunista español fusilado, estuvo censurada durante muchos años y recién se publicó de manera íntegra en 1991. Nuevamente Violeta dejaba entrever su crítica a la Iglesia y a la religión, increpando nada menos que al Papa. En otra estrofa cantaba:

> Mira cómo nos hablan
> del paraíso
> cuando nos llueven balas
> como granizo.

Aún afligida por el fusilamiento, Violeta Parra animó a sus amigos a participar con ganas en la marcha del 1º de mayo. Tito Guisado recordó que Violeta iba por el centro de Ginebra, con el puño izquierdo en alto, entonando a viva voz «Arriba los pobres del mundo», una parte del himno conocido como la Internacional Comunista, que había sido creada por un francés en 1871, en el contexto de los sucesos de la Comuna de París.

Violeta Parra se venía aprontando hacía días, dedicando todo el fin de semana anterior a preparar empanadas chilenas. Gilbert la observaba de reojo sin entender mucho su abnegación.

—¿Por qué sigues trabajando gratis para todo tipo de causas? —le preguntó contrariado.

Violeta estalló en ira y lo encaró.

—Dime quiénes son los alemanes comunistas, ¿los del Oeste o los del Este? No sabes la respuesta, ¿no? Y dices que eres europeo, ¡pero eres un ignorante![164]

Las peleas de la pareja eran cada vez más constantes. «Siempre estaban peleando, y es que Violeta tenía un carácter muy fuerte», recordó Claudio Venturelli.[165]

En esa época Gilbert estaba aprendiendo a tocar la quena, un instrumento que en Europa comenzó a hacerse conocido como *flauta andina*. Se había fabricado su propia quena con cañas de bambú recogidas en las orillas del lago Ginebra. Pero un tiempo después le llegó desde Argentina una quena verdadera. Quiso aprender a tocarla para acompañar a Violeta en algunas canciones. Ella se ofreció como maestra musical, lo que sólo empeoró su relación.

Gilbert había visto a Ángel Parra tocando ese instrumento, pero a la sazón tanto Ángel como Isabel ya habían vuelto a París. Claudio Venturelli se encargaría de rememorar esas sesiones de aprendizaje que Violeta imponía a su pareja.

«Ya, toma, tienes que sacar esto», le decía, y le presentaba una pequeña melodía que pudo haber sido *Los pollitos dicen*. Gilbert, que llegaba tarde del trabajo, tomaba el encargo y se pasaba ensayando en la quena. Pero Gilbert no podía estar donde estábamos nosotros y tenía que bajar, atravesar el patio y subir a las piezas del lado derecho que estaban abandonadas, vacías, oscuras, frías y llenas de porquerías. Él se sentaba y trataba de sacar la melodía que le había dado Violeta. Entre tanto nosotros estábamos en la casa, en la parte izquierda de la casa, compartiendo un traguito, cantando y se escuchaba al Gilbert atrás ¡pi! ¡pa! ¡pu!

Y de repente un día veo que Gilbert atraviesa el patio y llega a la puerta y Violeta le dice «¡No…! ¡Tú no entras!». Y Gilbert contesta: «¡Pero Violeta!» Y Violeta lo encara: «No, porque lo que te di yo como tarea no lo hiciste, tienes que sacar eso primero, ¡y mientras yo no la oiga tú no entras aquí!». Y en seguida agarró lo primero que encontró a su lado y se lo tiró por la cabeza al pobre Gilbert. Pasado un tiempo, finalmente se ablandó y les dijo a sus amigos: «¡Ya, llámalo! Dile que ahora puede venir». Había prestado atención a las melodías que venían del otro lado del patio y decidió que su pareja había logrado progresar.

El violento método de enseñanza tendría sus frutos mucho tiempo después. Hacia fines de los años sesenta e inicios de los setenta, Gilbert Favre se convirtió en uno de los quenistas más aclamados de América Latina.

Mientras adiestraba a su pareja, la carrera de Violeta en Ginebra iba viento en popa. En los primeros días de junio realizó una exposición de sus arpilleras y cuadros, además de un recital en el campus central de la Universidad de Ginebra para la kermés de verano. Fiel a su estilo de integrar quehaceres artísticos, Violeta pasó todos esos días tocando la guitarra y cantando al lado de la exposición. En una carta a su amiga Adriana Borghero, comunicadora y periodista que era militante del Partido Comunista chileno, escribió:

> El sueldo que me pagaron era una miseria; el buen sueldo se lo pagaron a los que cantaban y tocaban twist y lo otro. Estos últimos en el escenario principal, y yo en un rinconcito, arreglado con mis trabajos y con mis banderitas en guirnaldas de tres colores, allí con mi guitarra y con mi paciencia y con mi corazón al aire libre.[166]

En esos días también la invadió una fuerte nostalgia por Chile. Ángel e Isabel se habían vuelto a París, pero Violeta echaba de menos su tierra. Así que el 4 de junio le escribió una carta de diez hojas a José María Palacios, locutor que se había encargado de promocionarla. «Un año y medio que estoy lejos de mi cordillera, mi calle Matucana, mi población La Victoria,* mi canal San Carlos, mi Raúl Aicardi, mi cilantro y mi centro de Santiago.»

Y después le fue enumerando al remitente todas las personas en Chile a las cuales les quería mandar saludos por tenerlas en alta

---

* El 30 de octubre de 1957 varias familias de las poblaciones callampa que se ubicaban a orillas del Zanjón de la Aguada, una larga y angosta franja de villas miserias en Santiago, realizaron una toma de terreno histórica que dio vida a población La Victoria. Con el paso de los años, este lugar devino uno de los sectores más politizados y combatientes de la capital chilena.

estima. Entre ellas mencionó a Rubén Nouzeilles, Sergio Larraín, «el amadísimo y santísimo» Gastón Soublette, el poeta Armando Uribe, la escultora Teresa Vicuña, «el gran cacique Neruda», Tomás Lago, la diputada comunista Julieta Campusano, los cantautores y músicos Roberto Alarcón, Silvia Urbina y Gabriela Pizarro, Esther Matte y sus hijas, y varios cantores mapuche que había conocido en su viaje de recopilación a Lautaro.

En esta extensa y sentida carta, Violeta se disculpó con Palacios por las peleas que habían tenido en Santiago. «Intento decir que tanto las virtudes y los defectos del ser humano son hojas de la misma planta, y que su perfume, su forma y su color es lo que nos encanta hasta hacernos escribir barbaridades —escribió en impecable letra manuscrita—. Tú sabes que yo no sé ni adónde estoy parada, ni por qué, así es amigo católico, tu pobre hermana comunista Violeta Parra.»[167]

Mientras tanto, las peleas y los celos entre Violeta y Gilbert iban en aumento. Estaba convencida de dejar ir a «ese niño que es Gilbert», como se referiría a él en otra carta. Y así, a fines de junio, la cantante decidió que era hora de volver a Francia.

UNA ARTISTA EN PARÍS

Si Violeta Parra esperaba una gran bienvenida y un rápido giro, estaba equivocada. Era pleno verano y la ciudad estaba muerta. Sus hijos habían partido de vacaciones. «Aquí estoy sola. Quince días que se fueron, como todo europeo, al campo y a la playa», les escribió a unos amigos. Los locales nocturnos del Barrio Latino ahora sólo abrían los fines de semana. Y, para más remate, tampoco podía enviar a Carmen Luisa al colegio porque el país entero estaba veraneando.

«Ni un solo beso me ofrece París, ni la más leve sonrisa —le comunicó en esos días a su hermano Nicanor en Chile—. Su imponente estructura me aplasta y me tirantea los nervios.»[168] De a poco, Violeta pareció caer en un estado depresivo similar al que le afectó después de su estadía en Concepción. No tenía ganas de hacer nada. En una carta a unos amigos, confesó:

Qué raro, tengo tantos deseos de hacer un trabajo nuevo y no me sale nada. En vano la guitarra en mi mano. Mi lápiz se mueve sin ningún entusiasmo. ¿Será que me falta fuerza física? Apenas puedo abrir los ojos, y dormirme tampoco puedo.[169]

Al contrario de lo que había esperado, separarse de Gilbert le había dolido. «Estoy sufriendo mucho, como una tonta, es por Gilbert —le contó a su viejo amigo Cuto Oyarzún y a su esposa Ana—. Me separé de él convencida de que no podía seguir a su lado, y ahora me duele hasta no poder dormir.»[170]

Desde Chile llegaron noticias que la animaron un tanto. El Ministerio de Educación había aprobado los nuevos planes de estudio para la formación secundaria y en el apartado de música folclórica chilena había incorporado como contenidos obligatorios a Violeta Parra, Margot Loyola y el conjunto Cuncumén, entre otros.

La cantante ya estaba fijando su próximo objetivo. Era el más ambicioso hasta ese momento. Uno de sus pocos amigos que a fines de verano se encontraba en París era Alejandro Jodorowsky. Una tarde, ambos se fueron a pasear a orillas del Sena, hasta el Palacio del Louvre.

—¡Qué imponente museo! —afirmó el artista— El peso de tantas obras de arte, de tantas grandes civilizaciones, a nosotros pobres chilenos sin tradición nos aplasta.

—¡Calla! —le contestó Violeta— El Louvre es un cementerio y nosotros estamos vivos. A mí que soy tan pequeña ese edificio no me asusta. Te prometo que pronto verás ahí dentro una exposición de mis obras.[171]

Segura del valor de su obra plástica, Violeta Parra se obsesionó con la idea de exponer en los salones del Louvre. Para ello diseñó un detallado plan, que pasaba por persuadir a los funcionarios de la embajada de Chile y mover todos sus contactos franceses. No obstante, pasaron muchos meses antes de que lograra una entrevista con el director del museo.

El verano estaba llegando a su fin y París revivía. A fines de agosto, Violeta, Ángel, Isabel, Carmen Luisa e incluso Tita entraron a los estudios de la discográfica Barclay para grabar un disco que se publicó en noviembre, en Francia, y que se tituló *Au Chili avec los Parra de Chillan*. En la foto de portada aparecía la familia en un plano lejano, todos vestidos de huasos, en medio de un paisaje que recordaba a los campos de la provincia de Ñuble. Ángel llevaba el mismo atuendo de agricultor acaudalado que usó para promocionar los recitales de Ginebra. La foto, no obstante, había sido tomada en la campiña francesa.

Las doce canciones del álbum eran, casi todas, temas populares que provenían de las recopilaciones de Violeta. Los Parra interpretaron además dos cuecas del tío Roberto y, nuevamente, «Del norte vengo, maruca», de Ángel. El disco no incorporó ninguna de las canciones sociales de Violeta, como aquella dedicada a Julián Grimau o el tema que había compuesto recién y que rendía homenaje a grandes héroes asesinados. En «Un río de sangre corre», Violeta cantó:

> Así el mundo quedó en duelo
> y está llorando a porfía
> por Federico García
> con un doliente pañuelo;
> no pueden hallar consuelo
> las almas con tal hazaña.

¡Qué luto por España,
qué vergüenza en el planeta
de haber matado a un poeta
nacido de sus entrañas!

A continuación, el canto de Violeta lamentaba la muerte de Patrice Lumumba, el líder anticolonialista congoleño asesinado en 1961, así como la del revolucionario Emiliano Zapata, ocurrida en 1919. Violeta grabó esta y otras canciones en esa misma sesión de fines de agosto. Entre los temas registrados figuraban nuevas versiones de «Según el favor del viento», «Arauco tiene una pena», «La carta» y «Ayúdame Valentina». También figuraba una canción titulada «Mi pecho se halla de luto», que después se conoció bajo el nombre «Santiago, penando estás».

Santiago del ochocientos,
para poderte mirar
tendré que ver los apuntes
del Archivo Nacional.
Te derrumbaron el cuerpo
y tu alma salió a rodar.
Santiago, penando estás.

Pero tales grabaciones no aparecieron en el disco de *Los Parra de Chillan*, y sólo en 1971, cuatro años después de la muerte de Violeta, se editaron en otro disco: *Canciones reencontradas en París*. Los contemporáneos sólo pudieron conocer algunos de estos temas cuando Violeta los tocó en vivo.

A mediados de septiembre de 1963, Violeta y sus hijos recibieron una invitación para participar en la tradicional «Fiesta de la Humanidad» que el periódico comunista francés *L'Humanité* venía realizando de manera anual desde 1930. Se trataba de un evento cultural y político masivo, al que acostumbraban asistir más de quinientas mil personas. Orgullosa de poder participar, Violeta volvió a contactar a Gilbert para invitarlo. Pero el suizo no fue. «Qué pena que tú no viniste —le escribió Violeta—. Había un poquito de gente, fíjate, unas seiscientas mil».[172]

La cantautora quedó tan impresionada con este acto cultural, que le escribió una extensa carta a Luis Corvalán, senador y secretario general del Partido Comunista. Le relató ahí su experiencia y le propuso que los comunistas chilenos hicieran algo similar. «Recogimos su sugerencia y de ahí nacieron los encuentros festivos de la familia comunista que realizamos durante años hasta el golpe militar de 1973», relató el dirigente en su autobiografía.[173] Poco después del retorno a la democracia, en 1990, los comunistas de Chile retomaron el evento bajo el nombre de «Fiesta de los abrazos».

Violeta continuó con sus habituales presentaciones en L'Escale y La Candelaria, aunque de vez en cuando actuaba en restaurantes y pequeños teatros.

Por lo general, pasaba gran parte del día en la cama, un espacio que hacía muchos años ocupaba como una suerte de oficina o escritorio. Sentada entre cojines bordaba sus tapices, pintaba sus óleos o tocaba la guitarra. Su habitación era además un lugar de encuentro para muchos compatriotas que pasaban por París y desde ahí partían a la Unión Soviética, China o algún país del este comunista. «Se armaban grandes conversaciones de política, grandes discusiones, grandes peleas —recordó Carmen Luisa—. Pasaron mi tío Nicanor, Pablo de Rokha, Nemesio Antúnez, músicos y estudiantes.»[174] Después de una de esas visitas, el poeta De Rokha le dedicó un largo escrito, donde afirmaba:

La gran placenta de la tierra la está pariendo cotidianamente, como a un niño de material sangriento e irreparable, y el hambre milenaria y polvorosa de todos los pueblos calibra su vocabulario y su idioma folklórico, es decir, su estilo, como su destino estético y no a la manera de categorías.

Por eso es pueblo y dolor popular, complejo y ecuménico en su sencillez de subterráneo, porque el pueblo es complejo, sencillo, tremendo e inmortal, como sus héroes, criado con leche de sangre. [...]

Saludo a Violeta, como a una «cantora» americana de todo lo chileno, chilenísimo y popular, entrañablemente popular, sudado y ensangrado y su gran enigma, y como a una heroica mujer chilena.[175]

En sus actuaciones en el Barrio Latino, Violeta había conocido a un conjunto andino llamado Los Calchakis. Lo había fundado en París, tres años antes, el bonaerense Héctor Miranda junto a su mujer Ana María Miranda, quienes pronto se convirtieron en buenos amigos de la cantante. Muchas veces tocaron juntos y, en una ocasión, Violeta grabó para ellos «El gavilán», en el tercer y último registro que existe de esa obra. Violeta se transformó en una especie de madrina de Los Calchakis y a mediados de 1964 los presentó a la casa discográfica Arion, el sello que se había quedado con sus canciones políticas grabadas en septiembre del año anterior. Fue el primer disco del grupo.

A pesar de su desprecio público por la academia, en privado Violeta quiso aprender a escribir música. En septiembre trazó en un papel un pentagrama y unas corcheas y otras notas. «Ante mis ojos tengo un papel-toalla de unos 40 x 50 cm cubierto de pentagramas apuntados con lápiz pasta azul por la propia Violeta, con una notación melódica escolar —escribió el periodista Julio Huasi en 1971—. Sobre este dibujo casi inverosímil Violeta registró, con recóndita alegría: "¡Esta es mi primera escritura musical, 10 del IX de 1963, París, sin profesor!"»[176]

Mientras los meses parisinos iban pasando entre arpilleras y actuaciones musicales, Violeta y Gilbert retomaron el contacto y volvieron a escribirse regularmente. Pero la cantante tenía conciencia de que la relación seguía tensa, como siempre. «El gato y el ratón se ve que juegan a la Violeta y Gilbert», escribió desde París. «Cuál será la verdad, ¿no?»[177] Pronto comenzó a visitarlo de nuevo y en algunas oportunidades se quedaba en Suiza por semanas, en compañía de Carmen Luisa y Tita. El grupo estaba reunido otra vez y así se retomaron los sábados de los porotos.

Pero no sólo eso. Hacia finales de 1963 Violeta había comenzado a involucrarse con el movimiento pacifista que estaba surgiendo en Europa como una respuesta ante el temor, muy justificado, de una guerra nuclear entre las superpotencias. De hecho, en noviembre de 1962 el mundo estuvo en vilo por la llamada Crisis de los Misiles, cuando Estados Unidos descubrió que Fidel Castro había permitido la instalación de armas nucleares soviéticas en Cuba.

Ángel recordaría que su madre organizó uno de los primeros mítines en contra del uso y la venta de juguetes bélicos para niños, en una plaza cerca de L'Escale.

En una de sus estadías en Suiza, Violeta participó en la llamada Marcha de Pascua por la Paz y la Distensión Internacional. Era una caminata de sesenta kilómetros entre Lausanne y Ginebra. Entre el 27 y el 29 de marzo de 1964 miles de suizos realizaron este recorrido para oponerse a las armas nucleares. Violeta, Gilbert y varios de sus amigos marcharon esos tres días. «Ella siempre estuvo cantando —recordó Claudio Venturelli, quien también participó—. Era muy generosa con su música, tan generosa que muchas veces daba problemas porque una vez que comenzaba a cantar no había quién la pudiera parar.»[178]

Al tiempo que Violeta alternaba entre Ginebra y París, y entre sus actividades pacifistas y sus presentaciones musicales, diseñó un meticuloso plan para cumplir su gran anhelo de exponer en el Louvre. Su razonamiento para asaltar el olimpo parisino era sencillo: «Sentía que mis trabajos iban a gustar en París tanto como mis cantos. Al fin y al cabo, era la misma persona pero en colores.»[179]

Lo primero que hizo fue entrevistarse con el embajador de Chile en París, Carlos Morla Lynch. Violeta logró que el diplomático le escribiera una elogiosa carta de presentación para Jean Cassou, el director de Museo Nacional de Arte Moderno:

> Permítame presentarle mediante esta nota a Madame Violeta Parra, una artista chilena que reside en París. Mme. Violeta Parra es una folclorista cuyas investigaciones y creaciones en el género de la música campesina chilena han atraído un enorme interés no sólo en Chile, sino también en el exterior, debido a su autenticidad y originalidad.[180]

Después de corroborar que Violeta había realizado exhibiciones individuales en Ginebra y Berlín, el embajador le pedía al director del museo: «Estaría en extremo agradecido, Monsieur Director, si pudiera acordar una visita con Mme. Violeta Parra, con el fin de que ella le explique a usted en persona sus deseos, en la medida de lo posible, de desarrollar y difundir sus actividades artísticas en Francia».

La biógrafa Karen Kerschen accedió a esta y otras cartas donde se van revelando las tratativas de Violeta. Aunque Jean Cassou no la recibió, por lo menos la derivó a un curador del museo llamado Bernard Dorival. La artista venía preparada y le mostró algunas arpilleras (entre estas *El Cristo negro de Quinchamalí*), le explicó la temática y el origen de sus obras, e incluso sacó la guitarra para cantar «Parabienes a los novios».

El curador consideró que el trabajo de Violeta no era tan novedoso como para ser exhibido en esa clase de museo. Sin embargo, halló que sus bordados eran en realidad «merecedores de interés, ya que ella renueva en estos la tradición del folclor indio de su país».[181] Según Kerschen, Dorival le escribió una carta a Michel Faré, curador jefe del Museo de Artes Decorativas del Louvre, para presentarle a la chilena.

Cuando Violeta llegó con todas sus cosas a la oficina de Faré, un día de febrero de 1964, el curador se fascinó con las arpilleras y cerámicas. Entusiasmado le dio luz verde para exponer en el Pabellón Marsan del Museo de Artes Decorativas. No hablaron de fechas, pero sin duda era una de las mejores noticias que la artista había recibido en meses.

De inmediato se puso a crear más obras, ya que Faré le había dicho que necesitaba al menos unas veinte piezas para montar la exposición. Para ello enroló, como siempre, a su familia y amigos. Gilbert estaba encargado de fabricar los marcos para las arpilleras. Y Ángel e Isabel de proveerla de materiales.

Violeta decidió que el mejor lugar para trabajar en calma era Ginebra, por lo que pescó sus bártulos y dejó París. Los siguientes dos meses los dedicó por completo a ampliar su obra plástica. Excepto la marcha pacifista de fines de marzo y las comilonas de los sábados, el resto del tiempo pasaba encerrada creando, en la misma casona que había habitado casi un año antes.

Los últimos días de marzo, con decenas de trabajos nuevos, se preparó para retornar a París. Le habían dicho que la exposición probablemente sería a fines de ese mes. Uno de los amigos de los sábados, el colombiano Hernán Tobón, que había emigrado a Suiza en 1960 con la intención de estudiar arquitectura, le comentó que se iba en auto a la capital francesa.

—¿Vas a París? ¡Llévame a París! —le dijo Violeta.

Lo que Tobón no sabía era que la chilena pensaba trasladarse con todas sus obras de arte, su guitarra, su bombo y su hija Carmen

Luisa. Y el colombiano pensaba partir de vacaciones junto a un amigo, siendo París la primera parada. Su auto, he ahí el problema, era un Volkswagen escarabajo.

—Pero Violeta, ¿dónde vas a poner esas arpilleras y todas tus cosas en mi carro? —preguntó afligido— Violeta, no hay posibilidad alguna de que quepa todo.[182]

La solución que propuso la artista era sacar todos los marcos y enrollar los tapices. El escarabajo estaba tan repleto que Hernán Tobón estaba seguro de que la policía los pararía en el camino. Cosa que sucedió, pero sólo para advertir que faltaba un espejo retrovisor.

Para colmo, Gilbert y Violeta habían intensificado sus peleas los días previos al viaje. Aunque de carácter tímido y retraído, al suizo también le daban ataques de celos. «No vuelvas a pensar que me porto mal, por favor», le había escrito Violeta una vez.[183] Gilbert creía que la cantante estaba teniendo un romance con el joven y apuesto colombiano. «Él me hizo una escena de celos espantosa y el día en que nos fuimos a París no estuvo para despedirse porque estaba furioso», recordó Tobón.[184]

Apenas volvió a París, Violeta fue a visitar a Faré, quien le dio una noticia devastadora. El curador le dijo que, en su entusiasmo, se había adelantado en asegurarle la exposición, pero que el consejo curatorial de la institución había decidido no visar el proyecto. Violeta se sintió deshecha y ahí mismo se puso a llorar de impotencia. Las palabras del francés, quien insistía en que admiraba su trabajo y trató de tranquilizarla diciendo que ya llegaría su momento artístico, no la apaciguaron en absoluto.

Conmovido por la aflicción de la artista, pero convencido también del valor de sus creaciones, Faré le sugirió que trajera sus obras nuevas esa misma tarde. Era un jueves. Se comprometió a defenderla en la siguiente sesión del consejo, el lunes próximo.

En una carta que le escribió a una amiga, Violeta revivió esos días de calvario e incertidumbre:

El lunes siguiente se sabría el resultado. No tuve valor de ir. Me quedé encerrada en mi pieza de pensión y le dije al Ángel que fuera a saber. Mucha gente entraba y salía de la pensión. Yo sentía los pasos de todos subiendo la escalera. Sabía los minutos exactos que Ángel se demoraría en ir, el tiempo que demoraría allá, los minutos que tomaría en volver. De repente distinguí sus pasos, me asomé, yo estaba triste, tenía un miedo terrible. Y lo vi llegar. Traía su cara como un sol. Entonces lloré.[185]

Violeta lo había logrado. El Museo de Artes Decorativas del Louvre anunció que entre el miércoles 8 de abril y el lunes 11 de mayo de ese año expondría en su principal pabellón las obras de la chilena.

En el folleto preparado para la exposición, Yvonne Brunhammer, directora del museo, apuntó:

Violeta Parra no es una desconocida en Francia: los aficionados a la música popular conocen sus grabaciones de canciones chilenas, recopiladas recorriendo pueblos y campos, sierras y litorales de su país. Saben también que contribuyó a enriquecer el folclor contemporáneo, creando a su vez cantos y poemas auténticamente chilenos aunque profundamente personales.

Por primera vez en París presenta otro aspecto de su talento, con un conjunto muy original de arpilleras, pinturas y esculturas. Música y cultura se vinculan para Violeta, que pasó naturalmente de una a otra y que ve en cada canto un cuadro listo para ser pintado. Sobre telas o arpilleras naturales o de color, borda a grandes puntos imágenes de lanas vivas que ilustran un cuento, una leyenda de Chile, contando la pobreza del pueblo, o también un episodio de su propia vida. Utiliza un lenguaje poético y simbólico, dando un significado a cada tema, a cada color, sin por eso descuidar el lado plástico de su obra. Cada una de sus arpilleras es una historia, un recuerdo o una protesta en imágenes.

Sus pequeños cuadros tienen un carácter más íntimo. Son poemas intensos y graves de su vida difícil y valerosa. Con sus esculturas de alambre, el sueño se instala en su universo plástico: sueño tejido de pájaros y de palomas, toros y llamas, árboles que cantan y personajes de leyendas.

Instintiva y voluntariosa, Violeta Parra se apodera del mundo y hace de él su obra. Anima de movimiento todo lo que ella toca. Da una vida precisa, original a las palabras y los sonidos, las formas y los colores. Es una artista total. Música, pintora, escultora, ceramista, poeta, en fin, como su hermano Nicanor y su amigo Pablo Neruda.

La exposición constó de 22 arpilleras, 20 cuadros y 15 esculturas de alambre y máscaras hechas de porotos, arroz y lentejas en forma de mosaico. Si Violeta no tocaba en persona, la música de fondo eran sus cuecas y tonadas.

El día de la inauguración, Violeta desplegó de manera plena su forma de ser. Vestida de manera sencilla, aunque algo más formal que de costumbre, con un vestido negro, la artista se paseaba entre los asistentes con sus copas de vino en la mano, explicaba sus técnicas y temáticas y, ciertamente, sacaba su guitarra para cantar. Llegaron coleccionistas, curadores, críticos y, como era de esperar, muchos chilenos. Entre estos estaba el escritor Jorge Edwards, que trabajaba en la embajada, y el pintor Roberto Matta, quien, a decir de la propia Violeta, «se portó como un amigo, le gustó todo».[186] La ocasión también sirvió para que ella se cobrara algunas venganzas. «Mi mayor gusto fue cuando vi entrar a la exposición a Germán Gasman, entró al son de las mismas cuecas que en la feria me silenció.»[187] Este era uno de los encargados de la Feria de Artes Plásticas de Santiago, que casi cinco años antes había amonestado a Violeta por tocar música en su puesto y quiso vetarla para la segunda muestra. «Eran los mismos tapices que expuse a orillas del Mapocho, y que no los vio la gente», recordó con cierta satisfacción.[188]

Al evento del Louvre también llegaron otras personalidades del mundo de la cultura. Uno de ellos era Anatole Jakovsky, un crítico y coleccionista. Gratamente sorprendido por las obras de Violeta, conversó con ella para incluirla en una enciclopedia que estaba preparando: *Pintura naif, un diccionario de pintores primitivos.* Sin embargo, el francés de origen rumano no publicaría esta obra sino hasta 1967.

Los críticos de los principales periódicos franceses llenaron de elogios la exposición. El diario *Le Monde* constató en un artículo del 17 de abril que «Violeta Parra es, ella sola, un conjunto de arte popular», y luego añadió:

> Pequeña y morena, ella comenta, simple y compleja como una criatura de Lorca, acerca de sus esculturas donde hilos metálicos enroscados hacen brotar flores de oro de un árbol negro. Sus bordados imponen asombrosos decorados de miseria y poesía: relatos cortos contra la guerra, escenas de circo y leyendas locales. También vemos en ellos morir a Cristo en un bello árbol en flor.[189]

El periódico *Le Figaro* tituló su reseña «Violeta Parra: una artista chilena extraordinaria» y realizó una afirmación audaz, aunque inexacta: «Leonardo da Vinci terminó en el Louvre. La chilena Violeta Parra comienza en el Louvre».[190]

Poco habituados a informar acerca de los éxitos de chilenos en el extranjero, todos los principales medios de comunicación de Chile dieron extensa cuenta del hecho. Por ejemplo, *El Mercurio* hizo una crónica en base a los despachos de las agencias de noticias internacionales. Según *El Mercurio*, la cantante había declarado que la exposición era «un sueño [...]. Yo no sé dibujar y voy realizando mis tapices sin tener una idea exacta de lo que voy a hacer en conjunto».[191]

La muestra no sólo fue un éxito medial, sino también de ventas. En entrevistas y cartas, Violeta afirmó que se vendieron cuatro arpilleras. La baronesa de Rothschild compró un tapiz en mil quinientos dólares, y Arturo Prat se llevó otro por quinientos. Este último era descendiente del héroe naval de la Guerra del Pacífico, Arturo Prat Chacón, y Violeta se refirió a él, en una misiva a Gilbert, como «mi amigo aristócrata chileno». Otra arpillera la compró un fotógrafo francés y la cuarta Ángel Meschi, director en la embajada parisina de la agencia estatal de desarrollo, Corfo. En total, las ventas de Violeta ascendieron a más de veinticinco mil dólares actuales.

En su estilo de siempre, Violeta aseguró que las obras no tenían un precio fijo. «Los ricos pagaron como ricos, y los pobres como pobres.»[192]

Para sorpresa de Violeta, a comienzos de mayo llegó Nicanor. Venía de vuelta de la Unión Soviética, donde sus antipoemas habían sido traducidos al ruso. Muchos años después, el hermano mayor puso en contexto esta hazaña artística de Violeta. «Hay que darse cuenta de lo siguiente, que la Violeta cuando estaba en el Louvre... no conocía el Louvre. Si ella era un personaje que estaba absolutamente centrada en sí misma. Yo tuve que llevarla poco menos que a la fuerza para que viera *La Victoria de Samotracia*, para que viera *La Mona Lisa*. A ese extremo.»[193]

Gilbert, que tras la partida de Violeta ya se había olvidado de sus celos, la acompañó las primeras semanas. En especial los días previos a la apertura de la exposición, los que pasó encerrado en un sótano del Pabellón Marsan poniéndoles marcos a los cuadros y arpilleras.

En su autobiografía, el suizo recuerda que alguien les anunció que pronto vendría a conocer a Violeta un grupo de distinguidos chilenos de clase alta. «Violeta tenía tanta reticencia para con esa gente, burgueses los llamaba, que no se bañó en varios días, únicamente para hacerles entender que la pobreza tiene un olor.» La conversación con este grupo, cuya identidad Gilbert no reveló, fue agradable y amena, pese a la supuesta hediondez de la artista y su acompañante. «Eran tan simpáticos que hasta estábamos arrepentidos de ser unos provocadores.» Pero la situación no pasó inadvertida para estos «burgueses». Luego de unos días llegó una caja de regalo de parte de ellos. Al abrirla, Violeta vio que se trataba de jabones finos. «Nos morimos de la risa —recordó Gilbert—. ¡Los burgueses habían ganado!»[194]

Violeta se sentía por las nubes. Pero a medida que se acercaba la clausura se estaba poniendo ansiosa. «Se acerca la hora y yo me siento triste», le escribió a Gilbert, quien había vuelto a Ginebra a comienzos de mayo. «Será un día terrible el 11, no me gusta.»

Habiéndose asegurado actuaciones musicales regulares en el Teatro Plaisance para el resto del mes, Violeta recibió ofertas para exhibir su arte en otros museos. Pero ya no confiaba tanto en las promesas. «Un director de museo en Italia vino también, me prometió ayuda. Una directora de museo en Rotterdam, lo mismo. Un director belga, igual. Yo tengo que creer la décima parte de todo este arco de flores. Puede ser sí, puede ser no.»

Para empeorar su voluble estado de ánimo a medida que se acercaba el cierre de la exposición, Ángel se había vuelto a Chile, e Isabel, Carmen Luisa y Tita estaban empacando para retornar en junio. Violeta también tenía pensado volver, pero sólo por algunas semanas. Quería aprovechar el pasaje aéreo que los alemanes orientales le habían regalado.

Al cabo de unas semanas, de nuevo estaba eufórica. Había recibido una invitación para exponer a fines de octubre en una importante galería en Lausanne, y desde Odeon Chile le dijeron que pretendían grabar un disco durante su breve regreso. «La ola de tristeza está muy lejos —escribió feliz a Gilbert—. Cuando llega el trabajo, llega también la alegría. ¡Qué maravilla es el trabajo! La fuerza me crece y la vida me parece más bella.»[195]

Poco antes de tomar el vuelo a Chile, Violeta volvió a escribirle a su amigo Joaquín Blaya, contándole del éxito en el Museo de Artes Decorativas y quejándose de que sus compatriotas no supieron reconocer su talento cuando expuso en el Parque Forestal. «Usted sabe cómo son los chilenos», afirmó. Y a pesar de haber ganado plata con la venta de sus obras, se mostraba consciente de las dificultades:

Claro que el arte no da para vivir; el arte viene a dar su verdadero fruto cuando el cadáver del creador está devorado por las lombrices. Entonces, para defenderme económicamente, mi guitarra está siempre en primera línea.

Compañero Salvador Allende

Violeta Parra se impuso tres tareas para su retorno a mediados de 1964: apoyar la campaña presidencial de Salvador Allende, dar a conocer a los chilenos sus nuevas creaciones musicales y entrar a robar en una casa.

La primera tarea ya la había puesto en marcha cuando Ángel emprendió el regreso. Junto con desearle buen viaje, le pasó a su hijo unas cintas magnéticas con varias de las canciones políticas que había grabado desde que se fuera del país en diciembre de 1961.

—Pásale esta cinta al partido. Le puede servir para la campaña.

Al llegar a Chile en abril, el hijo de veinte años se contactó con Américo Zorrilla, un viejo sindicalista que era jefe de finanzas del

Partido Comunista, para entregarle el valioso material. Entre las canciones plasmadas en esa cinta estaban «Me gustan los estudiantes» (que Violeta nunca editó en un disco), «La carta», «Qué dirá el Santo Padre» y «Arriba quemando el sol». «Era un viejito de pelo blanco, muy amoroso —recordó Ángel—. Pero creo que no tenía ni la más remota idea de lo que le estaba hablando, aunque le puse color diciendo que se trataba de "canciones muy revolucionarias".»[196]

A decir verdad, nadie prestó atención al material de Violeta. En lo que a música se refería, la campaña del candidato de izquierda era francamente» anticuada. Los hijos de la cantante, miembros de las juventudes del Partido Comunista, habían vuelto a Chile para participar, entre otras cosas, activamente en la contienda electoral. Pero la música oficial que escogió el Frente de Acción Popular (FRAP), conglomerado de partidos que respaldaba a Allende, era la banda sonora de la película «El puente sobre el río Kwai». Este filme, lanzado en 1957 y ambientado en la Segunda Guerra Mundial, incluyó el silbido más famoso del mundo. Y fue ese silbido el *jingle* del allendismo.

«Aquello era tan lamentable que el himno de la campaña se cantaba con la música de esa película, incluso con su parte silbada. En 1964 estábamos a mil leguas de la Nueva Canción Chilena», escribió Ángel en 2016, poco antes de fallecer.[197] Y era todavía peor, porque el hijo de Violeta recordaría que algunos comunistas propusieron un eslogan de esta calaña: «Pica el ajo, pica el ají, sale Allende, claro que sí».

Algunos jóvenes, por fortuna, hicieron propuestas más innovadoras. Uno de ellos era el cineasta Sergio Bravo, antiguo amante de Violeta, que en junio de ese año grabó para la campaña el documental *Banderas del pueblo*. La banda sonora estaba a cargo del músico de conservatorio Sergio Ortega y de su maestro de la Universidad de Chile, Gustavo Becerra. Ortega se convertiría después en director musical de un nuevo y exitoso conjunto llamado Quilapayún. Para ellos compuso dos canciones icónicas de la Nueva Canción Chilena: «Venceremos», escrita con motivo de la siguiente campaña presidencial de Allende, en 1970; y «El pueblo unido», que surgió frente al primer intento fallido de golpe de Estado, en junio de 1973.

Banderas del pueblo fue prohibida por la Comisión de Censura Cinematográfica Chilena debido a su contenido político, por lo que nunca se exhibió.

Cuando Violeta aterrizó en Chile el viernes 14 de agosto, la campaña electoral estaba al rojo vivo. Allende se presentaba por tercera vez. En la ocasión anterior, en 1958, apenas había perdido por unos treinta mil votos ante el candidato de la derecha Jorge Alessandri. Ahora tenía como rival a Eduardo Frei Montalva, líder de la Democracia Cristiana, un partido fundado pocos años antes. El eslogan de Frei era «Revolución en libertad», en una clara alusión a los tiempos que se estaban viviendo en América Latina. Los militares de la región habían protagonizado recientemente dos golpes de Estado, el primero en Brasil y el segundo en Bolivia.

El programa de Frei era de carácter reformista, en coincidencia plena con la denominada Alianza para el Progreso, que procuraba impulsar las políticas moderadas del presidente John F. Kennedy en respuesta a la Cuba revolucionaria. Muchos sectores conservadores no veían con buenos ojos al candidato DC, que prometía realizar la tan postergada Reforma Agraria. Pero al mismo tiempo, Frei y la Democracia Cristiana eran anticomunistas férreos, lo que les granjeaba el apoyo financiero y logístico de Washington. En otras palabras, constituían el mal menor frente a la amenaza que suponían Allende y el FRAP.

Los documentos que las distintas agencias gubernamentales de Estados Unidos vienen desclasificando hace años muestran que Chile, después de Vietnam, fue el país que más dinero recibió de

Estados Unidos en su campaña contra el comunismo. Y no era para menos. Si los chilenos votaban de manera democrática por un régimen socialista, se derrumbaba toda la idea de la violencia política y revolucionaria que se había creado a partir de los sucesos de Rusia en 1917 y de Cuba en 1959.

Ese viernes de agosto en que Violeta volvió al país, la expectación periodística era enorme. De modo que la cantante ofreció una rueda de prensa en el hoy extinto Hotel Crillón, en la céntrica calle Agustinas. Dijo que volvía a Chile sólo por un tiempo acotado y que lo hacía para esparcir su nueva música y apoyar a Allende. Acto seguido, sacó su guitarra e interpretó varios de los temas que el Partido Comunista había ignorado. Los medios de comunicación constataron que la cantante había vuelto de Europa «con canciones revolucionarias», pero estaban más interesados en escribir sobre el éxito de la primera artista chilena que expuso en el Louvre.

Acelerada y excitada por el reconocimiento público del que estaba gozando en Chile, Violeta le escribió a Gilbert:

Trabajo, pienso y hago proyectos. No me gusta la gente que me roba el tiempo. Yo personalmente pasé por tu lado como un rayo. Te llevé un poco de alegría y un poco de molestia. Pero no te robé tu tiempo.[198]

El viernes 4 de septiembre los chilenos concurrieron a las urnas. El resultado fue un balde de agua fría para la izquierda. Eduardo Frei se impuso de manera cómoda con el 56 por ciento de los votos, contra al 39 de Salvador Allende.

Ángel Parra recordó que estaba con su amigo comunista, el documentalista Douglas Hübner, cuando se enteraron del conteo. Se sentaron en la vereda frente al restorán Il Bosco y se pusieron a sollozar. Violeta, que para variar se encontraba enferma en su cama, le escribió con desazón a Gilbert: «Perdimos las elecciones. Frei salió elegido y todos los allendistas tenemos pena. La Democracia Cristiana barrió con el allendismo. El golpe es muy duro».[199] Frustrada con la derrota política, la cantante aprovechó para quejarse de su hermana Hilda. «La estúpida no es allendista.»

Unos días después de la derrota, Violeta asistió a una reunión del Comité Central del PC. Según recordó Nicanor, «ella se transformó en un energúmeno y no dejó títere con cabeza». El poeta afirmó que su hermana pronunció un discurso para enseguida encarar duramente a los presentes. «¡Y los epítetos que le aplicó a Volodia [Teitelboim]! De a uno los iba descabezando.»[200]

Violeta tuvo más fortuna en su segundo objetivo, que era dar a conocer al país sus nuevas creaciones. A fines de agosto entró a los estudios de Odeon para grabar un nuevo longplay que llevaría como título *Recordando a Chile*. El disco comenzaba con el poema «Defensa de Violeta Parra» de su hermano Nicanor, recitado por él mismo. Luego venían algunas canciones del folclor y, por primera vez en Chile, creaciones como «Paloma ausente», «Arriba quemando el sol» y «Qué dirá el Santo Padre».

Pero además incorporó canciones que, por su sonoridad, le eran completamente extrañas al público promedio del país e incluso a los sonidistas de la compañía discográfica. Una se titulaba «Qué he sacado con quererte» y correspondía a un lamento de ritmo pesado y pausado, que recordaba a los cantos indígenas y se acompañaba esta vez con un cuatro venezolano y unas cornetas de tono profundo, capaces de transmitir la impresión de una batalla épica o la llegada al cielo de un guerrero muerto en batalla. En la contratapa de este álbum que recién fue publicado un año después, Enrique Bello afirmó:

«Qué he sacado con quererte» es una de las piezas más valiosas de la presente colección. Música altamente dramática, sobre motivos y ritmos que debe haberle inspirado el cantar peruano-boliviano, tan mezclado al de nuestro norte, este canto es como una pequeña síntesis del «Machu-Picchu» nerudiano expresado en canción. [...] Su verso es profundo y suena a antigua queja india. La interpretación dolorosa de Violeta, cuando nos transmite el lamento indígena, contribuye a dar a este canto mayor intensidad dramática.

Haciéndose eco de las modas indígenas que invadían Europa, pero también de su propia experiencia amorosa, Violeta cantó:

¿Qué he sacado con la luna, ay ay ay,
que los dos miramos juntos, ay ay ay?
¿Qué he sacado con los nombres, ay ay ay,
estampados en el muro, ay ay ay?
Cómo cambia el calendario, ay ay ay,
cambia todo en este mundo, ay ay ay.

La cantante ya había grabado temas con una fuerte influencia indígena, como «Santiago, penando estás», donde además de la voz el único acompañamiento era un tambor, repetitivo y hondo, que le daba a la canción un dejo de ritual primitivo.

Violeta agregó en ese disco dos temas claramente inspirados en la música francesa. El primero se llamaba «Une chilienne à Paris», vals acompañado de un acordeón, que claramente recordaba a las canciones de Édith Piaf o la música gala de la época de la guerra. Violeta bajaba ahí su tono de voz, cantando mucho más grave de lo habitual. El segundo tema «francés» se tituló «Écoute moi, petit». Escoltada sólo por su guitarra, pero sosteniendo una voz grave, el tema tenía un mayor aire a cantautora y, acaso, a las canciones de Georges Brassens. El estribillo era valseado, evocando nuevamente las típicas canciones de Francia.

Su evolución musical y su intento por descubrir las raíces autóctonas habían llegado a tal nivel, que en aquella conferencia de prensa Violeta declaró que su próximo disco sería «con charango y todos los instrumentos de América del sur derivados de la guitarra». Con ello daba un giro de 180 grados respecto a lo que pensaba un año atrás.

Había sido curiosamente en París donde Violeta Parra descubrió la riqueza del folclor latinoamericano. «La guitarra no es un instrumento popular chileno. Lo tocamos igual que en Europa, de donde viene. Lo auténticamente nuestro es el tambor y la quena», les aseguró a los periodistas.[201]

Una noche a fines de agosto, Violeta e Isabel fueron a cenar con Camilo Fernández, un joven locutor radial que estaba creando su propio sello musical, llamado Demon. Fernández, quien pronto desempeñaría un papel central en promover a los nuevos cantores de protesta y folclor, estaba orgulloso porque una de sus primeras contrataciones había sido Ángel Parra. Durante la cena les mostró a ambas mujeres las grabaciones de lo que sería el primer disco solista de Ángel. «Les hice escuchar la cinta de este álbum [y] hubo momentos en que la emoción materna se humedeció en los ojos: es que había surgido del capullo, un legítimo heredero de los Parra», recordó Fernández.

Complacida, Violeta le informó a Gilbert: «La voz de Ángel es sagrada, aunque se caiga el mundo. Aquí escuché su disco con atención y cariño. Es muy lindo, pero hay fallas que corregir y superar. Es el mejor cantor chileno del momento, pero que no se tuerza».[202] A futuro, cada vez que sintió que su hijo estaba demasiado conforme consigo mismo, le decía: «El día en que cantes como Víctor Jara, hablamos».

Tras su apoyo a Allende y la difusión de sus creaciones, la tercera cuestión que marcó los dos intensos meses de su regreso a Chile fue la entrada forzada a una casa en el barrio cercano al Estadio Nacional, en la comuna de Ñuñoa.

La señora Irma, madre de Claudio Venturelli, creía que ese año iba a morir. Toda su vida pensó que estaba a punto de fallecer, aunque eso no sucedió sino hasta diciembre de 2016, cuando ya se acercaba a los cien años. Un día de primavera, Irma descubrió que alguien había entrado a su casa, forzando una de las ventanas. Asustada, revisó su residencia, pero sólo faltaba una maleta. Era una maleta que su hijo Claudio le había llevado hacía poco, en un viaje relámpago al país, motivado por los siniestros temores de Irma.

Pero en realidad la maleta pertenecía a Violeta Parra. Al enterarse en Ginebra de que Claudio iba a viajar a Chile, la cantante le pidió llevar ese enorme bulto. Y cuando Violeta llegó a Ñuñoa y no encontró a nadie en la casa, decidió saltar la reja. De esta manera inocente se convirtió en ladrona de sus propios bienes.

Hacia mediados de octubre Violeta ya se había cansado de Chile. La esperaba a fines de mes la exposición en Lausanne. Con parte de las ganancias del Louvre, se había comprado en Francia una combi y había tomado, antes de embarcarse a Santiago, algunas clases de conducción. Rápidamente se dio cuenta de que era un desastre para manejar. En Chile, no obstante, se había reencontrado con su antigua amiga Adela Gallo. La fotógrafa venía de intervenir en el frustrado documental de Sergio Bravo y se encontraba a la deriva.

—¿Sabes manejar? —le preguntó Violeta.

Adela sí sabía.

—Entonces, no hay nada que podamos hacer aquí, ven conmigo a Francia. Yo te pago el pasaje.

La amiga aceptó.

Cuando ambas llegaron a París, el vehículo seguía estacionado en el lugar donde Violeta lo dejase antes de partir: justo frente al Museo de Artes Decorativas.

Una india en Europa

El tercer y último viaje que Violeta Parra emprendió a Europa empezó mal. Le había comprado un pasaje en barco a Adela Gallo y ella tomaría un vuelo días después.

No sólo había contratado a su amiga para manejar el camping-bus Volkswagen. La idea era más atractiva: recorrer juntas toda Europa, por seis meses. Adela estaría a cargo de filmar a Violeta en los distintos lugares donde iría actuando, para luego enviar ese material a la televisión chilena. «Fue un proyecto muy bonito, pero falló desde un principio», diría Adela.[203]

El primer contratiempo fue que Violeta no llegó en la fecha prevista. Había prometido estar ahí antes que su amiga, puesto que esta no conocía a mucha gente en Francia. Lamentablemente, la fotógrafa se encontró con que los chilenos del Barrio Latino no sabían nada de Violeta. «"Pero si está en Chile", me respondían. ¿Cómo que va a estar en Chile?, respondía yo. ¡Si yo misma la dejé en el avión!»[204]

Pasaron días, y Adela, que se encontraba con unos amigos en un café del barrio Saint Germain des Prés, escuchó de pronto una voz aguda y familiar.

—¡Vieja fea, car'e mono!

Era Violeta Parra.

—¡Te dejé sola en París pa' que te hicieras hombre!

Violeta ya había averiguado dónde se estaba alojando su amiga y había llevado sus maletas a ese sitio.

Al sentarse en el Danton, uno de los típicos cafés parisinos con sus mesas en la vereda, Violeta contó por qué se había atrasado. El vuelo tenía una escala en el aeropuerto de Barajas en Madrid. «Y Violeta me cuenta: "Me acordé de que a Pepito yo le había regalado una guitarra. Y entonces me dije: ¿y por qué se la voy a regalar?

Y entonces me bajé a buscarla". Y sencillamente se salió del avión y se fue a buscar a Pepito. Y Pepito estaba feliz con la visita de Violeta y se fueron a pasear a Toledo y por todas partes, felices».[205]

Es posible que ese genérico Pepito fuese Paco Ruz, el joven amante que Violeta tuvo ocho años antes en París. De todos modos, la artista efectivamente se había traído el instrumento desde España.

El segundo contratiempo fue que las actuaciones en L'Escale se habían cancelado. La razón era simple. Violeta había dicho que volvería a fines de septiembre, pero recién apareció los últimos días de octubre. Así que los dueños contrataron otro número. La folclorista estaba sin su fuente de ingresos más confiable.

Sin hacerse mala sangre, Violeta decidió partir a Ginebra a ver a Gilbert y animó a su amiga a seguirla. Con Adela al volante de la combi partieron a Suiza. Fue un viaje de muchas horas, ya que la fotógrafa en realidad no sabía conducir muy bien. Por precaución prefería mantenerse en la primera o segunda marcha, alcanzando una velocidad máxima de unos 40 kilómetros por hora. Tenía, sí, más destrezas que Violeta, cuya primera clase de manejo había terminado en la vereda, chocando contra un árbol.

En los meses que siguieron Violeta se instaló en Ginebra y sólo volvió de vez en cuando a París. Amiga fiel, Adela permaneció junto a ella gran parte del tiempo, aunque el sueño de recorrer Europa en la furgoneta ya se había esfumado. «¿Por qué fracasó ese proyecto?», le preguntó a la fotógrafa unos quince años después el cantautor Osvaldo «Gitano» Rodríguez. «Bueno, porque ella se aburrió, porque se enfermó, porque le dio un resfrío… porque le dio de todo, o porque le dio lata», contestó Gallo.[206]

Esa Navidad de 1964, Violeta, Adela, Gilbert y los amigos latinoamericanos y suizos la pasaron en la casa ocupada. Violeta le había compuesto una canción a Lautaro, el primer bebé que estaba esperando su amigo Claudio Venturelli.

A este le preguntó al llegar a Ginebra:

—¿Y?, ¿nació la guagua?

—Nació, pero…

—Pero qué, ¿qué pasó?

—Fue niñita.

—¡Ah! Así que fue niñita.

Venturelli ya había escogido el nombre del bebé. Su deseo era que fuese varón. Violeta agarró un papel que tenía a mano y lo destrozó. En ese papel estaba la letra del tema dedicado al ansiado Lautaro.

—Pero, pucha, cántamela —le pidió su amigo.

—¡No! Si no era para ti, era para Lautaro. Pero como no nació Lautaro, tampoco hay canción.

«Y ahí me quedé yo, nunca supe cuál era la canción», afirmaría Venturelli.[207]

El invierno de 1964 y 1965 Violeta lo consagró a producir nuevas arpilleras y óleos, usando los dedos en vez de pinceles. También compuso canciones y, sobre todo, siguió adiestrando musicalmente a Gilbert. El suizo se afanaba en aprender a tocar la quena, aunque Violeta era una maestra implacable.

Los amigos en Suiza recuerdan que la folclorista no dejaba de enviar a su pareja a una de las piezas inhabitables de la mansión para que ensayara hasta el cansancio. Cuando Gilbert llegaba a la pieza principal, atraído por las risas y los cantos de los comensales, Violeta lo mandaba enojada de vuelta. «Te estoy escuchando y todavía no sacas bien esa melodía.» En ocasiones de mayor enojo le lanzaba un zapato a la cabeza, y entonces Gilbert regresaba silencioso a soplar su instrumento. «El carácter bondadoso de Gilbert era enorme —afirmó Venturelli—. Pero muchas veces nosotros nos enfrentamos a Violeta, diciéndole que no podía tratar de esa manera a Gilbert».[208] La cantante, por supuesto, hacía caso omiso de las quejas.

Al principio, Violeta Parra desconfiaba de las capacidades de su pareja. «Tú me entiendes, ¿no? —le comentó a una amiga suiza—. ¡Es un gringo que quiere tocar como los indios!»[209] Pero con el tiempo se fue dando cuenta de que el gringo de veras progresaba. En una carta enviada desde París, le dijo: «No creas que tú no eres músico. Verdad que tienes dificultad con el ritmo, pero esto es un mal completamente curable».[210]

Gilbert Favre fue mejorando de manera considerable su técnica, a tal punto que Violeta lo hizo partícipe de dos canciones nuevas. Ambos temas eran instrumentales y la quena tenía en ellos un rol protagónico: «Calambito temucano» y «Tocata y fuga», dos composiciones con evidentes raíces indígenas. A medida que Gilbert daba signos de superarse, su mujer lo animaba a tocar con los ojos cerrados, entendiendo que así salían mejor las notas.

Al cabo de los años, Gilbert Favre recordó:

> Estuve muy enamorado de ella. El problema radicó en la convivencia, nos peleábamos mucho. Violetá [así pronunciaba el suizo el nombre de la folclorista] era muy celosa. Me acuerdo que cuando me enseñó a tocar la quena me decía que era mejor cerrar los ojos, y yo le hacía caso. Con el tiempo advertí que me deba esa indicación para que en las actuaciones no mirase mujeres.[211]

Un día a comienzos de 1965, Violeta estaba exponiendo en una modesta galería de Ginebra. Allí apareció una periodista cultural de la televisión suiza a la cual sus editores habían pedido darse una vuelta por la muestra. Marie-Magdeleine Brumagne fue con pocas ganas. Cuando se encontró cara a cara con la folclorista y comenzó a observar sus arpilleras y cuadros, quedó asombrada. Las mujeres congeniaron de inmediato. En un momento la periodista suizo-francesa le preguntó si tenía hambre.

Y Violeta le respondió: «No, no tengo hambre, ya me he comido tu alma».[212]

Brumagne se fascinó tanto con este personaje que le propuso a su canal grabar un reportaje más amplio, visitando a Violeta en el taller de la mansión. Y así ocurrió. Unos días más tarde, mirando las arpilleras en la rue Voltaire, Violeta Parra intentaba explicar el sentido de un tapiz titulado *Contra la guerra*:

—¿Podría explicarme los elementos que componen este tapiz? —preguntó Brumagne.

—Lo primero que vemos son personajes que aman la paz.

—¿Quiénes son estos personajes?

—La primera soy yo.

—¿Por qué en morado?

—Porque es el color de mi nombre. Estoy acompañada de un amigo argentino [probablemente Joaquín Blaya], una amiga chilena y una indígena. Las flores de cada personaje corresponden a sus almas. El fusil representa la guerra y la muerte.

Después, la periodista se detuvo en una arpillera titulada *La rebelión de los campesinos*.

—¿De qué rebelión se trata?

—Yo te voy a contar —contestó la cantante—. Mi abuelo era campesino y su patrón le pagaba muy poco, como a todos los campesinos de Chile, hasta el día de hoy. Me impulsó a hacer este trabajo porque me indigna y no puedo quedarme de brazos cruzados.

La periodista le hizo entonces una pregunta que reflejaba la creciente fascinación de algunos europeos por la cultura autóctona del Tercer Mundo.

—¿Es usted india?

—Mi abuela era india y mi abuelo español, entonces creo tener un poco de sangre indígena —respondió Violeta en un correcto aunque algo rústico francés.

—Se nota —constató Brumagne.

La cámara mostraba a la artista trabajando afanosamente en dar vida a una máscara de alambre.

—Me habría gustado que mi madre se casara con un indio. En todo caso, como puedes ver, vivo casi como ellos —afirmó Violeta, levantando por primera vez la mirada.

Las imágenes en blanco y negro la mostraban de pelo largo y desgreñado, vestida con un atuendo de una pieza hecho de decenas de retazos que la hacían ver excéntrica, como lo que luego sería considerado *hippie*. Rara vez miraba a la entrevistadora. Lo suyo era que la vieran en pleno trabajo.

—Mi mamá era muy pobre. Tenía diez hijos que cuidar, todavía sigue siendo muy pobre. Tiene setenta y cinco años, debe trabajar duro para sobrevivir, igual que yo, que nunca tengo dinero, igual que mamá —declaró la artista.[213]

En los dos años anteriores, Violeta Parra había captado muy bien que los pueblos originarios estaban atrayendo la atención europea, en especial la de la izquierda, que advertía en estos pueblos un símbolo de la lucha anticolonial y la resistencia antiimperialista. Ella misma, por lo demás, había acogido la influencia de ritmos e instrumentos de otras culturas latinoamericanas.

Si bien a fines de los años cincuenta había investigado la música autóctona del sur de Chile, fue en Europa cuando empezó a sacarle partido a sus conocimientos y su cercanía con el pueblo mapuche. En 1964, al reeditar en un solo volumen sus dos discos *Chants et danses du Chili* grabados en 1956, sugirió que la portada llevara la foto de una mujer de esa etnia. Esta aparecía sobre un caballo blanco, con un canasto en el brazo y vestida a la usanza tradicional, incluyendo un gran pectoral de plata. El álbum, no obstante, sólo contenía cuecas, tonadas y canciones campesinas de la zona centro.

A mediados de 1965 publicó en París un libro con las letras de las canciones recopiladas la década anterior. Se trataba de un texto parecido a *Cantos Folklóricos Chilenos*. Pero esta vez optó por el título *Poesía popular de los Andes*. El libro de 174 páginas fue publicado por Editorial Maspero, fundada por François Maspero, un periodista que difundía a autores de izquierda y que fue uno de los primeros en referirse al terror que el ejército francés desplegaba en Argelia en los cincuenta. *Poesía popular* era una edición bilingüe y la traducción la había hecho la escritora Fanchita González-Batlle, quien había conocido a Violeta en L'Escale.

«Era más fácil para Parra ser auténticamente ella en Europa que en Chile. En París y Ginebra simplemente se asumió que era auténtica, tanto sobre el escenario como fuera de él», escribió Ericka Kim Verba, una académica que se ha dedicado al estudio de la vida de la folclorista[214].

Pero el empuje de Violeta por resaltar el carácter andino y mapuche de su obra también obedecía a la posibilidad de calzar con la imagen preconcebida que los europeos se hacían de Latinoamérica. Violeta comenzó a crearse un pasado que no siempre se correspondía con la realidad. En cuanto a su abuela india, por ejemplo, no hay evidencia alguna que lo confirme o lo desmienta. «Mi abuela [Clarisa Sandoval] siempre se lo rebatió y decía que era una mentirosa», declararía Carmen Luisa.[215] El mestizaje en Chile era ciertamente elevado, y estudios actuales calculan que más del cuarenta por ciento de la población tiene aún genes amerindios, por lo que la afirmación de Violeta no dejaba de ser plausible.

Violeta tendió además a resaltar sus supuestos orígenes campesinos y su falta de escolaridad, construyendo así el relato de una mujer pobre que se abría camino en el mundo del arte y cuyo tema artístico más recurrente era, justamente, la defensa de los pobres. Había mucho de cierto en ello, pero también cosas inexactas.

En una entrevista que dio al periódico *Tribune* de Lausanne ese invierno de 1965, el periodista Jean Claude Mayor reprodujo este diálogo con la artista.

—¿Usted nació en el campo?

—Sí, una región pobre, pero donde se canta mucho. Se canta siempre, para los nacimientos, para los matrimonios, para la muerte, para las cosechas, para las vendimias.

—Y seguramente en la escuela usted aprendió.

—No, nada —contestó Violeta—. Yo nunca fui a la escuela. Escuchaba cantar a mi madre, quien también me enseñó a escribir.[216]

Seguía instalada en Ginebra y de vez en cuando montaba exposiciones. Una de estas fue en el castillo-mansión Saint-Pres, que pertenecía a Charles-Henri Favrod y su esposa Marguerite. Charles era un periodista y curador de arte que provenía de una acaudalada familia suiza. Brumagne le había pasado el contacto a Violeta para exponer allí.

Los Favrod le prestaron una habitación de su castillo para que la chilena preparase su muestra individual. Cuando llegó el día, se apersonó más de un centenar de miembros de la aristocracia y la alta burguesía. Sin embargo, al contrario de lo que esperaba, no era Violeta el plato fuerte de la noche. Sus cuadros, bordados, máscaras y cerámicas se hallaban en las terrazas, y los comensales parecían más interesados en conversar entre ellos. «No quiero sonar maliciosa, pero pensaba que yo, Violeta Parra, debí haber sido celebrada como corresponde», le escribió a Brumagne.[217]

«El evento no era para ella —señaló la biógrafa Kerschen—. Ella era la entretención».[218]

Si bien logró vender algunas obras, y aunque en Ginebra contaba con frecuentes actuaciones en bares, pronto se percató de que Europa, esta vez, no estaba siendo tan generosa como pensaba. En una entrevista con el magazine *Radio Je Vouis Tout*, realizada en julio de 1965 pero publicada cinco años después, afirmó cortante: «En Chile soy más conocida que las moscas».[219]

Comenzaba a echar de menos a su país. En Europa estaban sus amigos y su pareja, pero toda la familia permanecía en Sudamérica. A una amiga chilena le dijo:

> Si mi hígado lo permite, nos reuniremos alrededor de una buena botella de pipeño del sur, y atravesaremos el humito de un asado popular con pebre y todo. [...] Yo quiero que me quieran. Eso es lo que me preocupa: querer a todos y que me quieran todos. [...] En eso ando por aquí, repartiendo canastos de amor. No cantando para ser aplaudida, te lo juro y créemelo.[220]

Decidida a afincarse definitivamente a Chile, a mediados de 1965 Violeta comenzó a preparar su retorno. Lo primero fue traspasar su combi a nombre de Gilbert Favre, para que este la pudiera vender y costeara su pasaje en barco a Valparaíso. Ella, por su lado, había reunido suficiente dinero con la venta de sus obras como para adquirir un boleto aéreo.

A su familia le escribió anunciando que más o menos en agosto estaría de vuelta. Y también aprovechó para comunicarles la noticia a sus cercanos en la prensa, la radio y las discográficas chilenas.

Desde Ginebra se contactó con su viejo amigo Gastón Soublette, que ahora era el agregado cultural de la embajada en París. Le comentó que su vuelo desde Suiza haría una escala de varias horas en la capital francesa, y lo instó a reunirse con ella en el aeropuerto. «Gran parte de la conversación consistió en rememorar las cosas que yo había escrito de su repertorio. Me preguntó: "¿Te acuerdas de ese canto a lo divino que yo traje desde Salamanca?", y yo se lo cantaba. Y así con otros temas. Se convirtió en un verdadero examen», recordó Soublette. «¿Qué estaba haciendo conmigo? Estaba calculando hasta qué punto era discípulo de ella. Pero eso sólo lo entendí después».[221]

Una de las últimas preguntas que le hizo Brumagne para el reportaje que emitió la televisión suiza ese año, fue la siguiente:

—Violeta, usted es poeta, músico, borda tapicerías y pinta. Si tuviera que elegir uno de estos medios de expresión, ¿cuál escogería?

—Elegiría quedarme con la gente.

—¿Y renunciaría a todo esto?

—Son ellos quienes me impulsan a hacer todas estas cosas.

Faltaban menos de dos años para que Violeta Parra se suicidara con un tiro en la sien derecha.

QUINTA PARTE

Violeta la universal
(1965-1967)

En suma, no poseo para expresar mi vida sino mi muerte.

César Vallejo

PACHAMAMA POR CINCO MESES

Casi toda la familia Parra, Gilbert, amigos y fanáticos, así como fotógrafos, camarógrafos y reporteros, estaban expectantes: Violeta bajaría del avión que había aterrizado en el aeropuerto de Cerrillos a principios de agosto de 1965. Al descender la tripulación, la muchedumbre supo que la cantante no venía en ese vuelo.

«Los tipos de la tele me exigieron explicaciones —recordó el suizo, quien había convocado a la prensa—. No tenía nada que decir, salvo mostrarles la carta enviada por Violeta que confirmaba su llegada.»[1]

Al día siguiente los Parra recibieron un telegrama: «Estoy en Río. Llego miércoles vía Varig. Abrazos. Mamá Violeta».

Una vez más había cambiado de planes sobre la marcha. Su vuelo desde París hizo escala en Río de Janeiro y decidió quedarse. ¿Por qué? No se sabe.

Tal vez pasó a visitar a su amigo Thiago de Mello, el ex agregado cultural de la embajada brasileña en Chile, que había auspiciado el documental *Mimbre*. Había sido en uno de los salones de esa legación diplomática donde Sergio Bravo proyectó la película mientras Violeta improvisaba la banda sonora. De Mello fue también uno de los primeros en apreciar el trabajo plástico que Violeta expuso en el Parque Forestal. Tanto así que, en 1962, cuando la artista se encontraba en Argentina, el poeta organizó una exhibición de sus obras en la Bienal de São Paulo y después otra en un museo de arte moderno de Río. Tras el golpe de Estado efectuado por los militares brasileños en marzo de 1964, Thiago de Mello estuvo preso algún tiempo y partió al exilio a Chile, Argentina y otros países de la región. No hay constancia, sin embargo, de que el encarcelamiento del ex diplomático coincidiera con la breve estadía de Violeta en Brasil.

La artista aterrizó por fin en Santiago el miércoles 11 de agosto. Gilbert, Ángel e Isabel informaron nuevamente a la prensa, pero casi nadie les creyó. «Esa vez sí llegó y lo primero que nos dijo fue: "¡Me creyeron la última vez!"», recordó su pareja. Sólo el periodista del diario comunista *El Siglo* volvió a la losa, y constató en su crónica que «el público que se percató de su presencia la aplaudió y eso le dio alegría».[2]

Aunque no era la gran bienvenida de la semana anterior, lo cierto es que muchos esperaban con ansias el retorno. Para empezar sus hijos, que unos meses antes habían inaugurado una peña convertida rápidamente en todo un fenómeno social y mediático. También Gilbert, que había llegado en barco a Valparaíso y ya era un número estable tocando la quena en la llamada Peña de los Parra. Esta se ubicaba en una antigua casona en la calle Carmen, n.º 340, cerca del céntrico cerro Santa Lucía.

Desde su fortuita partida en diciembre de 1961, aquella vez para ayudar a Lalo en Argentina, muchas cosas habían cambiado en el ámbito cultural y musical de Chile. La propia Violeta lo pudo comprobar durante su retorno de 1964. Una de estas cosas era la explosión de un movimiento que la prensa denominaba neofolclor. Se trataba de conjuntos musicales que, inspirándose en las investigaciones de Margot Loyola, Raquel Barros, Gabriela Pizarro y, por supuesto, Violeta, interpretaban un tipo de canto popular algo más estilizado. El neofolclor privilegiaba el uso de las voces como instrumentos, pero estaba alejado de la «canción huasa» o el «canto típico» al estilo de Los Huasos Quincheros.

En agosto de 1964, Violeta se reunió con las integrantes de Las Cuatro Brujas. Todas ellas, al igual que muchos de los neofolclóricos, pertenecían a las clases acomodadas y admiraban profundamente a Violeta. Una de las primeras canciones de Las Cuatro Brujas, sin ir más lejos, había sido una versión de «Parabienes al revés».

Al retornar a Chile en 1965, Violeta se volvió a juntar con el conjunto o parte de este en la peña de Isabel y Ángel. «Nos cantó varios de sus temas —afirmó María Elena Infante, miembro de Las Cuatro Brujas—. Todavía no entraba tan fuerte la discusión política y podíamos compartir bastante.»[3]

Chile, Sudamérica y el mundo occidental estaban hirviendo de creatividad. El 6 de agosto The Beatles lanzó el disco *Help*, convirtiéndose en la banda favorita de Carmen Luisa. La hija menor solía tocar el disco, pero los cuatro de Liverpool no convencían a la madre. Sólo «Yesterday» le seguía pareciendo interesante por sus arreglos melódicos.

En paralelo, The Rolling Stones lanzó varios álbumes el mismo año, entre ellos uno donde venía «I can't get no (Satisfaction)», que se transformó en éxito mundial. Bob Dylan, en tanto, publicó su sexto disco, *Highway 61 revisited*, que incluía la canción «Like a rolling stone». Los británicos The Who, por último, publicaron una canción que se convirtió en un himno de esa época: «My generation».

Mientras en Indonesia se desplegaba una feroz ofensiva en contra de los comunistas, que costó la vida a trescientas mil personas al menos, y cuando Estados Unidos comenzaba a empantanarse en Vietnam, muchos latinoamericanos se preguntaban dónde estaba el Che Guevara. El revolucionario argentino, ídolo de la juventud, había decidido renunciar a sus cargos en Cuba y combatir en el Congo junto al entonces rebelde Laurent Kabila.

En Sudamérica, en tanto, los acontecimientos también transcurrían a toda velocidad. En Chile, por ejemplo, se fundó ese año (1965) el Movimiento de Izquierda Revolucionaria (MIR), un grupo de ultraizquierda que apoyaba la lucha armada y continuaba la senda de Castro y el Che. El MIR había surgido de la unión de estudiantes de la Universidad de Concepción con grupos sindicalistas proclives a Clotario Blest.

El ámbito musical se revolucionaba, además, a partir del «Manifiesto del Movimiento del Nuevo Cancionero». En febrero de 1963, en la ciudad de Mendoza, un contingente de folcloristas argentinos entre los que figuraban Mercedes Sosa, León Gieco y Víctor Heredia, reivindicó con fuerza la música folclórica y sus raíces populares —autóctona, andina o latinoamericana—, lo que dio pie a un auge nunca visto. Desde 1965 se comenzaron a realizar los primeros festivales folclóricos en Sudamérica, a los que asistían músicos de Perú, Argentina, Bolivia y otros lugares de la región.

En Chile el neofolclor estaba entrando a los ránkings de popularidad, pero menos que los estandartes de la Nueva Ola, aquella clase de pop que tenía entre sus héroes a Cecilia, Luis Dimas y Los Ramblers. No era algo muy distinto a lo que sucedía en el resto de Occidente: la juventud tendía a acaparar la cultura a mediados de los sesenta. Durante los pocos años europeos de Violeta, habían surgido en el país una serie de programas radiales y revistas para jóvenes, como *Rincón juvenil* y *El musiquero*.

En el naciente mundo de los cantautores de protesta con raíces folclóricas, la Peña de los Parra se había vuelto el lugar de vanguardia.

Además de Isabel y Ángel, actuaban allí Rolando Alarcón, Patricio Manns y Víctor Jara, futuros íconos de la música chilena.

Violeta Parra apenas se daba por enterada de estos remezones. A decir verdad, nunca dejó constancia de lo que acontecía por entonces. Como dijo su hermano Nicanor, era sobre todo una mujer centrada en sí misma.

Nada más volver a Chile, la cantante reclamó para sí el sitial de la *Pachamama* del folclor chileno. Y el público, los músicos jóvenes, la prensa, las radios y la televisión, la aclamaron como tal. En los siguientes cinco meses la artista entró en una espiral de actividades inusualmente intensa, aun considerando su acelerado ritmo de trabajo.

Los estados depresivos que la habían afectado de manera intermitente tendieron a desaparecer. «Duermo poco menos que con un ojo y con la cabeza tan repleta de ideas, problemas sin soluciones, que parece que me va a estallar —había escrito en el verano europeo de 1963 a unos amigos chilenos en París—. A los cuarenta y seis años todavía no sé qué actitud tomar; es decir, sé. Lo que no sé es de dónde sacar la fuerza que me haga resistir los empellones que me propina la vida.»[4]

Dos años más tarde, se sentía cargada con todas sus fuerzas. Todo era trabajo, difusión, nuevas ideas. «Venía con deseos de descansar, pero desde que puse pie en tierra no he dejado de trabajar», le dijo a un periodista.[5]

Violeta trataba de asumir plenamente su papel como gran madrina del folclor, aunque su actitud podía tornarse a ratos arrolladora. De ahí que intentara adueñarse de la dirección de la peña de sus hijos y que soliera dictarles lecciones no siempre agradables a los más jóvenes. «Tenía una postura orgullosa ante lo que hacía, sabía lo que ella valía y quería ser reconocida —recordó Eduardo Carrasco, fundador de Quilapayún—. Pero no reparaba en mostrarle su desprecio al que se apartara de sus valoraciones.»[6]

Pronto surgieron los choques generacionales y la cantante apostó por un proyecto que, como muchos le advirtieron, sería muy difícil de concretar. La artista pensaba que podía tomar las riendas de una corriente que ella misma había iniciado, pero que había terminado por escapársele de las manos.

Agosto, 1965

Era un lugar como ningún otro en Santiago. Desde los techos colgaban redes de pescadores, las sillas eran de totora, los ceniceros de conchas de loco. Cada mesa tenía velas derretidas, empotradas en botellas de vino. Las paredes blancas se iban llenando de firmas y frases.

Era la Peña de los Parra, el primer escenario de la joven música folclórica, latinoamericana y de cantautor. Fue en París que a Isabel y Ángel les surgió la idea. «Todo lo aprendido en París me resultó de una gran utilidad —escribió Ángel—. Nosotros veníamos con materiales nuevos y atractivos, como el cuatro, charango, quena y zampoñas. Ritmos coloridos, joropos, huaynos, chacareras.»[7]

La peña fue un éxito total, en especial entre los universitarios y la burguesía de izquierda. Nicanor solía asistir a las veladas junto a sus amigos escritores, así como disc-jockeys, críticos de prensa y productores musicales, entre ellos Camilo Fernández. A veces iba el senador socialista Salvador Allende. Y en una ocasión fue Máximo Pacheco Gómez, un político democratacristiano que entonces se desempeñaba como embajador en la Unión Soviética. Este quedó tan fascinado que invitó a todos los integrantes a realizar presentaciones en Moscú, lo que finalmente nunca se concretaría.

La peña de los hijos de Violeta estaba pensada también como un negocio. Cincuenta por ciento de las ganancias de cada noche quedaban para Isabel y Ángel, y la otra mitad se repartía entre los demás cantantes. El único que a veces reclamaba por este acuerdo era Víctor Jara, que llegó a amenazar con abrir su propia peña en la misma calle. Pero los hermanos Parra también le sacaban otros provechos a la casa. Marta Orrego, que luego sería esposa de Ángel, instaló en una de las habitaciones un bazar con sus propias artesanías. Isabel usó otra pieza para abrir una tienda de discos. Y en el patio todavía se podían ver esculturas de Sergio Castillo y pinturas de Juan Capra, los verdaderos dueños. El primero se encontraba en Estados Unidos gracias a una beca, y el segundo se había ido a París, dejando la casa a cargo de Ángel.

El espectáculo sólo funcionaba de jueves a sábado, pero generaba suficientes utilidades. Eso al menos sostuvo Gilbert. «Tocábamos dos veces por semana y el resto del tiempo no hacíamos nada —escribió en sus memorias—. Era la vida del rey, ganábamos suficiente como para flojear.»[8]

Claro que ese relajamiento se acabó cuando llegó Violeta.

La misma noche de su arribo a Chile, los integrantes de la peña la recibieron con un gran asado, vino tinto y música. Ahí estaban Isabel y Ángel, Nicanor y también Roberto, que a veces interpretaba sus cuecas choras, aunque los sobrinos no lo invitasen mucho, ya que acostumbraba emborracharse muy rápido y enojarse con el público pituco. Además estaban Alarcón, Manns y otros músicos y amigos.

Como rindiendo examen ante una Pachamama, cada uno interpretó para Violeta sus temas nuevos. Cuando le tocó el turno a Manns, cantó «En Lota la noche es brava», tema dedicado a los mineros del carbón. Al terminar se produjo un silencio.

—Pero oye, ¡este huevón canta boleros! —sentenció Violeta.[9] Cuando vieron su cara de risa todos se percataron de que había sido una broma y se sintieron aliviados.

Carmen, 340 volvió a abrir sus puertas al día siguiente de ese asado de bienvenida. El plato fuerte de la noche sería Violeta y el lugar se repletó. Unos días antes había salido al mercado su más reciente disco, grabado el año anterior durante su corta estancia en el país. En el álbum *Recordando a Chile* venían canciones cuyas letras y sonoridades eran completamente nuevas para el público local: «Arriba quemando el sol», «Qué he sacado con quererte» y «Qué dirá el Santo Padre». Por primera vez estos temas se escucharían en Chile, y por cierto que encajaban muy bien con el estilo latinoamericanista y más político de la peña.

Violeta y Gilbert se instalaron en la casona de la calle Carmen, puesto que Clarisa Sandoval estaba viviendo en la Casa de Palos. Había cuidado el lugar durante los casi cuatro años en que su hija estuvo ausente.

Las bienvenidas continuaron y la propia Violeta se encargó de organizarlas. Cuando volvió a su parcela, invitó a sus amistades y conocidos y estos llegaron a su vez con muchos amigos. Todos querían estar con la mujer que había logrado exponer en el Louvre. A la fiesta acudieron Margot Loyola, Enrique Bello padre, Tomás Lago, el escritor Francisco Coloane y el arquitecto democratacristiano y alcalde de la recién creada comuna de La Reina, Fernando Castillo Velasco. En un momento, Castillo quiso dar un sentido discurso, pero Violeta comenzó a molestarlo. «Patita de vaca, patita de vaca», le decía, usando un antiguo dicho popular que significa que quien está hablando intenta imponer su punto de vista o actúa de mala fe. Carmen Luisa recordaría que el alcalde quedó muy dolido por la actitud de la cantante.

A fines de mes, Violeta fue contactada y contratada por René Largo Farías, que desde hacía dos años estaba produciendo Chile Ríe y Canta, un espacio de Radio Minería dedicado exclusivamente a la música nacional. Por ahí habían pasado varios de los cantores de la Peña de los Parra, como Rolando Alarcón, Patricio Manns, Ángel e Isabel, Héctor Pavez y Víctor Jara, pero también Margot Loyola, Los Huasos Quincheros, Las Cuatro Brujas y Los Cuatro Cuartos, otro de los conjuntos más conocidos del neofolclor. Sólo faltaba Violeta.

El neofolclor era mucho menos político que la peña; y que Violeta, sin duda. Todavía colaboraban entre sí, pero los nuevos cantautores comenzaban a recelar. En una entrevista, Violeta tomó parte en el asunto.

> Pienso que el camino va enseñando, va puliendo y para ello no hay que pegarles a los nuevos, sino que por el contrario debemos ayudarles. Esto es como salir a pescar en red: los peces grandes quedan, los más chicos y resbaladizos vuelven a su lugar en el mar. Yo apoyo a todos los que bailan, cantan, crean, estoy de parte de la llamada «nueva ola», aunque se me vengan todas las academias encima. No todos están obligados a escuchar con agrado mis cosas; lo que no cae en mi guitarra, puede que caiga en las otras.[10]

La Pachamama Violeta había llegado a dirimir disputas y a ocupar su trono.

Septiembre, 1965

Al acuerdo con la radio Minería le siguieron contratos en Radio Corporación, donde ya actuaban como elenco estable los músicos de la peña, y en Radio Magallanes. También hubo algunas apariciones en televisión. Pero Violeta tampoco se olvidaba de sus lealtades políticas. El jueves 2 de septiembre participó en el festival que celebraba los veinticinco años del diario *El Siglo*.

Inquieta como siempre, la cantante aseguró a la revista *Eva* que pensaba volver a Europa porque tenía compromisos pendientes. En la foto que acompañó ese artículo aparecía junto a Gilbert, a quien identificaba como su marido. A otro periodista que habló con ella en la peña le dijo: «El viajar a Europa tiene sus consecuencias... ¡Les presentó a mi marido!», refiriéndose por supuesto a Gilbert Favre.[11]

Más temprano que tarde comenzaron los problemas con los hijos. Quería imponer su voluntad y manejar el negocio. Y llegó a proclamarse vocera y dueña del local, afirmando que «la peña es de una importancia incalculable para la difusión de la música chilena, aquí llega tanto el obrero como el ministro».[12]

Esta última afirmación era algo exagerada, por cuanto rara vez asistieron proletarios. Como recordó Joan Turner, la esposa de Víctor Jara:

> La Peña de los Parra [...] adquirió la fama de estar lleno de revolucionarios, desde marxistas hasta un nuevo tipo de cristianos de izquierdas. Era un lugar donde la mayoría de los jóvenes llevaban barba como gesto de solidaridad con la revolución cubana. A medida que la represión de derecha caía sobre otros países latinoamericanos, la Peña se convirtió en un refugio para cantantes de Brasil, Uruguay y Argentina.[13]

Como Violeta insistió en manejar el lugar, propuso que botaran un muro para ampliar las habitaciones grandes donde se tocaba cada noche, pero sus hijos se opusieron. Aprovechando una breve ausencia de estos, la artista ordenó derribar el muro sin más demoras. Al fin y al cabo fue una buena decisión, como reconocería el propio Ángel, pero esa actitud autoritaria no sólo molestó a la familia, sino también a los demás músicos. «Ella quería meterse en todo y cuando llegó a la peña quería dirigirla, hacer cambios

—afirmó Patricio Manns—. Nos paramos en la hilacha y le dijimos: "Violeta, tú eres invitada aquí. Nada más. No tienes ningún otro derecho".»[14] En una reunión calmada en torno a unos vasos de vino, Chabela, Ángel y Manns la encararon y le explicaron que era un proyecto de ellos. «No puedes llegar y venir a cambiar las cosas a tu antojo», le dijeron.

Las desavenencias fueron creciendo y no sólo se debían a temas de gestión, sino también a la línea musical. Por ejemplo, en los dos meses en que Gilbert actuó antes de que llegara la artista, solían interpretar con Ángel «El cóndor pasa». Era una canción que ella detestaba, dado que le parecía una melodía siútica y poco auténtica que sólo apelaba al afán de europeos o turistas por escuchar algo exótico. «"El cóndor pasa" estaba de moda en Santiago y Violeta ya no podía prohibirnos tocarlo, ya que el público lo pedía», recordó el suizo.[15]

Pero el hecho más doloroso para Violeta fue descubrir que el folclor campesino, al cual le había dedicado tantos años, realmente no formaba parte del repertorio ni interesaba tanto a este nuevo público y ni siquiera a los hijos. Isabel, al recordar su paso por París y después la creación de la peña, afirmó que «de pronto se nos abrió a todos nosotros todo el mundo magnífico [de América Latina], y todo ese folclor chileno se convirtió un poco en *passé*, nos movimos hacia otras cosas».[16]

Violeta se presentaba regularmente en la peña y a veces se hacía acompañar por Gilbert en la quena. El suizo tocaba tanto con ella como con Ángel, aunque prefería escoltar al hijo. «Tengo que confesar que me gustaba más tocar con Ángel, porque su repertorio era más variado.»[17]

De a poco la folclorista se fue dando cuenta de que Ángel y otros jóvenes la superaban en popularidad. «Las canciones de Ángel apasionaban a la juventud y Violeta tomó nota de ello —escribió

Karen Kerschen—. Significaba que ella se estaba volviendo [un personaje] marginal.»[18]

Una crónica de *El Siglo* retrató bien este fenómeno. Después de constatar el silencio reverencial que le brindaba el público a Violeta, el periodista escribió: «Pero ya llega el esperado y aclamado Ángel Parra, el cantor que mejor ha sabido interpretar los anhelos del hombre sencillo, del trabajador».[19]

Poco después, acompañado de las voces en coro de Los Cuatro Cuartos, Patricio Manns sacó un single que se convirtió en un tremendo éxito: «Arriba en la cordillera». Mientras tanto, Rolando Alarcón publicaba su primer álbum solista, que contenía el tema «Si somos americanos», un hit que se volvería aún más popular en la interpretación de los Inti Illimani.

Para Violeta Parra fue duro constatar que la generación de sus hijos estaba teniendo el éxito comercial y mediático que muchas veces había sido elusivo con ella. «Para mi mamá fue una cosa terrible, porque sus hijos se habían independizado —afirmó Carmen Luisa—. Ella quiso mandar el buque en la peña y ahí se produjeron problemas graves, tan graves como que ya no se hablaban con Ángel e Isabel.»[20] Gilbert tuvo recuerdos similares:

> Pienso que Violeta estaba algo acomplejada con relación a sus hijos. Tenían un enorme éxito y la popularidad de ellos le molestaba un poco. Pienso que a ella le hubiese gustado ser la artesana del éxito de ellos. Que hayan podido salir adelante sin ella, le daba la impresión de que se le escapaban. Entendía perfectamente la situación y varias veces tuve que hacerle aceptar que ya estaban en edad de arreglárselas por sí mismos y que ella era un poco invasora e incluso hinchapelotas. Le hubiese gustado formar el clan Parra del cual ella hubiese sido la pieza clave. Los hijos, al adelantarse, habían evitado ese tipo de situación y eso hacía sufrir mucho a Violeta. Se sentía a veces muy sola con esta impotencia.[21]

Para empeorar las cosas, la relación con Gilbert se había deteriorado nuevamente. Ángel recordó que su madre los oía ensayar con el suizo y que de pronto les llegaba un zapatazo. «Eso quería decir que desaprobaba un fraseo o compás.»[22] En una de sus peleas, Violeta se puso tan furiosa que impactó una piedra en plena espalda de su pareja, justo en la columna vertebral. «Me dejó paralizado durante todo el día», afirmó Gilbert. «Se ponía de repente muy agresiva y era tanto así, que un día decidí irme.»[23] Hacia fines de septiembre, Gilbert Favre emprendió rumbo a Antofagasta y Arica, sin mayores planes que sobrevivir, dejando a Violeta en Santiago.

La relación de la artista con los hombres siempre había sido ambivalente. Estaba convencida de que estos necesitaban de la fuerza femenina para salir adelante. Después de todo, los maltratos musicales a los que sometía a Gilbert daban resultado: el suizo se estaba convirtiendo en un gran intérprete de la quena. «Los hombres no tienen motor propio, hay que empujarlos», le dijo al fotógrafo Sergio Larraín, con quien se había reencontrado en esas semanas.[24]

Octubre, 1965

Osvaldo Rodríguez, estudiante de Letras en Valparaíso, siempre se acordó del día y la hora en que conoció a Violeta Parra. Fue el viernes 22 de octubre de ese año. «A eso de la siete de la tarde.»

Apodado «Gitano», el joven de veintidós años también tocaba la guitarra y cantaba, y ese viernes se fue en bus a Santiago con dos objetivos en mente: conocer en persona a la famosa folclorista y, osadamente, pedirle que tocara en una peña universitaria que él, junto a otros estudiantes, había fundado en el puerto.

Las primeras influencias del Gitano Rodríguez —quien compondría, cuatro años después, el clásico vals «Valparaíso»— eran de origen extranjero. En un libro que publicó en el exilio, en los años setenta, el cantante recordó que al comienzo trataba de conseguir los discos de cantautores como Atahualpa Yupanqui, los estadounidenses Pete Seeger y Bob Dylan, el español Paco Ibáñez o los brasileños Chico Buarque y Dorival Caymmi. «En ese tiempo hubiese sido imposible escucharlos por la radio», escribió. «Fue entonces que descubrimos las canciones comprometidas de Violeta Parra "Hace falta un guerrillero" y "La chillaneja" [nombre con el cual también se conoce "Yo canto la diferencia"]». De ahí en adelante se volvió un fanático de la folclorista.

Juntando todo su valor, se fue al Parque Cerrillos. Se estaba celebrando allí la Cuarta Feria Internacional de Santiago (FISA), un evento donde se exponían productos y avances tecnológicos del mundo desarrollado. La organización corría por cuenta de la Sociedad Nacional de Agricultura (SNA), que representaba a los grandes intereses económicos del agro. Violeta Parra había logrado abrir un puesto de entretención en esa feria, gracias a su amigo fotógrafo Sergio Larraín y a su pareja Gretchen, una chilena de ascendencia alemana. Esta última consiguió que le fabricaran a Violeta una enorme carpa a modo de techo.

Como de costumbre, Violeta había enrolado a toda su familia y a Gilbert en este emprendimiento, tanto para actuar sobre el escenario como para preparar empanadas, limpiar, ordenar y vender los tíquets.

Al llegar a la FISA, Rodríguez se presentó ante Violeta como un cantor del puerto. «No bien había terminado mi frase —recordó— cuando ya había tomado el micrófono para decirle al público: "¡A ver! Aquí hay un cantor del puerto a quien vamos a escuchar de inmediato"».[25] El Gitano no se esperaba eso y se quedó medio congelado.

—A ver, pues, niño, ¿no dice que es cantor? ¡Cante, pues! —ordenó Violeta y le largó una guitarra.

—Es que yo sólo canto canciones suyas —murmuró acongojado el joven.

—Mejor entonces —afirmó Violeta, y acto seguido se alejó para buscar empanadas.[26]

«Muerto de miedo», según confesaría, Osvaldo Rodríguez interpretó algunos temas del repertorio campesino de Violeta. Pero después se atrevió con una canción del disco *Recordando a Chile*, que llevaba como subtítulo «Una chilena en París». El cantante entonó «Mañana me voy p'al norte», de estilo norteño.

> Mañana me voy pa'l norte
> a cantarle a los nortinos.
> Tengo lista mi trutruca,
> mi tambor y mi platillo.

Violeta tomó un tambor, subió al escenario y acompañó al Gitano, quien prosiguió:

> Cuando empiece la danza,
> que lloren todas las quenas,
> tambor del indio palpite
> al son de sus penas.

El porteño le causó una muy buena impresión a Violeta. Lo invitó a él y sus dos acompañantes, también noveles cantantes del puerto, a ir a Carmen 340. Conversaron hasta las tres de la mañana y los jóvenes se quedaron a dormir en el suelo, ya que no había camas ni colchones. «No nos importó. Estábamos felices, porque Violeta había aceptado ir a Valparaíso», recordó el Gitano.

La carpa en la FISA, que era un negocio conjunto con Sergio Larraín y Gretchen, fue sólo una de las numerosas actividades que

Violeta realizó durante este mes. Sacó además un *extended play*, participó en otro disco, actuó en el acto de clausura del 27.º Congreso del Partido Comunista y continuó peleándose con sus hijos.

Con estos últimos la relación estaba cada vez más tirante, tanto por la posible envidia como por el estilo de vida que ellos estaban llevando. Les reprochaba que se estuviesen convirtiendo en burgueses. Ángel se había comprado una citroneta, vehículo que estaba de moda en esa época, pero que en un país como Chile era un lujo que pocos se podían dar. «Mi casa tenía el piso encerado y jardín y además tenía un auto, con eso le bastaba a mi mamá para tildarme de burgués», afirmó Ángel, para después reconocer: «Bueno, tenía razón, yo creo que no me decía ninguna mentira».[27]

Isabel, en tanto, se puso a pololear, según recordó su amigo Patricio Manns, con Luis «Chino» Urquidi,[28] compositor y productor que estaba detrás de varios de los grupos más conocidos del neofolclor, como Los Cuatro Cuartos y Las Cuatro Brujas. Era un hombre conservador que al año siguiente ingresaría en el recién formado Partido Nacional, un conglomerado de derecha. Tras el golpe de Estado de 1973 compuso una canción alabando la intervención de los militares.

La buena noticia era que Gilbert había vuelto a mediados de mes de su escapada al desierto de Atacama. Como una manera de reconciliarse, Violeta lo reclutó para grabar un disco instrumental de cuatro canciones. En todas estas, la quena era el principal instrumento melódico, y en todas resultaba apreciable la influencia andina o indígena del sur de Chile. La sonoridad ya correspondía a lo que pocos años después el mundo identificaría como música sudamericana. En el lado A figuraban «Camanchaca» [el nombre de una niebla costera del norte chileno] y «El moscardón», y en el lado B «Tocata y fuga» y «Calambito temucano». Pese a sus desavenencias, Isabel y Ángel participaron en algunas canciones, la primera a cargo del tambor y Ángel interpretando una segunda quena.

Violeta había compuesto estos temas instrumentales en Ginebra y París. Un registro de comienzos de 1965 en el teatro Petit Crève-Couer, mostraba que ya los había tocado en público, junto a Gilbert. Esa presentación no se editó en disco sino hasta 1999 y 2010. Sorprendía, según algunos expertos, el progreso de Gilbert Favre en la ejecución de la flauta andina:

En [la grabación de] Ginebra Gilbert aún no domina el instrumento, sigue una línea melódica muy sencilla y de forma no muy enérgica. Lo sorprendente es que desde esa grabación a aquella realizada en Chile el mismo 1965 hay un cambio sutil pero importante: Gilbert deja esa ejecución dubitativa y se apropia del instrumento.[29]

La dureza con que Violeta educaba al suizo estaba rindiendo sus frutos. Pero en los créditos del EP, que salió al mercado en enero de 1966, no apareció el nombre de Gilbert Favre. La cantante decidió bautizarlo como «el tocador afuerino». Además, Violeta no pudo evitar pedirles a los productores de Odeon que en la carátula del disco identificaran a la guitarra venezolana como guitarrilla y no como cuatro.

El otro disco que por entonces la llevó a los estudios fue el primer álbum de cuecas de Roberto. Violeta lo acompañó con voces y percusión, pero el material no se editó de inmediato, y sólo salió a la venta en 1967, después de la muerte de Violeta.

Un evento importante de este mes fue el acto de clausura del congreso comunista. En un repleto Teatro Caupolicán, Violeta fue una de las artistas encargadas del cierre. También actuaron Isabel y Ángel, Margot Loyola y el conjunto folclórico Millaray. El encargado de dirigir el acto, que culminó con un discurso del senador Luis Corvalán, fue Víctor Jara.

Por cierto, los comunistas concluyeron tras esa jornada que no le harían una oposición férrea al gobierno democratacristiano de

Frei Montalva. Mientras el Partido Socialista hablaba de «negarle la sal y el agua» a la DC en el poder, o llamaba a «avanzar sin transar», el comunismo levantaba la tesis de alianzas amplias entre la izquierda y sectores de centro.

Noviembre, 1965

La peña de los hijos era cada vez más exitosa. En la casa de la calle Carmen se instaló inclusive una oficina de prensa, algo insólito para ese tiempo. Desplegando su olfato, el productor Camilo Fernández le propuso al elenco grabar un disco larga duración para su sello Demon con las canciones más populares que se interpretaban de jueves a sábado en ese lugar.

El disco se llamó sencillamente *La peña de los Parra* y se lanzó a fines de octubre o comienzos de noviembre. Fue un éxito de ventas. Los músicos eran Ángel e Isabel, Patricio Manns y Rolando Alarcón, que interpretaron temas propios pero también de otros autores, como el uruguayo Daniel Viglietti. En el lado B figuraba el clásico «La jardinera» tocado por Isabel. El álbum se abría con Ángel versionando «Río Manzanares», del venezolano José Antonio López. Esta canción fue la última que escucharía Violeta Parra, una y otra vez, antes de suicidarse en catorce meses más.

En la contraportada, Camilo Fernández afirmaba:

Sacerdotes de un nuevo rito, los Parra ofician folclor ante ministros de estado, periodistas, muchachas hermosas de pantalones ajustados y pelo largo, intelectuales de avanzada, ex embajadores, turistas que mascan chicles, anarquistas terribles, niños bien con niñas mal, maduros burgueses gordos con jóvenes señoras esbeltas en busca de emociones, conjuntos folclóricos en busca de canciones, poetas, snobs, la clase «A», artistas... Un mundo entre cuatro paredes y una canción.

Pero el productor no sólo estaba fascinado con los hijos, sino también con la folclorista. Y cuando esta comenzó a insinuarle la idea de abrir su propia peña folclórica, Fernández la puso en contacto con el alcalde de La Reina, Fernando Castillo Velasco.

Después de varias reuniones, el político democratacristiano le ofreció a Violeta un muy buen trato, que consistía en entregarle en concesión gratuita y por varios años una parcela desocupada en el parque de La Quintrala. A este apoyo se sumó el de la Junta de Vecinos del sector y el de la empresa de energía Gasco y Sanitarios Escobar. «Era una asociación inédita para la época entre el sector público y privado, sólo posible gracias al tesón de la propia Violeta Parra», afirmaron tres académicos en un extenso estudio sobre la música chilena.[30]

La propuesta encantó a Violeta. Y ya tenía pensado cómo erigir el lugar: se llevaría la carpa utilizada unos días antes en la FISA.

El problema era que esa carpa la había adquirido Gretchen, pareja de Sergio Larraín. Pero Violeta, que en medio de la feria se había peleado con ella por asuntos de plata, sentía que había ganado muy poco y que la carpa debía ser parte de su merecido pago. De ese modo comenzaría a romperse la larga amistad con el fotógrafo.

Empeñada en su nuevo proyecto, Violeta enlistó por enésima vez a sus familiares y amistades para montar la carpa en el sitio eriazo de la precordillera santiaguina. Estaba feliz y se imaginaba construyendo una suerte de Universidad del Folclor, que impartiría clases de música, danza, cerámica, pintura y escultura.

La cantante contrató a un grupo de obreros para ayudar en la tarea, que además del montaje de la carpa incluía las piezas para Violeta y Gilbert. «Mi trabajo consistía en hacer ladrillos con tierra y paja», recordó el suizo.[31] El piso, claro está, sería de tierra.

. También Roberto, que ya había hecho las mesas de la Peña de los Parra, colaboró en levantar las nuevas instalaciones. En agradecimiento, su hermana le regaló un caro reloj de pulsera que había traído de Europa. Le hizo prometer, sin embargo, que no lo iba a perder o vender en sus parrandas. «Estaba muy impresionado por ese regalo, que puso de inmediato en su muñeca —recordó Gilbert—. Miraba su brazo en cada momento con un aire admirativo.»[32]

—Si alguna vez te veo sin tu reloj tendrás que desaparecer de mi vista —amenazó Violeta.

Su hermano juró por todos los santos y por Dios que ello jamás ocurriría.

Aunque la cantante se consagró a la tarea de construir su peña en La Reina, debía cumplir el compromiso que había adquirido con Osvaldo Rodríguez. A fines de mes partió junto al suizo para tocar en la peña universitaria que Rodríguez había inaugurado el 20 de agosto en Valparaíso.

El Gitano y sus amigos habían preparado todo para tan magno evento. Hacía más de quince años que Violeta no se presentaba por allá, y a inicios de los cincuenta todavía era una desconocida en el puerto. Por eso la expectativa era alta. La peña de Rodríguez puso avisos en los diarios locales *La Unión*, *La Estrella* y *El Mercurio*. Las filas para comprar las entradas se extendieron por varias cuadras y, a poco andar, quedó claro que no bastaría con una sola presentación. Durante casi una semana, Violeta Parra actuó todas las noches ante el público porteño.

Antes de ello, Violeta se dedicó a pasarle revista al lugar y a sus dueños. Ordenó mover el escenario, y a su nuevo amigo Rodríguez le criticó que no cantara con suficiente fuerza y lo mandó a ensayar a la playa.

—Anda a cantarles a las olas, a ver si te oyes a ti mismo —le dijo.

Y después le aconsejó: «Canta por lo menos dos horas de cueca al día acostado de espaldas y con la guitarra encima; es la mejor manera de sacar la voz».[33]

Las presentaciones de Violeta en Valparaíso fueron un éxito total. A una de ellas acudió hasta el senador Fernando Alessandri, hijo y hermano de los ex presidentes Arturo y Jorge. Violeta cantó «La carta», aquella canción que había compuesto después de la matanza en la población José María Caro en 1961. En esa velada, no obstante, omitió la estrofa donde decía que «el "León" es un sanguinario / en toda generación», una crítica abierta al linaje de los Alessandri. «Violeta también sabía ser táctica», aseguró Rodríguez, quien presenció el incidente.

La semana en que Violeta y Gilbert estuvieron en el puerto se alojaron en una pensión viñamarina, que estaba a cargo de una señora inglesa, viuda. Una noche se montó un alboroto enorme. Violeta estaba acusando al suizo de haber flirteado en plena actuación con otra mujer. Rodríguez, testigo de nuevo, relató:

Comenzó por tirarle por la cabeza lápices de colores, siguió con los plumones de tinta instantánea, los frascos de goma arábiga, el juego de compases y poco faltó para que le lanzara por la cabeza el tablero de madera de álamo. Todo esto no le gustó, por cierto, a la viuda inglesa que poco o nada sabía del folclor recopilado o a punto de desaparecer, ni menos de Violeta Parra y su genio, y quien luego de las prácticas correctivas aplicadas al gringo en forma tan poco gentil, acostumbraba a sentarse en la escalera que daba al jardín a componerle algo cantable en guitarrilla o charango. Aprovechó luego los materiales de pintura para dejarnos una serie de dibujos que la mostraban a ella misma cantando, sentada en la escalera, recostada en la cama o asomada a la ventana.[34]

Diciembre, 1965

Lo que muy pocos sabían era que Violeta llevaba varios meses en tratamiento psiquiátrico. El estrés laboral y emocional al que estaba sometida comenzó a hacerla entrar en crisis. Por toda su piel brotaban ronchas rojas que le picaban muchísimo, al punto de que se solía sacar sangre al rascarse.

Visitaba a un médico llamado Raúl Vicencio, que le recetó barbitúricos para calmar su ánimo. Un tiempo después, Vicencio le comentó a uno de sus asistentes, un practicante de psiquiatría, que la cantante sufría de trastorno bipolar.

> Lo que me comentó sobre ella es que tenía un trastorno donde pasaba por fases depresivas y luego fases de alegría, de hipomanía, de mayor aceleración del curso normal del pensamiento... En esos años, la bipolaridad se diagnosticaba mucho menos y se confundía con un trastorno psicótico o de psicosis maniacodepresivas. Ahora los diagnósticos de bipolaridad son más frecuentes, pero igual en ese entonces Vicencio le dio ese diagnóstico.[35]

Mientras la cantante mantenía en reserva este historial médico, seguía empujando con fuerza su sueño de una peña folclórica propia. A principios de diciembre trabajó de manera frenética para inaugurar su gran proyecto. Muchos le recomendaron no seguir adelante. El lugar de La Reina quedaba muy lejos del centro de la ciudad y no había movilización pública para llegar a lo que se conocería como la Carpa de La Reina.

Pero Violeta hacía caso omiso y, además, su fama seguía acrecentándose. El programa radial más popular del momento, Discomanía, que conducía el locutor Ricardo García, la había nombrado poco antes como la mejor compositora del año por sus canciones de *Recordando a Chile*.

Finalmente, el viernes 17 de diciembre Violeta Parra inauguró oficialmente la Carpa de La Reina, ubicada en la calle La Cañada, n.º 7200. A la ceremonia de apertura asistió el alcalde Castillo Velasco, y entre los músicos figuraban los hermanos e hijos de la cantante, varios de los miembros de la Peña de los Parra y las folcloristas Margot Loyola, Raquel Barros y Gabriela Pizarro. El hermano menor, Óscar, estaba encargado de estacionar los autos. La estructura podía albergar a unas trescientas personas y se encontraba atestada de público. No faltaban tampoco los medios de prensa, y Violeta estaba feliz.

Las funciones organizadas por la Pachamama del folclor se efectuarían los viernes y sábados en la noche y los domingos a media tarde.

Pero Violeta había concebido su carpa como algo más que un lugar para escuchar música. La vislumbraba como una escuela de artes populares. De modo que ya en la apertura aprovechó para repartir unos folletos. Eran formularios de inscripción para la Escuela del Folclor. En estos se ofrecían cursos de cerámica, escultura, esmalte sobre metal y pintura, a cargo de la escultora Teresa Vicuña, de la pintora Margot Guerra, de la propia Violeta Parra y de futuros artistas invitados.

Los otros cursos eran de guitarra, cueca y danzas, que correrían por cuenta de Margot Loyola, Raquel Barros, Gabriela Pizarro y, de nuevo, Violeta. Para los niños y jóvenes, los maestros serían Silvia Urbina, Rolando Alarcón e Hilda Parra.

El folleto tenía en su parte inferior un apartado llamado Solicitud de Matrícula, donde los interesados debían poner su nombre, apellido, dirección y curso al cual deseaban asistir. «Recórtelo y llévelo o envíelo a la CARPA DE LA REINA», se agregaba al final.

Violeta lo había pensado y organizado todo con mucho cuidado. Estaba cumpliendo su sueño de un centro popular del arte.

Eso, al menos, era lo que ella pensaba. Con tantos nombres famosos comprometidos en su empresa, ¿qué podía salir mal? Muchas cosas.

«La verdad es que la Carpa fue como un salto a la desolación», recordaría Margot Loyola.[36] Ninguno de los cursos ofrecidos en diciembre se llegó a dictar jamás. «La carpa era un lugar enorme y frío que carecía de la intimidad de la Peña de los Parra —escribió Joan Turner, la esposa de Víctor Jara—. El nombre y la fama de Violeta Parra no bastaron para llenarla.»[37]

La caída fue rápida y estrepitosa. Y sólo cuatro semanas después de inaugurar su carpa, Violeta intentó quitarse la vida.

EL VERANO DEL TERROR

Violeta Parra plantó una chacra campesina en la parcela que le había entregado Castillo Velasco. Además de la carpa y las rústicas habitaciones, estaba cultivando una huerta, tenía pollos que le daban huevos frescos, un perro y hasta una llama obsequiada por Gilbert el día del estreno.

A inicios de enero de 1966 todo parecía marchar bien. El público acudía en número respetable, aunque nunca más hubo lleno absoluto, debido al tamaño de la carpa.

La tormenta se formó a gran velocidad. Tal vez el primer indicio fue el hecho de que un vecino del sector, habitado principalmente por familias de profesionales de clase media-alta, mató a balazos a la llama. Nunca se supo por qué.

Carmen Luisa, que los meses anteriores había vivido con Ángel y su esposa Marta Orrego, volvió a instalarse con Violeta y entonces se produjeron choques violentos. La adolescente no toleraba el liderazgo matriarcal y los cambios de humor de su madre. «Un día amanecía contentísima, maravillosa, y al otro día era un ogro que retaba a todo el mundo, que encontraba todo pésimo», recordó la hija.[38] Para calmarse, la folclorista se iba a la casa de Nicanor, que vivía a pocas cuadras, y solía llorarle sus penas. «Era difícil vivir al lado de una persona que cada día era distinta, con la que nunca se sabía qué es lo que iba a pasar.»[39]

Tras estar menos de un mes en la carpa, Carmen Luisa desapareció. Violeta la buscaba desesperadamente cuando recibió un dato: su hija estaba en Valparaíso y se había enamorado de un integrante de Quilapayún. Acaso Carmen Luisa se fuera a la costa con Ángel, quien era director musical de ese conjunto.

La folclorista partió rauda a traerse de regreso a su hija. Eduardo Carrasco, otro de los fundadores de Quilapayún, escribió después:

> Recuerdo una escena que me tocó presenciar. Estábamos cantando con el Quilapayún en una peña de Valparaíso, cuando de repente se abren las puertas estrepitosamente y entra la Violeta como una furia, exigiendo que le devolvieran a su hija. Carmen Luisa se había escapado de La Reina y, enamorada como estaba, había seguido a su príncipe azul hasta el puerto. Era menor de edad y estaba sentada entre el público. Violeta, zamarreándola y llenándola de insultos, la arrastró del pelo y se la llevó. Después supimos que como castigo le había cortado el pelo a tijeretazos.[40]

El hombre de la discordia habría sido Julio Numhauser, quien en esa época tenía veinticinco años (y que a futuro compondría la conocida canción «Todo cambia»).

Mientras tanto, el estado nervioso de Violeta iba empeorando. Las llagas en la piel no la dejaban dormir y comenzó a consumir dosis mayores de los calmantes recetados por su psiquiatra. Carmen Luisa estaba preocupada. «Tienes que entender que las tomo para que no me pique la piel», la tranquilizaba Violeta.[41] La hija echó todas las pastillas al baño y tiró la cadena. «Me sacó la mugre», recordaría Carmen Luisa.[42]

Hacia mediados de enero el público ya se había reducido y apenas iba a La Reina. En una ocasión se habían vendido de modo anticipado unas cincuenta entradas, pero no apareció nadie. «Estas personas compraron sus boletos, pero no fueron, porque tenían la buena intención de ayudar financieramente a Violeta —rememoró Gilbert—. Fue el mayor desprecio que Violeta tuvo que aguantar.»[43]

Para revitalizar su carpa, la cantante decidió recurrir a la prensa y preparó una serie de entrevistas. Para el viernes 14 de enero estaba citado el fotógrafo de *Aquí Está*, quien iba tomar imágenes para acompañar el artículo que un periodista de ese medio había realizado dos días antes. Era un típico día de verano, con el cielo azul y un sol que pegaba fuerte. Antes de que llegara el fotógrafo, y aprovechando el día soleado, el suizo se dedicó a pintar las puertas exteriores de las habitaciones cercanas a la carpa. Pensó que pintarlas de azul sería bonito, pero apenas Violeta lo vio, se indignó.

—¿Cómo se te ocurre pintarlas de azul? —le espetó— ¡Tienen que ser rojas!

A partir de este incidente la pareja comenzó a discutir con violencia, a tal punto que Gilbert decidió salir del lugar para ventilarse.

Para cuando el fotógrafo Pedro González y el chofer de *Aquí Está*, Roberto Cortés, llegaron a la Carpa de La Reina, encontraron a Violeta semiinconsciente, recostada sobre un sofá. La propia folclorista balbuceó que había tomado demasiadas píldoras. Los hombres trataron de incorporarla y le ofrecieron un vaso de leche, pero ella lo rechazó. Pronto se dieron cuenta de que la situación era grave, pues Violeta a ratos se desmayaba. Así que decidieron trasladarla al centro asistencial más cercano, que era la Posta n.º 4 de Ñuñoa.

«El trayecto que separa a la Carpa de La Reina de la posta se hizo a toda velocidad», constató la crónica que publicó una semana después la revista.[44] «Todos sus parientes afirmaron que sólo sufrió una intoxicación por haber tomado una excesiva dosis de barbitúricos», consignó el medio. El semanario también entrevistó a su hermano Lautaro, quien aseguró: «Es cierto que ella estaba algo nerviosa, preocupada especialmente por la marcha de la peña y las inversiones hechas en la carpa». Y después Lautaro agregó: «No hay ninguna causa específica por la cual Violeta haya querido suicidarse».[45]

Al día siguiente la prensa de Santiago se hizo eco de la noticia. «Un error casi le cuesta la vida a Violeta Parra», tituló *La Tercera*. El periódico afirmaba que la cantante «ingirió calmantes sin calcular la dosis». En la foto que acompañaba la nota, se veía a Violeta en una cama de hospital, con la mano izquierda vendada.[46] El diario *El Siglo*, en tanto, consignó en uno de sus titulares del sábado: «Violeta Parra en franca mejoría», afirmando que «ingirió por error barbitúricos».[47]

La artista apenas se enteró de esta cobertura. Fue tal la cantidad de calmantes, que estuvo tres días durmiendo de manera intermitente. Cuando finalmente despertó, vio a Gilbert sentado al lado de su cama. La había cuidado desde las primeras horas. Y lo primero que le dijo la artista, mirándolo a los ojos, fue: «Si no haces lo que te digo, me voy a suicidar de verdad».[48]

Para el suizo, podía ser una frase emitida en medio de la confusión mental que aún dominaba a Violeta. Ambos se quedaron conversando unos momentos, pero Gilbert supo que había llegado el fin de su relación. Luego fue a la casa, tomó su clarinete y su cámara fotográfica, que Violeta le había regalado en Europa, y partió a las embajadas de Perú y Bolivia para conseguir una visa. Prefería Perú, pero fue el consulado boliviano el que mejor lo atendió y ese sería por lo tanto su destino.

Cuando Violeta fue dada de alta, su pareja ya había partido al norte, iniciando una carrera artística insospechada.

Hacia la opinión pública la folclorista mantuvo la calma y aplicó lo que hoy en día se conoce como relaciones públicas. Por ejemplo, un artículo de *El Siglo* del 22 de enero consignaba la versión no del todo cierta que quiso transmitir Violeta:

> Violeta Parra, la folclorista nacional a quien en gran parte se le debe el cada día más creciente resurgimiento folclórico en nuestro país, anuncia que a fines de mes parte a una nueva gira. Ahora su viaje será a Estados Unidos, en donde se presentará junto a su hermano y poeta, Nicanor Parra, en una serie de recitales. [...] La «Carpa de La Reina» quedará en manos de los Parra chicos. [...] Por otra parte, hoy parte con destino a Bolivia Gilbert Favre, esposo de Violeta Parra. El objetivo de su viaje es filmar carnavales. [Violeta] desmiente las especulaciones que hablan de una separación.[49]

Lo cierto es que Gilbert se había ido para no volver más. Pocas semanas después Violeta compuso una de sus canciones más conocidas, dedicada precisamente a la separación. Comenzaba con esta estrofa:

> En un carro de olvido,
> antes del aclarar,
> de una estación del tiempo
> decidido a rodar,
> Run-Run se fue pa'l norte,
> no sé cuándo vendrá,
> vendrá para el cumpleaños
> de nuestra soledad.

Acompañada sólo del rasgueo rápido del charango, en la letra de «Run-Run se fue pa'l norte» Violeta resumió en cierta forma los numeros escapes que Gilbert había emprendido: «Más vueltas dan los fierros, / más nubes en el mes, / más largos son los rieles, / más agrio es el después».

«MAR PARA BOLIVIA, HABLA VIOLETA PARRA»

—¿Qué tipo de satisfacciones le ha reportado su carrera artística? —preguntó el periodista.

—Absolutamente ninguna. Solamente sacrificios y continuas luchas. Todo lo que usted ve aquí —dijo Violeta Parra, señalando la carpa— es producto de mis propias penurias. En Chile no se comprenden ciertas cosas.[50]

Así comenzaba la entrevista que, dos días antes de que Violeta tomara una sobredosis de calmantes, le hizo la revista *Aquí Está*.

Pero poco después de salir de la posta, Violeta ya estaba de mejor ánimo y dispuesta a hablar de lo ocurrido con una redactora de *Ecran*: «Qui'hubo, m'hijita. ¡Ahora me vienen a ver! ¡Tanto que he invitado a la radio y a la prensa a visitar mi carpa», le dijo Violeta al recibirla. «Quiero que todo Chile sepa que en la calle Toro y Zambrano, esquina La Cañada, en la comuna de La Reina, está funcionando lo que algún día será la Casa de la Cultura de La Reina! ¡Quiero que vaya todo el mundo! ¡No pretendo actuar y hacer funcionar todo para que disfruten las sillas no más! He trabajado hasta donde mis fuerzas alcanzan».[51]

Tras quejarse por el mucho dinero que había invertido en afiches, volantes, avisos en los diarios y un amplificador más poderoso, Violeta afirmó: «No podía pagar empleada porque las entradas no daban para eso y debo cocinar yo. Servir, atender y despés cantar… ¿No le parece demasiado?». Y en seguida relató el episodio de los barbitúricos:

Me encerré en la carpa chica [lugar donde exponía sus tapices, pinturas y esculturas]. Saqué mis cuentas. No quería saber nada de nada. Tenía un frasquito de pastillas para dormir y me tomé 17. ¡De un viaje! Gilbert, mi marido, no estaba. En la carpa grande, Roberto, mi hermano, arreglaba detalles. Parece que me notó alterada porque venía a cada momento a conversar conmigo.

—¿No debería esconder o hacer desaparecer ese frasco? —preguntó la periodista.

—¿Para qué? ¡Me las tomé todas! —contestó Violeta—. Estoy aburrida de batallar. Que sigan los demás ahora. Tenía pensado ir a Suiza con mi marido… quería hacerlo en marzo, cuando suponía que todo estaría marchando de acuerdo a lo planeado. ¡Cómo no me voy a desesperar! Fíjese. Si hubiéramos tenido mayor cantidad de público, ya estarían funcionando las clases que pensamos dar.[52]

Por cierto, Violeta nunca fue a Estados Unidos con Nicanor, y tampoco volvió a Europa. En vez de eso se quedó en Santiago y trató de superar el quiebre con Gilbert. Tal vez pensara que sólo se trataba de una ruptura más, como tantas otras que la pareja había tenido en los más de cinco años de relación. «Siempre ha sido así —le dijo a un reportero—. Él parte y al poco tiempo nos encontramos de nuevo.»[53]

Paulatinamente recuperó la confianza en su proyecto de La Reina. A inicios de marzo de 1966, decidió grabar un disco colectivo con los principales músicos que actuaban en la carpa. Titulado simplemente *Carpa de La Reina*, el álbum incluía a sus hermanos Roberto y Lautaro, el grupo Quelentaro y Héctor Pavez.

También estaba Chagual, un conjunto folclórico que Violeta había apadrinado. Todos los martes desde las siete de la tarde hasta la medianoche les hacía clases y supervisaba sus ensayos. Arturo San Martín, uno de los integrantes, recordaría el método espartano de la folclorista. «Violeta nos hacía repetir hasta treinta veces una estrofa, nos llegaban a sangrar las manos. Uno sentía que no perdonaba los errores, pero en el fondo lo hacía por ayudarnos.»[54]

En el disco colectivo, Chagual interpretó un tema reciente de Violeta, en el que no costaba demasiado entrever su estado anímico. Se trataba de «Corazón maldito» y constaría entre la treintena de composiciones que Violeta jamás grabó.

> Corazón, contesta,
> por qué palpitas
> [...].
>
> Cuál es mi pecado
> pa' maltratarme
> como el prisionero
> por los gendarmes.
> Quieres matarme.

En la letra Violeta acusa a su corazón de ser un órgano «ciego, sordo y mudo» desde su mismo nacimiento. Y lo interpela: «¡Qué te estás creyendo / no soy de fierro!».

Editado por Odeon, *Carpa de La Reina* no repercutió mayormente y se vendió más que nada en la propia carpa y en la peña de los hijos. La nueva generación de músicos, como ya está dicho, acaparaba la escena del folclor y las canciones políticas. En enero, por ejemplo, la federación de estudiantes de la Universidad Técnica del Estado fundó otra peña, y allí debutaría uno de los conjuntos claves de la Nueva Canción Chilena: Inti Illimani.

Sólo en 1966 se establecieron más de veinte peñas en el país, de manera que Violeta enfrentaba una férrea competencia. Si en los años cincuenta había escasos lugares donde escuchar música folclórica, ahora sobraban espacios. Esta explosión llevó desde luego a fuertes roces. Algunos autores, entre ellos los del neofolclor, acusaban a las peñas de politizarse en exceso, olvidándose de las verdaderas raíces nacionales.

Un caso en ese sentido fue la canción «Se olvidaron de la patria», de Rolando Alarcón. Escrita y grabada dos días después de los hechos, denunciaba la matanza de ocho obreros en la mina de El Salvador, ocurrida el 11 de marzo. «El propio presidente de la República telefoneó a Ricardo García, un destacado hombre de radio, para advertirle que no toleraría la difusión de ese tema», escribió Patricio Manns.[55] Y efectivamente la canción no se difundió por la radio sino hasta 1969.

La revista *El Musiquero* se hizo parte de la creciente tensión en un artículo titulado «Las peñas: ¿estimulan el folklore?»:

Hay quienes suponen que las peñas están dando un fuerte y rotundo estímulo al folklore. Y no es así. Las peñas están dando nombre y fama, más algunos dinerillos, a nuevos autores e intérpretes. ¿Escucha usted cueca en las «peñas»? En general, no. La única excepción notable se da en la Carpa de La Reina, bajo la tuición de Violeta Parra. Aquí el folklore asoma de veras. En el resto de las peñas asoma más la política... y también el perfecto snob.[56]

Violeta no se restó a la polémica. Su respuesta la expresó a ritmo de mazurca, y convirtiendo casi todos los verbos y sustantivos en esdrújulas:

Me han preguntádico varias persónicas
si peligrósicas para las másicas
son las canciónicas agitadóricas

Después de constatar que se trataba de una pregunta muy «infantílica», que sólo podría hacer un «piñúflico», Violeta arremetió:

Le he contestádico yo al preguntónico:
cuando la guática pide comídica,
pone al cristiánico firme y guerrérico
por sus poróticos y sus cebóllicas,
no hay regimiéntico que los deténguica,
si tienen hámbrica los populáricos.

«Qué gran poeta americano no hubiera querido escribir "Mazúrquica modérnica"», afirmó Julio Huasi. Nicanor pensaba lo mismo. Una vez confidenció que «la verdadera poeta de la familia era ella».[57] Violeta comenzó a tocar la «Mazúrquica» en su peña de la precordillera y también en la de los Parra, a la cual seguía asistiendo a veces. Pero fue sólo a fines de año, al editarse su último disco, cuando el público general pudo conocer tanto esa canción como «Run-Run se fue pa'l norte».

En mayo, mientras batallaba aún con una audiencia veleidosa, la folclorista decidió que había llegado el momento de visitar a Gilbert en Bolivia. Desde su partida en enero, habían mantenido una correspondencia frecuente, y así Violeta se enteró de que el suizo comenzaba a volverse famoso en el país vecino.

Nada más llegar a La Paz, Gilbert se las había ingeniado para aparecer en un popular programa de radio. Presentándose a sí mismo como intérprete de la quena, instrumento que en Bolivia había caído en el olvido, trató de abrirse camino. Su mejor carta de presentación, no obstante, era otra. Le decía a todo el mundo que era el esposo de Violeta Parra. Nunca se casaron, pero la verdad es que frente a otras personas, y sobre todo frente a la prensa, declaraban ser un matrimonio formal.

Pese a los recelos históricos entre ambos países —producto de aquella guerra decimonónica donde intervino Calixto José, abuelo paterno de Violeta—, más allá de la política el entendimiento era bueno. Violeta Parra era conocida en los ambientes musicales de Bolivia. «A Violeta yo la venía escuchando más menos desde 1956, cuando tocaba cuecas y tonadas», recordó el eximio charanguista Ernesto Cavour, que en marzo se había unido a Gilbert Favre para formar una peña y, después, un conjunto que revolucionó el folclor boliviano.[58]

Habiéndose asociado a Cavour y otros músicos, Gilbert les propuso abrir una peña al estilo de la que formasen Ángel e Isabel. El 4 de marzo ya estaba inaugurada la Peña Naira. El suizo empezó a actuar de manera regular con su quena, acompañado en ocasiones por el guitarrista Alfredo Domínguez, o por Cavour. Gilbert todavía se hacía llamar «el tocador afuerino», el sobrenombre que le había puesto Violeta, aunque pronto lo cambiaría por un apodo más sencillo, uno que todos usaban al dirigirse a él: «el gringo».

En palabras de la periodista boliviana María Antonieta Arauco, Gilbert se transformó en «el ideólogo y forjador de la primera peña folclórica en Bolivia».[59] La Peña Naira de La Paz fue un éxito igual de grande que el de los hermanos Parra en Santiago. A tal grado llegó la fama que entre el público estuvo René Barrientos, presidente de la Junta Militar que había derrocado a Víctor Paz Estenssoro.

Gilbert, por supuesto, estaba orgulloso de lo que había logrado, y en una carta le contó a Violeta los pormenores y la invitó a La Paz. «Ya no le tenía rabia y la invité a venir a verme, porque estaba seguro de que este país le gustaría», escribió en sus memorias.[60]

De vuelta recibió un telegrama: Violeta llegaría vía aérea el miércoles 18 de mayo. El suizo se movilizó para organizar la primera visita de Violeta Parra a Bolivia. La comprometió para tocar dos noches en la Peña Naira, puso anuncios en el periódico *Presencia* y pactó entrevistas con radios locales.

Cuando finalmente se reencontraron en el aeropuerto de El Alto tras cuatro meses de separación, fue «como si nada hubiese ocurrido, fue muy caluroso. Lo único que me pidió es que volviera a vivir a Santiago, pero le dije que era imposible abandonar la peña y todo lo que había construido. Lo entendió muy bien.»[61]

Violeta se quedó en La Paz una semana. El jueves 19 fue su debut en la Peña Naira, y prácticamente no hubo día en que no ofreciera un recital. La prensa paceña escribió varias reseñas elogiosas. «El jueves último inició sus actuaciones la famosa folclorista chilena Violeta Parra, quien en su primera presentación obtuvo grandes aplausos del público allí presente —publicó *La República*—. Su esposo Gilbert Favre fundó en esta ciudad la primera peña folclórica.»[62]

En los ratos de descanso el suizo la paseó por la ciudad, mostrándole los barrios populares, la calle de los artesanos de máscaras y las ferias públicas. Inspirada por lo que estaba viendo, Violeta se dedicó todo un día a pintar y expuso esas obras en el recital siguiente. Las vendió todas.

La cantante estaba emocionada con los músicos bolivianos, en especial con la destreza de Cavour en el charango. Este, por lo demás, había ganado el premio al mejor solista instrumental en el Primer Festival Latinoamericano de Folclore, realizado en Salta, Argentina, a fines de abril.

Otros artistas llamaron especialmente su atención: Los Choclos. Tocaban zampoñas y todos sus integrantes eran lustrabotas de la Plaza Murillo y miembros del Sindicato de Lustradores y Calzados. Violeta se fascinó tanto que hizo la promesa de llevarlos a su carpa y otras peñas en Santiago.

El vuelo de regreso estaba programado para el 25 de mayo. La cantante se sentía a gusto en La Paz, pero tenía que volver a su trabajo en Chile. Unos días antes había nacido además su primer nieto varón: Ángel Cereceda Orrego, hijo de Marta y Ángel. Al igual que su padre y su abuela, también se convertiría en músico.

Cuando Violeta se disponía a viajar, Ernesto Cavour y sus compañeros le regalaron un charango de quirquincho. Había sido construido, según María Antonieta Arauco, «por las manos hábiles del maestro Isaac Rivas, denominado el encantador de instrumentos».[63] Violeta usaría ese charango para grabar tres canciones emblemáticas de su último disco: «Gracias a la vida», «Run-Run se fue pa'l norte» y «Mazúrquica modérnica».

«Estaba alucinada por su viaje y me prometió hacer todo lo posible para conseguirles fechas a Los Choclos», recordó Gilbert. No pasó mucho tiempo para que Violeta avisara desde Santiago que todo estaba listo y financiado: los músicos lustrabotas actuarían en Chile. Claro que el viaje de tres mil kilómetros debería hacerse por tierra.

Para alegría de su pareja, Favre decidió acompañar a los bolivianos. Durante las siguientes semanas, Los Choclos, Gilbert y Violeta actuaron en la Peña de los Parra, en la Carpa de La Reina y en otros lugares, cosechando un éxito rotundo. «Los chilenos —anotó Gilbert— jamás habían oído una música tan intensa.»

En homenaje al conjunto de zampoñas y por los buenos recuerdos de su estadía en La Paz, Violeta tomó por costumbre contestar el teléfono de una manera particular. En vez del típico «aló», solía decir: «Mar para Bolivia, habla Violeta Parra».

GRACIAS A LA VIDA

Roberto había prometido ante Dios que jamás perdería el reloj de pulsera regalado por Violeta el año anterior. Juró en vano. Las cuatro semanas en que Gilbert y Los Choclos estuvieron en Santiago, ocurrió lo inevitable. Una mañana, después de una velada inusualmente concurrida en la Carpa de La Reina, apareció el hermano. Estaba borracho, casi en harapos y sin afeitar. «Hubiese asustado al diablo en persona», recordó el suizo. Roberto dijo que sólo pasaba a saludar, pero la sospecha de su hermana, a menudo resentida por esos episodios de alcoholismo, era que venía a tomarse los restos de vino que quedaban en los vasos.

—Señor, usted tomó y sabe que no me gusta verlo en ese estado. Le he repetido miles de veces no presentarse ante mí cuando toma.

Tenía por costumbre tratar a la gente de usted cuando estaba enojada.

—Entonces, ¡váyase! —reclamó, para enseguida cambiar el tono—: Ah, espere, ¿y dónde está su reloj?

Roberto miró acongojado al piso y le confesó que durante la noche lo había dejado en prenda en un bar, pero que en cuanto tuviera el dinero lo recuperaría. Violeta se puso furiosa.

—Escuche señor, se va de inmediato a buscar ese reloj, y mientras no lo recupere, no lo quiero ver.

El hermano se enderezó, se dio vuelta y, antes de irse, se pegó en el pecho y le aseguró a su hermana: «Soy un miserable, lo voy a buscar de inmediato».[64] Según el testimonio de Gilbert, Violeta le susurró al oído: «Estoy segura de que no lo va a recuperar».

A la noche, Roberto Parra reapareció en la carpa, sólo que su presencia era aún más lamentable que en la mañana. Tenía un ojo morado, venía lleno de moretones, un hilo de sangre seca caía por su cara, y sus ropas se veían destrozadas. Violeta se estaba poniendo roja de rabia cuando su hermano sacó velozmente el reloj de su bolsillo.

—No te enojes, aquí está, lo recuperé.

—Pero ¿qué te pasó? —le preguntó Violeta.

En su escrito autobiográfico, Gilbert detalló la historia de Roberto:

Oh, dijo, fui directamente al bar donde dejé el reloj en garantía. Estaba tan enojado que entré derecho a insultar al patrón, tratándolo de ladrón y de concha su madre, y diciendo que era de su interés entregarme rápidamente mi reloj. Él se enojó y tuvo el descaro de decirme que no sabía de qué estaba hablando. Entonces me enojé aún más y nos fuimos a las manos. Le pegué un combo en la cara, y él hizo lo mismo. Los clientes se le unieron y me pegaron y me echaron. Cuando estaba en la calle, levanté los ojos y me di cuenta de que me había equivocado de bar. El reloj estaba en el bar de al lado. Y ahí me lo devolvieron.

Los tres estallaron en una gran risotada.

En parte gracias a Los Choclos, el público acudía en mayor número a la carpa. A fines de junio un periodista del semanario *Rincón Juvenil* fue a cubrir una noche de peña. En esa jornada tocaron también Ángel e Isabel, mientras que Gilbert y Violeta interpretaron varios de sus temas instrumentales. «Ella me había disfrazado de indio para la ocasión», escribió Favre.

El repertorio de aquella noche incluyó «Corazón maldito», «Mazúrquica modérnica», «Gracias a la vida» y «Run-Run se fue pa'l norte». En el artículo publicado a comienzos de julio, el periodista afirmó que «Mazúrquica» era muy divertida y «Gracias a la vida», «de una ternura infinita». Pero el plato fuerte, según la nota, era otro: «Como gran final [tocó] su muy popular "Casamiento de negros"».[65]

Esta primera referencia pública a la canción emblema de Violeta Parra revela que a fines de junio de 1966 ya la estaba presentando en vivo. Fuentes periodísticas bolivianas y testimonios de quienes vieron a la cantautora en La Paz, aseguran que fue ahí donde comenzó a componer este tema. «Me acuerdo de esa canción, la estaba componiendo en la peña», declaró Ernesto Cavour. «No era todavía la canción que todos conocimos después, pero ya estaba ahí.»[66]

Como advirtió Cavour, no se trataba de la versión que finalmente grabó en su último disco y que el mundo conoció. Patricio Manns, por su parte, recordó que en esos meses de invierno fue a la carpa para escuchar a la folclorista:

—Voy a cantar unas canciones que acabo de hacer —anunció Violeta.

Comenzó con «Gracias a la vida», pero a poco andar olvidó la letra.

—Puta la huevá, voy a ir a buscar el texto a mi pieza —exclamó.[67]

Tanto en La Paz como en Santiago, Violeta y Gilbert se habían llevado muy bien, como si fueran novios recientes, pero el suizo debía volver a su peña boliviana, y la chilena tenía programada —para mediados de julio— una gira a la Patagonia con el programa Chile Ríe y Canta de René Largo Farías.

Para Gilbert no fue fácil irse. «Esos días habían sido formidables, fueron como si hubiésemos vuelto. En un momento de debilidad me hubiese quedado en Santiago —escribió—. Pero sabía que las cosas cambiarían y habrían vuelto a como estábamos antes, y esa idea me espantaba.»[68]

La gira santiaguina de Gilbert y Los Choclos había generado suficiente dinero como para que, esta vez, tomaran un avión hacia La Paz. El viernes 1 de julio despegaron de Cerrillos. Esa misma noche Violeta volvió a sus labores nocturnas en la carpa. Acaso ambos intuyeran que su relación ya no tenía vuelta atrás. En los próximos meses, Gilbert fundaría junto a Cavour, Domínguez y dos músicos más el conjunto folclórico Los Jairas, que rápidamente se convirtió en una sensación. Y no sólo en Bolivia, sino también en Europa. Violeta, en tanto, conoció a otros hombres y con uno de ellos se emparejó.

Sus consuelos más inmediatos, sin embargo, fueron el matrimonio de Gabriela Pizarro con Héctor Pavez, y la mencionada gira a Punta Arenas con René Largo Farías.

Violeta Parra asistió a la fiesta de boda de sus amigos vestida con un gorro de lana café, un abrigo de piel color plomo, medias de colores y zapatos negros. A decir de Pavez, Chabela estaba muerta de vergüenza. En cierto momento uno de los comensales se puso romántico y quiso recitar un poema francés, de amor.

—Buenas tardes, amor mío…

Y Violeta le contestaba:

—Tú no eres mi amor.

—¿Me escuchas?

—No te escucho nada.

—¡Espérame, amor mío!

—No, no pienso esperar.

«La gente estaba muerta de la risa, y la Violeta le amargó la poesía hasta el final —recordó Pavez—. Y ese hombre se molestó tanto que me retó.»[69]

A mediados de julio Violeta se embarcó en la gira de Chile Ríe y Canta. Por primera vez iba a la Patagonia chilena. Entre el domingo 17 y el martes 19, el elenco del programa de Radio Minería realizó dos funciones diarias, vermouth y nocturna. El grupo era variado. En él figuraban Pedro Messone, integrante de Los Cuatro Cuartos, que a inicios de 1965 había sido uno de los ganadores del VI Festival de la Canción de Viña del Mar; Patricio Manns, que a inicios de año había conquistado los rankings nacionales con su canción «Arriba en la cordillera»; Sergio Sauvalle, miembro de Los Huasos Quincheros; más Silvia Urbina, Rolando Alarcón y la propia Violeta.

Si bien era una gira pagada, no todos recibían la misma remuneración. «A mí y a Messone, que teníamos más popularidad, nos pagaban más —afirmó Manns—. En cambio, a los [otros] folcloristas se les pagaba un poco menos.»[70] Los fondos los proveía el Banco del Estado, hasta que sus gerentes se molestaron por una canción de Alarcón, «Yo defiendo mi tierra». Después de eso fue la Corporación de la Reforma Agraria la que puso el dinero.

Las presentaciones en Punta Arenas resultaron tan exitosas que el productor decidió agregar un día más. A petición de Violeta, al final de cada actuación se tocaba y bailaba cueca. Silvia Urbina hacía pareja con Alarcón y Violeta con Messone. Sin tapujos, y fiel a su fama de soltar discursos polémicos en pleno espectáculo, una noche la cantante encaró a su auditorio magallánico: «Yo me pregunto cómo es que no tienen música acá, con todo el material que tienen: los ovejeros, la esquila, las matanzas de corderos, las matanzas militares en Puerto Natales».[71]

Durante la gira Violeta tuvo un breve romance con Pedro Messone. El cantante era veinte años menor que ella y estaba muy de moda por entonces. «La Violeta estaba enamorada todo el tiempo, ¡y se enamoraba como colegiala! —afirmó Manns—. Él era un lolo que andaba con puras lolitas del barrio alto, pero salieron a caminar, se tomaron unos tragos, se calentaron, se fueron a un hotel y se echaron un polvo.»[72] René Largo Farías tuvo recuerdos similares. «La vimos enamorarse como una colegiala del cantor de moda en ese tiempo y allí nació "Volver a los diecisiete".»[73]

Messone siempre negó públicamente el romance. «Ella tenía la imagen e importancia de una persona mayor —dijo—. Se comportaba de manera maternal con el resto.»[74] Pero, en concordancia con los dichos de Largo Farías, Messone evocó un episodio de esa gira que pudo ser el germen de la célebre canción. Camino al aeropuerto, el bus que trasladaba a la comitiva se detuvo en una de las playas rocosas de la región. Casi todos descendieron para recoger piedras y conchas. Violeta y Pedro se habían alejado algo más cuando escucharon la orden de volver. Y así narraría Messone lo que sucedió a continuación:

Miro hacia atrás y veo que la Violeta viene caminando sin ningún aspecto atlético, incómoda. Me volví y le pregunté: «¿qué te pasa? ¿Te ayudo con la bolsa?». La tomé del brazo, después de la mano. «Apúrate, apúrate», le decía. «Aaah, ¿cómo se te ocurre que me vas a hacer correr? Si no se pueden ir sin nosotros dos». «Vamos, parecemos cabros de diecisiete años», le dije. «¿Qué me dijiste que parecíamos, algo de diecisiete?», me preguntó. «No sé, que parecemos cabros chicos de esa edad, corriendo y jugando a las carreras, recogiendo conchitas», le respondí. Y bueno, cuando nos subimos al bus, me acuerdo que agarró un pedazo de papel y se fue escribiendo. «¿Qué estás escribiendo?», le pregunté. «No, nada», y guardó el papel. En el avión siguió escribiendo. Ella siempre escribía en papeles.[75]

Después de Punta Arenas Violeta estaba lista para grabar un disco con los temas que había compuesto en los meses anteriores. Pocas semanas antes de entrar al estudio de grabación conoció a otro hombre: Alberto Giménez, un activista de izquierda uruguayo que había estado preso en su país por motivos políticos. Diez años menor que Violeta, solía presentarse como Alberto Zapicán, apellido de fantasía que hacía referencia a su pueblo natal.

Al emigrar a Chile, Zapicán se hizo amigo del Gitano Rodríguez y a este le comentó que la música de Violeta le gustaba mucho. De modo que el cantor porteño lo llevó a ver el espectáculo de la peña y se la presentó. Pero la visita también tenía otro motivo. Violeta se quejaba que desde la partida de Gilbert ya no contaba con la ayuda de un hombre para los constantes arreglos que necesitaba la enorme carpa. Rodríguez pensó que Zapicán podría ser el indicado. El encuentro, sin embargo, fue tenso. Violeta lo interrogó acerca de su vida y de sus capacidades laborales, y lo cierto es que Alberto era un hombre de pocas palabras. «Se manifestaba huraño, casi tímido, refugiado en un silencio de gaucho», recordó Rodríguez.[76]

«La conocí en la carpa. Yo estaba sentado entre el público esperando que terminara de actuar para hablar de trabajo —diría el uruguayo dos décadas más tarde—. La observé, vi cómo manejaba a esa gente, capté su actitud de diva y me dio rabia.»[77]

Violeta le ofreció trabajar en la carpa a cambio de comida, alojamiento y algo de ropa. Y Alberto aceptó. Una tarde, a los pocos días de haberse instalado en la parcela de La Reina, la artista se encontraba en su habitación de madera ensayando las canciones de su próximo disco, cuando escuchó unos suaves pero rítmicos tonos de tambor. Al salir de su pieza vio al uruguayo sentado bajo un árbol. Había sacado uno de los tambores de la carpa y tocaba para sí mismo.

—¿Así que sabes tocar música?

—No, sólo un poco de tambor —contestó Alberto.

La opinión de Violeta ya se había formado.

—Ven conmigo, yo te voy a enseñar más sobre el tambor.

En lo sucesivo Violeta adiestró a Zapicán hasta incorporarlo al elenco con el que iba a grabar su disco. Sería el último como solista. Y también el más importante de toda su carrera.

ÚLTIMAS COMPOSICIONES, ÚLTIMOS VIAJES

Un día de agosto Violeta Parra fue a la oficina de Rubén Nouzeilles, el director de Odeon. En ese sello había grabado, por más de una década, casi todos sus discos en Chile. «Llegó a verme un espectro, se veía demacrada y triste», recordó el ejecutivo. Violeta efectivamente había perdido mucho peso y las fotos la muestran con un rostro casi huesudo.

Venía con un charango y le dijo:

—Rubén, quiero hacerte escuchar algo.

Se dirigieron al estudio y ella empezó a cantar «Gracias a la vida». Nouzeilles diría que, más allá de la música, estaba impactado por el ánimo de la folclorista. «Me di cuenta de que estaba al borde del abismo, me dolía mucho verla en un estado lamentable de autodestrucción.»[78]

El director de Odeon, según su propio testimonio, le ofreció hacer un contrato para el nuevo disco, pero Violeta no quería saber de papeles ni firmas. «"No quiero firmar contrato", insistió. No le interesaba, yo creo que ya estaba más fuera que dentro de este mundo.»[79]

Es una versión plausible. Pero teniendo en cuenta las penurias económicas por las que atravesaba Violeta —que a duras penas podía mantener la Carpa de La Reina y que siempre tuvo conciencia de que los derechos de autor que percibía eran muy bajos—, es posible que haya decidido buscar un mejor acuerdo. Porque el hecho fue que la cantante grabó y comercializó su nueva producción con el sello RCA Victor sin informar a Nouzeilles. «Fue un descalabro y un trato injustificado, le dediqué once años de mi vida y va y graba en otro sello. Yo no le iba a hacer una guerra legal, no lo hice jamás con ningún artista. Violeta fue siempre un caos total, pero estaba mal, estaba enferma.»[80]

Titulado *Las últimas composiciones*, el disco comenzó a grabarse probablemente a fines de agosto y salió a la venta en noviembre. El sonidista Luis Torrejón afirmó que los catorce temas se registraron en unas siete sesiones de tres horas cada una.[81]

El estudio de RCA Victor quedaba en el quinto piso del mismo edificio de Radio Minería, en el pasaje Matías Cousiño. El elenco que acompañó a Violeta estaba compuesto por sus hijos Ángel e Isabel y Alberto Zapicán. El uruguayo, con el cual había iniciado un romance a sólo una semana de su llegada a la carpa, no sólo destacaba en los tambores, sino también por su buena voz. Violeta cantó cuatro canciones de este disco a dúo con él. Fue sin duda un álbum austero, por motivos que iban más allá del reducido número de músicos. Los únicos instrumentos que Violeta decidió usar fueron la guitarra, cuatro venezolano, charango, tambor y cascabeles. La ausencia más llamativa era la quena, que Violeta había usado en muchas oportunidades desde su estadía en Ginebra.

Ángel recordó que no tuvieron que ensayar demasiado, ya que casi todo había sido interpretado con anterioridad en la carpa y en la peña de Carmen 340. «Eran canciones sencillas y yo ya estaba en plena madurez, al menos como acompañante.»[82]

Varios temas del disco se convirtieron, con el paso de los años, en himnos a escala nacional, latinoamericana o universal. El caso de «Gracias a la vida» es el más evidente. «Cuando Violeta canta que con sus pies caminó por ciudades y calles, y por "la casa tuya, tu calle y tu patio", desborda los límites naturales y se vuelve universal —afirma el experto en música chilena Ricardo Martínez—. Esa frase la pones en Inglaterra o en Australia y logra el mismo efecto, porque no está hablando de un lugar específico, sino que de lugares universales.»[83]

En *Las últimas composiciones* Violeta conjugó todo lo aprendido en casi dos décadas de carrera, y a la vez logró generar algo completamente nuevo para la época. A nadie, por ejemplo, se le había ocurrido usar el charango para musicalizar una sirilla, pero menos aún usar ese instrumento para un acompañamiento lento, como ocurre en «Gracias a la vida». «Eso fue algo absolutamente novedoso, ella inventó una nueva forma de tocar [charango]», sentenció Ernesto Cavour.[84]

Violeta usó varios géneros musicales en este álbum: cueca, mazurca, sirilla, refalosa, danza mapuche, huayno, rin y lamento. Eran todas composiciones propias y, por primera vez, había excluido totalmente su repertorio recopilado. Las letras mostraban tal profundidad y atrevimiento poético que podrían haber sido una obra en sí misma, sin música. No resultó extraño que el disco se transformase en un testamento musical y político, y también en uno de los productos culturales más estudiados en Chile. Las catorce canciones fueron:

> Gracias a la vida
> El «Albertío»
> Cantores que reflexionan
> Pupila de Águila
> Run-Run se fue pa'l norte
> Maldigo del alto cielo
> La cueca de los poetas
> Mazúrquica modérnica
> Volver a los diecisiete
> Rin del angelito
> Una copla me ha cantado
> El guillatún
> Pastelero a tus pasteles
> De cuerpo entero

Violeta Parra estaba consciente de que eran sus mejores composiciones. En una extensa entrevista radial con René Largo Farías a fines de ese año, afirmó:

Yo creo que con el viaje a Punta Arenas empecé a sentir, empezó mi corazón y mi sangre a vibrar como un ser que había nacido de nuevo. Creo que las canciones más lindas, las más maduras —perdónenme que diga canciones lindas habiéndolas hecho yo—, las canciones más enteras que yo he compuesto son «Gracias a la vida», «Volver a los diecisiete» y «Run-Run se fue pa'l norte». «Gracias a la vida», que estaba esquelética y que tomó fuerza después del viaje a Punta Arenas, y «Volver a los diecisiete» y «Run Run».[85]

Pero si pensaba que vendría un mayor éxito, estaba equivocada. En noviembre, cuando el disco se publicó, no tuvo impacto alguno. Sus nuevas canciones sólo se tocaban en programas como Chile Ríe y Canta de la Radio Minería o en Chile Lindo de la Radio Chilena. Ninguna entró a los rankings de las revistas y emisoras. Estos estaban dominados por cantantes como Sandro, Raphael, José Alfredo «Pollo» Fuentes, Cecilia y Pedro Messone, y por bandas internacionales como The Beatles y The Rolling Stones. «No estaba en los rankings, que se elaboraban de una manera especial: te llamaban por teléfono y uno votaba por determinadas canciones —afirmó Miguel Davagnino, quien tenía un programa en la Radio Chilena—. Pero las canciones las proponían las propias radios. Si no se proponía una canción, tampoco podía tener votación.»[86]

Hacia finales de año Violeta siguió luchando por la supervivencia de su carpa, peleándose con sus tres hijos y comportándose de manera cada vez más agresiva con sus amistades.

Algo por el estilo ocurrió con Sergio Larraín, el fotógrafo que la había acompañado tantas veces en sus recopilaciones campesinas, y que uno de esos días fue a proponerle un trato.

La Violeta nos debía en ese tiempo seis mil escudos de la carpa [que se había usado en la FISA y que ahora era la carpa de La Reina], que era bastante plata. Fui donde ella y le dije que por qué no hacíamos un cambalache: que nosotros le perdonábamos la deuda, que pagábamos la carpa y que ella me dejara un tapiz que ella hizo y que me había prestado, uno sobre el asalto de Arturo Prat. Y la Violeta se puso ¡furiosa! Que cómo se me ocurría, que tal tapicería era de ella, que la carpa era de ella... Me dijo que tenía que devolverle la arpillera inmediatamente. Pesqué el tapiz —que lo tenía puesto en un bastidor—, lo desclavé, lo hice un rollo y se lo llevé a la misma carpa. La Violeta me dijo «no te quiero ver nunca más, ¡ándate a la mierda!, no te quiero ver nunca más». Al final estaba tan rabiosa que daba miedo ir a verla.[87]

A Patricio Manns lo encaró una vez por haber escrito una canción pascuense en lengua rapanui.

—¿Por qué no escribes en castellano? ¿Qué tienes tú que ver con los pascuenses?

—Y tú, ¿por qué escribiste canciones en francés en vez de castellano? —le contestó Manns.

—Es que yo estaba viviendo allá.

—Bueno, yo fui a la isla, me encantó y escribí esa canción.[88]

A Violeta se le olvidó, por cierto, que una década antes ella misma había grabado en rapanui. De todos modos, Patricio Manns sabía manejar las rabias de Violeta y nunca dejaron de ser amigos.

Respecto a los hijos mayores, seguía reprochándoles su vida de comodidades. Su sueño era que todos se fueran a vivir con sus respectivas familias al terreno de La Reina. De alguna manera trataba de emular su experiencia de los años cuarenta, cuando su propia familia y la de Lalo vivieron en la parcela de Nicanor. «A veces con liviandad y otras con enorme violencia, nos reprochaba a nosotros nuestra forma de vida aburguesada —escribió Isabel—. Discutíamos. [Y nos decía:] "El lujo es una porquería, los seres humanos se consumen sumergidos en problemas caseros".»[89]

La enorme energía que desplegaba la artista al proponerse algo, se estaba agotando. Volvió a consumir calmantes, sobre todo para quedarse dormida, y en las entrevistas aparecía como una mujer cansada e incluso indiferente. «No le encuentro mayor interés a hablar sobre mi infancia, que fue como la de todos los niños, además mucha gente la conoce y no tiene nada de extraordinario», declaró a *El Mercurio*.[90] Lo anterior contrastaba con el ímpetu que mostró al referirse a sus orígenes —año y medio atrás— ante los medios suizos.

La Carpa de La Reina no lograba consolidarse. Por lo apartada que estaba del centro, la mayoría de los visitantes eran personas de altos ingresos que tenían automóvil o podían costear un taxi. Y también iban turistas. En el Hotel Carrera, junto al palacio presidencial, se repartían folletos ofreciendo tours a la carpa, traslado incluido. No era ciertamente el público que Violeta había tenido en mente al levantar su negocio.

Los grandes ausentes eran también los grandes protagonistas del momento. «Los jóvenes y estudiantes no van a visitarla, los que van por lo general son matrimonios y gente de mayor edad —constató la crónica de *El Mercurio*—. Me comentó [Violeta Parra] que francamente lamenta la indiferencia de los jóvenes por estas reuniones de música folclórica, acentuado además porque compuso para ellos una canción con gran cariño y dedicación, especialmente dirigida a los estudiantes.»[91]

Con una capacidad para más de trescientas personas, el lleno absoluto era casi una quimera. Varios testimonios hablan de noches en que aparecían diez o quince personas, y si estaba lloviendo, a veces no llegaba nadie. En esos casos y para no perder las empanadas y mistelas que había preparado, Violeta solía invitar al día siguiente a sus amigos y familiares. «Era muy desolador, la carpa siempre estaba vacía porque quedaba muy lejos», recordó Margot Loyola. «En ese tiempo estaba muy sola. Era una mujer vehemente e intransigente, por eso muchos la abandonaron y éramos muy pocos los que llegábamos.»[92]

Una de las pocas alegrías que tuvo por entonces fue la visita inesperada de Joaquín Blaya, el diputado argentino que la había acogido en General Pico. Estando de paso por Santiago, para reunirse con los familiares que eran dueños del restorán Il Bosco, Blaya la fue a ver en un par de oportunidades y asistió una noche a un recital.

Otro salvavidas fue la convocatoria de René Largo Farías para una gira nortina de Chile Ríe y Canta. La invitación no sólo significaba algo de plata, sino también una fuga de sus problemas cotidianos. Dejó a cargo de la carpa a Zapicán y Roberto y les pidió a Ángel e Isabel que supervisaran un poco. Carmen Luisa, en tanto, quedó al cuidado de Nurieldín Hermosilla y su esposa de entonces, Luz Elena Osorio. Este abogado, de militancia comunista, vivía también en La Reina y daba más seguridad para llevar y traer del colegio a la adolescente.

Antes de partir al desierto de Atacama, Violeta concedió la entrevista a *El Mercurio*. Su intención era apuntalar las visitas a su peña:

> Quiero que ponga en lo que va a escribir todo lo que ve, lo que se hace en esta carpa y lo que presencia la gente que aquí viene. No escriba cosas hermosas acerca de mí ni aquellas que puedan ser apreciaciones subjetivas, así como también narre exactamente el modo de vida, y que su interpretación quede a cargo de aquel que me visita y el que me conoce. Deseo que lleguen a esta carpa y se den cuenta personalmente de lo que aquí se realiza y cómo se canta el verdadero folclore. Ojalá que por medio de esta entrevista se invite a todos a visitarme y decirles que vengan a cantar junto a mí, no tengo plata para gastar en propaganda y quiero aprovechar esta oportunidad. La mantención de la carpa y el pago de los artistas me lleva gran parte de las entradas.[93]

Poco después, a mediados de octubre Violeta se fue de gira. Al igual que en el viaje al extremo sur, Pedro Messone y Patricio Manns formaban parte de la comitiva. El estadio Carlos Dittborn de Arica se repletó, y el número final era Violeta. René Largo Farías recordó que esas siete mil gargantas cantaron a todo pulmón el «Casamiento de negros», la canción con la cual la folclorista solía terminar sus espectáculos masivos. En Punta Arenas había sucedido lo mismo.[94]

La entusiasta recepción no hacía más que confirmarle que el pueblo chileno era el verdadero depositario de su arte. «Creo que todo artista debe aspirar a tener como meta fundirse, el fundir su trabajo en el contacto directo con el pueblo —dijo—. La fusión del alma del artista con el público es lo que realmente vale en el trabajo de un artista.»[95]

Violeta le anunció a Gilbert que podía pasar a visitarlo a La Paz. Tras su paso por Santiago, el suizo se había convertido en un personaje todavía más célebre en Bolivia. Ahora tenía su propio conjunto musical, Los Jairas, y estaba alcanzando un éxito rotundo.

Gilbert organizó nuevos recitales de Violeta en la Peña Naira y, tal como había sucedido en mayo, las presentaciones estuvieron muy concurridas y aplaudidas.

Pero claro, no se trataba sólo de una visita artística. «Yo siempre supe que ella venía por el gringo —rememoró Ernesto Cavour—. Hacía todo por el gringo, a quien amaba completamente y él también la amaba a ella, aunque sabía que no podían volver a estar juntos.»[96]

Últimamente, el suizo había estado soltando las amarras emocionales que lo ataban a Violeta. De hecho, se había forjado una fama de gran mujeriego. «Las mujeres lo perseguían porque era un hombre simpático, agradable…. era un gran músico —recordó Leni Ballón, hija de Pepe Ballón, el dueño de la Peña Naira y del lugar donde se alojaba Gilbert—. Incluso nosotros teníamos miedo de que cuando estaba Violeta Parra adentro llegara una de sus chicas.»[97]

Esta vez la folclorista sí se percató de que Gilbert conseguía armar su propio mundo y su propia carrera. Se contentó con insistir en que Los Jairas fueran a presentarse pronto en Santiago. Y ello se concretó en diciembre. El grupo boliviano fue aclamado por el público y la prensa, y también actuó en la carpa. Tal como pasó con Los Choclos, Violeta había importado un conjunto cuyos sonidos andinos, comandados por la quena de Favre, resultaban novedosos y fascinantes.

Fue la última vez que Violeta y Gilbert se vieron.

La cantante retornó a Arica justo a tiempo para tomar el vuelo de vuelta a Santiago. Con la aviación comercial todavía en pañales, el itinerario incluyó cinco paradas. Cuando los músicos estaban subiendo las escaleras del aparato DC-3 en el aeropuerto de Chacalluta, uno de ellos murmuró: «Si caemos hoy, se acaba la canción chilena».[98]

Efectivamente el vuelo fue muy turbulento, casi terminó en tragedia.

Mientras la mayoría de los pasajeros se aferraba a sus asientos, Violeta parecía despreocupada. «Estaba de excelente humor. Caminaba por el pasillo de arriba abajo, hacía bromas en alta voz, preguntaba, contaba, cantaba, bajaba a tierra en cada uno de los puntos de recalada», escribió Manns.[99]

Después de casi nueve horas de viaje, cuando el avión se aproximó a Santiago, todos sabían que algo andaba mal. Enfilaban hacia el pequeño aeródromo de Tobalaba, un club aéreo para naves pequeñas, y no hacia el aeropuerto de Cerrillos. El piloto hizo varios intentos fallidos por aterrizar, y el pánico se apoderó de la cabina en cuanto los pasajeros divisaron bomberos y ambulancias en la losa.

Violeta se veía tranquila, sentada junto a una ventanilla. A su lado iba Manns. De pronto, en medio de la emergencia, la folclorista le dijo:

—Algunos han sacado ya sus cuentas. Lo que hay que dejar, es decir, lo que hay que perder. Yo no tengo ni casa ni amores. Mis hijos están grandes y pueden seguir solos. Mi carpa se la lleva el viento cualquier día. Además, no me pertenece: vivo de prestado.

Para el siguiente intento, habló el comandante: «No se encuentran en peligro mortal, sólo hay un desperfecto en el tren de aterrizaje. Aquellos que deseen tranquilizantes pueden solicitarlos al personal».

Los gritos y los sollozos se intensificaron. Manns estaba muerto de miedo, pero Violeta seguía inmutable.

—Y tú, ¿por qué no te asustas? —le preguntó Manns.

Violeta se comenzó a reír y le contestó:

—La muerte no es tan importante como la vida. La gente sólo se asusta si no ha sembrado nada.

Finalmente, el avión logró aterrizar sin muertos ni heridos.

Al momento de ir por el equipaje, Violeta recogió varios charangos. Su idea era venderlos en Santiago y obtener una modesta ganancia. Pero en sus maletas también venía otro objeto: una pistola.

Había comprado el arma de manera clandestina en La Paz. Extrañados, Favre y Cavour le preguntaron para qué lo quería. «Para matar a los perros callejeros que asedian la carpa», respondió Violeta.

Era el revólver que usaría tres meses después para quitarse la vida.

SANTIAGO DE CHILE, ENERO DE 1967

Los chilenos que la noche del 31 de diciembre de 1966 sintonizaron la Radio Magallanes, oyeron la voz de Violeta Parra:

> Con mi voz ronca, con mis 49 años y con mi figura sencilla he podido comprobar que el pueblo de Chile sabe reconocer el esfuerzo de una persona que se ha roto el alma y ha sangrado para llegar a esto: fundir su alma de artista con el alma de artista del público.[100]

Se trataba de una entrevista hecha por René Largo Farías, cuyo fin era repasar los últimos doce meses y proyectar el nuevo año. Violeta Parra, refiriéndose a sí misma en tercera persona, dijo:

Voy a terminar con estas palabras [...] a todos los chilenos que aman la música chilena, y a los que no la aman también, un abrazo grande de Año Nuevo. Que todos los deseos de los chilenos se cumplan y que la Violeta Parra tenga la suerte de seguir cantando como hasta ahora, para terminar el trabajo que se ha propuesto.[101]

Pese a su optimismo, Violeta lo estaba pasando cada vez peor. A fines de diciembre había invitado a la Carpa de La Reina a uno de los grupos revelación del momento: Quilapayún. Sin embargo, llegaron tan pocas personas que la función se tuvo que suspender.[102] Otra noche, Ángel les mostró *Las últimas composiciones* a sus amigos en la Peña de los Parra. Joan Turner lo recordaría así: «Sólo a fines de 1966, poco antes de su muerte, se dejó sentir entre la generación de compositores más jóvenes todo el impacto de su talla y creatividad. Recuerdo que una noche [...] oímos por primera vez el "Gracias a la vida" y Víctor se sintió conmovido hasta las lágrimas».[103]

Violeta nunca supo de este silencioso y creciente reconocimiento de los músicos jóvenes. Casi todos ellos interpretarían con el tiempo sus canciones y afirmarían que ella era, en esencia, la verdadera madre de la Nueva Canción Chilena. Pero para entonces Violeta ya había muerto.

La exitosa peña de sus hijos decidió, a mediados de enero de 1967, cerrar por unas semanas el boliche para disfrutar de las vacaciones de verano. Algunos de los amigos se preparaban para presentarse en el Festival de Viña del Mar. Violeta, por su parte, estaba casi sola en su inmensa carpa, acompañada únicamente por Carmen Luisa y Alberto Zapicán.

La relación con su hija menor se deterioraba y las peleas se tornaban constantes. «Mi madre era un ser muy contradictorio —afirmó Carmen Luisa—. Me sacó mil veces del colegio porque decía que no servía para nada. Y después me compraba muchos libros, muchos, e intentó hacerme leer *El Capital*, ¡pero eso era absolutamente loco!»[104]

Un día de ese verano Carmen Luisa salió con su pololo y Violeta se indignó cuando la vio llegar atrasada en la noche. La adolescente se desesperó tanto que le dijo a su madre que estaba aburrida de todo y que lo único que deseaba era matarse. Violeta se quedó mirándola con ojos de pena:

—Mira, Carmen Luisa, cuando uno quiere matarse se mata calladita. Yo nunca te voy a decir nada a ti que mañana me voy a matar o que tengo ganas de matarme.[105]

Con Alberto Zapicán la relación era incluso más tensa. El uruguayo, pese a ser retraído, no aceptaba atropellos emocionales y a fines de 1966 simplemente se fue de La Reina por un tiempo. Indignada, Violeta sospechaba que Zapicán se había ido a Valparaíso a ver al Gitano Rodríguez. Así que le escribió una larga carta al porteño:

Tú sabes que yo quería olvidarme para siempre de Gilbert. De los seis años con ese niño que es Gilbert. Alberto lo interpretó mal, creyó que yo me agarraba de él porque estaba «muy solita»… Se sabe que la Violeta Parra es la mujer más acompañada del planeta. Cada día de peña hay un adorador que quisiera acompañarme a deshojar flores. No lo hago porque yo deshojo flores sólo cuando yo lo dispongo.[106]

Para Violeta fue un permanente motivo de frustración el no poder controlar a Zapicán de la misma forma en que lo había hecho con Gilbert. Ya en *Las últimas composiciones* le había dedicado al uruguayo dos canciones que hablaban de eso. Una era el rin «El "Albertío"», mezcla de las palabras «Alberto» y «advertido».

¡Yo no sé por qué mi Dios
le regala con largueza
sombrero con tanta cinta
a quien no tiene cabeza!
[…]

Yo te di mi corazón:
¡degüélvemelo enseguí'a!
A tiempo que me hei da'o cuenta
que vo'no lo merecías.

Pero el uruguayo, que había tocado los tambores en esa canción, no se descorazonó. «Fue un tema que hizo muy rápido, y claro que lo discutimos luego —afirmó en una conversación con la periodista Marisol García—. No me siento afectado: aunque ella hablara mierda de mí sería un honor; por último perdió el tiempo conmigo y no con otros.»[107] En la carta que le envió al Gitano Rodríguez a fines de 1966, Violeta ventiló sus frustraciones, pero no sólo las que se vinculaban con Alberto Zapicán, sino con toda una generación de jóvenes que, a juicio de ella, estaban jugando a ser revolucionarios.

¿Comunista, liberal, conservador? ¿Anarquista, filósofo? ¿Poeta, pintor, artesano? ¿Hombre corriente? ¿Creador? ¿Carpintero? Nada de esto, Osvaldo. Nada, desgraciadamente. Una mañana le vomité un discurso entero sobre los románticos revolucionarios de café durante el día y a la luz de la luna durante la noche, escondidos detrás de un bigote, unas patillas y una melena larga existencialista. De estos revolucionarios está lleno el planeta.[108]

A mediados de enero, Violeta y Alberto hicieron planes para ir a Uruguay y conocer a la familia. Él compró dos pasajes en tren, con fecha para el 7 de febrero. Metódica y anticipada como siempre, la cantante le escribió una carta a la madre de Alberto y en esta le pidió que avisara de su llegada a los artistas folclóricos locales.[109] Pero las peleas de la pareja iban en aumento. «Se hallaba muy mal —recordó el uruguayo—. Para dormir tragaba muchas pastillas, y a veces se tomaba un trago. Eso la ponía más violenta.»[110]

Los últimos días de enero, Zapicán ya no aguantaba el ambiente de La Reina y optó por escaparse. Carmen Luisa fue su ayudante. El uruguayo partió de nuevo a Valparaíso, a la casa de su amigo Osvaldo Rodríguez. «Mi mamá se puso loca, hasta que me zamarreó y me exigió que le dijera dónde estaba [Alberto]», recordó la hija. Y a esta no le quedó otro remedio que revelar la ubicación. Ambas partieron en un taxi para recorrer los más de cien kilómetros que hay hasta la costa.[111]

«Alberto se quedó impresionado con lo que había hecho Violeta —dijo Carmen Luisa—. Pero le tenía miedo, claro.»[112]

En estas conflictivas semanas Violeta compuso una canción que nunca lograría grabar, aunque su hija Isabel sí lo hizo después. Era un joropo que comenzaba con estos versos:

> El hombre que yo más quiero
> en la sangre tiene hiel;
> me deja sin su plumaje
> sabiendo que va a llover.

A fines de ese mes, René Largo Farías se reunió con los cantantes y conjuntos musicales que el 2 de febrero iban a partir a una nueva gira de Chile Ríe y Canta. Esta vez el destino era Coyhaique, una localidad ubicada en medio de enormes estancias ganaderas de la Patagonia chilena y que por entonces tenía unos quince mil habitantes. Radio Minería venía anunciando hace algunas semanas esta nueva gira y la organización ya había impreso afiches y folletos con las fechas, horas, lugares y participantes. Entre los músicos confirmados estaba Violeta Parra.

Todos los involucrados en la gira se congregaron en un pequeño departamento cerca de la Plaza de Armas de Santiago para afinar, junto a Largo Farías, los últimos detalles. Ahí estaban Quilapayún, Patricio Manns, el folclorista chillanejo Osvaldo Alveal y varios más. La reunión ya estaba en pleno desarrollo cuando de pronto se abrió la puerta y apareció Violeta. «Andaba con un charango, se notaba que había estado llorando, tenía el pelo desordenado tapándole la cara, estaba conmocionada», recordó Patricio Manns. La cantante se sentó en la mesa y, según evocó el mismo Manns, dijo:

—Yo quiero aprovechar este momento para hablar con todos y con René.

Hubo un silencio.

—Yo quiero ir a la gira con ustedes, pero necesito que me paguen más, porque se cayó la carpa, está en el suelo, tengo que invertir más en los pilares.

—Mira, Violeta, el problema es que esto es como una cooperativa, los dineros ya están destinados. Y tú vas a ganar esto —contestó René Largo Farías.

—Pero es que con eso no llego ni a la esquina —se quejó Violeta.

—Aquí todos tienen problemas, pero no puedo resolver cada uno de ellos.

En ese momento Violeta se puso a llorar. Y tras unos segundos de llanto, estalló en ira y lanzó garabatos y maldiciones. Tras calmarse un poco, le comunicó a Largo Farías:

—René, no voy a la gira. Si no me pagas más, me quedo acá.

Pero el productor y locutor radial, que era miembro del Partido Comunista, no dio su brazo a torcer.

—Pucha, Violeta, es que eres tan caprichosa —le contestó René—. Siempre todo tiene que girar en torno a ti.

Cuando Violeta escuchó esa frase se levantó de su silla, se dirigió a Patricio Manns, que estaba sentado al lado de la puerta, le dio un largo beso en la boca, giró y les dijo a los presentes: «Con esto me despido de todos ustedes». Después abrió la puerta y se fue.[113]

Un domingo en el cielo

El último domingo de vida de Violeta Parra comenzó el sábado 4 de febrero. Por la tarde fue a visitar a Nicanor en su parcela.

Violeta se sentía sola. Sus hijos habían partido de veraneo a la playa. Aunque Ángel e Isabel la invitaron, ella no quiso ir. Sus amigos, como Rolando Alarcón, Patricio Manns, Gabriela Pizarro, Margot Loyola y tantos otros, también estaban de vacaciones o en el Festival de Viña.

Nicanor había preparado un gran almuerzo. Violeta llegó un poco tarde y llevaba de regalo algo curioso: patos blancos, vivos. La cantante iba con un amigo llamado Carlos Rodríguez. «Era un hombre joven, apuesto. No sé si era un pololo de ella o un amigo no más», rememoró el hermano mayor.[114]

Después de almorzar, Violeta animó la sobremesa con su guitarra y su canto. Insistió en tocar varias veces «Un domingo en el cielo», una canción de estilo sirilla que había creado en Europa, pero que tampoco grabó. La letra retrataba una fiesta que los santos organizaron en el cielo. Y de esta forma terminaba:

Aquí llegó el Padre Eterno
pa' levantar el permiso.
Fue tanta su turbación
que clausuró el paraíso.

Nicanor insistió en que cantara «Según el favor del viento», el tema dedicado a los chilotes que era uno de sus favoritos. Violeta accedió sin muchas ganas y volvió a cantar «Un domingo en el cielo». Tras la velada se despidieron y Violeta regresó a la carpa. Ese sábado continuarían las funciones, aunque el público seguía siendo escaso.

El domingo 5 de febrero se despertó temprano, como de costumbre. Exigió a gritos que Alberto o Carmen Luisa calentaran el agua en la tetera para hacerse un té. Salió a comer algo rápido para el desayuno. Estaba vestida con un atuendo de colores y zapatos blancos. Después se encerró sola en su habitación.

Su hija y su pareja estaban acostumbrados a esos episodios de ensimismamiento, así que no prestaron mucha atención mientras pasaban las horas y la cantante seguía encerrada. Alberto Zapicán recordó que la folclorista ponía una y otra vez «Río Manzanares», una canción venezolana que solían interpretar Isabel y Ángel y que a ella le gustaba mucho. La letra decía:

> Río Manzanares,
> déjame pasar,
> que mi madre enferma
> me mandó llamar.
> [...]
>
> Mi madre es la única estrella
> que alumbra mi porvenir
> y si se llega a morir
> al cielo me voy con ella.

Alberto, Carmen Luisa y Violeta almorzaron cerca de la una de la tarde. La cantante no pronunció palabra y se metió de nuevo en su cuarto. Ahí comenzó a escribir sin parar, mientras continuaba escuchando «Río Manzanares». También se puso a tomar vino. Debido a sus recurrentes enfermedades hepáticas, apenas podía beber alcohol. Pero esa tarde tomó un vaso de vino tras otro.

Hacia las cinco de la tarde, cuando los termómetros en Santiago marcaban 33 grados de calor, salió raudamente de su pieza e increpó a Zapicán, que estaba sentado debajo de un árbol, por todos los malos momentos que le había hecho pasar y le preguntó:

—¿Dónde no falla un tiro?

—Aquí —le respondió el uruguayo tocándose la sien derecha.[115]

A los pocos minutos, recordó Alberto, sonó un estampido desde la habitación de Violeta.

Nicanor, sin embargo, le contaría una versión algo distinta a la periodista Marie Magdeleine Brumagne, que se había vuelto amiga de Violeta en Ginebra. En su autobiografía, Brumagne relató la siguiente escena:

Ella tenía un amante joven. Tuvieron un altercado, uno más supongo. Superado por la reyerta, que con Violeta podía llegar a niveles vertiginosos, el muchacho hizo un amago de salir de la habitación en la cual estaban ambos. «Si sobrepasas esa puerta, me mato», gritó ella. Él salió. Apenas se cerró la puerta sonó el disparo.

El certificado de defunción estableció que la muerte se produjo a las 18.00 horas. La causa fue una bala de 5,4 gramos en la sien derecha, sin salida de proyectil.

Violeta le dejó una carta, que se manchó de sangre, a su hermano Nicanor. Este nunca la ha querido revelar, pero ha asegurado que contiene una crítica descarnada a la propia familia y a algunos políticos. Isabel la leyó una vez. «No deja títere con cabeza», afirmó. «Hijos incluidos.»[116]

Considerando que la alcoholemia que se realizó durante la autopsia arrojó que Violeta Parra tenía 2,54 milígramos de alcohol en la sangre, lo que equivale a un estado de extrema ebriedad, tal vez aquella misiva no fuera escrita estando ella en su sano juicio. Los pocos que han podido verla señalan que al final dice:

«Me cago en las despedidas.»

* * *

Desde las siete de la tarde las agencias comenzaron a informar acerca de la muerte de la folclorista. Muchas radioemisoras, incluyendo las que nunca habían puesto música de Violeta, interrumpieron sus transmisiones. En la noche la noticia llegó a La Paz. Gilbert Favre se puso a llorar amargamente.

Al día siguiente los grandes diarios del país titularon con el suicidio, aunque no como portada. La muerte de Violeta Parra no fue la única y ni siquiera la principal noticia del momento. El país estaba expectante por un torneo de fútbol que traía al Santos, el equipo brasileño donde jugaba Pelé.

Por otra parte, el Festival Internacional de Viña del Mar estaba en pleno desarrollo.

Y, por si fuera poco, se anunciaba un gran combate boxeril de Cassius Clay —conocido más tarde como Mohamed Alí—, en el que intentaría retener su corona mundial. No hubo, para Violeta Parra, ni homenajes ni minutos de silencio.

El mundo siguió girando implacable. Pero tal vez Violeta anticipó que eso no le importaría. El «Rin del angelito», de su último disco, termina con estos versos:

> Cuando se muere la carne
> el alma busca en la altura
> la explicación de su vida
> cortada con tal premura,
> la explicación de su muerte
> prisionera en una tumba
> Cuando se muere la carne
> el alma se queda oscura.

Agradecimientos

A Iván Aguilera, mi principal asistente de investigación, quien me acompañó en viajes al sur de Chile, pasó horas en bibliotecas y archivos y más horas aún cuadrando notas al pie, bibliografía y otros menesteres. A Ricardo Martínez y Marisol García, que leyeron los borradores y me dieron consejos muy valiosos. Ruth Valentini también fue una lectora suspicaz. A Ángel Parra (1943-2017), quien me recibió con afecto en París, dedicando varios días agotadores a extensas conversaciones. Y a tantos que ayudaron en la investigación y escritura de este libro, entre ellos: Guillermo Cancino, Carlos Basso, Valentina Valencia, Fidel Améstica, Andrés Almeida, Carlos Tromben, Andrés Wood, Nayeli Palomo, Sophie LeClerc, Milena Rojas, Melanie Jösch, Andrés Poirot, Manfred Engelbert, Iván Gutiérrez, Ana León, Mario Verdugo, Elsa Hormazábal de San Fabián de Alico, Pascale Bonnefoy, Juan Pablo Cárdenas y María Olivia Mönckeberg. También quiero agradecer a todos mis entrevistados, en especial a Claudio Venturelli y sus amigos de Ginebra, y a Patricio Manns.

Finalmente, agradecimientos muy especiales a mi editor Vicente Undurraga, que no sólo realizó una excelente edición en base a mis manuscritos originales, sino que también me orientó en lecturas y entrevistados y ofició de mago en los cierres editoriales. En marzo de 2015 fuimos juntos a visitar a su casa en Las Cruces a Nicanor Parra, quien nos habló de su hermana cuando le contamos acerca de esta investigación biográfica.

Notas

PRIMERA PARTE
Violeta antes de Violeta

1. Sáez, Fernando, *La vida intranquila. Violeta parra*, p. 19.
2. Céspedes, Mario, *Entrevista de Mario Céspedes a Violeta Parra*, Radio Universidad de Concepción, 5 de enero de 1960.
3. Citado en: Morales, Leonidas. *Conversaciones con Nicanor Parra*, p. 25.
4. Ministerio de Educación, Decreto n.º 719 del 24 de abril de 1918 declara vacante el puesto del profesor Parra en San Fabián.
5. Villalobos, Sergio. *Origen y ascenso de la burguesía chilena*, p. 160.
6. «La verdadera causa del hambre que aflige a Santiago», *La Opinión*, 1 de julio de 1903. Citado en: Rodríguez, Ignacio, *Protesta y soberanía popular: las marchas del hambre en Santiago de Chile 1918-1919*, p. 41.
7. Sáez, Fernando, *op. cit.*, p. 20.
8. Citado en: Morales, Leonidas, *op. cit.*, p. 33.
9. Parra, Violeta, *Décimas, autobiografía en verso*, p. 49.
10. *Ibíd.*
11. Carta de Violeta Parra a Gilbert Favre. Citada en: Parra, Isabel, *El libro mayor de Violeta Parra*, p. 122.
12. Mario Céspedes, *op. cit.*
13. Parra, Violeta, *op. cit.*, p. 68.
14. Stambuk, P.; Bravo, P., *Violeta Parra. El canto de todos*, p. 22.

15. Entrevista con el autor, París, febrero-marzo de 2016.

16. Conservador de Bienes Raíces de Chillán. Posesión efectiva n.º 73 de Nicanor Parra Parra, 10 de diciembre de 1949.

17. Alegría, Fernando, «Violeta Parra: Veinte años de ausencia», *Araucaria de Chile*, n.º 38, 1987, p. 107.

18. De Navasal, Marina, «Conozca a Violeta Parra», *Ecran*, 8 de junio de 1954.

19. Morales, Leonidas, *op. cit.* p. 25.

20. *Ibid.*, p. 41.

21. Parra, Violeta, *op. cit.* p. 51.

22. Barros, R.; Dannemann, M., «Violeta Parra, hermana mayor de los cantores populares», *Revista Musical Chilena*, vol. 12, n.º 60, p. 72.

23. Parra, Violeta, *op. cit.*, p. 40.

24. Arturo Alessandri, *El Mercurio* y Carlos Ibáñez son citados en: Portales, Felipe, *Los mitos de la democracia chilena*.

25. Parra, Violeta, *Décimas, op. cit.*, p. 73.

26. Stambuk, P.; Bravo, P., *op. cit.*, p. 24.

27. Visita del autor a Lautaro, enero de 2016.

28. Las escrituras notariales de cada una de estas compraventas se encuentran en el Archivo Judicial del Conservador de Bienes Raíces de Chillán.

29. Citado en: Stambuk, P.; Bravo, P., *op. cit.*, p. 20.

30. Citado en: Morales, Leonidas, *Violeta Parra: la última canción*, p. 72.

31. Parra, Violeta, *op. cit.*, p. 79.

32. Parra, Violeta, *op. cit.*, p. 49.

33. Bengoa, José, *Historia rural del Chile central*, p. 196.

34. Kerschen, Karen, *Violeta Parra: By the Whim of the Wind*, p. 29.

35. Stambuk, P.; Bravo, P., *op. cit.*, p. 36.

36. Barros, R.; Dannemann, M., *op. cit.*, p. 72.

37. Parra, Violeta, *op. cit.*, p. 107.

38. Barros, R.; Dannemann, M., *op. cit.*, p. 72.

39. Parra, Violeta, *op. cit.*, p. 108.

40. Salazar, Gabriel; Pinto, Julio, *Historia Contemporánea de Chile*, vol. II, p. 104.

41. Manns, Patricio, *Violeta Parra, la guitarra indócil*, p. 43.

42. Citado en: Salazar, Gabriel; Pinto, Julio, *op. cit.*, p. 147.

43. Citada en: Drysdale, Sabine; Escobar, Marcela, *Nicanor Parra. La vida de un poeta*, p. 60.

44. Morales, Leonidas, *op. cit.*, p. 25.

45. Parra, Violeta, *op. cit.*, p. 102.

46. Parra, Eduardo, *Mi hermana Violeta Parra*, p. 33.

47. Parra, Violeta, *op. cit.*, p. 109.

48. Molina, Alfonso, «"Vengan a cantar junto a mí. No tengo plata para gastar en propaganda". Violeta Parra: su desconocida entrevista cuatro meses antes de su muerte», *El Mercurio*, 16 de octubre de 1966.

49. Parra, Violeta, *op. cit.*, p. 135.

50. Venegas, Fernando, «Violeta Parra y su conexión con la cultura popular de la frontera del Bío-Bío, *Historia*, n.º 21, vol. 1, pp. 105-139.

51. Parra, Violeta, *op. cit.* p. 138.

52. El Mercurio (*online*), «Memorias del penúltimo de los Parra», 6 de mayo de 2013.

53. Parra, Eduardo, *op. cit.*, p. 70.

54. Parra, Violeta, *op. cit.*, p. 143.

55. Jara, Joan, *Víctor, un canto inconcluso*, p. 38.

56. Parra, Violeta, *op. cit.*, p. 143.

57. Diálogo reconstruido en base a relato de Nicanor en: Quezada, Jaime, *En la mira de Nicanor Parra*.

58. *Ibid*, p. 145.

59. Parra, Violeta, *op. cit.*, p. 146.

60. Morales, Leonidas, *op. cit.*, p. 140.

61. Mena, Rosario, «Mi hermana Violeta», nuestro.cl (*online*), julio de 2004.

62. Parra, Eduardo, *op. cit.*, p. 106.

63. Alegría, Fernando, *Fernando Alegría Papers*, Stanford University Libraries, Box 15, Folder 21.

64. Citado en: Miranda, Paula, *La poesía de Violeta Parra*, p. 72.

65. Alcalde, Alfonso, *Toda Violeta Parra*, pp. 25-26.

66. Stambuk, P.; Bravo, P., *op. cit.*, p. 52.

67. Testimonio reproducido por el periódico *El Ciudadano*, 5 de octubre de 2015.

68. Parra, Isabel, *El libro mayor de Violeta Parra*, p. 38.

69. Stambuk, P.; Bravo P., *op. cit.*, p. 52.

70. Parra, Violeta, *Décimas*, *op. cit.*, p. 155.

71. Parra, Violeta, *Décimas, op. cit.* p. 147.

72. Huasi, Julio, *Violeta de América*, p. 97.

73. Parra, Ángel, *Violeta se fue a los cielos*, p. 25.

74. Stambuk, P.; Bravo P., *op. cit.* p. 52.

75. Stambuk, P.; Bravo P., *op. cit.*, p. 51.

76. Parra, Violeta, *op. cit.*, p. 150.

77. Sáez, Fernando, *op. cit.*, p. 33.

78. Parra, Eduardo, *op. cit.*, p. 135 ff. p. 74.

79. Correa, Magdalena, «Violeta Parra en crudo», *Paula*, n.º 534, septiembre de 1988.

80. Parra, Isabel, *op. cit.*, p. 44.

81. Alcalde, Alfonso, *op. cit*, p. 31.

82. Stambuk, P.; Bravo P., *op. cit.*, p. 54.

83. *Ibid.*

84. *Ibid.*

85. Sáez, Fernando, *op. cit.*, p. 43.

86. Citado en: González, Marco, «Comunismo chileno y cultura Frente Popular. Las representaciones de los comunistas chilenos a través de la revista *Principios*, 1925-1947», *Izquierdas*, n.º 11, diciembre de 2011, pp. 54-69.

87. Parra, Ángel, *op. cit.*, p. 38.

88. Conversación con Isabel Parra. Santiago, febrero de 2016. Isabel Parra no tuvo tiempo para acceder a una serie de entrevistas más amplias.

89. Entrevista con Ángel Parra, París, febrero-marzo de 2016.

90. Parra, Ángel, *op. cit.*, p. 15.

91. Citado en: González, Marco, *op. cit.*, p. 61.

92. Huidobro, Vicente, «URSS», *Principios*, n.º 4, noviembre de 1935, pp. 29-30.

93. Neruda, Pablo, *Nuevo canto de amor a Stalingrado*.

94. De Rokha, Pablo, *Canto al Ejército Rojo*.

95. Neruda, Pablo, *Confieso que he vivido*, p. 201-202.

96. Neira, Fernando, «Pepe Fernández, fundador de Los Churumbeles de España», *El País*, 8 de enero de 2004.

97. Parra, Ángel, *op. cit.*, p. 25.

98. De Navasal, Marina, «Conozca a Violeta Parra». Revista *Ecran*, 8 de junio de 1954, s.p.

99. Parra, Eduardo, p. 142.

100. *Ibid.*, p. 154.

101. Kerschen, Karen, *op. cit.*, p. 46.

102. Münnich, Susana, *Casa de hacienda, carpa de circo (María Luisa Bombal, Violeta Parra)*, p. 133.

103. Parra, Isabel, *op. cit.*, p. 50.

104. Alegría, Fernando, *op. cit.*

105. Haro, Eduardo, «Murió Sautier Casaseca, el escritor de la radio», *El País*, 15 de abril de 1980.

106. Stambuk, P.; Bravo P., *op. cit.*, p. 54.

107. *Ibid.*, p. 59.

108. Entrevista con el autor, París, febrero-marzo de 2016.

109. Parra, Isabel, *op. cit.*, p. 54.

110. Stambuk, P.; Bravo P.; *op. cit.*, p. 54.

111. Entrevista con el autor, París, febrero-marzo de 2016.

112. Parra, Ángel, *op. cit.*, p. 39.

113. Stambuk, P.; Bravo P., *op. cit.*, p. 58.

114. *Ibid.*, p. 59.

115. *Ibid.*, p. 59.

116. Alcalde, Alfonso, *op. cit.* pp. 35-36.

117. Parra, Ángel, *op. cit.* p. 83-84

118. Entrevista con el autor, París, febrero-marzo de 2016.

119. *Ibid.*

120. Parra, Ángel, *op. cit.* p. 46.

121. *Ibid.*

122. *Ibid.*

123. *Ibid.*, p. 50.

124. Parra, Violeta, *op. cit.* p. 159.

125. Stambuk, P.; Bravo P., *op. cit.* p. 60.

126. Alegría, Fernando, «Violeta Parra: Veinte años de ausencia», *op. cit.*

127. De Navasal, Marina, *op. cit.*

128. González, Juan Pablo; Rolle, Claudio. *Historia social de la música popular en Chile, 1890-1950*, p. 435.

129. Alegría, Fernando, *Fernando Alegría Papers*.

130. De Navasal, Marina, *op. cit.*

131. Parra, Ángel, *op. cit.* p. 43.

132. Huneeus, Carlos, *La Guerra Fría chilena. Gabriel González Videla y la Ley Maldita*, capítulo 4.

133. Olivares Briones, Edmundo, *Pablo Neruda: los caminos de América*, p. 480.

134. Conservador de Bienes Raíces de Chillán. Posesión efectiva n.º 73-74 de Nicanor Parra Parra, diciembre de 1949.

135. Entrevista con el autor. París febrero-marzo de 2016.

Segunda parte
Violeta y una misión

1. Morales, Leonidas, *Conversaciones con Nicanor Parra, op. cit.*, pp. 145 y ss.

2. Rodríguez, Osvaldo, «Violeta, influencia y fuerza moral». *Araucaria de Chile*, n.º 38, pp. 116-122.

3. Citado en: Reyes, Felipe. *Nascimento, el editor de los chilenos*, p. 208.

4. Alocución de la folclorista en el disco *La cueca presentada por Violeta Parra*, Odeon, 1959.

5. Parra, Violeta, *Décimas, op. cit.*, p. 104.

6. Barros, R.; Dannemann, M., «Violeta Parra, hermana mayor de los cantores populares», *Revista Musical Chilena,* vol. 12, n.º 60, pp. 71-77.

7. Parra, Violeta, *Cantos folclóricos chilenos*, p. 17.

8. *Ibid.*

9. Entrevista con el autor, París, febrero-marzo de 2016.

10. Parra, Ángel, *Violeta se fue a los cielos, op. cit.*, p. 58.

11. Citado en: Agosín, M.; Dölz Blackburn, I., *Violeta Parra, santa de pura greda*, p. 25.

12. Parra, Ángel, *op. cit.*, p. 62.

13. Parra, Violeta, *op. cit.*, p. 21.
14. Parra, Isabel, *El libro mayor de Violeta Parra, op. cit.*, p. 95.
15. Parra, Violeta, *op. cit.*, p. 31.
16. Parra, Violeta, *op. cit.*, p. 25.
17. Citado en: Venegas, Fernando, «Violeta Parra y su conexión con la cultura popular de la frontera del Biobío». Revista *Historia*, n.º 21, vol. 1, pp. 105-139.
18. Parra, Ángel, *op. cit.*, p. 88.
19. Entrevista con Iván Aguilera, ayudante de investigación de esta publicación, Concepción, enero de 2017.
20. Parra, Ángel, *op. cit.*, p. 87.
21. Oviedo, Carmen, *Mentira todo lo cierto. Tras la huella de Violeta Parra*, p. 11.
22. Stambuk, P.; Bravo, P., *op. cit.*, p. 78.
23. Parra, Ángel, *op. cit.*, p. 76.
24. Stambuk, P.; Bravo, P., *op. cit.*, p. 76.
25. Huasi, Julio, *Violeta de América. op. cit.*, p. 95.
26. Parra, Ángel, *op. cit.*, p. 88.
27. Barros, R.; Dannemann, M., *op. cit.*, pp. 71-77.
28. Reyes, Felipe (2014), *op. cit.*, p. 208.
29. Varas, J. M.; González, J. P., *En busca de la música chilena*, p. 55.
30. Valladares, C.; Vilches, M., *Rolando Alarcón, la canción de la noche*, p. 41.
31. Parra, Isabel, *op. cit.*, p. 197.
32. Barros, R.; Dannemann, M., *op. cit.*, p. 73.
33. Entrevista al diario *El Siglo*, 11 agosto 2005.
34. Ruiz Zamora, Agustín, «Margot Loyola y Violeta Parra: convergencias y divergencias en el paradigma interpretativo de la Nueva Canción chilena», *Cátedra de Artes*, n.º 3, p. 49.
35. *Ibid.*, p. 54.
36. *Ibid.*, p. 54.
37. Loyola, Margot, *La tonada, testimonios para el futuro*, p. 76.
38. *Ibid.*, p. 76.
39. «¿Surge nuevo valor folklórico?», *Ecran*, 3 de noviembre 1953, p. 19.
40. Barros, R., Dannemann, M., «Los problemas de la investigación del folklore nacional chileno», *Revista Musical Chilena*, n.º Especial, pp. 105-119.

41. Barros, R.; Dannemann, M., V*ioleta Parra, hermana mayor…*, *op. cit.*, pp. 71-77.

42. Escobar, Marcela, «Violeta Parra: hechicera de gran poder», *Sábado*, 10 de marzo de 2001.

43. Los datos provienen de: Verba, Ericka, «Violeta Parra, Radio Chilena, and the "Battle in Defense of the Authentic" during the 1950's in Chile», *Studies in Latin American Popular Culture*, vol. 26, pp. 151-165.

44. Parra, Isabel, *op. cit.*, p. 58.

45. *Ibid.*

46. Parra, Violeta, *Décimas, op. cit.*, p. 91.

47. Stambuk, P.; Bravo, P., *op cit.*, p. 91.

48. Alegría, Fernando, «Violeta Parra: veinte años de ausencia», *op. cit.*

49. Parra, Isabel, *op. cit.*, p. 63.

50. Citado en: Verba, Ericka, *op. cit.*, p. 157.

51. Stambuk, P.; Bravo, P., *op. cit.*, p. 90.

52. Verba, Ericka, *op. cit.*, p. 155.

53. Parra, Isabel, *op. cit.*, p. 153.

54. Citada en García, Marisol, «Con palabra y música», Revista *Qué Pasa*, 19 de agosto de 2016.

55. Parra, Isabel, *op. cit.*, p. 62.

56. *Ibid.*

57. Jara, Joan, *op. cit.*, p. 20.

58. Bengoa, José, *op. cit.*, p. 13.

59. *Ibid.*, p. 231.

60. Citados en: Torres Alvarado, Rodrigo. «Cantar la diferencia. Violeta Parra y la canción chilena». *Revista Musical Chilena*, n.º 201, pp. 53-73.

61. Salazar, Gabriel; Pinto, Julio. *op. cit.*, p. 147.

62. Programa n.º 5, «Así canta Violeta Parra», Radio Chilena, 1954. Citado en: Sáez, Fernando, *op. cit.*, p. 70.

63. Citado en: García, Marisol, *Canción valiente (1960-1989)*, p. 19.

64. Citado en: Calderón Campos, Damaris, «La Lira Popular chilena: su resonar en el tiempo», letras.mysite.com (*online*).

65. Jara, Joan, *op. cit.*, p. 48.

66. Citada en: Ruiz Zamora, Agustín. «Conversando con Margot Loyola». *Revista Musical Chilena*, n.º 183, año 49, pp. 11-41.

67. Stambuk, P.; Bravo, P., *op. cit.*, p. 87.

68. Epple, Juan Armando, «Entretien avec Angel Parra», *Cahiers du monde hispanique et luso-brésilien*, n.º 1, vol. 48, pp. 121-126.

69. Citado en: Farías, Miguel, «Texto folklórico, texto literario y audiencia: a propósito de Violeta Parra», *Logos*, n.º 3-4, pp. 111-122.

70. «Una tarde con Violeta», *Vuelo*, Avellaneda, Buenos Aires. Mayo de 1962.

71. Entrevista con el autor, conversación telefónica. Santiago, marzo de 2016.

72. Citado en: Stambuk, P.; Bravo, P., *Violeta Parra... op. cit.*, p. 81.

73. http://www.cancioneros.com/nc/245/0/casamiento-de-negros-popular-chilena-anonimo-violeta-parra. Último acceso: abril 15, 2017.

74. Payá, Ernesto, «Leonard Bernstein y *Casamiento de Negros*», *Revista Chilena de Infectología*, vol. 27, n.º 1, p. 24.

75. Rodríguez, Osvaldo, *op. cit.*, pp. 116-123.

76. Entrevista con el autor, París, febrero y marzo de 2016.

77. Parra, Violeta, *Cantos folklóricos...*, *op. cit.*, p. 99.

78. Entrevista con el autor, Chillán, enero de 2016.

79. Bengoa, José, *op. cit.*, p. 175-176.

80. *Revista del Domingo*, 31 octubre 1982, p. 8.

81. Stambuk, P.; Bravo, P., *op. cit.*, p. 85

82. Entrevista con el autor, París, febrero-marzo 2016.

83. Stambuk, P.; Bravo, P., *op. cit.*, p. 76.

84. Mena, Rosario, «Violeta y los Letelier», nuestro.cl (*online*).

85. De Navasal, Marina, *op. cit.*

86. Teitelboim, Volodia, *Neruda*, p. 377.

87. Entrevista con el autor, Santiago, junio de 2016.

88. Parra, Isabel, *op. cit.*, p. 135.

89. De Navasal, Marina. *op. cit.*

90. *Ibid.*

91. Parra, Isabel, *op. cit.*, p. 124.

92. Conservador de Bienes Raíces de Santiago. Documento n.º 8898, de 12 junio de 1954.

93. Rubén Nouzeilles fue contactado en un par de ocasiones por el autor, pero no quiso dar una entrevista para esta biografía.

94. Citado en: Molina Fuenzalida, Héctor, «Violeta chilensis: una estética de la resistencia», *Filosofía, Educación y Cultura*, n.º 10, pp. 216, y Stambuk, P.; Bravo, P., *op. cit.* p. 102.

95. Stambuk, P.; Bravo, P., p. 102.

96. Citado en: Valladares, C., Vilches, M., *Rolando Alarcón: la canción de la noche*, p. 51.

97. Datos proporcionados por el sitio www.cancioneros.com, en base a una investigación realizada en la Colección Eugenio Pereira Salas del Archivo Central Andrés Bello, Universidad de Chile.

98. Contardo, Óscar, «El argentino que le dio voz a la música chilena», *Artes y Letras* (*El Mercurio*), 9 de septiembre de 2007.

99. *Ibid.*, p. 89

100. Stambuk, P.; Bravo, P., *op. cit.*, p. 95.

101. Alegría, Fernando, «Violeta Parra: veinte años...», *op. cit.*

102. Stambuk, P.; Bravo, P., *op. cit.*, p. 95.

103. Información obtenida de la entrevista realizada por Mario Céspedes a Violeta Parra, *op. cit.*

104. *Ecran*, n.º 1.262, 29 de marzo 1955.

105. Parra, Violeta, *op. cit.*, p. 214.

106. «Violeta Parra descubrió un guitarrón de veinticinco cuerdas», *Ecran*, 29 de marzo de 1955.

107. Entrevista con Ángel Parra, París, febrero-marzo 2016.

108. Parra, Ángel, *op. cit.*, p. 88.

109. Canal Encuentro, «Cantoras: Homenaje a Violeta Parra, Ciclo Grandes Mujeres Latinoamericanas» (documental).

110. *Revista del Domingo*, 31 de octubre 1982, p. 8.

111. Parra, Isabel, *op. cit.*, p. 102.

112. Stambuk, P., Bravo, P., *op. cit.*, p. 74.

113. *Ecran*, n.º 1.373, 14 de mayo de 1957.

114. «Los mejores de 1954», *Vea*, 9 de julio de 1955.

115. Parra, Isabel, *op. cit.*, p. 64.

116. Sáez, Fernando, *op. cit.*, p. 75.

117. Alocución de Violeta Parra en Radio Chilena, 19 de octubre de 1957. Citado en: Oviedo, Carmen, *Mentira todo lo cierto...*, *op. cit.*, p. 56.

118. Stambuk, P.; Bravo, P., *op. cit.*, p. 74.

119. Vera, Luis, «*Viola chilensis*: Violeta Parra, vida y obra» (documental).

120. Isabel Parra no quiso dar entrevistas para esta investigación biográfica.

121. Entrevista con Ángel Parra, París, febrero-marzo de 2016.

122. Pinochet Cobos, Carla, «Violeta Parra: tensiones y transgresiones de una mujer popular a mediados del siglo XX», *Revista Musical Chilena*, n.º 213, año 64, p. 83.

123. Entrevista con Ángel Parra. París, febrero-marzo de 2016.

TERCERA PARTE
Violeta y las travesías

1. Stambuk, P.; Bravo, P., *op. cit.*, p. 102.

2. Entrevista con el autor, Santiago, mayo de 2017.

3. Stambuk, P.; Bravo, P., *op. cit.*, p. 106.

4. Parra, Violeta, *Décimas, op. cit.*, p. 171.

5. Stambuk, P.; Bravo, P., *op. cit.*, p. 106.

6. Echeverría, Mónica, *Yo, Violeta*, p. 86.

7. Parra, Violeta, *op. cit*, p. 172.

8. *Ibíd.*, pp. 174-175.

9. Un ejemplo de ello se puede ver en el video «5th International Youth Festival In Warsaw» (*online*), www.youtube.com/watch?v=O-MW9hCBqrrM. Último acceso: 3 de mayo de 2017.

10. Parra, Violeta, *op. cit.* p. 177.

11. Entrevista con el autor, Santiago, mayo de 2017.

12. Parra, Violeta, *op. cit.*, p. 179.

13. Engelbert, Manfred, *Lieder aus Chile*.

14. Entrevista con el autor, Santiago, mayo de 2017.

15. Parra, Violeta, *op. cit*, p. 180.

16. *Ibid.*, p. 183.

17. *Ibid.*, p. 184.

18. Citado en: «Violeta Parra», *Vistazos*, n.º 4, noviembre de 1997, p. 5.

19. Alegría, Fernando. «Violeta Parra: veinte años...», *op. cit.*

20. Parra, Violeta, *op. cit.* p. 185.

21. Parra, Violeta, *op. cit.* p. 164; y también: Parra, Isabel, *op. cit.*, p. 70.

22. Stambuk, P.; Bravo, P., *op. cit.*, p. 110.

23. Vera, Luis, *op. cit.*

24. *Ibid.*

25. Citado en: Stambuk, P.; Bravo, P., *op. cit.*, p. 113-114.

26. «Violeta Parra canta en París», *Ecran*, 25 de octubre de 1955.

27. Parra, Isabel, *op. cit.*, p. 108.

28. Miranda, Paula, *La poesía de Violeta Parra*, *op. cit.*, p. 110.

29. Diálogo citado en el prólogo de: Jodorowsky, Alejandro, *El maestro y las magas.*

30. Farías, Miguel, *op. cit.*

31. Citada en: Pellegrino, Guillermo, *Las cuerdas vivas de América*, p. 138.

32. *Ibid.*

33. *Ibid.*

34. Presentación en: «Semana Violeta Parra», Pontificia Universidad Católica de Chile, 3 de diciembre de 1967.

35. Entrevista con el autor, Santiago, junio de 2016.

36. Parra, Isabel, *op. cit.*

37. Alcalde, Alfonso, *Toda Violeta Parra…*, *op. cit.*, p. 22.

38. Entrevista con el autor, Santiago, junio de 2016.

39. De Navasal, Marina, «Volvió Violeta Parra: triunfo en Europa, pronto regreso a Europa», *Ecran*, n.º 1.354, 1 de enero 1957.

40. Pellegrino, Guillermo, *op. cit.* p. 138.

41. Entrevista con el autor, Santiago, mayo de 2017.

42. Citada en: *Hoy*, n.º 28, noviembre de 1977.

43. Sáez, Fernando, *op. cit.*, p. 84.

44. «Violeta Parra hizo llorar a los franceses», *Ecran*, 11 de diciembre de 1956.

45. Parra, Eduardo, *Mi hermana Violeta…*, *op. cit.*, verso 206.

46. Stambuk, P.; Bravo, P., *op. cit.*, p. 110.

47. Verba, Ericka, «To Paris and Back: Violeta Parra's Transnational Performance of Authenticity», *The Americas*, 70 (02), pp. 269-302.

48. En: Lomax, Alan, *Alan Lomax Collection*. Association for Cultural Equity (*online*). Grabaciones de Violeta Parra en: http://research.

culturalequity.org/get-audio-ix.do?ix=recording&id=10900&id-Type=sessionId&sortBy=abc. Último acceso: 14 de mayo de 2017.

49. *Ecran,* «Violeta Parra hizo llorar», *op. cit.*

50. «Los profetas fuera de casa», *Ecran*, 22 de mayo, 1956.

51. Fernández, Camilo, «Álbum de discos», revista *Ecran*, 22 de mayo de 1956.

52. Barros, R.; Dannemann, M., *op. cit.*

53. Entrevista con el autor, Santiago, junio de 2016.

54. Citada en: Stambuk, P.; Bravo, P., *op. cit.*, p. 114.

55. Parra, Violeta, *Décimas…*, *op. cit.*, p. 193.

56. Pellegrino, Guillermo, *op. cit.*, p. 140.

57. *Ecran*, «Violeta Parra hizo llorar a los franceses», *op. cit.*

58. *Ibid.*

59. Citada en: *Ecran*, n.º 1.354, 1 de enero 1957.

60. Citada en: *Ecran*, n.º 1.351, 11 de diciembre 1956.

61. *Ecran*, «Violeta Parra hizo llorar», *op. cit.*

62. Entrevista a Violeta Parra del escritor Jorge Edwards, publicada en *Vea*; citada en: Sáez, Fernando, *op. cit*, p 84.

63. Citada en: Rodríguez, Osvaldo, *Cantores que reflexionan*, p. 217.

64. «Los profetas fuera de casa», *op.cit.*, p. 20.

65. De Navasal, Marina, «Volvió Violeta Parra…», *op. cit.*

66. Entrevista con el autor, Concepción, enero de 2016.

67. Parra, Violeta, *Décimas…*, *op.cit.*, p. 195.

68. Entrevista con el autor, Ginebra, marzo de 2016.

69. Loyola, Margot, *La tonada, testimonios para el futuro.*

70. Mouesca, Jacqueline, «Sergio Bravo: pionero del cine documental chileno», *Araucaria de Chile*, n.º 37, 1987.

71. El documental *Mimbre* y la interpretación en guitarra de Violeta Parra se pueden ver y escuchar en: Bravo, Sergio, *Mimbre* (documental). Link disponible en: https://www.youtube.com/watch?v=-QLq78pOvtJo. Último acceso: mayo de 2017.

72. Vera-Meiggs, David, «Mimbre, de Sergio Bravo», en: *Enciclopedia del Cine Chileno*, cinechile.cl (*online*).

73. Kerschen, Karen, *Violeta Parra. By the whim of the wind*, *op. cit.*, p. 113.

74. Parra, Isabel, *op. cit.*, p.110.

75. Entrevista con el autor, Santiago, septiembre de 2016.

76. Barros, R.; Dannemann, M. «Violeta Parra, hermana mayor de los cantores populares», *op. cit.*

77. Entrevista con Osvaldo Cádiz, marido de Margot Loyola, Santiago, junio de 2016.

78. *Ecran*, n.º 1416, 18 de marzo de 1958, p. 14.

79. Arrate, Jorge; Rojas, Eduardo, «El surgimiento del Frente de Acción Popular: la izquierda marxista como movimiento popular», Biblioteca Clodomiro Almeyda, Partido Socialista de Chile. Disponible en: http://www.socialismo-chileno.org/PS/index.php?option=com_content&task=view&id=77. (Último acceso: mayo de 2017).

80. Entrevista con el autor, París, febrero-marzo 2016.

81. Entrevista con el autor, Conversación telefónica, Santiago, marzo de 2016.

82. Willoughby, Federico, *La guerra. Historia íntima del poder.*

83. Entrevista con el autor, París, marzo de 2016.

84. «Isabel, ¿heredera del cetro folclórico de Violeta Parra?», *Ecran*, n.º 1.373, 14 de mayo de 1957.

85. Huasi, Julio, «Violeta de América», *op. cit.*

86. Jara, Joan, *op. cit.*, p. 52.

87. Entrevista con el autor, París, febrero-marzo 2016.

88. García, Marisol, *Canción valiente*, p. 95.

89. González, J. P., Ohlsen, O., Rolle, C., *Historia Social de la Música Popular en Chile*, 1950-1970, p. 376.

90. Bunster, Enrique, *Bala en boca.*

91. Miranda, P; Loncón, P.; Ramay, A., *Violeta Parra en el Wallmapu*, p. 35.

92. *El Sur*, 21 de agosto de 1957.

93. González, J. P. *et. al.*, *op. cit*, p. 315.

94. Contardo, Óscar. *op. cit.*

95. *Ibid.*

96. Entrevista realizada en 1965 y publicada de manera póstuma en: Radio Je Vouis Tout, 17 de septiembre de 1970.

97. Violeta Parra en Radio Chilena, 19 de octubre de 1957. Citada en: Oviedo, Carmen, *op. cit.*, p. 56.

98. *Ibid.*

99. *El Sur*, 8 de diciembre de 1957.

100. Archivo Central de la Universidad de Concepción, «Carta del rector David Stitchkin al Representante Residente de Asistencia Técnica de las Naciones Unidas».

101. Recuerdos de Mireya «Yeya» Mora. Entrevista con el autor, Concepción, enero de 2016.

102. Entrevista con el autor, Concepción, enero de 2016.

103. Citado en: Ruiz Balart, Macarena, «Arauco, no domado», *Tell Magazine*, agosto de 2014.

104. Conversación citada en: Varas, José Miguel, *Los sueños del pintor*, p. 246.

105. «Llega Salvador Allende a Concepción», *El Sur*, 25 de noviembre de 1957.

106. Conversación con el autor, París, febrero-marzo de 2016.

107. Ambas cuecas, así como las hojas mecanografiadas y apuntes a mano se encuentran en el Archivo del Museo Pedro del Río Zañartu, Hualpén.

108. Conversación con el autor, París, febrero-marzo de 2016.

109. *El Sur*, 8 de diciembre de 1957.

110. Archivo del Museo Pedro del Río Zañartu, Hualpén.

111. *El Sur*, 8 de diciembre de 1957.

112. Entrevista con el autor, abril de 2016.

113. Cuarta Escuela de Verano, Universidad de Concepción Chile, 1958.

114. Entrevista con el autor, enero de 2016.

115. «Violeta Parra en Concepción: Amores y desengaños marcaron su residencia.» *La Gaceta del Bio-Bío*, n.º 476, 6 de noviembre de 1983.

116. Varas, José Miguel, *op. cit.*, p. 265.

117. *Revista del Domingo*, 31 de octubre de 1982, p. 8.

118. Parra, Violeta, *Décimas…*, *op. cit.*, p. 209.

119. *Ibid.*, p. 213.

120. Entrevista con el autor, conversación telefónica, Santiago, marzo de 2016.

121. Citado en: Parra, Isabel, *op. cit.*, p. 78-79.

122. *Ecran*, n.º 1416, 18 de marzo de 1958, p. 14.

123. Este disco, así como toda la amplia discografía de Ángel Parra, está disponible para descarga gratuita en: https://angelparra.wordpress.com/discos/. Último acceso: junio de 2017.

124. Entrevista con el autor. Santiago, junio de 2016.

125. *Ecran*, n.º 1.416, 18 de marzo de 1958.

126. *Ibid.*

127. Entrevista con el autor, París, febrero-marzo de 2016.

128. Alcalde, Alfonso. *Toda Violeta Parra, op. cit.*, p. 45.

129. Carta guardada en el Archivo Central de la Universidad de Concepción.

130. Archivo Central de la Universidad de Concepción.

CUARTA PARTE
Violeta la revolucionaria

1. Taufic, Camilo, «Arco Iris en el Forestal», *Ercilla*, 9 de diciembre de 1959.

2. Citado en: «Violeta Parra expone en el Louvre», *El Mercurio*, 8 de abril de 1964.

3. Citado en: Varas, J. M.; González, J. P., *En busca de la música chilena*, p. 61.

4. Parra, Isabel, *op. cit.*, p. 115.

5. Citado en: «Violeta Parra expone en el Louvre», *El Mercurio*, 8 de abril de 1964.

6. «Cuadros, música y buen humor en la Feria de Artes Plásticas», *La Nación*, 8 de diciembre de 1965. Citado en: Hormazábal, Viviana, «La obra visual de Violeta Parra», *op. cit.*, p. 47.

7. Miguel Letelier en documental *Cantoras: Homenaje a Violeta Parra* (2013). Ciclo Grandes Mujeres Latinoamericanas. Canal Encuentro, Argentina.

8. Entrevista con el autor, París, febrero-marzo 2016.

9. Alcalde, Alfonso, *Toda Violeta Parra, op. cit.*, p. 21.

10. Rodríguez, Osvaldo, *Cantores que reflexionan*, p. 224.

11. En: *Ercilla*, n.º 1527, 26 de agosto de 1964.

12. Entrevista con el autor, Santiago, mayo de 2016.

13. Citada en: Rodríguez, Osvaldo, *op. cit.*, p. 245.

14. Canal Encuentro, *Cantoras, op. cit.*

15. Citado en: Montealegre, Jorge, *Violeta Parra. Instantes fecundos, visiones, retazos de memoria*, p. 39.

16. Entrevista con el autor, Santiago, junio de 2016.

17. Citada en: Ruiz Zamora, Agustín, «Margot Loyola y Violeta Parra: convergencias y divergencias en el paradigma interpretativo de la Nueva Canción chilena», *Cátedra de Artes*, n.º 3, p. 55.

18. Concha, Olivia, «Violeta Parra compositora». *Revista Musical Chilena*, n.º 183, pp. 71-106.

19. Citada en: Aravena Décart, Jorge, «Música popular y discurso académico: a propósito de la legitimación culta de las "Anticuecas" de Violeta Parra», *Revista Musical Chilena*, n.º 202, año 58, pp. 24.

20. Céspedes, Mario, *Entrevista de Mario Céspedes a Violeta Parra*, Radio Universidad de Concepción, 5 de enero de 1960.

21. García Lorca, Federico, «Teoría y juego del duende», conferencia en la Sociedad de Amigos del Arte, Buenos Aires, octubre de 1933. Recogido en García Lorca, Federico. *Prosa.*

22. Entrevista con el autor, París, febrero-marzo de 2016.

23. Manns, Patricio, *El Siglo*, febrero de 1969.

24. *Ibíd.*

25. Rodríguez, Osvaldo, *op. cit.*, p. 156.

26. Diserens, Jean-Claude, *Violeta Parra, bordadora chilena*, 1965 (documental).

27. *Aquí está*, 20 de enero de 1966, p. 7.

28. *Pomaire*, n.º 16, año 3, diciembre 1958-febrero 1959.

29. *El Siglo*, 29 de junio de 1971.

30. *Punto Final*, n.º 843, 18 de diciembre de 2015.

31. Vidal, Virginia, *Neruda, memoria crepitante*, p. 17.

32. Entrevista con el autor, París, febrero-marzo de 2016.

33. Edwards, Jorge, «Nada que decir», *Letras Libres*, 3 de julio de 2012.

34. Fraser, Norman, «Antología del folklore musical Chilena», *Journal of the International Folk Music Council*, vol. 15, 1963, p. 151.

35. Descripción disponible en: www.uchile.cl/portal/presentacion/historia/patrimonio-historico-y-cultural/5032/casa-central.

36. Citado en: Parra, Isabel, *op. cit.*, p. 84.

37. Cita disponible en: Rodríguez, Osvaldo, *op. cit.*, p. 245.

38. Entrevista con el autor, París, febrero-marzo de 2016.

39. Huasi, Julio, «Violeta de América», *op. cit.*

40. Alcalde, Alfonso, *op. cit.*, p. 15.

41. Entrevista a Roberto Parra en *El Mercurio*, 5 de febrero de 1984.

42. *Revista del Domingo*, 31 octubre 1982, p. 8.

43. José María Palacios en el homenaje a Violeta Parra celebrado en la Universidad Católica de Chile, 1968.

44. Entrevista con el autor, Ginebra, marzo de 2016.

45. González, J. P.; Ohlsen, O.; Rolle, C., *Historia social de la música popular en Chile...*, *op. cit.*, p. 331.

46. Entrevista publicada de forma póstuma en: *Radio Je Vouis Tout*, n.º 38, Ginebra 17 de septiembre de 1970.

47. García, Marisol, ed., *Violeta Parra en sus palabras*, p. 49.

48. «Testimonio de una antigua alumna chilota de Violeta Parra, durante las recopilaciones del 59», revistaladisputa.cl (*online*), septiembre de 2016.

49. *Ibid.*

50. Entrevista con el autor, París, febrero-marzo de 2016.

51. Parra, Isabel, *op. cit.*, p. 108.

52. Parra, Ángel, *Mi nueva canción chilena*, p. 73.

53. García, Marisol, *Canción valiente*, p. 95.

54. Parra, Ángel, *op. cit.*, p. 76

55. Entrevista con el autor, París, febrero-marzo de 2016.

56. Entrevista con el autor, Concón, junio de 2016.

57. Valladares, Carlos; Vilches, Manuel, *Rolando Alarcón, la canción de la noche*, pp. 56-57.

58. Este episodio es retratado en: Manns, Patricio, *Violeta Parra, la guitarra indócil*, p. 11.

59. Valladares, Carlos; Vilches, Manuel, *op. cit.*, p. 58.

60. González, J. P.; Ohlsen, O.; Rolle, *op. cit.*, p. 318.

61. Céspedes, Mario, *op. cit.*

62. Favre, Gilbert, *Les mémoires du Gringo* (inédito).

63. *Ibid.*

64. Rodríguez, Osvaldo, *op.cit.*, p. 73.

65. Folino, Norberto, «Una tarde con Violeta Parra», *Vuelo*, mayo de 1962.

66. «Cuando Violeta Parra y Pablo Neruda se cantaban», *El Siglo*, 9 de febrero de 2017.

67. Engelbert, Manfred, *Lieder aus Chile.*

68. Misiva citada en: Engelbert, Manfred, *op. cit.*

69. Huasi, Julio, *op. cit.*

70. Entrevista telefónica con el autor, Santiago, mayo de 2016.

71. Favre, Gilbert, *op. cit.*

72. *Ibid.*

73. *Ibid.*

74. *Ibid.*

75. *Ibid.*

76. Diálogo basado en testimonio de Osvaldo Cádiz. Entrevista con el autor, junio de 2016.

77. Parra, Isabel, *op. cit.*, p. 111.

78. Hormazábal, Viviana, *op. cit.*

79. Alcalde, Alfonso, *op. cit.*, p. 17.

80. Citado en: *Hoy*, n.º 498, 2 al 8 de febrero 1987.

81. Favre, Gilbert, *op. cit.*

82. *Ibid.*

83. Rodríguez, Osvaldo, *op. cit.*, p. 153.

84. Entrevista con el autor, París, febrero-marzo de 2016.

85. Citado en: Kerschen, Karen, *By the Whim...*, *op. cit.* p. 122.

86. Citada en: Stambuk, P.; Bravo, P., *Violeta Parra...*, *op. cit.*, p. 125.

87. Favre, Gilbert, *op. cit.*

88. *Ibid.*

89. Parra, Ángel, «Las 45 patas del gato». *Página/12*, 30 de enero de 2011.

90. Parra, Clara, *El hombre del terno blanco.*

91. Parra, Eduardo, *Mi hermana Violeta Parra.* p. 244.

92. Citado en: *La Reforma*, 15 de agosto de 2010.

93. Entrevista con el autor, Buenos Aires, septiembre de 2016.

94. *Ibid.*

95. Carta de Violeta Parra a Celia Petrelli. Disponible en: archivo personal de Cristián Blaya.

96. Folino, Norberto, *op. cit.*

97. Parra, Isabel, *op. cit.*, p. 131.

98. *Ibid.*, p. 124.

99. *Ibid.*, p. 137.

100. *Ibid.*, p. 125.

101. *Ibid.*, p. 127.

102. Favre, Gilbert, *op. cit.*

103. *Ibid.*

104. *Ibid.*

105. *Ibid.*

106. Citado en: Sáez, Fernando, *op. cit.*, p. 124.

107. Castedo, Leopoldo, *Contramemorias de un transterrado.*

108. Favre, Gilbert, *op. cit.*

109. *Ibid.*

110. *Ibid.*

111. Manns, Patricio, *op. cit.*, p. 101.

112. Rodríguez, Osvaldo, *op. cit.*, p. 244.

113. Luque, Francisco, «El disco ausente». *Revista Musical Chilena*, n.º 215, enero-junio 2011, pp. 54-61.

114. *Ibid.* Véase también: Luque, Francisco, «Violeta Parra, el disco ausente», cancioneros.com (*online*), 12 de noviembre de 2009; Luque, Francisco: «El disco ausente de Violeta Parra», *Revista Ñ*, 19 de junio de 2012.

115. Nouzeilles, Rubén, «Recordar a Violeta Parra», texto de acompañamiento al disco *Violeta Parra: el Folklore y la Pasión*, EMI 1994.

116. Luque, Francisco, «Violeta Parra, el disco ausente», *op. cit.*

117. Favre, Gilbert, *op. cit.*

118. Alcalde, Alfonso, *op. cit.*, p. 49.

119. Parra, Ángel, *op. cit.*, p. 80.

120. Parra, Isabel, *op. cit.*, p. 133.

121. Parra, Ángel, *op. cit.*, p. 80.

122. Entrevista con el autor, París, febrero-marzo, 2016.

123. *Ibid.*

124. *Ibid.*

125. Parra, Isabel, *op. cit.*, p. 135.

126. Parra, Isabel, *op. cit.*, p. 135.

127. House of Representatives, *Hearings before the Committee on Un-American Activities*, Government Printing Office, 21 de diciembre de 1962. Disponible en: https://ia801403.us.archive.org/27/items/communistyouthac00unit/communistyouthac00unit.pdf [último acceso: julio 2016].

128. «Report names recruiter for red festival», *The Chicago Tribune*, 7 de enero de 1963, p. 43.

129. Parra, Isabel, *op. cit*, p. 135.

130. Parra, Isabel, *op. cit*, p. 137.

131. Entrevista con el autor, París, febrero-marzo, 2016.

132. Parra, Isabel, *op. cit*, p. 135.

133. Parra, Ángel, *op. cit.*, p. 81.

134. Parra, Isabel, *op. cit*, p. 136.

135. Artículo citado en *Ercilla*, n.º 1.457, 24 de abril de 1963, p. 5.

136. Parra, Ángel, *op. cit.*, p. 82.

137. *Ibid.*, p. 82.

138. Entrevista con el autor, París, febrero-marzo, 2016.

139. Entrevista con el autor, París, febrero-marzo, 2016.

140. *Ercilla*, n.º 1527, 26 de agosto de 1964.

141. Correa, Magdalena. «Violeta Parra en crudo», *Paula*, septiembre de 1988, pp. 31-35.

142. Entrevista con el autor, París, febrero-marzo, 2016.

143. Parra, Ángel, *op. cit.*

144. Favre, Gilbert, *op. cit.*

145. Entrevista con el autor, París, febrero-marzo, 2016.

146. Parra, Ángel, *op. cit.*, p. 89.

147. Rodríguez, Osvaldo, *op. cit.*, p. 230.

148. *Ecran*, n.º 1.752, 25 de agosto de 1964.

149. Parra, Ángel, *op. cit.*, p. 86.

150. Entrevista con el autor, París, febrero-marzo, 2016.

151. Favre, Gilbert, *op. cit.*

152. Citado en: Kerschen, Karen, *op. cit.*, p. 138.

153. Parra, Isabel, *op. cit.*, p. 147.

154. Favre, Gilbert, *op. cit.*

155. *Ibid.*

156. *Ibid.*

157. Vidal, Virginia, *Hormiga pinta caballos: Delia del Carril y su mundo*, p. 155.

158. Entrevista con el autor, Ginebra, marzo de 2017.

159. Entrevista con el autor, Ginebra, marzo de 2017.

160. Entrevista con el autor, Ginebra, marzo de 2017.

161. Favre, Gilbert, *op. cit.*

162. *Ibid.*

163. Entrevista con el autor, Ginebra, marzo de 2017.

164. Citado en: Kerschen, Karen, *op. cit.*, p. 143.

165. Entrevista con el autor, Ginebra, marzo de 2017.

166. Parra, Isabel, *op. cit*, p. 140.

167. Carta de Violeta Parra a José María Palacios, Ginebra, 4 de junio de 1963. Obtenida por el autor.

168. Parra, Isabel, *op. cit*, p. 157

169. *Ibid.*, p. 160.

170. *Ibid.*, p. 150.

171. Diálogo citado en: Jodorowsky, Alejandro, *El maestro y las magas*.

172. Parra, Isabel, *op. cit*, p. 174.

173. Corvalán, Luis, *De lo vivido y peleado*.

174. Stambuk, P.; Bravo, P., *op. cit.*, p. 120.

175. Pablo de Rokha citado en: Alcalde, Alfonso, *op. cit.*, p. 40.

176. Julio Huasi, *op. cit.*

177. Parra, Isabel, *op. cit.*, p. 193.

178. Entrevista con el autor, Ginebra, marzo de 2017.

179. *Ercilla*, n.º 1527, 26 de agosto 1964.

180. La carta completa aparece en: Kerschen, Karen, *op. cit*, p. 152.

181. *Ibid.*, p. 153.

182. Entrevista con el autor, Ginebra, marzo de 2017.

183. Parra, Isabel, *op. cit*, p. 125.

184. Entrevista con el autor, Ginebra, marzo de 2017.

185. Carta citada en: Stambuk, P.; Bravo, P., *op. cit.*, p. 126.

186. Parra, Isabel, *op. cit*, p. 182.

187. Alcalde, Alfonso, *op. cit.*, p. 47.

188. *Ibid.*

189. Artículo citado en: *Ercilla*, n.º 1527, 26 de agosto 1964.

190. Citado en: Bèle, Patrick, «Hommage cinématographique à la chilienne Violeta Parra», *Le Figaro*, 5 de diciembre de 2012.

191. «"Tapices de Violeta Parra" es la exposición que se inaugura hoy en el Palacio del Louvre», *El Mercurio*, 8 de abril de 1964.

192. Alcalde, Alfonso, *op. cit.*, p. 47.

193. Morales, Leonidas, *Conversaciones con Nicanor Parra...*, *op. cit.*, p. 147.

194. Favre, Gilbert, *op. cit.*

195. Parra, Isabel, *op. cit.*, p. 188.

196. Entrevista telefónica con el autor, Santiago, mayo de 2016.

197. Parra, Ángel, *op. cit.*, p. 90.

198. Parra, Isabel, *op. cit.*, p. 191.

199. *Ibid.*, p. 200

200. Morales, Leonidas, *op. cit.*, p. 163.

201. *Ecran*, n.º 1.752, 25 de agosto de 1964.

202. Parra, Isabel, *op. cit.*, p. 195.

203. Rodríguez, Osvaldo, *op. cit.*, p. 243.

204. *Ibid.*

205. *Ibid.*

206. *Ibid.*

207. Conversación con el autor, Ginebra, marzo de 2016.

208. Conversación con el autor, Ginebra, marzo de 2016.

209. Brumagne, Marie-Magdeleine, *Qui se souvient de sa vie?*

210. Parra, Isabel, *op. cit.*, p. 143.

211. Pellegrino, Guillermo, *Las cuerdas vivas de América Latina*, p. 149.

212. Brumagne, Marie-Magdeleine, *op. cit.*

213. Diserens, Jean-Claude; Brumagne, Madelaine, «Violeta Parra, bordadora chilena», *op. cit.*

214. Verba, Ericka, «To Paris and Back: Violeta Parra's Transnational Performance of Authenticity», *The Americas*, 70 (02), pp. 269-302.

215. Rodríguez, Osvaldo, *op. cit.*, p. 217.

216. Artículo reproducido en: «Folklorista tierna y rebelde», *Ercilla*, n.º 1.653, 8 de febrero de 1967.

217. Kerschen, Karen, *op. cit.*, p. 189.

218. *Ibid.*

219. En: *Radio Je Vouis Tout*, 17 de septiembre de 1970.

220. Parra, Isabel, *op. cit.*, p. 139.

221. Entrevista telefónica con el autor. Marzo de 2016.

QUINTA PARTE
Violeta la universal

1. Favre, Gilbert, *Les mémoires du Gringo…*, *op. cit.*

2. Crónica citada en: *El Siglo*, 7 de febrero de 1967.

3. Valladares, Carlos, Vilches, Manuel, *Rolando Alarcón, la canción de la noche*, p. 93.

4. Parra, Isabel, *El libro mayor de Violeta Parra*, p. 150.

5. En: *Vistazo*, 7 de septiembre de 1965.

6. Carrasco, Eduardo, «Violeta Parra y los mitos», cooperativa.cl (online), 17 de febrero de 2012.

7. Parra, Ángel, *Mi nueva canción chilena…*, *op. cit.*, p. 89.

8. Favre, Gilbert, *op. cit.*

9. Entrevista con el autor, Concón, junio de 2016.

10. *Vistazo*, 7 de septiembre de 1965.

11. *Eva*, marzo de 1967.

12. *Vistazo*, *op. cit.*

13. Jara, Joan, *Víctor, un canto inconcluso*, p. 103.

14. Entrevista con el autor, Concón, junio de 2016.

15. Favre, Gilbert, *op. cit.*

16. Citada en: Verba, Ericka (2013), *To Paris and Back: Violeta Parra's Transnational Performance of Authenticity*, Cambridge, Inglaterra. *The Americas* 70(02), pp. 269-302.

17. Favre, Gilbert, *op. cit.*

18. Kerschen, Karen, *By the Whim of the Wind…*, *op. cit.*, p. 200.

19. Martínez Ruiz, Guillermo, «Semblanza criolla de la Peña de los Parras», *El Siglo*, 14 de noviembre de 1965, p. 19.

20. Rodríguez, Osvaldo, *Cantores que reflexionan…*, *op. cit.*, p. 224.

21. Favre, Gilbert, *op. cit.*

22. Huasi, Julio, «Violeta de América», *op. cit.*

23. Favre, Gilbert, *op. cit.*

24. Stambuk, P.; Bravo, P., *Violeta Parra…*, *op. cit.*, p. 131.

25. Rodríguez, Osvaldo, *op. cit.*, p. 63.

26. Citado en: *ibid.*

27. Entrevista con el autor, París, febrero-marzo de 2016.

28. Entrevista del autor con Patricio Manns, Concón, junio de 2016.

29. Olavaría, Rodrigo. «Gilbert Favre: un afuerino no tan afuerino», *cancioneros.com* (*online*), 1 de junio de 2008, http://www.cancioneros.com/co/131/2/gilbert-favre-un-afuerino-no-tan-afuerino-por-rodrigo-olavarria [último acceso julio de 2017].

30. González, J. P.; Ohlsen, O.; Rolle, C., *Historia social de la música popular en Chile…*, *op. cit.*, p. 234.

31. Favre, Gilbert, *op. cit.*

32. *Ibid.*

33. Rodríguez, Osvaldo, *op. cit.*, p. 70.

34. *Ibid*, p. 63.

35. Entrevista con el equipo investigador del autor, agosto de 2016. El nombre del psiquiatra se mantiene en reserva.

36. Margot Loyola, *La tonada: testimonios para el futuro.*

37. Jara, Joan, *op. cit.*, p. 110.

38. Stambuk, P.; Bravo, P., *op. cit.*, p. 153.

39. *Ibid.*

40. Carrasco, Eduardo, *op. cit.*

41. Citada en: *Revista del Domingo*, 31 de octubre 1982, p. 8.

42. *Ibid.*

43. Favre, Gilbert, *op. cit.*

44. *Aquí está*, 20 de enero de 1966, p. 6.

45. *Ibid.*

46. *La Tercera*, 15 de enero de 1966, p. 4.

47. *El Siglo*, 15 de enero, p. 5.

48. Favre, Gilbert, *op. cit.*
49. «Se va Violeta Parra», *El Siglo*, 22 de enero de 1966.
50. *Aquí está*, 20 de enero de 1966, p. 7.
51. *Ecran*, n.º 1.825, 25 de enero de 1966.
52. *Ibid.*
53. «Se va Violeta Parra», *op. cit.*
54. *El Siglo*, martes 6 de febrero de 1968, p. 10.
55. Manns, Patricio, *op. cit.*, p. 71.
56. *El Musiquero*, n.º 33, septiembre de 1966.
57. Paula Miranda en entrevista para *Noticias PUC (online)*, 31 de marzo 2014.
58. Entrevista telefónica con el autor, La Paz, Santiago, junio de 2016.
59. Entrevista telefónica con el autor, La Paz, Santiago, junio de 2016.
60. Favre, Gilbert, *op. cit.*
61. *Ibid.*
62. Citado en: Arauco, María Antonieta, *Los Jairas y el trío Domínguez, Favre, Cavour*, p. 77.
63. *Ibid.*
64. Diálogos en: Favre, Gilbert, *op. cit.*
65. *Rincón Juvenil*, n.º 81, 6 de julio de 1966.
66. Entrevista telefónica con el autor, La Paz, Santiago, junio de 2016.
67. Entrevista con el autor, Concón, junio de 2016.
68. Favre, Gilbert, *op. cit.*
69. Stambuk, P.; Bravo, P. *Violeta Parra…*, *op. cit.* p. 145.
70. Entrevista con el autor, Concón, junio de 2016.
71. *La Prensa Austral*, julio de 1966.
72. Entrevista con el autor, Concón, junio de 2016.
73. «La Viola volcánica», *Chile Ríe y Canta*, n.º 3, mayo-junio de 1992.
74. Entrevista con el autor, Santiago, agosto de 2016.
75. Entrevista con el autor, Santiago, agosto de 2016.
76. Rodríguez, Osvaldo, *op. cit.*, p. 145.
77. *Revista del Domingo*, 31 de octubre 1982, p. 8.
78. Stambuk, P.; Bravo, P., *op. cit.*, p. 153.
79. *Ibid.*
80. *Ibid.*

81. Ponce, David, «Sonidista devela los secretos de la última grabación de Violeta Parra», *El Mercurio*, 29 de marzo de 2002.

82. Entrevista con el autor, París, febrero-marzo de 2016.

83. Entrevista con el autor, Santiago, abril de 2016.

84. Entrevista telefónica con el autor, La Paz-Santiago, junio de 2016.

85. Largo Farías, René, *Entrevista de Violeta Parra con René Largo Farías*, Radio Magallanes, 31 de diciembre de 1966. Citado en la revista *Chile Ríe y Canta*, diciembre de 1991.

86. Entrevista con el autor, Santiago, septiembre de 2016.

87. Stambuk, P.; Bravo, P., *op. cit.*, p. 131.

88. Conversación con el autor, Concón, junio de 2016.

89. Parra, Isabel, *op. cit.* p. 209.

90. Molina, Alfonso, «Violeta Parra», Suplemento Dominical, *El Mercurio*, 16 de octubre de 1966.

91. *Ibid.*

92. Citada en: *Revista Musical Chilena*, n.º 183, 1995.

93. Molina, Alfonso, *op. cit.*

94. *Chile Ríe y Canta*, año 1, n.º 1, 1970.

95. Largo Farías, René, *op. cit.* Citado en: *Chile Ríe y Canta*, diciembre de 1991.

96. Entrevista telefónica con el autor, La Paz-Santiago, junio de 2016.

97. Citada en: *Intemperie*, n.º 7, marzo de 2009.

98. Manns, Patricio, *op. cit.*, p. 78.

99. *Ibid.*

100. Entrevista a Radio Magallanes, *op. cit.*

101. *Ibid.*

102. González, J. P.; Ohlsen, O.; Rolle, C., *op. cit.*, p. 234.

103. Jara, Joan, *op. cit.*, p. 111.

104. Citada en: Rodríguez, Osvaldo, *op. cit.*, p. 217.

105. Stambuk, P.; Bravo, P., *op. cit.*, p.153.

106. Parra Isabel, *op. cit.* p. 212.

107. García, Marisol, «Violeta Parra perdió el tiempo conmigo», *The Clinic*, 27 de septiembre de 2007.

108. Parra, Isabel, *op. cit.*, p. 212.

109. Pellegrino, Guillermo, *Las cuerdas vivas de América*, p. 164.

110. *Revista del Domingo, op. cit.*

111. Rodríguez, Osvaldo, *op. cit.*, p. 230.

112. *Ibid.*

113. Diálogos y citas en base a entrevistas del autor con Osvaldo Alveal en Chillán en enero de 2016 y con Patricio Manns en Concón en junio de 2016.

114. Morales, Leonidas, *Conversaciones con Nicanor Parra, op. cit.*, p. 154.

115. Drysdale, S.; Escobar, M., *Nicanor Parra. La vida de un poeta*, p. 82.

116. Parra, Isabel, *op. cit.*, p. 215.

Bibliografía principal

Libros

Agosín, Marjorie; Dölz Blackburn, Inés (1988). *Violeta Parra, santa de pura greda*, Santiago, Editorial Planeta.

—— (1992), *Violeta Parra o la expresión inefable*, Santiago, Editorial Planeta.

Alcalde, Alfonso (ed.) (1974), *Toda Violeta Parra*, Buenos Aires, Ediciones de la Flor.

Amorós, Mario (2015), *Neruda. El príncipe de los poetas*, Santiago, Ediciones B.

Arauco, María Antonieta (2011), *Los Jairas y el trío Domínguez, Favre, Cavour*, La Paz, Museo de Instrumentos Bolivianos.

Axelsson, Sun (1995), *Estación de la noche*, Santiago, Red Internacional del Libro.

Bengoa, José (2015), *Historia rural del Chile central* (2 tomos), Santiago, LOM Ediciones.

Bravo, Gabriela; González, Cristián (2009). *Ecos del tiempo subterráneo*. Santiago, LOM Ediciones.

Brumagne, Marie-Magdeleine (1992), *Qui se souvient de sa vie?*, Lausanne, Editions l'Age d'Homme.

Casares Rodicio, Emilio y otros (2001), *Diccionario de la música española e hispanoamericana*, Madrid, Sociedad General de Autores y Editores.

Céspedes, Mario; Garreaud, Lelia (1988), *Gran diccionario de Chile (biográfico-cultural)*, Santiago, Importadora Alfa.

Correa Sutil, Sofía (2004). *Con las riendas del poder. La derecha chilena en el siglo XX*, Santiago, Editorial Sudamericana.

Corvalán, Luis (1997), *De lo vivido y lo peleado. Memorias,* Santiago: LOM Ediciones.

De Ramón, Armando (2007). *Santiago de Chile. Historia de una sociedad urbana,* Santiago, Catalonia.

Drysdale, Sabine; Escobar, Marcela (2014), *Nicanor Parra. La vida de un poeta*, Santiago, Ediciones B.

Echaíz, René (1972), *Ñuñohue: Historia de Ñuñoa, Providencia, Las Condes y La Reina*, Buenos Aires, Editorial Francisco de Aguirre.

Echeverría, Mónica (1993), *Antihistoria de un luchador (Clotario Blest)*, Santiago, LOM Ediciones.

Echeverría, Mónica (2010), *Yo, Violeta,* Santiago, Plaza Janés.

Engelbert, Manfred (1978), *Violeta Parra, Lieder aus Chile*, Frankfurt, Verlag Klaus Dieter Vervuert.

Epple, Juan Armando (2012), *Entre mar y cordillera*, Concepción, Ediciones Literatura Americana Reunida.

Espinoza, Vicente (1988), *Para una historia de los pobres de la ciudad*, Santiago, Ediciones Sur.

Favre, Gilbert (s/a), *Les mémoirs du Gringo*, Ginebra, autoedición.

García, Marisol (2013). *Canción valiente. 1960-1989. Tres décadas de canto social y político en Chile.* Santiago: Ediciones B.

García, Marisol (ed.) (2016), *Violeta Parra en sus palabras. Entrevistas (1954-1967)*, Santiago, Catalonia- Periodismo UDP.

García Lorca, Federico (1969), *Prosa*, Barcelona, Alianza Editorial.

González, Juan Pablo; Ohlsen, Óscar; Rolle, Claudio (2009), *Historia social de la música popular en Chile, 1950-1970*, Santiago, Ediciones Universidad Católica de Chile.

González, Juan Pablo; Rolle, Claudio (2005), *Historia social de la música popular en Chile, 1890-1950*, Santiago, La Habana, Ediciones Universidad Católica de Chile y Casa de las Américas.

Huneeus, Carlos (2009), *La Guerra Fría chilena. Gabriel González Videla y la Ley Maldita*, Santiago, Debate.

Illanes, María Angélica (2012), *Nuestra historia violeta*, Santiago, LOM Ediciones.

Jara, Joan (2008), *Víctor, un canto inconcluso*, Santiago, LOM Ediciones.

Jodorowsky, Alejandro (2006), *El maestro y las magas*, Ciudad de México, Ediciones Siruela.

Kerschen, Karen (2010), *Violeta Parra. By the whim of the wind*, Albuquerque, ABQ Press.

Leiva, Gonzalo (2012), *Sergio Larraín. Biografía - estética - fotografía*, Santiago, Metales Pesados.

Loyola, Margot (2006), *La tonada: testimonios para el futuro*, Valparaíso, Pontificia Universidad Católica.

Manns, Patricio (1986), *Violeta Parra: la guitarra indócil*, Concepción, Ediciones Literatura Americana Reunida (reedición de 2017, Santiago, Lumen).

Medina, Cristián; Garay, Cristián (2008), *La política de la tierra. Jaime Larraín García-Moreno (1896-1975)*, Santiago, Ediciones Centro de Estudios Bicentenario.

Miranda, Paula (2013), *La poesía de Violeta Parra*, Santiago, Editorial Cuarto Propio.

Miranda, P.; Loncon, E.; Ramay, A. (2017), *Violeta Parra en el Wallmapu. Su encuentro con el canto mapuche*, Santiago, Pehuén Editores.

Montealegre, Jorge (2011), *Violeta Parra. Instantes fecundos, visiones, retazos de memoria*, Santiago, Editorial Universidad de Santiago.

Morales, Leonidas (2003), *Violeta Parra: la última canción.* Santiago, Editorial Cuarto Propio.

Morales, Leonidas (2006), *Conversaciones con Nicanor Parra*, Santiago, Tajamar Ediciones.

Moulián, Tomás (2006), *Fracturas. De Pedro Aguirre Cerda a Salvador Allende*, Santiago, LOM Ediciones.

Münnich, Susana (2006), *Casa de hacienda, carpa de circo*, Santiago, LOM Ediciones.

Neruda, Pablo (2014), *Confieso que he vivido,* Santiago, Pehuén Editores.

Oviedo, Carmen (1990), *Mentira todo lo cierto. Tras la huella de Violeta Parra*, Santiago, Editorial Universitaria.

Parra, Ángel (2012), *Violeta se fue a los cielos*, Santiago, Catalonia.

Parra, Ángel (2016), *Mi nueva canción chilena*, Santiago, Catalonia.

Parra, Catalina (2013), *El hombre del terno blanco*, Santiago, Ril Editores.

Parra, Eduardo (1998), *Mi hermana Violeta Parra*, Santiago, LOM Ediciones.

Parra, Isabel (2009), *El libro mayor de Violeta Parra*, Santiago, Editorial Cuarto Propio.

Parra, Isabel (2015), *Ni toda la tierra entera*, Santiago, Chabo Producciones.

Parra, Nicanor (1954), *Poemas y antipoemas*, Santiago, Nascimento.

Parra, Roberto (2013), *Vida, pasión y muerte de Violeta Parra*, Santiago, Ediciones Tácitas.

Parra, Violeta (1998), *Décimas, autobiografía en verso*, Santiago, Editorial Sudamericana.

Parra, Violeta (2013), *Cantos folklóricos chilenos*, Santiago, Ceibo Ediciones.

Parra, Violeta (2016), *Poesía*, Valparaíso, Editorial Universidad de Valparaíso.

Pedrero Leal, Marcial (2011), *San Fabián de Alico, breve historia*, Chillán, Universidad del Biobío.

Pellegrino, Guillermo (2002), *Las cuerdas vivas de América*, Buenos Aires, Editorial Sudamericana.

Portales, Felipe (2015), *Los mitos de la democracia chilena* (2 volúmenes), Santiago, Catalonia.

Reyes, Felipe (2014), *Nascimento. El editor de los chilenos*, Santiago, Ventana Abierta Editores.

Rodríguez, Osvaldo (2015), *Cantores que reflexionan*, Santiago, Editorial Hueders.

Sáez, Fernando (1999), *La vida intranquila. Violeta Parra*, Santiago, Editorial Sudamericana.

Salazar, Gabriel (2006), *La violencia política popular en las «Grandes Alamedas»*, Santiago, LOM Ediciones.

Salazar, Gabriel; Pinto, Julio (1999), *Historia contemporánea de Chile II*, Santiago, LOM Ediciones.

Salazar, Gabriel; Pinto, Julio (2014), *Historia contemporánea de Chile V*, Santiago, LOM Ediciones.

Sepúlveda Llanos, Fidel (2014), *El canto a lo poeta, a lo divino y a lo humano*, Santiago, Ediciones Universidad Católica de Chile.

Stambuk, Patricia; Bravo, Patricia (2011), *Violeta Parra, El canto de todos*, Santiago, Pehuén Editores.

Teitelboim, Volodia (2003), *Neruda.* Santiago: Editorial Sudamericana.

Uribe Echeverría, Juan (1974), *Flor de canto a lo humano*, Santiago, Editora Nacional Gabriela Mistral.

Valdés, Hernán (2005), *Fantasmas literarios*, Santiago, Aguilar.

Valladares, Carlos; Vilches, Manuel (2009), *Rolando Alarcón, La canción en la noche*, Santiago, Ventana Abierta Editores.

Varas, José Miguel (2005), *Los sueños del pintor*, Santiago, Alfaguara.

Varas, José Miguel; González, Juan Pablo (2013), *En busca de la música chilena*, Santiago, Catalonia.

Vidal, Virginia (2015), *Neruda, memoria crepitante*, Santiago, Ediciones Radio Universidad de Chile.

Vitale, Luis (2011), *Interpretación marxista de la historia de Chile, Volumen III*, Santiago, LOM Ediciones.

Zerán, Faride (2010), *La guerrilla literaria*, Santiago, DeBolsillo.

Artículos y tesis

Acevedo Arriaza, Nicolás (2015), «Un fantasma recorre el campo: anticomunismo, sindicalización campesina y ley de defensa permanente de la democracia», Santiago, *Cuadernos de Historia* n.º 42, pp. 127-151.

Aguirre, Lautaro; Castillo, Victoria (1987), «Gabriela Pizarro: la lucha por la cultura popular, Madrid», *Araucaria de Chile*, n.º 38, pp. 77-82.

Alegría, Fernando (1987), «Violeta Parra: veinte años de ausencia», Madrid, *Araucaria de Chile*, n.º 38, pp. 101-112.

Aravena Décart, Jorge (2004), «Música popular y discurso académico: a propósito de la legitimación culta de las "Anticuecas" de Violeta Parra», Santiago. *Revista Musical Chilena*, n.º 202, año 58, pp. 9-25.

Ariz Castillo, Yenny Karen (2013), «Gabriela Mistral, Violeta Parra, Cecilia Vicuña y Soledad Fariña: poéticas de las artes integradas», tesis para optar al grado de Doctor en Literatura Latinoamericana, Departamento de Español, Facultad de Humanidades y Arte, Universidad de Concepción.

Barros Raquel; Dannemann, Manuel (2002), «Los problemas de la investigación del folklore nacional chileno», Santiago, *Revista Musical Chilena*, número especial, pp. 105-119.

Barros, Raquel; Dannemann, Manuel (1958), «Violeta Parra, hermana mayor de los cantores populares», Santiago, *Revista Musical Chilena*, vol. 12, n.º 60, pp. 71-77.

Bodenhofer, Andreas (2005), «En realidad no me acuerdo cuando conocí a Cirilo», Santiago, *Revista Musical Chilena*, n.º 203, año 59, pp. 59-60.

Concha Molinari, Olivia (1995), «Violeta Parra, compositora», Santiago, *Revista Musical Chilena*, n.º 183, año 49, pp. 71-106.

Da Costa García, Tania (2009). «Canción popular, nacionalismo, consumo y política en Chile entre los años 40 y 60», Santiago, *Revista Musical Chilena*, n.º 212, año 63, pp. 11-28.

Da Costa García, Tania (2012), «Reconfigurando la canción, reinventando la nación», Santiago, *Historia*, n.º 45, vol. 1, pp. 49-68.

De Granada, Germán (1976), «Romances de tradición oral conservados entre los negros del occidente de Colombia. Bogotá», *Thesaurus*, Instituto Caro y Cuervo, n.º 2, tomo 31.

Domínguez, Irene; Vila Riquelme, Cristián (1984), «Despedida a Adela Gallo», Madrid, *Araucaria de Chile*, n.º 26 pp. 219f.

Epple, Juan Armando (1977), «Violeta Parra y la cultura popular chilena», Ciudad de Guatemala, *Alero*, n.º 24, tercera época, pp. 188-202.

Epple, Juan Armando (1979), «Notas sobre la cueca larga de Violeta Parra», París, *Araucaria de Chile*, n.º 5, pp. 187-198.

Epple, Juan Armando (1987), «Entretien avec Angel Parra», París (CHECK) *Cahiers du monde hispanique et luso-brésilien*, n.º 1, vol. 48, pp. 121-126.

Farías, Miguel (1991), «Texto folklórico, texto literario y audiencia: a propósito de Violeta Parra», La Serena. *Logos*, n.º 3-4, pp. 111-122.

Fernández Abara, Joaquín (2015), «Los comunistas chilenos ante el proceso político argentino y el Gobierno de la Revolución de Junio», Santiago, *Historia*, n.º 48, vol. 2, pp. 435-463.

González, Marco (2011), «Comunismo chileno y cultura Frente Popular. Las representaciones de los comunistas chilenos a través de la revista Principios 1935-1947», Santiago, *Revista Izquierdas*, n.º 11, pp. 54-69. Universidad de Santiago de Chile.

Hormazabal, Viviana (2013), «*La obra visual de Violeta Parra*», Tesis para optar al grado de Licenciada en Artes, Departamento de Teoría e Historia del Arte, Universidad de Chile.

Huasi, Julio (1971), «Violeta de América», La Habana, *Casa de las Américas*, n.º 65-66, pp. 91-104.

Jordán, Laura (2009), «Música y clandestindad en dictadura: la represión, la circulación de músicas de resistencia y el casete clandestino», Santiago, *Revista Musical Chilena*, n.º 212, año 63, pp. 77-102.

Manns, Patricio (1987), «Violeta, hojas nuevas», Madrid, *Araucaria de Chile*, n.º 38, pp. 112-115.

Merino Montero, Luis (2015), «In Memoriam: Margot Loyola Palacios, una gran figura de la cultura nacional», Santiago, *Revista Musical Chilena*, n.º 224, año 64, pp. 162f.

Miranda, Paula (1999), «Décimas autobiografiadas de Violeta Parra: tejiendo diferencias», Santiago, *Mapocho*, n.º 46, pp. 49-63.

Molina Fuenzalida, Héctor (2009), «Violeta chilensis: una estética de la resistencia», Santiago, *Filosofía, Educación y Cultura*, n.º 10, pp. 205-238.

Orellana, Carlos (1984), «Nueva Trova cubana: la lucha por el cambio en el lenguaje musical», Madrid, *Araucaria de Chile*, n.º 29, pp. 127-135.

Pardo, Adolfo (2001), «Historia de la mujer en Chile. La conquista de sus derechos políticos en el siglo XX», Santiago. [www.critica.cl]

Pinochet Cobos, Carla (2010), «Violeta Parra: tensiones y transgresiones de una mujer popular a mediados del siglo XX», Santiago, *Revista Musical Chilena*, n.º 213, año 64, pp. 77-89.

Reyes Campos, Nora (2015), «Salarios agrícolas durante la industrialización en Chile», Santiago, Estudios de Economía, n.º 2, vol. 42, pp. 121-141.

Rodríguez, Osvaldo (1987), «Violeta, influencia y fuerza moral», Madrid, *Araucaria de Chile*, n.º 38, pp. 116-123.

Rojas, Mario (1996), «Roberto Parra, un viaje en tren por el país íntimo».

Ruiz Zamora, Agustín (1995), «Conversando con Margot Loyola», Santiago, *Revista Musical Chilena*, n.º 183, año 49, pp. 11-41.

Ruiz Zamora, Agustín (2006), «Margot Loyola y Violeta Parra, convergencias y divergencias en el paradigma interpretativo de la Nueva Canción chilena», Santiago, *Cátedra de Artes*, n.º 3, pp. 41-58.

Torres Alvarado, Rodrigo (2004), «Cantar la diferencia. Violeta Parra y la canción chilena», Santiago. *Revista Musical Chilena*, n.º 201, año 58, pp. 53-73.

Ulianova, Olga (2008), «Develando un mito: emisarios de la Internacional Comunista en Chile», Santiago, *Historia*, n.º 41, Vol. 1, pp. 99-164.

Uribe Valladares, Cristhian (2002), «Violeta Parra. En la frontera del arte musical chileno», Santiago, *Intramundos*, n.º 9, año 3, pp. 8-14.

Venegas Espinoza, Fernando (2014). «Violeta Parra y su conexión con la cultura popular de la frontera del Biobío», Concepción, *Revista Historia*, n.º 21, vol. 1, pp. 105-139.

Verba, Ericka (2007), «Violeta Parra, Radio Chilena, and the "Battle in Defense of the Authentic" during the 1950's in Chile», Austin, *Studies in Latin American Popular Culture*, vol. 26, pp. 151-165.

Verba, Ericka (2013), «To Paris and Back: Violeta Parra's Transnational Performance of Authenticity», Cambridge Inglaterra. *The Americas*, n.º 70 (02), pp. 269-302.

Fuentes primarias

I. Diarios

Clarín (Santiago)
Crónica (Concepción)
El Clarín (Buenos Aires)
El Comercio (San Carlos)
El Diario Ilustrado (Santiago)
El Independiente (Lautaro)
El Mercurio (Santiago)
El Mercurio (Valparaíso)
El Sur (Concepción)
La Arena (Santa Rosa, Argentina)
La Discusión (Chillán)
La Época (Santiago)
La Nación (Santiago)
La Nación (Buenos Aires)
La Prensa Austral (Punta Arenas)
La Reforma (General Pico, Argentina)
La Segunda (Santiago)
La Tercera (Santiago)
La Vanguardia (Barcelona)
La Voz de Alico (San Fabián de Alico)
Las Últimas Noticias (Santiago)
Le Figaro (París)
Página 12 (Buenos Aires)
The Guardian (Reino Unido)
Última Hora (Santiago)

II. Revistas

Alero (Universidad de San Carlos, Guatemala)
Análisis (Santiago)
Aquí Está (Santiago)
Araucaria de Chile (París, Madrid)
Billboard (EE.UU.)
Brecha (Montevideo)
Caras (Santiago)
Chile Ríe y Canta (Santiago)
Crisis (Buenos Aires)
Dossier (Universidad Diego Portales, Santiago)
Ecran (Santiago)
El Musiquero (Santiago)
Ercilla (Santiago)
Hoy (Santiago)
Intramuros (Universidad Metropolitana de Ciencias de la Educación, Santiago)
Izquierdas (Universidad de Santiago de Chile)
La Bicicleta (Santiago)
Letras Libres (México)
Logos (Universidad de La Serena)
Paloma (Santiago)
Paula (Santiago)
Pomaire (Santiago)
Punto Final (Santiago)
Radio TV Je Vois Tout (Suiza)
Revista Musical Chilena (Universidad de Chile)
Rincón Juvenil (Santiago)
Ritmo de la Juventud (Santiago)
Sábado (Santiago, El Mercurio)

Solidaridad (Santiago)
The Clinic (Santiago)
Último Round (Buenos Aires)
Vistazo (Santiago)
Vuelo (Avellaneda, Buenos Aires)

III. Medios digitales

El Mostrador
Bilbao.net
Cancioneros.com
Diario Universidad de Chile
La Disputa
La Pulenta
Musicapopular.cl
Perrerac.org
Violetaparra.cl

IV. Fuentes de archivos

Archivo Central, Universidad de Concepción
Archivo General Histórico, Ministerio de Relaciones Exteriores de
    Chile
Archivo Judicial (Santiago, Chillán, Concepción, San Carlos)
Archivo Nacional de Chile
Biblioteca del Congreso Nacional
Biblioteca Nacional de Chile
Anales y Boletines de la Universidad de Chile
Casa de las Américas (La Habana)

Centro de Estudios Miguel Enríquez (CEME) - Archivo Chile Centro Documental Clotario Blest

Congreso Nacional de Chile

Conservador de Bienes Raíces (Santiago, Chillán, San Carlos)

Diario Oificial de Chile

Fonoteca Nacional de Chile

Fundación Violeta Parra

Memoria Chilena (Biblioteca Nacional de Chile)

Ministerio de Educación

Museo Pedro del Río Zañartu, Hualpén

Partido Comunista de Chile

Policía de Investigaciones de Chile

Servicio de Registro Civil e Identificación

Servicio Médico Legal

Índice onomástico

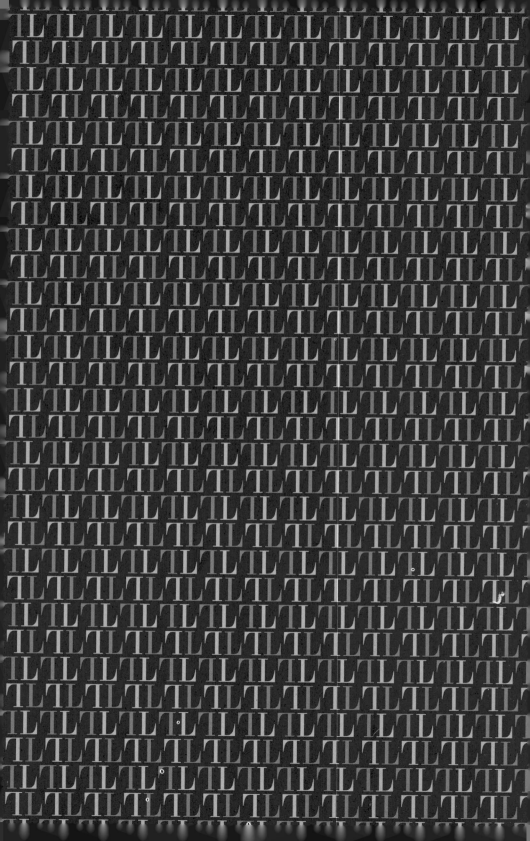